Zu diesem Buch

Läßt sich herausfinden, ob und in welcher Weise die kulturelle Intelligenz auf die Atmosphäre, den Alltag der großen Städte und deren Selbstbild Einfluß nimmt? Was hat für bestimmte Intellektuelle (Schriftsteller, Künstler, Wissenschaftler) zu ganz bestimmten Zeiten ganz bestimmte Metropolen besonders anziehend gemacht? Gibt es eine nachvollziehbare Wechselbeziehung zwischen »intellektuellen Milieus« und der Entfaltung spezifischer urbaner Lebensformen? Fragen wie diese haben den Stadtsoziologen Walter Prigge zu einem Sammelband inspiriert, in dem an einer Auswahl europäischer und amerikanischer Großstädte der Zusammenhang von geistiger Produktivität und Stadtgeschichte im 20. Jahrhundert dargestellt wird.

Der Herausgeber

Walter Prigge, geboren 1946, studierte Soziologie, Philosophie, Politik und Architektur. Er ist Stadtsoziologe und lebt in Frankfurt am Main. Zahlreiche Veröffentlichungen zu Themen der Stadtentwicklung und städtischen Kultur.

Städtische Intellektuelle
Urbane Milieus
im 20. Jahrhundert

Herausgegeben von
Walter Prigge

Mit Beiträgen von
Walter Prigge
Alex Demirović
Karl Markus Michel
Nicolaus Sombart
Dieter Hoffmann-Axthelm
Irene Runge
Rudi Thiessen
Karl Schlögel
Thomas Bender / Richard Sennett
Vilém Flusser
Michel Serres
Louis Pinto
Marisa Bertoldini / Marina Calloni
Mike Davis / Roger Keil
Sven-Eric Liedman

Fischer Taschenbuch Verlag

FISCHER WISSENSCHAFT

Vilém Flusser
1920–1991

Originalausgabe
Veröffentlicht im Fischer Taschenbuch Verlag GmbH,
Frankfurt am Main, November 1992

Umschlaggestaltung: Buchholz / Hinsch / Hensinger
Gesamtherstellung: Clausen & Bosse, Leck
Printed in Germany
ISBN 3-596-10522-6

Inhalt

Vorwort

> »Am Anfang waren die Städte. Im Abendland erblickt der mittelalterliche Intellektuelle mit ihnen das Licht der Welt.«
>
> *Jacques Le Goff*

Die Intellektuellen werden in der städtischen Arbeitsteilung geboren; sie sind diejenigen, die beruflich denken und ihre Gedanken lehren: Professionelle (in) der städtischen Kultur, Lehrer, Geistliche, Übersetzer, Richter, Techniker, Künstler. Diese »moderni« spielen ihre Rolle im städtischen Aufbau der mittelalterlichen Gesellschaft: Als Spezialisten der städtischen Infrastruktur formieren sie einen neuen kulturellen Raum, der in der Überschneidung weltlicher und religiöser Sphären gebildet wird. Die städtischen Milieus etablieren sich damit als Drehscheiben von Handel und Ideen.

Der feudale Humanismus wird die städtische Welt der mittelalterlichen Intellektuellen transformieren: Klöster und Kollegs übernehmen die kulturelle Rolle der städtischen Milieus, aus denen sich die Intellektuellen zurückziehen. Im Übergang von der städtischen zur höfischen Welt intimisiert sich der öffentliche Austausch und wird auch bereits akademisch diszipliniert, die städtische Qualität der Intellektuellen geht verloren.

Die Französische Revolution befreit das Wissen aus der Feudalität – Geheimnisse und Privilegien werden abgeschafft; die demokratischen Institutionen des Wissens öffnen sich der Stadt und der Welt, die in der Entwicklung von globalen Märkten geographisch entdeckt wird. Die Stadt, Paris, wird zum Universum des Wissens, und dieses städtische Universum enthält in der klassischen Architektur der Stadt das ganze Wissen der Welt – es sind vor allem Akademie und Museum, wo dieses Wissen öffentlich gemacht und für jeden zugänglich wird. Die Stadt als Zirkulationsraum revolutionärer Ideen ist die Voraussetzung der kulturellen und politischen Revolutionierung der Gesellschaft – in den städtischen Milieus bilden Salons, Cafés und literarische Zirkel kommunikative Räume, in denen sich die Gesellschaft über sich selbst aufklärt. Damit wird die städtische Öffentlichkeit zum genuinen Medium der bürgerlichen Intellektuellen: Urbanität und öffentlicher Austausch gegen höfische Reglementierung und absolute Macht.

Die beiden historischen Modelle der Organisierung von Wissen, mittelalterliche Stadtkultur und feudales Kolleg, verschmelzen in den städtischen Milieus des 19. Jahrhunderts: In dieser modernen Urbanisierung des Geistes sind Stadt und Wissen konstitutiv aufeinander bezogen. Die fortschreitende industrielle Entwicklung wird beides rationalisieren. Die »Großstädte und das Geistesleben« sind um 1900 gleichermaßen durch die Übermacht der objektiven über die subjektive Kultur geprägt. Das treibt die Selbstreflexion der Intellektuellen an, die in den Universitäten, Kollegs und Forschungsinstitutionen sowie in den politischen Parteien, intellektuellen Zirkeln und Großstadtkulturen ihre gesellschaftliche Rolle debattieren und soziologisch neu bestimmen – bis hin zur Opposition zwischen universellen und speziellen Intellektuellen, die je für sich Wahrheit und damit geschichtliche Macht durch Wissen beanspruchen.

> »Die Wahrheit ist nicht nur eine Tochter der Zeit, sondern auch des geographischen Raums.« *Jacques Le Goff*

Mit der Urbanisierung des Geistes wird moderne Geistesgeschichte zur Stadtgeschichte. Dieser Zusammenhang von Intellektualität und Urbanität ist heute wieder aktuell. In zahlreichen Selbst-Kritiken bestimmen die Intellektuellen ihr Verhältnis zu den kulturellen Mächten in der Restrukturierung städtischer Milieus; das neue Stadtbewußtsein und die Renaissance unterschiedlicher städtischer Lebensstile, die organische Rolle von Intellektuellen im gegenwärtigen Modernisierungsprozeß von Stadt und Gesellschaft:

Wie nähern sich Intellektuelle dem Städtischen und welche Bedeutung hat die hegemoniale, postmoderne Kultur der Urbanität für ihre gesellschaftliche Positionierung?

Wie nutzen Intellektuelle die differenzierten Kulturen intellektueller Milieus, und welche Bedeutung haben Architekturen und Kulturen von Städten für ihre Produktions- und Lebensweise?

Sind Intellektuelle in der Moderne städtische Intellektuelle, und welche Bedeutung hat die geographische Differenzierung Stadt-Region-Nation für die Formierung intellektueller Milieus?

Das Verhältnis von Intellektuellen und Städten ist differenziert zu betrachten nach biographischen Gesichtspunkten, Zugehörigkeit intellektueller Milieus, gesellschaftlicher Kraft und regionaler Ausprägung städtischer Kulturen. Welche Formen diese Differenzierung aufweist, läßt sich aus dem Vergleich der hier versammelten Untersuchungen herauslesen. Die Lektüre bestätigt auch, daß selbst das Fragen vom umgebenden Milieu geprägt wird. Dieses Buch ist in Frankfurt am Main entstanden, wo die kritische Selbstreflexion der Intellektuellen Bestandteil der städtischen Kultur geworden ist und zu einer neuen Antwort auf das Wechselspiel von Intellektualität und Urbanität drängt. Der internationale Vergleich von intellektuellen Milieus ausgewählter Städte kann hier und anderswo helfen, die Stellung von Intellektuellen zum gegenwärtigen städtischen Modernisierungsprozeß zu klären. Die Auswahl konzentriert sich auf Städte, in denen dieser Prozeß bereits Wirkungen zeigt.

Walter Prigge

I.

Intellektuelle und Stadtkultur

Annäherungen an eine Konstellation

WALTER PRIGGE

Geistesgeschichte und Stadtgeschichte: Wien, Frankfurt, Paris Eine Skizze

Die »Geistigen« sind wieder unter uns, und mit ihnen die erneute Debatte über intellektuelle Milieus, städtische Öffentlichkeiten, die Kultur von Intellektuellen. Mit Habermas-Zitaten bewaffnete Politiker suchen die »Stadt, in der der geistige Ausdruck unserer Gesellschaft lebt«, die evangelische Kirche ringt mit dem »Geist, der unsere Städte baut«, und postmoderne Kritiker philosophieren über »Architektur der Stadt als Fiktion« – die städtischen Geister treffen wieder den Nerv der Zeit. Simmels philosophische Geldtheorie diagnostizierte um 1900 die Beziehung von Großstadt und Geistesleben als enervierenden Ausdruck der modernen Rationalisierung, und Salins Resümee verfehlter deutscher Urbanität spricht 1960 antikisierend vom tätigen Bürgersinn, »Liebe zum Schönen, ohne sich zu versteigen, Liebe zum Geistigen, ohne zu verweichlichen« – die kämpferischen Spartaner sind bäurisch, die feinsinnigen Athener dagegen urban, weil gebildet an Leib, Seele und Geist. Das Verhältnis von Urbanität und Intellektualität ist von Anbeginn konstitutiv für das Städtische.

Geistesgeschichte ist Stadtgeschichte. Städtische Kulturen bilden die materiellen Voraussetzungen für die Entfaltung von Intellektualität; die Geschichte der Ideen materialisiert sich in ihnen durch Netzwerke und Verflechtungen intellektueller Strategien, deren Zusammentreffen und Austauschformen spezifische urbane Milieus erzeugen: Wien um 1900, Frankfurt um 1930, Paris um 1960. Die ideale Diachronie der modernen Ideengeschichte wird in diesen synchronen Einschnitten gebrochen; Geistesgeschichte ist nicht nur in der Zeit, sondern auch im Raum, den lokalen Milieus und dem Geist des Ortes fundiert. In solcher synchronen Darstellung wird es möglich, die Übereinstimmungen von intellektuellen und städtischen Konjunkturen aufzudecken: Aufbruch in die Moderne, Durchdringung der sozialen Wirklichkeit, Zerstreuung von Alltagskulturen. Jenseits der bloßen Widerspiegelung des Zeitgeists im Städtischen verkörpert sich dies in eigentümlichen Handlungsstrategien und Mentalitäten, die bisweilen auch biographisch konkretisiert werden können: philosophierende Fußgänger, in die Wiener Moderne aufbrechend; kritische Forscher in Frankfurt, das Soziale durchdringend; Semiologen des Pariser Alltags, die Zerstreuung von Stadt und

Gesellschaft wahrnehmend. Moderne Ideengeschichte ist durchaus im Lichte der Stadtkulturen zu lesen: als materiale Geschichte einer Urbanisierung des Geistes – bis hin zur Gegenwart, in der sich die städtischen Intellektuellen im Widerspruch zwischen Bewahren und Zerstören von Formen europäischer Stadtkultur bewegen.

Aufbruch. Wien um 1900: Die philosophierenden Fußgänger

> »Wir! Wir! Ich weiß sehr gut, daß ich nicht von der ganzen großen Generation rede. Ich rede von ein paar tausend Menschen in den großen europäischen Städten verstreut.« *Hofmannsthal 1893*

> »Wenn Freud, Mach und Loos in gewissem Sinn geistig und kulturell Engländer waren, so war Musil geistig ein Berliner. Broch mag in Wien zur Reife gekommen sein, einige seiner besten Werke hat er jedoch in New York und in Yale verfaßt... Canetti ist ebenso wie Kraus im Ausland viel besser gefahren als zu Hause.« *Janik 1986*

London und Berlin oder Paris und München – der Aufbruch in die Moderne um 1900, Fin de siècle und Jugendstil, war eine europäische Bewegung, deren Signale wie in einem Brennglas zusammenliefen: Das »Leuchtfeuer der Moderne« brannte in Wien und strahlte von dort in andere Milieus aus und zurück, bis heute, denn »Wien um 1900« ist das historische Bild einer Jugend der Moderne, das die postmoderne Fin-de-siècle-Kultur der achtziger Jahre durch große Ausstellungen inszenierte (Hamburg, Paris, Venedig, New York u. a.), um das Ende der modernen Großstadtkulturen zu vergegenwärtigen. Mit allem Vorbehalt gesprochen: »Wien um 1900« als historische Zeit des aktuellen Bruchs mit der Kultur der Moderne zu lesen heißt, nach zwei Weltkriegen und Faschismus, Instrumentalisierung von Vernunft und Wissenschaften, Kulturindustrie und Rationalisierung des Alltags die vergangenen Zukünfte der Moderne zu suchen.

Daß sich in Wien zur Jahrhundertwende ein intellektuelles Milieu herausbildet, in dem eine kleine, heterogene Gruppe von bürgerlichen

Intellektuellen, europäisch orientiert, mit den Normen des Wissens und der Kultur ihrer Väter bricht (die ihnen deshalb die gesellschaftliche Anerkennung verwehrten), ist Bedingungen geschuldet, die ein spezifisches kulturelles Milieu, die Konjunktur der Wiener Moderne, begründeten.

Wien war mit 1,7 Millionen Einwohnern die größte Stadt der Habsburger Monarchie, Hauptstadt, Regionalstadt und selbständige Kommune zugleich. Die Konzentration der Verwaltungsfunktionen führte zu einer Zentralisierung von Politik, Ökonomie und Kultur und prägte die Struktur dieser Stadt. Groß-Wien beherbergte in der inneren Stadt (großbürgerlich), den Vorstädten (bürgerlich) und Vororten (proletarisch) eine Zweidrittel-Gesellschaft aus Dienstboten, Handwerkern, Arbeitern einerseits, Bürgertum und Adel andererseits: eine wenig durchlässige Hierarchie mit feinen sozialräumlichen Abstufungen, die sich in den sozialpolitischen Spannungen gegen Ende des Jahrhunderts artikulierte und in der Form von Massenparteien aufbrach.

Die Heterogenität der sozialen Schichtung verschärfte sich durch die Struktur des Vielvölkerstaates mit nahezu einem Dutzend Sprachen. Der politisch-kulturelle Austausch zwischen den großstädtischen Zentren Prag, Budapest, Triest, Krakau mit ihren Provinzen und Wien als Metropole förderte die Vielfalt der kulturellen und religiösen Formen des Alltagslebens und versorgte Wien mit Arbeitskräften, vor allem im Dienstleistungsbereich, aber insbesondere in Kultur und Wissenschaften: Gesicherte Arbeitsplätze, soziale Aufstiegschancen und kulturelle Reize der Großstadt kennzeichneten die Attraktivität Wiens. Die gesellschaftlichen und ethnisch-religiösen Spannungen des Vielvölkerstaates verhinderten jedoch die demokratische Transformation der k. u. k.-Monarchie in einen Staatenbund, der den Völkern Selbstbestimmung garantiert hätte.

Der klassische bürgerliche Liberalismus hatte zwar während der sechziger und siebziger Jahre parlamentarisch gesiegt, konnte seine Macht jedoch nur durch das Klassenwahlrecht im Schatten von Adel und kaiserlicher Bürokratie aufrechterhalten. 1895 (und 1900 auf nationaler Ebene) mußte er seine Macht abgeben: Die liberale Vorherrschaft in der politischen Kultur zerbrach durch die Formierung der antisemitisch-christlichsozialen (Wahlsieger), chauvinistisch-alldeutschen und sozialdemokratischen Massenparteien. In den Auseinandersetzungen zwischen ihnen wurden die liberalen Errungenschaften in Erziehungs- und Rechtswesen, Kultur und industrieller Technik – nämlich sozialer Fortschritt durch moralische Erziehung und Wissenschaft, bürgerliche Gesetzeskultur und Arbeitsdisziplin – zerrieben. Aus dieser Krise des

Liberalismus resultierte jene »amoralische Gefühlskultur« des Fin de siècle, der es nicht gelungen war, die Werte des Liberalismus in eine demokratische politische Kultur zu übersetzen.

Die Intellektuellen der Wiener Moderne sind Kinder dieser bedrohten liberalen Kultur. »Versuchen wir nun, die verschiedenen Stränge geistiger und gesellschaftlicher Entwicklung zu verbinden, wie sie in den neunziger Jahren zusammenliefen. In seinem Bestreben, der älteren aristokratischen Kultur der Anmut sich anzupassen, hatte das gebildete Bürgertum sich das künstlerische sinnliche Empfindungsvermögen zu eigen gemacht, aber in einer verweltlichten, verzerrten und hochgradig individualistischen Form. Selbstbespiegelung und eine Hypertrophie des Gefühlslebens waren die Folge. Die Bedrohung durch die politischen Massenbewegungen verlieh diesem schon vorhandenen Zug neue Stärke, weil sie das überkommene liberale Vertrauen in sein eigenes Vermächtnis der Rationalität, des Sittengesetzes und des Fortschritts schwächte. Von einem Ornament wurde die Kunst zum Wesentlichen verwandelt, und von einem Ausdruck der Werte zu einer Quelle der Werte. Der Unglücksfall des Zusammenbruchs des Liberalismus bildete das ästhetische Erbe zu einer Kultur empfindsamer Nerven, eines mißmutigen Hedonismus und einer oft rückhaltlosen Angst. Dazu kam noch, daß die liberale österreichische Intelligenz den älteren Strang ihrer Überlieferung, die moralisch-wissenschaftliche Gesetzeskultur, nicht völlig aufgab. Die Bejahung der Kunst und das Leben der Sinne wurden damit in den besten Geistern Österreichs vermischt mit Schuld und von ihr gelähmt. Die politischen Quellen der Angst wurden in der Seele des Einzelnen noch verstärkt durch die hartnäckige Gegenwart des Gewissens im Tempel des Narziß.«[1]

Die geistige Produktivkraft Wiens speiste sich aus den Provinzen, welche die Metropole mit Jugend und Intelligenz versorgten; aus den sozialen, ethnischen und religiösen Unterschieden, die sensibel machten für die Vielfalt kultureller Formen; aus der Starrheit der gesellschaftlichen Hierarchien, die den Zerfall des liberalen k. u. k.-Systems anzeigte. Zu diesen gesellschaftlichen Bedingungen kamen innere hinzu: »Das Bewußtsein der Desintegration und des Verlustes jeder die Menschen zur Einheit verbindenden Idee, der Zerfall der Werte, die Sinnkrise, die Zersplitterung des Großen und Ganzen in eine Vielfalt der Teile, welche in einen beschleunigten Prozeß der Veränderungen traten. Die Verbindung von Kontinuität und Tradition mit Zerstörung und Modernität, das Bewußtsein der Irrealität der Realität und der Irrationalität der Rationalität, die Verbindung von Provinzialismus und Kosmopolitismus, das alles machte Wien zur Brutstätte des Neuen.«[2]

Die Welt ist die Gesamtheit der Empfindungen; in der empirischen Notierung der Empfindungen ist sie darstellbar. Auch das Ich löst sich auf in die Wahrnehmung von Sinnesdaten, sie sind die letzten Elemente, »hinter« die nicht zurückgegangen werden kann, ohne metaphysisch zu werden. Auch Begriffe oder Träume sind aus Empfindungen gemacht: In der naturwissenschaftlichen und »denkökonomischen« Beschreibung von Sinnesdaten kritisiert der Machsche Empirismus metaphysische Spekulationen, die der Erfahrung entzogen sind (»Wucherungen des Vorstellungslebens«). Wahrnehmungen und Vorstellungen sind voneinander geschieden; Aufgabe der Wissenschaft ist es, die Zusammenhänge zwischen den Vorstellungen (Psychologie), den Wahrnehmungen (Physik) sowie zwischen den Vorstellungen und Wahrnehmungen (Psychophysik) zu systematisieren. Psyche und Physik sind zwei Aspekte der einen Wirklichkeit, die durch Beschreibung von Erfahrungen (»Vorstellungen«) auf ökonomische Weise (»Denkökonomie«) zusammengeführt und in wissenschaftlichen Sätzen nachzubilden sind. So auch die Vorstellung vom Ich: »Wenn ich sage: ›Das Ich ist unrettbar‹, so meine ich damit, daß es nur in der Einfühlung des Menschen in alle Dinge, in der Erscheinung besteht, daß dieses Ich sich auflöst in allem was fühlbar, hörbar, sichtbar, tastbar ist. Alles ist flüchtig, eine substanzlose Welt, die nur aus Farben, Konturen, Tönen besteht. In diesem Spiel der Phänomene kristallisiert, was wir unser ›Ich‹ nennen – vom Augenblick der Geburt bis zum Tod wechselt es ohne Ruhe.« (Mach)

Als zur Empfindsamkeit popularisierter Sensualismus fand diese Lehre von den Empfindungen Eingang in die Kultur des Jungen Wien – daß Hofmannsthal und Broch die Vorlesungen von Mach besuchten, Schnitzler mit ihm befreundet war und Musil seine Dissertation über ihn verfaßte, kennzeichnet die Bedeutung der Machschen Auflösung aller Erkenntnis in die Empfindung. Seine »erkenntniskritische« Methode dominierte nicht nur Physik und Naturphilosophie, sondern legte auch den Grundstein für die Philosophie des Positivismus (Wiener Kreis) und beeinflußte in der Problematisierung physikalischer Sätze die zeitgenössische Sprachphilosophie.

»Nur die Sinnesdaten sind uns gegeben, daher – heißt es – darf man keinen Schritt darüber hinausgehen. Aber wäre man konsequent, so müßte man weiter fragen: Sind uns auch unsere gestrigen Sinneswahrnehmungen gegeben? Wäre man konsequent, so müßte man sogar alle Vorstellungen, die man zu allen früheren Zeiten hatte, leugnen.«

(Boltzmann) Diese vom Nachfolger auf dem Machschen Lehrstuhl für Naturphilosophie vorgetragene Kritik des Positivismus (der weite Teile der zeitgenössischen Humanwissenschaften, insbesondere die naturwissenschaftlich ausgerichteten individualistischen Soziologien und Psychologien beherrscht) wird die Psychoanalyse radikalisieren. Freuds theoretisches Modell durchbricht den Empirismus der durch Wahrnehmungen »gegebenen« Erkenntnisse, insofern es diese an die Rekonstruktion seiner Genese bindet; die Erkenntnis des Ichs ist damit an die Darstellung dieser Rekonstruktion in der Form theoretischer Modelle der determinierenden Instanzen Es, Unbewußtes und Bewußtes gebunden. Während die positiven Humanwissenschaften eine solche Konstruktion von Erkenntnis als metaphysisch ablehnen, wird die Erkenntnis des Ichs in der kritischen Theorie des Psychischen nach Freud, die auch physische Daten integriert, in der kritischen Darstellung erst »gegeben«. Es ist das Thema der Darstellbarkeit, der Möglichkeit, »Welt« abzubilden, das die Epistemologie in Wien charakterisiert.

Sagbares / Unsagbares

Angesichts des Zerfalls von Kultur und Gesellschaft wird die »Darstellung der Welt« und ihrer disparaten Tatsachen zum Sprachproblem. »Es ist mir völlig die Fähigkeit abhanden gekommen, über etwas Zusammenhängendes zu denken und zu sprechen [...] Es zerfiel alles in Teile, die Teile wieder in Teile, und nichts ließ sich mit einem Begriff umspannen.« (Hofmannsthal) Einzig Literatur und Poesie gelingt es, Bilder von der fragmentierten Welt zu produzieren – da Wissenschaft ihre Wahrheit nicht mehr darstellen kann. Diese »literarische« Erkenntnis, daß die Wissenschaft aufgrund der Mehrdeutigkeit von Sprache »Dichtung« ist, wurde von der Sprachphilosophie radikalisiert. Die Grenze der Sprache besteht darin, daß die Menschen über eine metaphorische Deutung der Welt nicht hinausgelangen können, daß weder in Philosophie noch in Wissenschaft wahre Erkenntnis möglich sei: »darum ist Welterkenntnis durch Sprache unmöglich« (Mauthner). Trotz Mehrdeutigkeit ist zwar alltägliches Handeln mit Hilfe von Sprache möglich; als Mittel zur Welterkenntnis jedoch ist sie ungeeignet. Die Welt ist unsagbar. Für Literatur und Wissenschaft ergibt sich daraus die paradoxe Situation, gegen das von Erkenntniskritik und Sprachphilosophie auferlegte Schweigen das Nichtmitteilbare dennoch auszudrücken. Kafkas Parabeln etwa versuchen, das Unsagbare zu sagen, und Wittgenstein wird später in der Sprache selbst die Linie zwischen dem Sagbaren und Unsagbaren ziehen: »Wovon man nicht sprechen kann, darüber muß man schweigen.«

Damit wird jedoch auch normativ festgelegt, was der kodifizierten Sprache der Wissenschaft nicht zugänglich sei: Politik und Moral, soziale Reform, Religion oder das Unbewußte. »Worüber man schweigen soll, darüber muß man sprechen.« Diese aufklärerische Maxime Freuds war auch das Motiv eines anderen Sprachkritikers, der ebenso wie Freud nicht schweigen mochte. Mit der praktischen Sprachkritik in der alltäglichen Satire seiner Antizeitung *Fackel* zog Kraus die Grenze zwischen Aufrichtigkeit und Heuchelei, die ihm den Maßstab seiner Kritik am öffentlichen, insbesondere journalistischen Sprachzerfall lieferte. Angriffspunkte waren das Scheitern der Eliten und ihre Lebensstile, die Korruptionsskandale der Stil-Demokratie, die heuchlerische Sexualmoral im trostlosen Kontext von Tuberkulose, Selbstmord und Wohnungsnot sowie das Versagen der Intellektuellen Alt- und Jungwiens, die angesichts der zerfallenden politischen Kultur nicht nur schwiegen, sondern vor allem Lebensform und kulturellen Ausdruck nicht mehr zur Deckung bringen konnten: »Meinungen, Richtungen, Weltanschauungen – es kommt doch zuerst und zuletzt auf nichts anderes an als auf den Satz [...] Stil ist nicht der Ausdruck dessen, was einer meint, sondern die Gestaltung dessen, was einer deutet und was er infolgedessen sieht und hört.« (Kraus)

Original / Kopie

In einem Gedicht findet Hofmannsthal eine Rose im Schnee, stellt sie in eine kleine japanische Vase auf den Schreibtisch und legt sich schlafen; später, aufwachend, hört er leises Reden – es ist die Porzellanrose des Altwiener Tintenzeugs: »Er hat absolut kein Stilgefühl mehr. Sonst hätte er unmöglich so etwas neben mich stellen können.« Solcher Widerspruch von Kopie und Original ist ein Signum des Jugendstils; in ihm, so Benjamin, setzt sich das Bürgertum noch nicht mit seiner sozialen, jedoch mit seiner Herrschaft über die Natur auseinander: Der Naturalismus wird vom Symbolismus in Malerei und Kunstgewerbe verabschiedet, in dem Natur als stilisiertes Ornament erscheint. Die rasch aufeinanderfolgenden Secessionen künden von einem Wandel, der sich gegen den vermarkteten Historismus in Kunst und Kunstgewerbe sowie gegen das Makartsche Atelier als Idealdekoration des Künstlers, Sammlers und bürgerlichen Interieurs richtet. Mit der Idee des in sich stimmigen Gesamtkunstwerks, das die angewandten Künste aufwertet und materialgerecht integriert, soll eine neue Synthese von Kunst, Leben und Natur geschaffen werden. Der ästhetische Oppositionsgehalt, der in den Parolen »Kunst für alle«, »Wir kennen keinen Unterschied zwischen ›hoher Kunst‹ und ›Kleinkunst‹, zwischen Kunst für die Reichen und Kunst für die Armen« zum Ausdruck kommt, wird jedoch verbraucht in einer neuen regressiven Stilisierung und Ästhetisierung aller alltäglichen Ausdrucksformen des Lebens: »Der demokratische Bildungsursprung einer ›Kunst für alle‹, deren Segnung sich in einem erhöhten Niveau der Alltagsdinge äußert, führt in seinen äußersten Konsequenzen zu der aristokratischen Vollendung raffinierten Kulturästhetentums.« (Zuckerkandl) Die anfängliche soziale Utopie einer wechselseitigen Durchdringung von Kunst und Leben gerinnt dem kollektiven Dekorationsstil der Secessionisten zur Mode: »Wenn sich jetzt ein junges Paar bei einem Tapezierer eine Einrichtung bestellt, hat es nur einen Wunsch: möglichst Secession! Wenn uns ein Commis eine närrische Krawatte aufdringen will, sagt er und verdreht die Augen dabei: Bitte – Secession! Secession auf allen Gassen, an allen Ecken, Secession zum Sehen, Hören, zum Essen und zum Trinken, man redet ja schon von secessionistischer Sauce.« (Bahr) Wenngleich darin das Ziel einer alltagspraktischen Wirkung der Künste erreicht scheint, so beugt sich die secessionistische Ästhetik doch einem abermals elitären Stilisierungswillen, der die anfänglich kritische Pluralität in die idealistische, im Gesamtkunstwerk fixierte Aristokratisierung des Geschmacks zurücknimmt. Geschmacksdiktat und erneute Stilisierung, der Wechsel von der historischen Ästhetik zur Ausstellung des Lebens in der Secession wurden denn auch alsbald Gegenstand der Kritik: »Wir wollen wieder die Herren unserer eigenen vier Wände sein. Sind wir geschmacklos, so werden wir uns geschmacklos einrichten. Haben wir Geschmack, umso besser. Von unseren Zimmern wollen wir uns aber nicht tyrannisieren lassen.« (Loos) Loos zufolge sollte jeder sein eigener Dekorateur sein und ohne gesamtkünstlerischen Anspruch die entsprechenden Handwerker heranziehen. Dabei können durchaus alte Formen kopiert werden, soweit sie brauchbar sind, d. h. den Zwecken genügen. Bei neuen Techniken und Materialien jedoch dürfen formale Lösungen nicht angewandt werden, wenn sie »überholt« und daher den Zwecken nicht angemessen sind. Aufgabe der Kultur ist es, für das neue Material eine neue Formsprache zu finden: »Alles andere ist Imitation.« (Loos) Dem Schwindel der Nachahmung entgeht Loos in seiner Praxis, durchaus widersprüchlich zur eigenen Theorie, durch formale Gerechtigkeit und erstklassige Handwerksarbeit. »An die Stelle der in seinen Augen parvenuehaften Scheinnobilisierung durch das ›angenagelte‹ Ornament wird Loos *seine* Architektur, und damit auch *seine* Auftraggeber, durch die Ornamentlosigkeit – ehrlich und wahrhaftig – adeln.«[3]

Sprache der Stadt / Sprechen über die Stadt

»Wenn ich den Ring entlang schlendere, so ist es mir immer, als hätte ein moderner Potemkin die Aufgabe erfüllen wollen, jemandem den Glauben beizubringen, als würde er in eine Stadt von lauter Nobili versetzt. Was immer auch das (Renaissance-)Italien an Herrenpalästen hervorgebracht hat, wurde geplündert, um ein Neu-Wien vorzuzaubern, das von Leuten bewohnt werden könnte, die imstande wären, einen ganzen Palast innezuhaben.« (Loos) Die Potemkinsche Szenerie der Ringstraße, seit den sechziger Jahren auf dem Glacis gebaut, trennt die Innenstadt (Residenz, Großadel, Kirche) von den damals sogenannten Vorstädten der Wiener Dienstleistungsgesellschaft; sie besteht aus einem Kreis von imitierten Monumentalbauten, gestaltet in vielfältigen, nach Funktionen geordneten Stilarten für die konstitutionelle Regierung, die staatlichen Kulturen und das bürgerliche Wohnen.

Diese Bauten scheinen nur aufgrund der gemeinsamen Lage in einem Zusammenhang zu stehen: »Die Gebäude schweben ohne Beziehung in einem räumlichen Medium, dessen einzig stabilisierendes Element eine Verkehrsader bewegter Menschen ist.«[4] Auf diese Weise durchbricht die Ringstraße den perspektivisch geordneten Raum barocker Repräsentation zentraler Macht und symbolisiert in der individualistischen Anordnung der nobel ornamentierten Gebäude den bürgerlichen Raum des Dritten Standes. Als eine Art Selbstrepräsentation der liberalen Stildemokratie ist sie einer der letzten monumentalen Versuche, Gesellschaft durch die überkommene Sprache der Stadt, also in Stein und Straße darzustellen: Die praktischen Funktionen der städtischen Lebensformen sind in dieser inneren Urbanisierung des Stadtzentrums der symbolischen Rolle der Repräsentation untergeordnet. Einsatzpunkt der Kontroversen um die Ringstraße ist die Kritik der dominanten Verkehrsfunktion. Sitte, selbst Architekt an der Ringstraße, kritisiert das Zerfließen des Stadtraumes, das dem künstlerischen Raumempfinden widerspreche; die modernen städtischen Systeme, insbesondere die funktional geordnete Abfolge von Straße, Platz und gerastertem Gründerzeit-Viertel, artikulieren den Widerspruch von Funktion und Kunst, der nur durch den Rückgriff auf antike und mittelalterliche Stadtbaumodelle raumpsychologisch befriedigend gelöst werden könne. Ein »Städtebau nach künstlerischen Grundlagen«, so Sittes Grundforderung, muß »Inseln schaffen im kalten Meer des von Verkehr dominierten Raumes«.[5]

Sittes künstlerischer Städtebau ist der neuromantische Versuch, gegen großstädtische Anomie und moderne Bürokratie die Stadt als Ort von Gemeinschaft ästhetisch zu rekonstruieren. Die aus dem Handwerk kommende Architektur der Stadt spielt die Hauptrolle in der formalen Synthese der zersplitterten Elemente des Großstadtlebens. Dieser Bezug zur Idee des Gesamtkunstwerkes unterscheidet Sittes Städtebau nicht von Wagners Konzeption moderner Stadtplanung; während Sitte jedoch Gefangener der inneren Urbanisierung des Zentrums bleibt, denkt Wagner über den Ring hinaus: Mit der Parole »unbegrenzte Großstadt« will er die rasche Ausdehnung der Stadt in kontrollierte Bahnen lenken. Denn der Städtebau ist mit dem Problem konfrontiert, »Kunst und Künstler zu Worte kommen zu lassen, den die Schönheit vernichtenden Einfluß des Ingenieurs für immer zu brechen und die Macht des Vampyrs ›Spekulation‹, der heute die Autonomie der Großstädte nahezu illusorisch macht, auf das Engste einzudämmen« (Wagner). Kunst und Großstadt sind die Hebelpunkte, die Architektur der Stadt neu zu denken. Wagner erkennt die Probleme der modernen Stadt (Verkehr, Hygiene, Spekulation, tertiärer Sektor); sie fordern einen neuen, modernen Stil – in der Erkenntnis, »daß der einzige Ausgangspunkt unseres künstlerischen Schaffens nur das moderne Leben sein kann« (Wagner). Die Prinzipien der modernen Großstadt liefern Wagner die Kriterien, die mit der Ringstraße verbundenen Stadt- und Architekturformen theoretisch und praktisch zu kritisieren.

Der Generalbebauungsplan für die Ausdehnung des Stadtraums und die Leitung des Stadtbahnprojekts führen Wagner zu einer utilitaristischen Konzeption von Planung zur Kontrolle der kapitalistischen Stadtentwicklung. Die Ordnung des Verkehrs, die planmäßige Addition von monumentalisierten, uniformen Stadtvierteln und die kommunalen Finanzierungsmodelle der Bodennutzung sind die modernen Elemente, der unbegrenzten Großstadt die »freie Entfaltung für immerwährende Zeiten« (Wagner) zu sichern. Dahinter steht die Vorstellung von der Stadt als komplexem Raum gesellschaftlicher Funktionen, die sich einer »Darstellung« im Sinne des künstlerischen Städtebaus, also einer »Sprache der Stadt« zu entziehen beginnen. Mit der spezialisierten Arbeit der Urbanistik – der politischen Technologie der Rationalisierung städtischen Wachstums, welche die nur durch spekulative Auswüchse behinderte Expansion in Einklang mit der ökonomischen

Grundlage bringen und in geordnete Bahnen lenken soll – ist die Planung der Großstadt abhängig vom funktionalen Diskurs *über* die Stadt, der die Prinzipien städtischer Lebensformen erforscht und praktisch *umsetzt*.

Auf der anderen Seite kritisiert Wagner als Mitglied der Secession seine eigene langjährige architektonische Praxis im Renaissancestil der Ringstraße und fordert mit seinen Geschäfts- und Wohnbauten, in denen er neue Materialien und Konstruktionen anwendet, ein neues »Zusammenstimmen« von (vorrangigen) Zwecken und ästhetischen Formen. Diesen Bruch mit der historischen Stilarchitektur wird Loos radikalisieren. Wie Wagner erkennt er die Industrie als Produktionsgrundlage von Architektur an – ohne jedoch von der gesamtkünstlerischen Beherrschbarkeit der Handwerke in gleicher Weise überzeugt zu sein. Während Wagner mit seinen monumentalen Raumblöcken dem Anspruch des Künstler-Architekten für die Sprache der Stadt verhaftet bleibt, gibt es für Loos keine Architektur mehr außerhalb von Arbeitsteilung: Im arbeitsteilig zusammengefügten Produkt »Haus« stoßen unterschiedliche Formsprachen alltäglicher Funktionen in einer Art antistilistischer Polemik gegeneinander und negieren die Wagnerische Geschlossenheit des modernen Secessionisten-Stils, der die angewandten Künste formal synthetisierte.

Die Wagnerischen Bauten symbolisieren die Prinzipien der modernen Großstadt, sofern sie in der Fassade dargestellt werden: »Das moderne Auge hat den kleinen, intimen Maßstab verloren, es hat sich an weniger abwechslungsreiche Bilder, an längere gerade Linien, an ausgedehntere Flächen, an größere Massen gewöhnt.« (Wagner) Loos dagegen widerspricht dieser positiven Darstellungsfunktion; die durch den Zusammenstoß unterschiedlicher Formsprachen »negative« Architektur zertrümmere die architektonische Gestalt und verweigere ihr so, in der stilisierten Einheit ein Raum-Bild des Städtischen, eine Idee von der Stadt zu geben. Dieses »Schweigen« der Architektur in der Sprache der Stadt ist jedoch nicht »darstellbar«; Loos kritisiert jegliche Synthese als Fiktion. Seine Bauten, die mit der »Raumplanarchitektur« die dritte Dimension erobern, behaupten die Unmöglichkeit einer ästhetischen Synthese städtischer Lebensverhältnisse. Ihre widersprüchlichen Formsprachen gleichen Dissonanzen, wie sie Schönberg als »harte Zusammenklänge« komponierte.

Mit dem »empfindsamen« Zerfall der Vorstellung vom Ich, dem Zweifel an der Sagbarkeit von Tatsachen, dem ästhetischen Schein ornamentalisierter Lebensstile und der Transformation der architektonischen Sprache der Stadt in einen Planungsdiskurs über das Städtische sind die zentralen Fragen des 20. Jahrhunderts gestellt: In ihnen meldet sich die Epistemologie der Moderne als Problematik der wissenschaftlichen Darstellung und ästhetischen Abbildung von Welt. Das Nebeneinander von Tradition und Fortschritt, Tatsachengläubigkeit und ästhetischem Schein, Metropole und Provinz fördert um 1900 Ambivalenzen zutage, die in allen kulturellen Bereichen als Zwiespalt zwischen Bewahren und Zerstören hervortreten. Freud, Kraus, Loos, Schönberg sind konservative Revolutionäre, die diesen Zwiespalt paradigmatisch erkunden und bezeichnen.

Das eigentliche Medium der Wiener Moderne war die städtische Öffentlichkeit, die im »Centrumsgefühl« der österreichischen Metropole zugleich nationale Bedeutung hatte. Literatur, Presse, Theater, Ausstellung und Stadtplanung markierten die gesellschaftlichen Orte öffentlicher Wirksamkeit der Wiener Intellektuellen: Urbanität kennzeichnete ihren Zusammenhang. Wohl aufgrund der in den und gegen die etablierten Institutionen der städtischen Öffentlichkeit zu erkämpfenden gesellschaftlichen Anerkennung waren die intellektuellen Milieus im städtischen Zusammenhang Wiens enger miteinander verknüpft als in anderen Städten. Infolge von Bekanntschaften und persönlichen Verflechtungen kannte fast jeder jeden. Die übliche Spaltung zwischen der von Frauen organisierten Salonkultur (mit den bereits berühmten Künstlern und Intellektuellen) und der Bohemekultur der Cafés (mit den schlechtergestellten Publizisten und Literaten, z. B. Altenberg) war aufgrund der gemeinsamen Herkunft aus dem Bürgertum und der Frontstellung gegen die Kultur Alt-Wiens (»Revolte gegen die Väter«) weniger tiefgreifend als etwa in Berlin oder München. Es gab gegenseitigen Austausch und vielfache Vermittlungen. Neben Buchveröffentlichungen und Ausstellungen (Secession) traten die Intellektuellen und Künstler mit Zeitschriften an die Öffentlichkeit: *Fackel* (Kraus), *Imago* (Freud), *Das Andere* (Loos) und *Der Ruf* (herausgegeben vom Akademischen Verband für Literatur und Musik, der die für die Durchsetzung der Moderne wichtigsten Veranstaltungen organisierte). »Vom Publikum und dem ›Establishment‹ in ihrem jeweiligen Bereich zurückgewiesen, organisierten sie sich (technisch gesprochen) ihre Produktionsmittel selbst. Sie konnten damit, ohne Kompromisse machen zu müssen, ihre zunächst abgelehnten Produkte doch veröffentlichen und sich auf lange Sicht durchsetzen.«[6]

Die enorme geistige Produktivität im städtischen Milieu der Wiener Moderne darf jedoch nicht über die begrenzte Reichweite ihrer öffentlichen Wirksamkeit hinwegtäuschen. »Wien um 1900« ist als geistiger Topos eher ein Gebilde der historischen Analyse und muß in der Spannung zum sozialen Raum der Metropole gesehen werden. »Wenn ich mich bei der Oper aufstelle und zum Schwarzenbergplatz hinunterblicke, so habe ich das intensive Gefühl: Wien! Wien! die millionenstadt Wien, die metropole eines großen reiches. Wenn ich aber die zinshäuser am Stubenring betrachte, so habe ich nur ein gefühl: fünfstöckiges Mährisch-Ostrau.« (Loos) Zwar nahmen die Intellektuellen die Spannung zwischen Ringstraßenpalais und Vorstadtzinsbau wahr – jedoch ohne sie theoretisch und reformpolitisch zu durchdringen. Im Jugendstil und Fin de siècle setzte sich das Bürgertum nicht mit seiner sozialen Herrschaft auseinander, sondern mit dem Ende der eigenen Kultur: »Das Bürgertum fühlt, daß es nicht mehr lange zu leben hat; desto mehr will es sich jung. Es spiegelt sich so ein längeres Leben vor oder zumindesten einen Tod in Schönheit.«[7] Daher die dominanten Themen Traum und Tod. »Wenn wir uns früh an einem Reisetage erheben müssen, so kann es vorkommen, daß wir, ungeneigt aus dem Schlafe zu entwinden, träumen, wir stehen auf und ziehen uns an. So einen Traum träumte die Bourgeoisie im Jugendstil, fünfzehn Jahre bevor die Geschichte sie dröhnend weckte.«[8]

Durchdringung. Frankfurt um 1930: Die kritischen Sozialforscher

> »Im übrigen ist heute schon die Materialien- und Tatsachensammlung eine solche Aufgabe, daß sie für den einzelnen nicht mehr lösbar, sondern nur durch Organisationen in größerem Maßstab möglich ist; auch verlangen die verwickelten sozialen Zusammenhänge die kooperative geistige Zusammenarbeit.« *Gerlach*

> »Wie drängen Erkenntnisse heutiger Gestaltung gleichsam nach homogener Zusammenfassung!« *May*

Der Zusammenbruch der konstitutionellen Monarchien, die verheerenden Erfahrungen des Ersten Weltkrieges, die Russische Revolution und die Demokratisierungsprozesse der Massengesellschaften lassen vor allem eine Tatsache als unabweisbar erscheinen: Die Trennung von Politik und Kultur, in Wien Garant der intellektuellen Produktivität, läßt sich nicht mehr aufrechterhalten. Das Bürgertum wird nun mit den Bedingungen seiner Herrschaft konfrontiert; es muß sich mit dem Aufstieg der Massen auseinandersetzen. Gegenüber Wien um 1900 ist die gesellschaftliche Situation grundlegend verändert; in der Weimarer Republik sind die in der wilhelminischen Gesellschaftsordnung voneinander abgegrenzten gesellschaftlichen Einheiten Politik, Ökonomie und Kultur innig miteinander verflochten. In der gesellschaftlichen Geometrie der nationalstaatlichen Ordnung bilden diese Instanzen eine Art von Durchdringungsfigur, deren Flächen nunmehr in einem nichtäußerlichen Verhältnis zueinander stehen. Weder Staat noch zivile Gesellschaft sind durch die neue Ökonomie im Sinne substantieller Unterwerfung beherrscht (das ist der Modus der Trennung gesellschaftlicher Räume im 19. Jahrhundert: Kolonisierung), sondern in der Durchdringung begrenzter Räume und ihrer Homogenisierung: »Der gesellschaftlichen Arbeitsteilung in Maschinerie und großer Industrie liegt die totale Trennung des Arbeiters von den Arbeitsmitteln zugrunde. Diese gesellschaftliche Arbeitsteilung impliziert eine völlig verschiedene Raummatrix. Es handelt sich um einen seriellen, fraktionierten, diskontinuierlichen, parzellierten, zellenförmigen und irreversiblen Raum, der für die tayloristische Teilung der Fließbandarbeit in der Fabrik charakteristisch ist. Er besteht aus einer Reihe von Distanzen, Lücken und Fraktionierungen, aus Einfriedungen und Grenzen, aber er hat kein Ende, denn der kapitalistische Arbeitsprozeß kann tendenziell auf die ganze Welt ausgedehnt werden. Damit ist der moderne Raum geboren: ein Raum, in dem man durch das Überschreiten von Trennungslinien ad infinitum die Stelle wechselt, in dem jede Stelle durch ihren Abstand zu anderen definiert wird, ein Raum, in dem man sich ausdehnt durch Assimilierung neuer Segmente, die durch das Verschieben ihrer Grenzen homogenisiert werden müssen. In diesem Raum sind die Bewegungen des Kapitals und seine erweiterte Reproduktion, die Verallgemeinerung des Austauschs und die Geldströme eingeschrieben.«[9]

Erfahrbar wird die neue Ordnung gesellschaftlicher Räumlichkeit in der Modernisierung von großstädtischen Lebensweisen, die bereits durch soziale Homogenisierung und Individualisierung, Rationalisierung und industrielle Arbeitsteilung, Geldkultur und Tempo der

Gleichzeitigkeit geprägt sind. Und es sind vornehmlich die städtischen Intellektuellen, die diese Erfahrung verarbeiten: abendländische Rationalisierung und Bürokratie (Weber), Liebe, Luxus und Kapitalismus (Sombart), Individuum und Unbewußtes (Freud), Steigerung des Nervenlebens und Geldkultur (Simmel)... Diese Reflexionen bilden den geistes- und sozialwissenschaftlichen Hintergrund der gleichzeitigen Versuche der technologischen und ästhetischen Avantgarden, die von der gesellschaftlichen Arbeitsteilung verursachten Trennungen in einer neuen Aufteilung des Wissens aufzuheben: Wissenschaft und Technik, Kunst und Alltag, Hand und Kopf, Theorie und Praxis. Auf dieser zweiten Ebene formuliert der Begriff der Durchdringung die Praxis der kulturellen Spezialisten des Städtischen, die in den Disziplinen des 19. Jahrhunderts markierten Grenzen des Wissens interdisziplinär zu überwinden und die spezialisierte wissenschaftliche, technische und ästhetische Intelligenz kooperativ zusammenzuführen. In den Schulen dieser Avantgarden nimmt der Begriff der Durchdringung folglich den Status einer konzeptiven Ideologie der Formarbeit an: In der »Kunst der Durchdringung« wird die neue Räumlichkeit der großstädtischen Kultur experimentell erforscht und in der künstlerischen Produktion von Gerät, Architektur und Städtebau umgesetzt.

Dieses Stadium kapitalistischer Gesellschaftsformation konfrontiert die Intellektuellen mit den industriell (trans)formierten Macht-Wissen-Komplexen, die ihre gesellschaftliche Rolle *thematisieren* und ihre Konzepte intellektueller Reaktion auf sie *problematisieren*. Der soziale Raum ist geprägt durch die Auseinandersetzungen zwischen den Klassen und ihren Fraktionen um die Macht in Staat, ziviler Gesellschaft und ökonomischen Apparaten; das Thema ist die revolutionäre Rolle des Proletariats im Nichtgelingen von Revolution und sozialistischer Transformation der Gesellschaft in der Sowjetunion und anderswo: Problematisch ist hier der Versuch einer Zusammenführung durch marxistische Berufsrevolutionäre westlicher Prägung. Die Wissenschaften sind arbeitsteilig aufgespalten in Einzeldisziplinen, die das Wissen auch disziplinieren; das Thema ist der Zusammenhang von Philosophie, einzelwissenschaftlicher Theorie und empirischer Tatsachenforschung: Problematisch ist hier der Versuch, die Einheit der Wissenschaften positiv auf naturwissenschaftlicher Grundlage herzustellen (abgesehen von den Mandarinen der Wissenschaften, die die universitäre, elitäre Ordnung des Wissens affirmieren). Die kulturellen Produktionen sind konfrontiert mit dem Eindringen industrieller Methoden in Architektur, Kunst und Alltag, das ein »Zusammenstimmen« der Künste nach Art der Wiener Konzeption des Gesamtkunstwerkes obsolet macht; das Thema ist hier die Zusammenarbeit von Künstlern und Technikern unter den industriellen Bedingungen ihrer fortschreitenden Spezialisierung und Professionalisierung: Problematisch ist der Versuch der künstlerischen Avantgarden, die Trennung von Kunst und Alltag, Hochkultur und Massen im Medium der Politisierung aufzuheben (abgesehen von den unpolitischen Dichter- und Malerfürsten, die auf der Trennung von Politik und Kultur beharren).

Der Konflikt zwischen diesen unterschiedlichen Positionen in der politischen Kultur der Weimarer Republik vervielfältigte die Selbstverständigungsprozesse der Intelligenz, die in der sowohl von rechts als auch von links artikulierten Kritik der Intellektuellenfigur, in der Ideologiekritik und in der Wissenssoziologie einer »freischwebenden Intelligenz« ihre gesellschaftliche Rolle suchte. Aus diesen Debatten kristallisierte sich Ende der zwanziger Jahre eine neue Organisationsform des sozialen Wissens heraus, die das Verhältnis von Philosophie und Praxis, Theorie und Empirie in den nächsten Jahrzehnten bestimmen sollte – exemplarisch organisierte das Institut für Sozialforschung in Frankfurt die von Gerlach geforderte »kooperative geistige Zusammenarbeit« als interdisziplinäre Analyse.

Die Auseinandersetzung mit dem zeitgenössischen Marxismus, die Entwicklung eines kritischen Begriffs von Wissenschaft und die Analyse industrialisierter Kulturphänomene sind die gleichzeitigen Konstitutionselemente der »Kritischen Theorie«, können jedoch auch als Phasen der Institutsarbeit bis in die fünfziger Jahre gedeutet werden.

Zusammenhänge

In jeder dieser Phasen findet intellektuelle Produktion von Zusammenhängen statt – das ist der vornehmste Gegenstand von Intelligenzarbeit, Kooperation ihr praktischer Ausdruck. Die Frühphase des Institutes ist dementsprechend durch die Auseinandersetzung mit dem auch aus Wien importierten Marxismus gekennzeichnet (Grünberg, Borkenau, Wittfogel). Im erneuten, durch vormarxistische Philosophie inspirierten Rekurs auf Marx wird sie zur sozialwissenschaftlichen Dialektik von Forschung und Darstellung verwandelt:

»(I) Angesichts des Verlusts der revolutionären Arbeiterbewegung wird zunächst das Proletariat vom Subjekt zum Adressaten der Theorie umdefiniert und das Theorie-Praxis-Dilemma in das Problem einer Tatsachen- und Begründungswissen umgreifenden Gesellschaftstheorie überführt. Die Reformulierung des Materialismusbegriffs erscheint somit, abgekoppelt von der Praxisdimension, als eine Frage der Vermittlung von tatsachenbezogener Wissenschaft und begründungsbezogener Philosophie. (II) Auf dieser Grundlage stellt sich die Krise des Marxismus in einer veränderten Form dar, nämlich als ein Problem unzureichender Erklärungen: Sie wird als Folge mangelnder theoretischer und empirischer Differenzierungen interpretiert und zugleich in eine wissenschaftsorganisatorische Fragestellung übersetzt, denn die konstatierten Theorielücken können nach Horkheimer allein über eine interdisziplinäre Erweiterung bzw. Differenzierung des materialistischen Paradigmas geschlossen werden. [...] (III) Im dritten Schritt kommt es schließlich zu einer metatheoretischen Erweiterung der Argumentation; das Interdisziplinaritätsvotum wird in eine Analyse des Zusammenhangs von begründungsbezogener Sozialphilosophie und einzelwissenschaftlicher Sozialforschung gestellt. [...] Die verschiedenen Ebenen erscheinen vollständig miteinander vermittelt und das Programm der Kritischen Theorie soweit differenziert, daß es zur Anleitung einer konkreten Forschungspraxis tauglich wird.«[10]

Mit diesem Programm ist die »Frage nach dem Zusammenhang zwischen dem wirtschaftlichen Leben der Gesellschaft, der physischen Entwicklung der Individuen und den Veränderungen auf den Kulturgebieten im engeren Sinn, zu denen nicht nur die sogenannten geistigen Gehalte der Wissenschaft, Kunst und Religion gehören, sondern auch Recht, Sitte, Mode, öffentliche Meinung, Sport, Vergnügungsweisen, Lebensstile usw.« als wissenschaftsorganisatorisches Problem formuliert (Horkheimer). Der Zusammenhang von Sozialphilosophie, Sozialforschung und historischer Theorie der Gesellschaftsentwicklung löst die positivistische Marxinterpretation der Frühphase des Institutes ab. An die Stelle des deduktiven Totalitätsprinzips (»revolutionäre Stellvertretung«) tritt »eine Diktatur der planvollen Arbeit über das Nebeneinander von philosophischer Konstruktion und Empirie in der Gesellschaftslehre« (Horkheimer). Studien zur Wissenschaftstheorie, die Einbindung der Psychoanalyse in die Soziologie, Untersuchungen zur Politischen Ökonomie und Kunstsoziologie realisieren diese »planvolle Diktatur«, wie sie in der *Zeitschrift für Sozialforschung*, mit der sich das Institut einen eigenen Zugang zur Öffentlichkeit verschafft, als Kooperationszwang zum Ausdruck kommt: Jeder Beitrag wird einer gemeinschaftlichen Bewertung durch die Herausgeber unterworfen, die den kollektiven Gestus des Instituts begründet und veröffentlicht. Damit beansprucht das Institut, was nach Horkheimer »alle echten Forscher immer getan haben: nämlich ihre aufs Große zielenden philosophischen Fragen anhand der feinsten wissenschaftlichen

Methoden zu verfolgen, die Fragen im Verlauf der Arbeit am Gegenstand umzuformen, zu präzisieren, neue Methoden zu ersinnen und doch das Allgemeine nicht aus den Augen zu verlieren«. Das Horkheimersche Programm bleibt jedoch in der Konstitutionsphase des Instituts und danach nicht unerschüttert. Gegen die Erkenntnis des gesellschaftlichen Vermittlungs-Zusammenhangs durch methodische Verschmelzung der Disziplinen setzt Adorno das Prinzip der Zusammenstellung: »Schlicht gesagt: die Idee der Wissenschaft ist Forschung, die der Philosophie Deutung. Deutung des Intentionslosen durch Zusammenstellung der analytisch-isolierten Elemente und die Erhellung des Wirklichen kraft solcher Deutung: das ist das Programm jeder echten materialistischen Erkenntnis. Wenn Philosophie lernen muß, auf die Totalitätsfrage zu verzichten, dann heißt das vorab, daß sie lernen muß, ohne die symbolische Funktion auszukommen, in welcher bislang, wenigstens im Idealismus, das Besondere das Allgemeine zu repräsentieren schien.« Deutung ist Zusammenstellung dissonanter Erkenntnisse der Einzelwissenschaften; erst in deren nichtintegrierender Gegenüberstellung bildet sich eine Konfiguration, in der die Wahrheit als Bild erscheint, zusammengesetzt aus dem jeweils Besonderen, das nach Veränderung drängt: »Nicht zwar wird im Begriff die Wirklichkeit aufgehoben; aber auch der Konstruktion der Figur des Wirklichen folgt allemal prompt die Forderung nach ihrer realen Veränderung. Die veränderte Geste des Rätselspiels – nicht die bloße Lösung als solche gibt das Urbild der Lösungen ab, über welche die materialistische Praxis einzig verfügt.« Adorno, mit dem Wiener Milieu wohlvertraut, knüpft damit stärker als andere Institutsmitglieder an das Motiv der Wiener Geisteskultur an. »Keine Philosophie, keine Theorie, wie umfassend auch immer ihre Intention oder mit welcher gesellschaftlichen Klasse auch immer verbunden, könne legitim behaupten, das Ganze zu begreifen. Denn der Gegenstand der Erkenntnis, Gesellschaft, sei zu brüchig, widersprüchlich und zusammenhanglos, um mehr als eine ebenso unzusammenhängende Vorstellung von sich zu erlauben. Nur in Spuren und Trümmern, in jenen allegorischen Bildern, die Benjamin in den barocken Trauerspielen entdeckt habe, könne die Vorahnung eines zukünftigen Ganzen ergriffen werden. Es gebe, mit anderen Worten, kein rein methodologisches Mittel gegen die Zersplitterung der Erkenntnis, wie sie sich in dem Chaos konkurrierender Einzeldisziplinen ausdrücke. Das Ziel eines voll integrierten interdisziplinären Projekts sei daher in der Gegenwart unerreichbar. Philosophie müsse sich vielmehr mit der Form des Essays zufriedengeben und der Versuchung fliehen, systematisch zu werden.«[11]

»Unsere Universität ist, wie Sie wissen, zu Beginn des Jahrhunderts aus einer Handelshochschule, aus einer Gründung Frankfurter Bürger, vor allem jüdischer Kaufleute und Bankiers hervorgegangen – die Mertonstraße, die einmal auf das Portal des Hauptgebäudes zulief, erinnerte daran. Dieser Anfang erklärt auch, warum in der ersten Satzung der Universität ausdrücklich festgehalten wurde, daß niemand wegen seiner Rasse und seines Glaubens diskriminiert werden dürfe. Weil das an deutschen Universitäten damals, vor dem Ersten Weltkrieg, keineswegs selbstverständlich war – denken Sie nur an die akademische Karriere eines Georg Simmel –, konnte Frankfurt Gelehrte wie Oppenheimer, Heller, Sinzheimer, Grünberg, Mannheim, Tillich, Buber, Scheler, Horkheimer und viele andere anziehen. Sie haben der Universität in den 20er Jahren einen unvergleichlichen intellektuellen Glanz, einen nicht wieder erreichten akademischen Rang verliehen. Die Kehrseite dieser einzigartigen Konstellation ist die Tatsache, daß Frankfurt 1933 die deutsche Universität mit dem höchsten Anteil an Hochschullehrern war, die zur Emigration gezwungen wurden. Dieser Typus von Professoren hat eine fortwirkende Mentalität geprägt; sie hat die Frankfurter Universität auch noch in den fünfziger und sechziger Jahren ausgezeichnet. Ich meine jenen Zug von Intellektualität und Urbanität, der diese Universität vor jener eher etwas skurrilen, kleinstädtischen, etwas verdrückten, auf Einsamkeit und Freiheit eingeschworenen Atmosphäre bewahrt hat.« (Habermas)

Die sozialliberale Tradition Frankfurts ermöglichte in der zweiten Hälfte der zwanziger Jahre die Herausbildung von zwei getrennten intellektuellen Milieus, die beide auf kritische Durchdringung der gesellschaftlichen Wirklichkeit eingeschworen waren: das Institut für Sozialforschung als universitäre Institutionalisierung kritischer Intelligenz und das avantgardistische Städtebauprojekt des Neuen Frankfurt als Reformkonzept moderner, egalitärer Urbanität.

Mit der Gründung des Instituts wurde die Universität zum Kristallisationsort der Produktion sozialen Wissens. Schon mit dem Begriff Sozialforschung markierte das Institut die Differenz zu den traditionellen Intellektuellen, die mit der Arbeiterbewegung organisatorisch verbunden waren: »Es ist wohl auch ein wenig naiv, interne Organisationstätigkeit in einer der sozialistischen Parteien der Weimarer Republik als einzigstes Kriterium für die Zugehörigkeit zur Arbeiterbewegung zu nehmen. Was sich im Verlauf der zwanziger Jahre herausbildete, war so eine Art freischwebender Intelligenz, nicht im Mannheimschen Sinne, sondern in dem einer verallgemeinerten revolutionären Haltung. Mitmachen wollte ich nie, ich habe mich immer als jemand erfahren, der dagegen war. Wir haben uns immer im Gegensatz zum Bestehenden empfunden, wir waren radikale Nonkonformisten. Wir hatten uns eine Unabhängigkeit gegenüber allen Seiten bewahrt, aber unsere Sympathien waren ganz klar. Diese politische und intellektuelle Unabhängigkeit war dadurch erleichtert, daß Geld da war. Das Institut konnte eigentlich machen, was es wollte. Die ersten Jahre im Institut waren auch eine Art vorweggenommener Utopie, wir waren anders und wir wußten es besser. Wir arbeiteten an einem Stil des Denkens und Lebens, der quer lag zur ganzen Gesellschaft.« (Löwenthal)

Vielleicht läßt sich auf dieses Vorhaben hochspezialisierter, jedoch arbeitsteilig miteinander verbundener Sozialwissenschaftler, die »eine Einheit von intellektueller Begabung, politischem Weitblick und einer durch einen großbürgerlich-jüdischen Lebensstil geprägten Phantasie« bewiesen, rückblickend ein Wort von Horkheimer anwenden: »Unter den Verhältnissen des Spätkapitalismus und der Ohnmacht der Arbeiter gegenüber den Unterdrückungsapparaten der autoritären Staaten ist die Wahrheit zu bewunderungswürdigen kleinen Gruppen geflüchtet.« Die »splendid isolation« des Instituts begünstigte wohl die Diagnose von Löwenthal: »Wir haben nicht die Praxis verlassen, sondern die Praxis hat uns verlassen.« Doch zugleich war diese Isolation die Bedingung für die Entfaltung der Differenz zwischen traditioneller und kritischer Theorie; die Probleme, über die soziologisch gearbeitet wurde, waren im wesentlichen bestimmt von der konkreten gesellschaftlichen Situation: »Unser Hauptinteresse galt damals ja auch nicht der Methodologie, sondern dem hoffentlich geglückten Versuch, einsichtig-kritisch diejenigen intellektuellen und politischen Tendenzen und Bewegungen zu analysieren, die der Neubelebung einer möglichen Einheit von Politik und Theorie im Wege standen.« (Löwenthal)

Trotz vielfältiger Verbindungen innerhalb und außerhalb der Universität, vor allem mit der jüdischen Tradition der Stadt, war seine Isolation verantwortlich dafür, daß das Institut nur unvollständig in die intellektuellen Milieus der städtischen Öffentlichkeit integriert war – obwohl der Austausch des Instituts mit politischen und organisierten Wissenschaftlergruppen funktionierte: »Jeder, der von uns eingeladen wurde, im Institut einen Vortrag zu halten, ist gekommen. Durch Horkheimers Geschick und Persönlichkeit waren die Beziehungen innerhalb der Universität recht gut – mit dem Kurator, dem Rektor und den führenden intellektuellen Figuren der Universität wie Paul Tillich. Viele der begabten linken Studenten fühlten sich zum Institut hingezogen. Wir veranstalteten institutsinterne Seminare über Hegel und Marx, die großen Zulauf hatten, obwohl man dafür keinen Seminar-Schein bekam. Wichtig waren auch Verbindungen mit der Piscator-Bühne, dem Malik Verlag und der Marx-Engels-Verlagsanstalt. Das Institut wurde dann ja auch, zunächst freundlich, später unfreundlich, ›Café Marx‹ genannt.« (Löwenthal)

Im Rahmen eines universitären Instituts war es also möglich, ein intellektuelles Milieu kritischer Sozialwissenschaften auszubilden, das zwar auf der Trennung von Politik und wissenschaftlicher Kultur beruhte, diese Trennung aber zum Gegenstand der Reflexion erklärte: »Das Verhältnis von Theorie und Praxis war ihr innerstes Element.« Kritik ist die regulative Idee dieser Durchdringung von Wissenschaft, Philosophie und empirischer Wirklichkeit. In ihr wurzelte die Figur des kritischen Sozialforschers, die die wissenschaftliche Intelligenz in den nächsten Jahrzehnten prägen sollte.

Zur gleichen Zeit (ab 1925) und in derselben Stadt arbeitete eine Gruppe von Intellektuellen an dem Projekt einer sozialen Gestaltung von Großstadtkulturen. Dieses Projekt zielte darauf, den Widersprüchen der Modernisierung eine Konstruktion von großstädtischer Kultur anzubieten, in der sich diese Widersprüche zwischen sozialem und technologischem Fortschritt nach vorne, in Richtung auf eine soziale Wirtschaftlichkeit bewegen konnten - ohne daß ihr Ursprung im Nebel bloßer Fortschrittsideologie verschwand. Egalität lautete die Parole dieser urbanen Reformbewegung, die einen vernünftigen Funktionalismus der Architekturen vom Wohnhaus bis zur Großmarkthalle anstrebte. Sie antwortete auf die zeitgenössischen sozialpolitischen Probleme mit einer komplexen, in sich widersprüchlichen Aushandlungsstruktur sozialer Gegensätze; »Formung einer neuen, geschlossenen Großstadtkultur.« (May) »Die Form der Stadt bestimmt letzten Endes auch im wesentlichen Maße die Qualität der Wohnungen.« (May) Mit diesem Anspruch wurde die Wohnungspolitik in die Gesamtplanung der Stadt einbezogen. Im Unterschied zu Wagners »unbegrenzter Großstadt« war Mays Vorsatz der kontrollierte Städtebau am Stadtrand, mit den zwei intervenierenden Verfahren der Agglomerationsbildung (Trabanten) und der Rationalisierung der Wohnungsversorgung (Neues Bauen).

Organisierendes Element der Transformation des spekulativen wilhelminischen Städtebaus war die Zusammenfassung der Spezialdisziplinen in einer zentralisierten Stadtverwaltung. Landmann, seit 1924 Oberbürgermeister, der schon 1917 ein zentrales Siedlungsamt anregte, das die Entwicklung Frankfurts zu einer südwestdeutschen

Metropole modernen Typs fördern sollte (Messe, Luftfahrt, Südfrüchtehandel), berief May in das Dezernat für das gesamte Hochbauwesen, mit dem Stadtgestaltung zentral gesteuert wird. Zum einen wurde damit die städtebauliche Arbeit rationalisiert, die bisher fragmentierten städtischen und architektonischen Techniken durchdrangen sich professionell in arbeitsteiliger Verflechtung. Zum anderen gelang in dieser Zentralisierung die politische Vermittlung zwischen städtebaulicher Arbeit, kommunaler Verwaltung und sozialökonomischer Wirklichkeit: »Die Architektur der Funktionalisten steht daher prinzipiell nicht in irgendeinem Gegensatz zu einer außerhalb ihrer liegenden Realität, zum Beispiel zu sozialen Strukturen; die Aktion zur Verwirklichung der Utopie kann jederzeit und an jeder Stelle der sozialen Praxis angesetzt werden; es gibt nicht den Gegensatz von Plan und Realität und daher keine sog. Umsetzungsproblematik als Differenzphänomen.«[12]

May organisierte die Kooperation auf dem damals erreichten Niveau industrieller Arbeitsteilung; er fand junge engagierte Spezialisten, die den neuen wissenschaftlichen Methoden gegenüber aufgeschlossen waren. Die Abstimmung in der Gesamtplanung gründete in einer zielstrebigen, locker geführten Teamarbeit, in dieser Funktion wurde May zum praktischen Pionier eines neuen Typs des Baubeamten, der gleichzeitig Organisator der Bauwirtschaft ist. Aufgrund der relativ autonomen Arbeit im Hochbauamt gelang die professionalisierte Großstadtplanung, die trotz der industriellen Methoden nicht von deren Rationalität überrollt wurde – was an der ästhetischen Qualität der frühen Frankfurter Siedlungen ablesbar ist: »Das Spezifische der Architekturarbeit, das intellektuelle Begreifen, das Planen und Gestalten ist in den zwanziger Jahren noch bei sich, kann sich als künstlerische Arbeit behaupten.«[13]

Komplizierter war die Organisierung der städtischen Wohnungsbauwirtschaft in der politischen Vermittlung zur Verwaltung. Dazu mußte May seine Tätigkeit im Städtebau verallgemeinern: er wurde »Spezialist + Politiker« (Gramsci). Diese Verallgemeinerung äußerte sich publizistisch: Die Zeitschrift *Das Neue Frankfurt*, Vorträge, Ausstellungen, Kongresse und anderes mehr stellten die Projekte vor, propagierten die Grundsätze der sozialen Wirtschaftlichkeit und legitimierten die Programme vor der städtischen, zunehmend international aufmerksamen Öffentlichkeit. »Was soll die Stadt? Sie soll die Berufserfüllung jedes einzelnen Bürgers so erleichtern, daß er mit einem Mindestaufwand an Kraft ein Höchstmaß an Leistung erzielt. Dieser Leitsatz muß als Leitstern über allen Maßnahmen schweben, die der Städtebauer in der Zukunft zu treffen haben wird.« (May) Die Idee von der »Stadt als Betrieb« regulierte die Konjunktur eines neuen Typs rationalisierter Gesellschaft, die sich in Frankfurt beispielhaft entwickelte. Die neuen Planungsmethoden in Architektur, Städtebau und Verwaltungsorganisation verbanden sich organisch mit der Lebensweise großstädtischer Massen, denen diese Methoden in ihrer Arbeitswelt bereits zur Gewohnheit geworden waren. Mit dieser Vorstellung machte sich allerdings bereits die Hegemonie des fordistischen Modells geltend und drängte die Spezialisten des Städtischen in die Rolle organischer Intellektueller einer modernen großstädtischen Lebensweise – die von ihnen zweifellos als Vorstufe zu einem höheren Typus von Vergesellschaftung angesehen wurde: als Vorschein der utopischen Versöhnung von Stadt und sozialer Kultur auf der Basis der fordistischen Durchdringung der kapitalistischen Produktionsweise.

Stadt als sozialer Raum

Gegenüber den kritischen Theoretikern der Frankfurter Schule war die Gruppe von speziellen Intellektuellen des Neuen Frankfurt »gleichzeitig« zu den zeitgenössischen Rationalisierungsprozessen in Ökonomie, Politik und Kultur. Wohl aufgrund dieser Gleichzeitigkeit nahmen beide Milieus nur wenig voneinander Notiz.

Einzig bei Kracauer und Benjamin, Grenzgängern der Kritischen Theorie und Außenseitern des Instituts, erscheint die Stadt als der entscheidende Ort von Modernität. Eher Adornos ästhetischer Reflexion als Horkheimers Programm eines interdisziplinären Materialismus verpflichtet, verdichteten sie das Städtische zum materiellen Bild der gesellschaftlichen Transformation in der Weimarer Kultur. Der Gedanke Benjamins, daß es gegenüber der Marxschen Theorie, die den »Kausal-Zusammenhang« von Politik, Ökonomie und Kultur betont, darum ginge, diesen Zusammenhang als »Ausdrucksverhältnis« zu bestimmen, zielt zwar auch auf historische Wahrheit, jedoch im Medium ästhetischer Darstellung: Die urbanen Formen und städtischen Kulturen lieferten Benjamin und Kracauer Raum-Bilder von der fordistischen Transformation des großstädtischen Alltags, die sie literarisch und theoretisch dechiffrierten. »Jede Gesellschaftsschicht hat den ihr zugeordneten Raum. Jeder typische Raum wird durch typische gesellschaftliche Verhältnisse zustande gebracht, die sich ohne die störende Dazwischenkunft des Bewußtseins in ihm ausdrücken. Alles vom Bewußtsein verleugnete, alles, was sonst geflissentlich übersehen wird, ist an seinem Aufbau beteiligt. Die Raumbilder sind die Träume der Gesellschaft. Wo immer die Hieroglyphe irgendeines Raumbildes entziffert ist, dort bietet sich der Grund der sozialen Wirklichkeit dar.« (Kracauer) Die Architektur der Stadt, wie z. B. die Passagen, werden ihnen deshalb zu »Traumhäusern des Kollektivs« (Benjamin).

Aufgrund ihrer Tätigkeit in Feuilleton und Radio waren Benjamin und Kracauer enger mit den urbanen Milieus der städtischen Kulturen verbunden als andere Mitglieder des Instituts. Hier entdeckten sie auch die moderne Architektur der Stadt, stießen auf die Arbeiten der Spezialisten des Städtischen (Loos, Corbusier, Giedion) und analysierten deren avantgardistische Kunst der Durchdringung, in welche die Spannung zwischen Architektur (Neue Sachlichkeit, Passagen, Interieur), Design (Ornament der Massen, Aura) und großstädtischer Kultur (Medien- und Wahrnehmungstheorien) verwandelt worden war: »Die rauschhafte Durchdringung von Straße und Wohnung, die sich im Paris des 19ten Jahrhundert vollzieht – und zumal in der Erfahrung des Flaneurs – hat prophetischen Wert. Denn diese Durchdringung läßt die neue Baukunst nüchterne Wirklichkeit werden.« (Benjamin) Und: »Durchdringung als Prinzip im Film, in neuer Baukunst, in der Kolportage.« (Benjamin)

Für die literarischen Arbeiten von Benjamin und Kracauer waren das Städtische und die Erfahrung der Straße regulative Darstellungsprinzipien. Mit ihren »Text-Straßen« (Zohlen) überschritten sie das im 19. Jahrhundert etablierte literarische Sujet »Großstadt«: »Die Wörter bezeichnen nicht mehr die Realität der Großstadtstraße, sondern werden als metaphorisches Potential von spezifisch urbaner Gestalt gewonnen. Anders als alle bisher untersuchten Texte sind diese Prosastücke nicht mehr Straßentexte, sondern eine Textstraße, gebaut aus dem in Metaphern verwandelten Sprachmaterial der Straße.«[14] Es geht nicht mehr um eine Literatur, welche Erfahrungen in der Großstadt, sondern um eine, die das Leben der Großstadt darstellt, das bereits in der Soziologie um 1900 theoretisch erfaßt wurde: »Es meint nicht mehr das bloße Dasein in der Stadt oder die Erfahrung eines Raumes, in dem sich das Subjekt zugehörig fühlt, sondern ein Geschehen, in das die Bewohner der Stadt und deren Dingwelt immer schon einbezogen sind. Was sich als Leben der Stadt bezeichnen ließe, ist ein Prozeß, der unabhängig bleibt von der menschlichen Verfügung, gleichwohl nur durch menschliche Praxis des Umgangs mit den Dingen sich realisiert. Der Begriff des Lebens eröffnet für das Subjekt der urbanen Erfahrung eine Perspektive auf das Ganze des großstädtischen Geschehens. Es ist nicht übertrieben, davon zu sprechen, daß Simmels Denken einem zweiten

Anfang der Großstadtdarstellung in der Literatur der Moderne theoretisch Boden bereitet hat.«[15]

In ihren essayistischen und theoretischen Studien zur Moderne knüpfen Benjamin und Kracauer an den ersten »soziologischen Flaneur« Georg Simmel an, für den die urbanen Formen von Vergesellschaftung im Berlin der Jahrhundertwende (Geldwirtschaft, Neurasthenie, soziale Differenzierung) von hoher Bedeutung waren: »So wie Benjamin meint, daß der Flaneur der Priester des genius loci sei, ist auch Simmels Darstellung der modernité in bestimmten räumlichen Konfigurationen hinsichtlich der Interaktion angeordnet. Simmel war der erste Soziologe, der ausdrücklich die gesellschaftliche Bedeutung räumlicher Zusammenhänge für die menschliche Interaktion aufzeigte. Entsprechende Bilder der Gesellschaft sollten später für Kracauers Topographie des gesellschaftlichen Raumes entscheidend werden, was auch auf Benjamins Analyse der Beziehung zwischen dem Flaneur und den Passagen zutrifft. Kein anderer Gesellschaftstheoretiker war aber so wie Simmel mit der sozialen Distanz, mit der Loslösung von der Wirklichkeit, mit der ›Durchdringung gesellschaftlicher Kreise‹ befaßt. In der Analyse der modernen Gesellschaft ist all dieses primär in einem städtischen Zusammenhang zu lokalisieren.«[16] Mit der Soziologie des urbanen Raumes schließen die soziologischen Flaneure Benjamin und Kracauer die analytische Lücke zwischen Theorie und Praxis kritischer Durchdringungen der urbanisierten Gesellschaft und erweisen sich damit als städtische Intellektuelle par excellence.

Zwei Stichworte erscheinen für die Erforschung des Zusammenhanges von Geistes- und Stadtgeschichte im weiteren Verlauf des 20. Jahrhunderts interessant: die von Benjamin und Kracauer entwickelte Kategorie der Zerstreuung und das Paradigma »Paris–Berlin«.

Zerstreuung. Paris um 1960: Die Semiologen des modernen Alltags

»1957. Ja, das ist das Datum einer Wende, aber niemand vermutet das im entscheidenden Moment. Die Wende besteht unter anderem darin: die Problematik des Städtebaus verschärft sich sowohl in Frankreich als auch in der übrigen Welt, die Probleme der ländlichen Gebiete verlieren langsam, aber sicher an Bedeutung. In den Außenbezirken von Paris wird anfangs in verantwortungsloser Weise experimentiert. Diese Art der Planung sollte dann zur festen Einrichtung werden und allgemein Anwendung finden. Nach dieser Art des Planens wird eine formale

Einheitlichkeit geschaffen. Alles sieht ähnlich aus; nicht nur Autobahnen und Flugplätze, sondern auch die Wohnhäuser und die öffentlichen Gebäude. Unterdrückt diese gewollte Homogenität nicht die Phantasie, das Schöpferische und den Einfallsreichtum? Nun verhindert diese Homogenität des Raumes nicht dessen Zersiedlung. Der zersiedelte Raum wird in Parzellen verkauft und genutzt. Für die Homogenität sind die Behörden und die Wirtschaft verantwortlich, während die Zersiedlung dem Markt und der Privatinitiative zuzuschreiben ist. Aber das ist nicht alles. Der zersiedelte Raum ist stark hierarchisch strukturiert: Es gibt Wohngebiete, Zentren für dies oder jenes, mehr oder weniger edle Gettos, Anlagen mit unterschiedlichen Statuten usw. Es ist möglich darzulegen, daß dieser zuvor an der Raumordnung erprobte Plan auf andere Gebiete übertragen worden ist, wie etwa auf die Wissenschaft. Es kam zu einer immer stärkeren Homogenität (gleiche Normen, Vorschriften und Beschränkungen von einheitlicher Logik und ähnlichen Institutionen), zu einer immer stärkeren Aufteilung (Spezialisierung) und zu einer immer stärkeren Hierarchisierung (je nach Dringlichkeitsgrad und technologischer Anwendung). Das Schema wird zum Modell, es verlagert sich von der Realität in die Sphäre der Kultur, bringt zu seiner Rechtfertigung Ideologien hervor (zum Beispiel den Strukturalismus). Nachdem es einmal zum Modell geworden ist, kann es jedoch, wie es schon so oft geschehen ist, ebenso den Zusammenbruch der Ideologien erklären.« (Lefèbvre)

»Unbegrenzte Großstadt« lautet das Motto der Nachkriegszeit. Wagners Anspruch, das Spekulieren mit Grund und Boden planend zu begrenzen, scheitert ebenso an der Veralltäglichung der fortschrittsgläubigen Moderne (die nun alle Pläne überrollt) wie der Frankfurter Versuch einer sozialen Reformierung der Großstadtplanung durch die behutsame Anbindung von Trabanten an Stadt- und Naturräume. Unbegrenzte Großstadt heißt: Ausdehnung innerstädtischer Prinzipien der Raumstrukturierung auf die Peripherie (Homogenisierung und Hierarchisierung) und Peripherisierung des Zentrums, das ehemals die Geschichte von Stadt und Gesellschaft verkörperte – es »implodiert« (Lefèbvre) in der Banalität einer modernen tertiären Architektur der Stadt. Das Zentrum wird zum leeren Foyer, das die gesellschaftlichen Beziehungen der Einwohner nicht mehr symbolisch darstellt (Urbanität), sondern sie in ihrer bloßen zeichenhaften Verräumlichung enthüllt (Verstädterung): »Das Urbane ist also eine reine Form: der Punkt der Begegnung, der Ort einer Zusammenkunft, die Gleichzeitigkeit. Diese Form hat keinerlei spezifischen Inhalt, aber alles drängt zu ihr, lebt in ihr. Sie ist – wiewohl das Gegenteil der metaphysischen Einheit –

eine Abstraktion, eine konkrete, an die Praxis gebundene Abstraktion. Was erschafft sie? Nichts. Sie zentralisiert die Schöpfungen. Und dennoch, sie erschafft alles. Nichts existiert ohne Austausch, ohne Annäherung, ohne Nähe, ohne Beziehungsgefüge also. Sie schafft die urbane Situation, in der unterschiedliche Dinge zueinander finden und nicht länger getrennt existieren, und zwar vermöge ihrer Unterschiedlichkeit. Das Städtische, indifferent gegenüber jeder ihm eigenen Differenz, führt sie ja gerade zusammen. In diesem Sinne wird das soziale Beziehungsgefüge durch die Stadt konstruiert, verdeutlicht, sein Wesen wird freigesetzt.« (Lefèbvre)

Aus dieser abstrakten Unwirtlichkeit der Städte resultieren Stadtflucht und Suburbanisierung des Landes – auch die Intellektuellen wohnen nun am Stadtrand. Die Zerstreuung der Bevölkerung wird universell. Die industriellen und tertiären Arbeitskräfte werden auf die Grand Ensembles der Pariser Region verteilt; ihre Beziehungen gleichen denen von Nomaden, die im Achtstundentakt die Pariser Geschäftszentren füllen und wieder verlassen, wie die dreißigtausend Angestellten im 1960 geplanten La Défense: »Diese nomadisierende Bevölkerung der Défense ist vollkommen homogen, die Angehörigen des Dienstleistungssektors sind unter sich: die leitenden Herren mit schwarzen Aktenkoffern, die mittleren und kleinen Angestellten, die am Zeitungskiosk weder Le Monde noch L'Humanité kaufen, sondern den France Soir, Arm in Arm viele junge Sekretärinnen und mit Einkaufstaschen behängt die schon etwas älteren Bürodamen.«[17]

Der Planer als der spezielle Intellektuelle des verstädterten Raumes ist der Mann der Stunde. Der homogene Raum der Industriestadt wird zum differentiellen Raum einer urbanisierten Gesellschaft. Jeder Ort kann Subzentrum werden; der Raum zerfällt in Teile, die durch ihre Abstände definiert sind. Raumplanung ist die geographische Ergänzung der wirtschaftspolitischen »Planifikation«; die nationale Raumpolitik gewinnt 1963 mit dem Institut Datar direkten Einfluß auf die gaullistische Wirtschaftspolitik. Die institutionellen Praktiken der fordistischen Planung beherrschen das Industrielle und formieren sich im Urbanismus zur Ideologie des modernen Alltags.

Tatis Filme, der »gegenständliche« Noveau Roman, die Décollagen des Noveau Réalisme, die Architekturen von Ailland (La Grande Borne) sowie die neuen Linien von Dior oder von Citroën (DS) setzen um 1960 an dieser urbanisierten Morphologie des städtischen Alltags an und entreißen ihm seine letzten, verzaubernden Geheimnisse. Die modernen Medien der fordistischen Massengesellschaft lösen die traditionellen Kulturinstitutionen ab; Radio, TV, Taschenbuch und illustrierte Zeitschriften transportieren die moderne Alltagskultur an jeden Ort und verwischen die Unterschiede; die Popular-Art durchdringt den Alltag der sechziger Jahre – bis hin zu den Mondrian-Kleidern von Yves Saint Laurent (Prêt à porter): In der (Massen-)Kultur des Neuen veralltäglicht sich die ehemals avantgardistische Moderne. »Im Namen der Dinge« (Ponge) werden nun die »Mythen des Alltags« (Barthes) aufgedeckt. Jenseits des Abstrakten in Kunst und Geschichten erzählender Literatur zeigen sich Gegenstände im Augenblick ihrer an der Oberfläche bedeuteten Gegenwart. Die dinglich entzauberte Wirklichkeit wird in ihrer filmischen Zeichenhaftigkeit minutiös semiologisch nachgezeichnet. »Im ursprünglichen Roman waren die den Erzählstoff bildenden Gegenstände und Gebärden gänzlich verschwunden, um der einzigen Bedeutung Platz einzuräumen: der leere Stuhl war nur noch Abwesenheit oder Warten, die schulterdrückende Hand war nur noch Sympathiezeichen, das Fenstergitter war nur noch die Unmöglichkeit zu entfliehen. Und jetzt, plötzlich, sieht man den Stuhl, die Handbewegung, das Gittergebilde. Erst sollen Gegenstände und Gebärden durch ihre Gegenwart ihre Existenz beweisen. So sollen die Gegenstände allmählich ihre Flüchtigkeit und ihre ›Heimlichkeit‹ verlieren, auf ihren falschen Zauber verzichten, auf ihre verdächtige Innerlichkeit, die Roland Barthes ›der Dinge romantisches Herz‹ genannt hat. Diese Dinge sollen nicht mehr die unbestimmte Widerspiegelung der unbestimmten Seele des Helden, das Bild seiner Pein, die Stütze seiner Wünsche sein.« (Robbe-Grillet)

»Mag die Philosophie Sartres auch mit anderen Entwürfen der phänomenologischen Tradition den Vorzug teilen, noch die abstraktesten Kategorien im ständigen Rückverweis auf alltägliche Lebensvollzüge begründet zu haben: in ihr gelangen, wie sonst wohl nur bei Georg Simmel, die Lebensvollzüge einer großstädtischen Alltagskultur philosophisch zur Geltung; in seinen Schriften bilden daher öffentliche Parks, Cafés und Untergrundbahnen den räumlichen Hintergrund, erotische Abenteuer, Eifersuchtsszenen und Alltagskonflikte den Handlungsstoff theoretischer Konstruktionen.«[18]

Die phänomenologische Tradition der fünfziger Jahre analysiert die Kommunikationsbeziehung zwischen Geist und Ding, durch die es zu einem Phänomen wird, das mir zeigt, was ich davon sagen kann. Auch wenn das Phänomen selbst nicht spricht, wird es mit dem Sagbaren identifiziert (Merleau-Ponty): Ich kann den Sinn auch eines stummen Phänomens, den es präsentiert, wahrnehmen und ausdrücken. Das Ding, der Gegenstand, der mir vor jedem Diskurs erscheint, ist nur als solcher in der Wahrnehmung existent – und zwar als Gegenstand des Wissens für mich. Die existentielle Phänomenologie kritisiert zwar die idealistische Identität von Subjekt und Objekt und setzt das »Ich bin« vor das »Ich denke«, bleibt jedoch im Rahmen der Bewußtseinsphilosophie: »Sinn« ist immer »Sinn für ein Bewußtsein«. Sartre wird zudem sagen: für ein anderes. Im Blick auf die Anderen erkenne ich mich als Subjekt, weil ich für die Anderen existent bin. Darin bleibt diese kritische Phänomenologie dialektisch.

»Die Absicht der französischen Phänomenologie war es, eine dialektische Philosophie der Geschichte auf eine Philosophie des Körpers und des Ausdrucks zu bauen. Die Generation, die nach 1960 aktiv wird, denunziert die Dialektik als Illusion und lehnt den phänomenologischen Zugang zur Sprache ab. Nach 1960 ist die Dialektik immer noch im Mittelpunkt der Diskussion, aber sie ist auf die Anklagebank geraten. Man sieht in ihr die heimtückischste Form der ›Identitätslogik‹, die ihrerseits als die philosophische Illusion par excellence gilt. Die Philosophen des strukturalistischen Zeitalters stoßen hier wieder auf eine bergsonsche Ader: Was sie ›Identitätslogik‹ nennen, ist die Form des Denkens, die sich den Anderen nur vorstellen kann, indem sie ihn auf den Selben reduziert und die Differenz der Identität unterwirft. Dieser Identitätslogik stellt man ein ›Denken der Differenz‹ entgegen.«[19]

War die soziale Welt der Phänomenologie und des phänomenologischen Marxismus eine Welt »erlebter« und in der Wahrnehmung »gegebener« Praxis (Geschichte, die in der Freiheit des Subjekts begründet ist, wählend zu handeln), so radikalisiert die strukturalistische Epistemologie die moderne Erfahrung nichtgelingender Intersubjektivität zur Erkenntnis unterschiedlicher Praktiken, in denen die Individuen zu gesellschaftlichen Subjekten konstituiert werden. Die Epistemologie interessiert sich für die mächtigen Bedingungen, unter denen etwas sagbar ist; die Archäologie des Wissens wird diese Bedingungen in den Praktiken des Redens, Schreibens, Zeichnens etc. auffinden und dabei die identitätslogische Kontinuität der Geschichte (Einheit von Subjekt und Objekt) sprengen. Nicht Intersubjektivität, sondern die Konfiguration dieser Praktiken konstituiert Geschichte im zerstreuten Raum der modernen Gesellschaft. »Wir sind in der Epoche des Simultanen, wir sind in der Epoche der Juxtaposition, in der Epoche des Nahen und des Fernen, des Nebeneinander, des Auseinander. Wir sind, glaube ich, in einem Moment, wo sich die Welt weniger als ein großes, sich durch die Zeit entwickelndes Leben erfährt, sondern eher als ein Netz, das seine Punkte verknüpft und sein Gewirr durchkreuzt. Vielleicht könnte man sagen, daß manche ideologischen Konflikte in den heutigen Polemiken sich zwischen den anhänglichen Nachfahren der Zeit und den hartnäckigen Bewohnern des Raumes abspielen. Der Strukturalismus, oder was man unter diesem ein bißchen allgemeinen Namen gruppiert, ist der Versuch, zwischen den Elementen, die in der Zeit verteilt worden sein mögen, ein Ensemble von Relationen zu etablieren, das sie als nebeneinandergestellte, einander entgegengesetzte, ineinander enthaltene erscheinen läßt: also eine Art Konfiguration; dabei geht es überhaupt nicht darum, die Zeit zu leugnen; es handelt sich um eine bestimmte Weise, das zu behandeln, was man die Zeit und was man die Geschichte nennt. Ich glaube also, daß die heutige Unruhe grundlegend den Raum betrifft – jedenfalls viel mehr als die Zeit. Die Zeit erscheint wohl nur als eine der möglichen Verteilungen zwischen den Elementen im Raum.« (Foucault)

Das geschichtsphilosophische Moment der phänomenologischen Tradition wird in eine materiale Geschichte des modernen Wissens übersetzt, die das Unbewußte der historischen Brüche in den Beziehungen von Wörtern und Dingen ausgräbt (Epistéme) und die damit auch die diskontinuierliche Situation des zeitgenössischen Modernisierungsschubes, die Veralltäglichung der Moderne in den sechziger Jahren, reflektiert. Die strukturale Methode ist nicht Phänomenologie der erlebten Praxis, sondern Epistemologie der sozialen und kulturellen Praktiken; als Ansätze zur Theorie des modernen Alltags analysieren Semiologie, Linguistik, Ethnographie und andere Disziplinen den alltäglich gelebten Sinn (Ideologie) der normierten Anordnung dieser Praktiken und die Konjunkturen kultureller Machtkonstellationen, die in diesen Konfigurationen institutionalisiert sind.

Mit dieser machttheoretischen Perspektive löst sich der wechselseitige Vorwurf idealistischer Positionen (Dialektik vs. Strukturalismus) in die einhellige Diagnose vom Fehlen einer Theorie des Politischen und des Staates insbesondere in der marxistischen Tradition auf, die durch die im Pariser Milieu übliche Identifikation philosophischer Positionen mit politischen Parteien nicht ersetzt werden konnte. Konkret wird die Debatte um die politische Macht von universellen (Sartre) und speziellen Intellektuellen geführt (Foucault). »Die Intellektuellen und die Macht in Frankreich« (Debray) – das ist der Befund der schwindenden Bedeutung allgemeiner Intellektueller, welche stellvertretend die Wahrheit sagen – in jedem Fall jedoch als spezielle Intellektuelle über sie verfügen, ob in den traditionellen Orten Universität und Verlag oder in den neuen Mächten Massenmedium und ideologischer Staatsapparat. »Der öffentliche Philosoph bin heute nicht ich, sondern sind Sie. Ich repräsentiere nichts mehr. Der Journalist ist es, der die Botschaft durchbringt. Nicht ich. Wenn die Medien ›die intellektuelle Macht‹ ganz in der Hand haben, was machen sie dann daraus? Das ist die Frage. Der von Sartre hinterlassene Platz kann gar nicht besetzt werden, denn er ist von einer Funktion übernommen worden – den Medien –, und nicht von einem Menschen. Die Universität und ihre Pedanten haben den Platz der Kreativen eingenommen. Die Medien sind an Sartres Stelle getreten.« (Serres)

Diese ideologisch-kulturellen Mächte werden denn auch vornehmster Gegenstand von Semiologien und vor allem kritischen Soziologien, die sich durch verstreute staatliche Forschungsinstitutionen (im industriellen Labormaßstab: die Frankfurter Schule um 1930 als Manufakturstadium) etablieren und die (Geschichts-)Philosophie aus ihrer zentralen Stellung im sozialen Wissen verdrängen. In diesen kulturtheoretischen Analysen wird auch die Theorie der Intellektuellen soziologisiert. Die dominante Stellung des schulischen ideologischen Staatsapparates und damit der speziellen Intellektuellen innerhalb der zeitgenössischen Gesellschaft (Althusser) wird in den Untersuchungen zu den Professionalisierungsstrategien der Intelligenz im Bildungssektor eingehend empirisch erforscht (Bourdieu). An den Rändern dieses Sektors machen spezielle Intellektuellengruppen Ende der sechziger Jahre die vorerst letzte Probe auf die zentrale Macht.

1968 bricht sich ein anderes Denken Bahn, das vielleicht zum letzten Mal von der spezifischen Dichte des Pariser Milieus, dem traditionellen Ort der Konzentration von Wissen und Macht, profitiert. Vorbereitet wurde dieses revoltierende Denken durch Theoretiker wie Lefèbvre *(Die Revolution der Städte)* und die radikale Kulturkritik von *Tel Quel* oder der Situationistischen Internationale, die den Flaneur der Pariser Stadtviertel spontan verwissenschaftlicht.

Die urbanen Protestbewegungen proben den Aufstand. In der Gesellschaft des Spektakels (Debord) wird es ein Medienereignis, das deshalb zwar Funken in anderen urbanen Milieus Europas und den USA schlägt, damit jedoch auch die begrenzten Machtchancen der Straße gegenüber den zentralen Instanzen des Staatsapparates offenbart. Hinzu kommt die geringe Bündnisbereitschaft der fordisierten Arbeiterschaft, die sich nicht in die militante Betriebsarbeit einreiht. Was bleibt, ist das von Barthes, *Tel Quel* und anderen diagnostizierte spielerische Moment im Spektakel der städtischen Konsumgesellschaft und die darin liegende, womöglich zerstörerische Qualität intellektueller Strategien, die sich allerdings an weniger zentralen Orten als den Pariser Öffentlichkeiten Geltung verschaffen muß. »Das war nicht mehr die Stunde Sartres, das war die Stunde Foucaults. Das Ende der auf die ›Betriebsarbeit‹ konzentrierten Militanz bereitete den Boden für seinen Erfolg. Foucaults Auffassung von intellektueller Intervention hatte den Vorzug, daß sie das Scheitern einer Hoffnung – auf die Revolte in den industriellen Zentren – als Durchbruch zur Wahrheit lesbar machte. Und die Wahrheit hieß für ihn: Es gibt kein strategisches Zentrum der Gesellschaft, an dem man den Hebel ansetzen könnte, um das Ganze in Bewegung zu bringen, es gibt nur eine Vielzahl von taktischen Zentren. Es gibt auch nicht eine einzige Front zwischen Unterdrückern und Unterdrückten, sondern eine Vielzahl von Fronten. Wenn der Kampf in den Fabriken nicht mehr greift, muß er an anderen verstreuten Orten wiederaufgenommen werden, zum Beispiel in den Asylen, psychiatrischen Anstalten und den Gefängnissen. Die ›Gefängnis-Informationsgruppe‹, in der Foucault mitarbeitete, unterschied sich auf den ersten Blick nicht von den vielen revolutionären Komitees, die sich nach 1968 gebildet hatten. Das ›Tribunal de Lens‹ zum Beispiel untersuchte unter Mitwirkung Sartres die Ursachen eines Grubenunglücks und machte die Schuldigen namhaft: Seine Geschäftsgrundlage war die Idee einer allgemeinen, im Tribunal von Arbeitern und Intellektuellen eingeklagten Gerechtigkeit, vor der sich die bürgerliche Justiz zu verantworten hätte. Die ›Gefängnis-Informationsgruppe‹ dagegen arbeitete nicht im Namen einer Idee – etwa der Menschenwürde im Strafvollzug –, sondern verstand sich, wenigstens nach Foucaults Auffassung, als unmittelbar gegen die Macht gerichtetes subversives Unternehmen ohne universellen Anspruch.«[20]

Soll diese Skizze einer Analyse urbaner Milieus im 20. Jahrhundert fortgesetzt werden, so wäre die nächste Station Berlin-Kreuzberg um 1985. »Uns erreichen Bilder, die von Verfall und Erneuerung, von Tradition und Fortschritt, von zerstörerischer Wut und aufbauendem Engagement, von Gewalt und menschlicher Anteilnahme, von Chaos und Ordnung, von sozialer Not und gemeinschaftlicher Selbsthilfe, von Resignation und Lebensfreude erzählen. Es scheint, als betrachteten wir ein Feld vielfältig offener Möglichkeiten, auf dem ganz verschiedene Lebensentwürfe sich bewegen, um sich zu erproben und zu behaupten, um sich zu verändern und zu verbinden oder um sich abzugrenzen und zu bekämpfen. Denn hier vollzieht sich der Übergang zu dem, was neuerdings Kulturgesellschaft heißt, wie in einem Gewächshaus: Um uns herum und auch bei uns selbst entstehen laufend neue, oft vorläufige Lebensstile; neue Weisen, die soziale und räumliche Umwelt zu verstehen und mit Sinn zu erfüllen; neue Variationen des sozialen Umgangs mit- oder auch gegeneinander; und vor allem neue Versuche, sich der eigenen Rolle und Bedeutung in all diesen Wandlungsprozessen zu vergewissern. Die eigene soziale und persönliche Identität steht auf dem Spiel; sie droht zu zerbrechen und diffus zu werden.«[21]

In der Figur des hausbesetzenden Freibeuters überschneiden sich die widersprüchlichen Motive von Bewahren und Zerstören. Auf der einen Seite: Re-Konstruktion von Geschichte und Gesellschaft, um das Projekt der Moderne »rettend« fortzusetzen, und Stadt-Erneuerung als »behutsames« Bewahren der egalitären Gehalte moderner Formen des städtischen Alltags. Auf der anderen Seite: De-Konstruktion von Aufklärung in einer die Moderne plündernden Postmoderne und De-Komposition des zerstörten Stadtraumes durch die inszenierte Transformation des Städtischen in neokonstruktivistischen Architekturen. Ein neuer Rand (Relokalisierung des Politischen im Stadtteil) und ein neues Zentrum also (inszenierter Mythos Metropole) oder das Nebeneinander von politisierter Subkultur und ästhetisch stilisierter Konsumkultur à la Wien: wiederum Fin de siècle, Aristokratisierung des Geschmacks und Konzentration der sozialen Phantasie auf die Kultur von Lebensstilen.

In Berlin stellt sich die europäische Stadtkultur abermals selbst auf die Probe: Ob es ihr gelingt, die sozialen Gegensätze der städtischen Milieus als eine neue Qualität ziviler Gesellschaft und als kulturelle Voraussetzung wirklich neuer Urbanität zu akzeptieren, hängt ab von den städtischen Intellektuellen, die im gegenwärtigen postfordistischen Modernisierungsschub den Widerspruch von Bewahren und Zerstören bewegen müssen. »Der Begriff Zerstörung ist museal geworden, historisch obsolet: ›Wer spricht von Siegen? Überstehn ist alles‹. Daß auch unter Intellektuellen ›bewahren‹ wichtiger geworden ist als, wie es ihrer Tradition entspricht, ›zerstören‹: Was ist der Preis dafür? Ist der Verlust von intellektueller Aggressivität, wie sie Dada und den französischen Surrealismus, wie sie überhaupt die moderne Kunst auszeichneten – ist dies ein notwendiger Preis für die Utopie einer harmonisierten Gesellschaft, wie die Bundesrepublik sie zu werden verspricht, formiert nach dem moderaten Ideal einer Podiumsdiskussion?«[22]

Anmerkungen

1 C. E. Schorske, *Wien. Geist und Gesellschaft im Fin de siècle*, Frankfurt a. Main 1982, S. 9.

2 M. Welan, »Wien – ›eine Welthauptstadt des Geistes‹. Realbedingungen als Idealbedingungen?« In: P. Berner / E. Brix / W. Mantl (Hg.), *Wien um 1900. Aufbruch in die Moderne*, München 1986, S. 43.

3 P. Haiko, »Otto Wagner, Adolf Loos und der Wiener Historismus. ›Die Potemkin'sche Stadt‹ und die ›Moderne Architektur‹«. In: *Wien um 1900. Kunst und Kultur*. Ausstellungskatalog Wien–München 1985, S. 297.

4 Schorske, a. a. O., S. 34.

5 Schorske, a. a. O., S. 61.

6 H. Steinert, *Adorno in Wien. Über die (Un-)Möglichkeit von Kunst, Kultur und Befreiung*, Wien 1989, S. 16.

7 W. Benjamin, *Das Passagen-Werk. Gesammelte Schriften* Bd. V. Frankfurt a. Main 1982, S. 695.

8 Benjamin, a. a. O., S. 684.

9 N. Poulantzas, *Staatstheorie. Politischer Überbau, Ideologie, Sozialistische Demokratie*, Hamburg 1978, S. 96.

10 W. Bonß / N. Schindler, »Kritische Theorie als interdisziplinärer Materialismus«. In: W. Bonß / A. Honneth (Hg.), *Sozialforschung als Kritik. Zum sozialwissenschaftlichen Potential der Kritischen Theorie*. Frankfurt a. Main 1982, S. 46f.

11 M. Jay, »Positive und negative Totalität. Adornos Alternativentwurf zur interdisziplinären Forschung«. In: Bonß / Honneth, S. 76.

12 J. Rodriguez-Lores / G. Uhlig, »Einleitende Bemerkungen zur Problematik

der Zeitschrift ›Das Neue Frankfurt‹«. In: dies. (Hg.), *Das Neue Frankfurt / Die Neue Stadt*, Reprint Aachen 1977, S. XIX.

13 K. Wilhelm, »Von der Phantastik zur Phantasie. Ketzerische Gedanken zur ›Funktionalistischen Architektur‹«. In: *Wem gehört die Welt – Kunst und Gesellschaft in der Weimarer Republik*, Berlin 1977, S. 80.

14 E. Köhn, *Straßenrausch. Flanerie und kleine Form*, Berlin 1989, S. 206.

15 Köhn, a. a. O., S. 133.

16 D. Frisby, *Fragmente der Moderne. Georg Simmel–Siegfried Kracauer–Walter Benjamin*, Rheda-Wiedenbrück 1989, S. 78.

17 K. Arnsberger, »Aufzeichnungen aus einer toten Stadt. Über das Leben im Pariser Défense-Viertel«. In: *Süddeutsche Zeitung* vom 11./12.6.1977, Nr. 132.

18 A. Honneth, *Die zerrissene Welt des Sozialen. Sozialphilosophische Aufsätze*, Frankfurt a. Main 1990, S. 144.

19 V. Descombes, *Das Selbe und das Andere. Fünfundvierzig Jahre Philosophie in Frankreich 1933–1978*, Frankfurt a. Main 1981, S. 91.

20 L. Baier, *Französische Zustände*, Frankfurt a. Main 1985, S. 208.

21 K. Homuth, »Von der Krise der Kultur zur Kultur der Krise. Oder: Der Mythos von der Kreuzberger Freibeuterkultur«. In: *Ästhetik und Kommunikation* Nr. 70/71, 1989, S. 57.

22 K. H. Bohrer, Klappentext zu einem Sonderheft der Zeitschrift *Merkur*.

ALEX DEMIROVIĆ

Führung und Rekrutierung
Die Geburt des Intellektuellen und die Organisation der Kultur

I.

Der Intellektuelle ist eine umstrittene Figur, seitdem er um die Jahrhundertwende in Frankreich die soziale und politische Bühne der modernen Gesellschaften betrat. Diejenigen, die sich für den Offizier Dreyfus engagierten, dem aus antisemitischen Motiven ein Prozeß wegen Landesverrates gemacht wurde, wurden von den Nationalisten als Intellektuelle denunziert und bekämpft. ›Intellektueller‹ war ein Schimpfwort *und* ein Ehrentitel; der Begriff des Intellektuellen war von Anbeginn ein politischer, ein polemischer Begriff und blieb es bis in die jüngsten Diskussionen.

Die Partei der Intellektuellen, allen voran ihr Sprecher Emile Zola, nahm für ihr Engagement Werte wie Wahrheit und Vernunft, Vorurteilslosigkeit und Menschlichkeit in Anspruch. Dieser Werte wegen wurde sie von nationalistischen Konservativen angegriffen. Aus deren Sicht gefährdete die universalistische Einstellung des Intellektuellen die Interessen der Nation. Seine städtische Lebensweise mußte ihn zwangsläufig den Traditionen des eigenen Volkes entfremden. Sein Beharren auf der Wahrheit untergrub die Macht des Staates, da neben die Staatsraison die Kraft des Arguments trat. Sein Wort wurde Gegenstand der öffentlichen Debatte und gewann beträchtlichen sozialen Einfluß.

Es handelte sich bei diesen historischen Auseinandersetzungen zwischen den »Dreyfusards«, denjenigen also, die eine Wiederaufnahme des Prozesses forderten, und den Nationalkonservativen um Maurice Barrès um den Streit zwischen zwei Parteien. Wie in einer solchen Kontroverse üblich, wurden der eigenen und der Gegen-Partei jeweils Eigenschaften zugeschrieben, die die situative Funktion der Stärkung der eigenen und der Schwächung der anderen Position haben. Paradigmatisch freilich wurde dieser Konflikt, weil die Anti-Dreyfusards glaubten, Begriffe wie Wahrheit, Vernunft, Humanität als Vorwürfe gegen diejenigen aufbieten zu können, die sie, höchste Steigerung der Denunziation, als Intellektuelle beschimpften.[1] Sie hegten die strategische Erwartung, auf diese Weise ihre Gegner in der Öffentlichkeit herabsetzen zu können, die ihrerseits – und schließlich mit Erfolg – ihre Ziele in Begriffen der Wahrheit und Vernunft zu symbolisieren suchten. Damit wurde ein Code etabliert, der nachmals in einer Vielzahl von Auseinandersetzungen zur Markierung und Polarisierung der politisch-intellektuellen Positionen in Anspruch genommen wurde.

Paradigmatisch wurde der Konflikt zwischen der Partei der Intellektuellen und ihren Gegnern noch in einer weiteren Hinsicht. Beide Gruppen waren Akteure in einem komplexen »Machtdispositiv«. Öffentlich das Wort ergreifend, repräsentierten Intellektuelle wie Zola eine Koalition von republikanisch gesinnten Wissenschaftlern (vor allem Soziologen und Philosophen) und Politikern, die, gegen ultramontane Strömungen, eine laizistische Reorganisation des Schul- und Hochschulsystems verfolgten und sich dabei auf die breite Basis rationalistisch und positivistisch orientierter Gymnasiallehrer stützten.[2] Diese Koalition wurde in der Pariser Öffentlichkeit von Zeitschriften und Salons gestützt. Über organisatorischen Rückhalt verfügten aber auch die nationalistischen Anti-Revisionisten. Auch sie ergriffen öffentlich das Wort in mit ihren Ideen sympathisierenden Zeitungen und übersetzten für die Allgemeinheit die Vorstellungen der Politiker, Militärs, Wissenschaftler und Künstler, mit denen sie in den Salons verkehrten.[3] Obwohl die Tätigkeit und Funktion des Intellektuellen von ihnen ausdrücklich verworfen wurde, war die konkrete Praxis der Gegenintellektuellen die gleiche wie die der Intellektuellen. Es hatte sich ein Dispositiv etabliert, in dem als autonome Intellektuelle selbst diejenigen agieren mußten, die das Dispositiv und den Code des Intellektuellen ablehnten.

Um die Funktion des Intellektuellen theoretisch erklären und verstehen zu können, scheint es notwendig, sich über den Code hinwegzusetzen und aus dem Spiegelverhältnis der beiden Gegner herauszutreten, in dem der eine der Vertreter der Allgemeinheit, der Wahrheit, Vernunft und Menschlichkeit, der andere der Kritiker einer ›zersetzenden Vernünftelei‹ und eines die Werte der Nation, des Vaterlandes und des Volkes zerstörenden Kosmopolitismus und Humanismus ist. Doch ist es möglich, aus diesem Spiegelverhältnis herauszutreten? Jede sozialwissenschaftliche Analyse und Reflexion auf den Intellektuellen und seine Funktion wird selbst von Intellektuellen durchgeführt. Der Intellektuelle kann nicht hinter sich selbst zurücktreten. Die von ihm vertretenen Ansichten und Einsichten in seine eigene Rolle, die Begriffe seiner Analyse werden immer Begriffe eines Intellektuellen sein.

Diese reflexive Schleife, daß jede Definition der Rolle des Intellektuellen ihn jeweils selbst, die eigene Sprecherposition, einbezieht, läßt sich nicht vermeiden. Dies soll am Beispiel zweier aktueller und gegensätzlicher Versuche zur Bestimmung des Intellektuellen deutlich gemacht werden.

2.

Den deutschen Konservativen galt der Intellektuelle jahrzehntelang als vaterlandslos und kosmopolitisch, jüdisch und westlich. Ein »Mann von deutschem Wesen«, so wurde demagogisch und chauvinistisch gefragt, wie könne der Intellektueller sein?[4] Intellektuelle mochte es in Frankreich geben, nicht aber im Kulturstaat Deutschland. Diese nationale Verteilung ist auch heute noch ein bedeutsames Merkmal der Definition des Intellektuellen, und obschon es seine aggressive Konnotation mittlerweile verloren hat, verweist es doch darauf, daß, entgegen allen Selbstzuschreibungen, der Intellektuelle kein kosmopolitisches und universelles Subjekt ist, sondern einer nationalstaatlich verfaßten Kultur zugehört.

Nach einem langwierigen und viele Jahrzehnte dauernden Prozeß, so wird beobachtet, habe sich endlich auch in der Bundesrepublik die Rolle des Intellektuellen etabliert.[5] Zur selben Zeit wird in Frankreich, seinem von den konservativen deutschen Intellektuellen so lange wegen seiner rationalistischen Zivilisation geschmähten Herkunftsland, dem Intellektuellen bereits das Grabmal errichtet. Der französische Philosoph Jean-François Lyotard kommt zu dem Ergebnis, daß der Intellektuelle, eine Figur des 19. Jahrhunderts, schon lange nicht mehr existierte.

Lyotard bezeichnet diejenigen als Intellektuelle, die sich mit einem Subjekt, das einen universellen Wert verkörpert, identifizieren. Von diesem Standpunkt aus analysieren sie parteilich die historische Lage und messen den Grad der Verallgemeinerung jenes Wertes, sie propagieren ihn und appellieren an die einzelnen, für ihn einzutreten und damit schließlich selbst Intellektuelle zu werden.[6] Mit seiner Definition lehnt sich Lyotard kritisch an Sartre an.

Sartre zufolge ist der Intellektuelle eine widersprüchliche Figur: Er verfügt über allgemeingültiges Wissen, auf dessen Anwendung die bürgerlich-kapitalistische Gesellschaft angewiesen ist. Doch als kapitalistische Gesellschaft, in der vor allem eine Klasse, die Bourgeoisie, ihr partikulares Interesse verfolgt und, im Zweifelsfalle, mit Gewalt durchsetzt, schränkt sie die Entfaltung von Wissen immer wieder ein. Der Intellektuelle lebt in einem Widerspruch, in seiner Person sind zwei unterschiedliche Interessenlagen gleichzeitig verkörpert. Seiner Klassenlage nach gehört er zur Bourgeoisie, gleichzeitig jedoch repräsentiert er die Allgemeinheit des Wissens. Intellektueller ist und bleibt er aber nur, wenn er »im Namen des Allgemeinen das Besondere in ihm selbst und damit überall« bekämpft und sich nicht damit zufrieden gibt, sich in dem Widerspruch, in dem er sich befindet, einzurichten. Indem er den Widerspruch seiner eigenen Lebenslage überwindet, befreit er gleichzeitig sich und die Gesellschaft: »Sicher aber ist auch, daß die Aufgabe eines Intellektuellen darin besteht, sich von seinem Widerspruch zu befreien, der im Grunde nur der Widerspruch der Gesellschaft selber ist, und zu diesem Zweck die radikalste Position einzunehmen.«[7] Doch darf sich der Intellektuelle bei dieser befreienden Bewegung aus dem Widerspruch heraus nicht von Willkür, sondern er muß sich von Wahrheit leiten lassen. Nur wenn es durch Wahrheit vermittelt ist, wird emanzipatorisches Handeln sich am historisch konkreten Feld der realen Möglichkeiten orientieren.

Lyotard folgt Sartre, um vor allem zwei zentrale Elemente der Definition des Intellektuellen pointiert in Frage zu stellen: Allgemeinheit des Wissens und Wahrheit. Er kritisiert, daß beide Begriffe eine autoritäre Verkehrung der Emanzipation und ihre Usurpation durch die partikularen Interessen der Intellektuellen begünstigen, wenn diese, wie Sartre fordert, im Namen ihres allgemeinen Wissens das Besondere und Partikulare bekämpfen. Da über die Allgemeingültigkeit des Wissens von Intellektuellen entschieden wird, entscheiden sie auch über den Charakter des Widerspruchs zwischen Allgemeinem und Besonderem. Es wird also von ihren jeweiligen Situationsdeutungen abhängen, was als Allgemeines gilt und was als Besonderes abgewehrt werden muß. Wahrheit, ausdrücklich als kritisches Korrektiv gegen die Usurpation eingeführt, würde alles eher noch verschlimmern. Denn wer kennt das Feld der konkreten Möglichkeiten? Dieses ist nicht an sich gegeben, sondern für verschiedene soziale Kollektive jeweils anders bestimmt. Tatsächlich aber, so Lyotards berechtigter Einwand, geht Sartre davon aus, daß es ein letztes einheitliches und universelles Interesse der Unterdrückten gibt. Wird nun ein Einwand von einem besonderen Interesse aus erhoben, so muß sich dieses entgegenhalten lassen, daß es sich im Irrtum befindet. Wahrheit, die dem Irrtum opponiert und das Besondere bekämpft, wird, was sich die Aufklärer des 18. Jahrhunderts immer gewünscht hatten, eine soziale Macht. Mit dem Anspruch großer und hehrer Werte auftretend, üben die Intellektuellen mit ihren gegen Herrschaft gerichteten Emanzipationskategorien der Universalität ihres Wissens und der Wahrheit wiederum Herrschaft aus.

Lyotards eigene Lösung überzeugt nicht. Ging Sartre von einem universellen Subjekt aus, in dessen Namen die Intellektuellen sprechen konnten, mit dessen Interessen ihr Anspruch auf Allgemeinheit übereinstimmte, so gibt es Lyotard zufolge dieses universelle Subjekt schon seit Mitte des letzten Jahrhunderts nicht mehr. Es gibt nur lokale Konflikte und deswegen auch nur »defensive und lokale Stellungnahmen«. Diese gründen aber nicht in einem universellen Standpunkt, sondern in einer »ethischen und bürgerlichen Verantwortlichkeit«.[8] Allerdings erklärt Lyotard nicht, warum der Intellektuelle so unzeitgemäß erst seit den neunziger Jahren des letzten Jahrhunderts agiert; warum so viele Intellektuelle auch in diesem Jahrhundert als Intellektuelle denunziert und politisch verfolgt wurden und werden. Es handelt sich hierbei nicht nur um ein historisches Problem. Denn die »Intelligenz«, die seiner Meinung nach den universellen Intellektuellen abgelöst hat, wird von ihm mit typischen Eigenschaften des Intellektuellen ausgestattet, vor allem, wenn Lyotard von ihr fordert, soziale Widersprüche zu bezeugen, verantwortungsbewußt zu intervenieren und sich zum Fürsprecher zu machen. Lediglich im Ausmaß, nicht in der Funktion des Mandats gibt es Veränderungen.

Die von der Intelligenz zu übernehmende Verantwortung ist eng umrissen, der Horizont der Verantwortung jeweils durch das Mandat festgelegt. Lyotard hofft nun, daß die Einsicht in diese Beschränkung selbst etwas Emanzipatorisches habe. Freiheit ergebe sich aus der Abwehr äußerer Eingriffe in die jeweils eigene Lebensweise. Doch in dieser Überlegung steckt gleichfalls eine Usurpation. Lyotard behauptet etwas, das er logisch nur dann äußern könnte, wenn er tatsächlich einen Überblick über das gesamte Universum lokaler Lebensformen hätte. Aber nicht nur, daß er eine lokale Autonomien überschreitende Allgemeinheit für sich beansprucht, er kann auch logisch und empirisch nicht ausschließen, daß es zu Totalisierungen von sozialen Verhältnissen kommen kann – so wenn über die Lebensweise von Millionen Menschen in den Entscheidungszentren großer Konzerne und Banken bestimmt wird, wenn durch die Atomenergie das gesellschaftliche Verhältnis der Menschen zur Natur auf viele Jahrtausende hinaus festgelegt wird, wenn in Protestbewegungen Gruppen verschiedener Milieus und Subkulturen sich zusammenschließen und ihren Widerstand zu einer komplexen Weltsicht und Praxis totalisieren. Emanzipation kann sich in solchen Fällen durch eine Universalisierung begrenzter Widersprüche ergeben, die lokale Rationalitäten neu artikulieren und zu universellen, demokratischen Entscheidungsprozessen auf dem Niveau einer globalen gesellschaftlichen Arbeitsteilung hochtransformieren.[9] Mit anderen Worten, es ist nicht auszuschließen, daß sich der Radius eines lokalen Konflikts sozial ausdehnt und dieser sich, kontingent und kurzzeitig, universalisiert.

Lyotards Argumentation gibt ein gutes Beispiel für die Selbstreferenz des Intellektuellen. Indem er eine objektive Situation zu bestimmen glaubt, nimmt er für sich gleichzeitig in Anspruch, diese objektive Situation verantwortlich zu vertreten. Er spricht im Namen einer objektiven Situation, die zu einer solchen wird durch sein Sprechen. Nur er allein aber kennt sie, weil per definitionem alle anderen Intellektuellen in den differenzierten Sphären lokaler Sprachspiele leben oder dort leben sollten. Indem er von der verantwortlichen Intelligenz fordert, den Kreis des von ihr vertretenen, lokal begrenzten Widerspruchs nicht zu übertreten, organisiert er ein ganzes Dispositiv des Intellektuellen: Auf die objektive Situation der Postmoderne hinweisend, bestimmt er in einer totalisierenden und autoritären Geste die ethischen Normen und das Selbstverhältnis des Intellektuellen, der sich als Repräsentant von etwas verstehen soll, das erst durch diese Repräsentation konstituiert wird.[10] Obwohl also Lyotard auf den Anspruch auf Allgemeinheit, Vernunft und Wahrheit verzichtet, um aus dem historischen Bezugssystem des Intellektuellen auszubrechen, gelingt ihm dies nicht; vielmehr etabliert er eine neue Ethik und ein neues Selbstverhältnis des Intellektuellen.

In einer Rede auf Emile Zola hatte Anatole France für die Intellektuellen beansprucht, das Gewissen der Menschheit zu verkörpern. Doch trotz einer solchen universalistischen Einstellung üben die Intellektuellen ihre Funktion in einer nationalen, genauer: nationalstaatlichen Kultur aus. Denn sie agieren, so Habermas, in einer politischen Öffentlichkeit, auf deren Meinungsbildung sie mit Argumenten für »verletzte Rechte und unterdrückte Wahrheiten, für fällige Neuerungen und verzögerte Fortschritte« Einfluß zu nehmen versuchen.[11] Die öffentliche Meinungsbildung, die sich mit dem modernen Verfassungsstaat und seinen Institutionen der Grundrechte, der Parteien und der Presse herausbildete, sei direkt auf die staatlichen Entscheidungsinstanzen hin zentriert: Für den Intellektuellen »ist die politische Willensbildung gewiß auf das von Berufspolitikern beherrschte System bezogen«[12]. Indem der Intellektuelle öffentlich Kritik und Widerspruch anmelde und der öffentlichen Meinung damit eine bestimmte Richtung gebe, die dem staatlichen Handeln als Orientierung diene, werde er zu einem spezifischen Politiker im Vorfeld des Staates: Er »ergänzt« die staatlichen Institutionen, ohne freilich unmittelbar zum Staatsapparat zu zählen.[13]

Diese Zwitterstellung des Intellektuellen als eines staatszentrierten politischen Akteurs im Vorfeld des Staates charakterisiert auch die Öffentlichkeit insgesamt. Diese wird als ein Bereich zwischen den eigensinnigen Sphären von Politik und Wissenschaft bestimmt, in denen Handeln sich nach der jeweils eigentümlichen Logik von Macht und Wahrheit richtet. In der deutschen Entwicklung, so vermutet Habermas, habe die traditionelle Intelligenz, die als Mandarine bezeichneten Akademiker, aufgrund eines ausgeprägten Geistesaristokratismus Geist und Politik so strikt voneinander getrennt, daß für den vermittelnden Bereich der Öffentlichkeit kein Platz mehr geblieben sei. In der Öffentlichkeit engagierte Intellektuelle mußten entweder als Romantiker erscheinen, die das gewonnene Niveau der Ausdifferenzierung wieder rückgängig machen wollten, oder als Verräter des Geistes an das politische Alltagsgeschäft. Demgegenüber akzeptiere der Intellektuelle die Trennung beider Bereiche und verstehe sich ausdrücklich als Mittler zwischen ihnen. Er übersetze Wahrheitsfragen durch rational argumentierendes Engagement in der Öffentlichkeit in Politik. Die Grundlage dafür sei die Transformation der Philosophie und des Wahrheitsbegriffs.[14] Die Mandarine hatten die innerweltliche Ordnung noch durch Rückgriff auf transzendente Normen gerechtfertigt; aus ihrem Wissensmonopol, aus ihren Kunstfertigkeiten der Auslegung kanonisierter Texte hatten sie einen privilegierten Status ableiten und sich als Teil der herrschenden Klassen verstehen zu können geglaubt. Demgegenüber sei der wissenschaftlich rationalisierte Wahrheitsbegriff demokratisch, insofern nun jede Aussage intersubjektiv überprüfbar und fallibel sei. Der wissenschaftliche Prozeß werde zur treibenden Kraft auch gesellschaftlicher Rationalität. Denn überträgt der Intellektuelle diesen Rationalitätsstandard in die Öffentlichkeit, dann, so wird angenommen, setzt er Verhaltensautomatismen und Handlungsorientierungen dem Zwang des einsichtigen und nachvollziehbaren, darum selbst zwanglosen Arguments aus. Rationalität wirkt selbstselektiv – rationales Verhalten zieht rationales Verhalten nach sich. Da der Intellektuelle Rationalität und herrschaftskritisches Verhalten verkörpert – allerdings in dem sehr begrenzten Maße, daß es sich um die Herrschaft »überkommener Lebensformen und der starren Organisation der Gesellschaft« handelt, also um nicht mit rationalen Argumenten gerechtfertigte Herrschaft[15] –, wächst er aus normativen Vorgegebenheiten und den Klassenstrukturen der Gesellschaft heraus und repräsentiert in personam bereits die Entwicklung zu einer Gesellschaft, in der alle rational argumentierende Intellektuelle sein werden. Das Problem, das von Lyotard und vielen anderen Kritikern einer durch Wahrheit und Rationalität bestimmten Intellektuellenrolle aufgeworfen wurde (Gouldner,

Foucault, Bourdieu), ist, ob nicht gerade in dem Rationalitäts- und Wahrheitsanspruch, den der Intellektuelle in der Öffentlichkeit vorträgt, ein Moment von Herrschaft und sogar ein Keim der Klassenbildung stecke. Denn das, was als vernünftig gilt und was der Intellektuelle dann in der Öffentlichkeit zum Standard gesellschaftlichen Verhaltens erhebt, wird jeweils in den Wissenschaften festgelegt. Da also fast nur Wissenschaftler das Privileg haben, Intellektuelle sein zu können, ist es nicht erstaunlich, wenn Wissenschaft von Intellektuellen als die einzige »verträgliche Form von Bevormundung« akzeptiert wird.[16]

Der Prozeß der Bearbeitung wissenschaftlicher Einsichten zu öffentlichen Argumenten, die Vermittlung zwischen allgemeinverbindlichen wissenschaftlichen Erkenntnissen und den besonderen Ansprüchen der einzelnen durch Intellektuelle, erzeugt Macht. Den einer diskutierenden Öffentlichkeit vorgeschlagenen Argumenten müssen, wenn auch nicht faktisch, so doch der Möglichkeit nach, alle Gesellschaftsmitglieder zustimmen können. In die zeitliche Spanne zwischen dem Geltendmachen von Allgemeinheitsansprüchen und der allmählich erfolgenden Zustimmung bildet sich das Dispositiv von Intellektuellem, Öffentlichkeit und staatlichen Instanzen hinein, in dem das enorme Machtpotential der Intellektuellen begründet ist. Denn sie sind nicht einfach neutrale Mittler. Mit ihrer Praxis rationalen Argumentierens schaffen sie allererst Öffentlichkeit: Sie sind die »Geburtshelfer einer politischen Öffentlichkeit«.[17] Durch eine spezifische Praxis hervorgebracht, ist dieser Raum konstitutiv an die Regeln rationaler Diskurse gebunden. Äußerungen können hier nur Geltung beanspruchen, wenn sie Äußerungen von Intellektuellen sind: Öffentlichkeit ist die dem Intellektuellen »vorbehaltene Arena der öffentlichen Meinung«.[18] So definieren sich Öffentlichkeit und Intellektueller wechselseitig. In der von ihm hervorgebrachten und ihm vorbehaltenen Öffentlichkeit trifft der Intellektuelle nur noch auf sich selbst. Die Praxis, die er für sich reklamiert, ist nur in einem imaginären Sinn, nämlich im Sinn der sozialen Realität eines spezifischen Typs von Selbstbezug, universalistisch. De facto ist sie sehr begrenzt. Die Öffentlichkeit, in der konstitutiv nur Intellektuelle agieren, hält sich im engen Horizont eines (national-)staatlichen Entscheidungsprozesses.

Habermas verfolgt ausdrücklich eine Praxis, in der der Intellektuelle die Begriffe der Vernunft und Wahrheit lebt und in ihrem Namen arbeitet. Mit der Öffentlichkeit konstituiert der Intellektuelle eine Sphäre, in der er sich ausschließlich auf sich selbst bezieht: Rationalität bestimmt, was ihr zukünftig als rationales Argument gilt; Diskurse sind Intellektuellen als Akteuren der sozial gesonderten Sphäre der Öffentlichkeit vorbehalten. Da Rationalität an und für sich als allgemein gilt und nur auf sich selbst bezogen werden kann, verkennt der in ihrem Namen auftretende Intellektuelle, daß sie – mithin er selbst – eine begrenzte und lokale Praxis ist. Lyotard will mit dem historischen Code des Intellektuellen brechen, indem er von lokalen Praktiken ausgeht und Vernunft und Allgemeinheit verwirft. Doch holen diese sein Konzept wieder ein, da er faktisch die Funktion eines universellen Intellektuellen wahrnimmt, der sich selbst einen partikularen Status zuweist. So sind die Intellektuellen, sich selbst analysierend, im Zirkel ihres Codes befangen: Lehnen sie ihre Funktion ab, dann mit Hilfe einer Usurpation der Allgemeinheit, wie es gerade der abgelehnten intellektuellen Praxis entspricht. Stimmen sie ihr aber zu, so verkennen sie den lokalen Status des Selbstbezugs von Intellektuellen auf sich.

Beide Theorien bewegen sich also nicht über den historischen Code hinaus; es gelingt ihnen nicht, eine objektive Funktion des Intellektuellen zu bestimmen. De facto arbeiten die Intellektuellen in der Analyse jeweils ein Verhältnis zu sich selbst und eine soziale Praxis aus, die sie in dem Moment organisieren, in dem sie das Wort ergreifen. Aufgrund der Tatsache, daß der Intellektuelle immer über sich selbst redet, wenn er seine Funktion zu bestimmen sucht, kommt es zu dem Paradox, daß jede Bestimmung des Intellektuellen mit einer gewissen Notwendigkeit in eine Ethik seiner selbst, in eine Normierung seiner Existenzweise übergeht. In der eigenartigen Durchdringung von Diagnose und Rezept werden Verhaltensstandards festgelegt.

Die Selbstbezüglichkeit dieser Ethik des Intellektuellen erlaubt jedoch nicht die vorschnelle Schlußfolgerung, daß er, weil er im Namen der von seiner Theorie festgelegten Notwendigkeit seiner Existenz vielleicht zunächst nicht mehr als sein Privatinteresse verfolgt, eigentlich gesellschaftlich irrelevant ist, daß Auseinandersetzungen zwischen Intellektuellen profilierungssüchtige Spiegelfechtereien sind. Der Hinweis auf dieses Selbstverhältnis bedeutet im Gegenteil, daß eine theoretische Analyse des Intellektuellen nicht objektivistisch sein darf, sondern die Praxis dieses Selbstbezugs, also die Praxis von Reflexion, Vernunft, Wahrheit und Universalität als die spezifische Politik von Intellektuellen analysieren muß.[19]

3.

Der Zirkel läßt sich nicht auflösen: Die Bestimmung des Intellektuellen ist eine Selbstbestimmung. In immer neuen Zyklen der Selbstverständigung versuchen Intellektuelle, sich ihre Tätigkeit in Begriffen der Vermittlung von Allgemeinem und Besonderem, Vernunft, Wahrheit, Kritik, Verantwortung und Fürsprache zu erklären. Die Erklärung von sogenannten objektiven Sachverhalten, Selbstverständigung und Ethos des Intellektuellen sind praktisch identisch. In jenen Begriffen bildet der Intellektuelle sein Selbstverhältnis und damit sein imaginäres Verhältnis zur Gesellschaft – häufig normativ überverallgemeinert – aus. Insofern dieses imaginäre Verhältnis aber selbst eine eigene Form der sozialen Praxis ist, tragen jene Begriffe indirekt durchaus zur Erklärung der realen Funktionsweise von Intellektuellen bei. Erklärungsbedürftig ist nicht eine einzelne (Selbst-)Definition des Intellektuellen, die den Zirkel reproduziert, sondern der Zirkel als solcher, seine Funktion und Funktionsweise innerhalb der Spirale der erweiterten gesellschaftlichen Reproduktion. Die Selbstbezüglichkeit des Intellektuellen, die als solche gleichzeitig eine gesellschaftlich relevante Praxis ist – dieser Widerspruch, so die im folgenden zu erläuternde These, hat sein ›Bewegungsgesetz‹ in einer durch Konkurrenz bestimmten, marktförmig organisierten Gesellschaft, in der die Sprecher niemals Beobachter, sondern immer schon Teilnehmer, Beobachtung und Analyse immer schon Teil einer kollektiven Handlung sind.

1. Der Zirkel, in dem sich der Intellektuelle notwendig bewegt, gründet in seiner Autonomie. Diese Autonomie ist aber gleichzeitig Heteronomie. Denn sie ist eine durch die kapitalistische gesellschaftliche Arbeitsteilung erzwungene Eigenständigkeit und Verselbständigung des Intellektuellen, der Zirkel das Resultat des Privilegs einer von Arbeit freigestellten geistigen Tätigkeit. Je weiter der Geist »zur Autonomie fortschreitet, um so mehr entfernt er sich damit von der konkreten Beziehung auf alles von ihm Beherrschte, Menschen und Stoffe gleichermaßen. Sobald er in seinem eigensten Umkreis, dem der freien, künstlerischen Produktion, das letzte Heteronome, Stoffliche ganz bewältigt, beginnt er gefangen in sich zu kreisen, abgelöst vom Widerstrebenden, aus dessen Durchdringung er seinen Sinn einzig empfing. Die Vollendung der geistigen Freiheit fällt zusammen mit der Emaskulierung des Geistes. Sein Fetischcharakter, seine Hypostasierung als die einer bloßen Reflexionsform wird offenbar, wenn er der letzten Abhängigkeit von dem ledig ward, was selber nicht Geist, sondern als das von allen geistigen Formen implizit Gemeinte diesen allein ihre Substantialität

verleiht«.[20] Die Intellektuellen nehmen innerhalb der Vielzahl ausdifferenzierter und arbeitsteilig aufeinander verweisender Tätigkeiten die professionelle Rolle der geistigen Tätigkeit wahr. Auch wenn alle Menschen, wie Gramsci sagt, Intellektuelle sind, so üben doch nicht alle diese gesellschaftliche Funktion aus. Es tritt also die gesellschaftliche Organisation zwischen die Individuen und ihre Fähigkeit zu denken, trennt sie in gewisser Weise von ihnen ab und macht sie zum Privileg der gesellschaftlichen Gruppe der professionellen Intellektuellen. Die notwendige und sinnvolle Arbeitsteilung und Kooperation zwischen quasi auf gleichem horizontalen Niveau liegenden verschiedenen konkreten Tätigkeiten wird durch die Trennung und Konzentration ihrer geistigen Merkmale zu einer besonderen Tätigkeit hierarchisiert. Damit aber entsteht ein Gegensatz zwischen Hand- und Kopfarbeit. Weil die Intellektuellen von der Anstrengung unmittelbarer körperlicher Arbeit befreit sind, verfügen sie über eine größere Menge gesellschaftlicher Zeit, die es ihnen ermöglicht, zu denken und zu planen, ihre Sicht- und Gefühlsweisen zu konzipieren und diese in speziellen Formen zu entfalten; umgekehrt fehlt diese Zeit den anderen gesellschaftlichen Gruppen, die durch ihre körperliche Tätigkeit vollständig in Anspruch genommen sind.

Der Zirkel, in dem sich Intellektuelle bewegen, die Begriffe, in denen sie ihre Tätigkeit konzipieren, sind also das Ergebnis einer Abspaltung aus der unmittelbaren, alltäglichen Reproduktion. Doch gerade diese Autonomisierung der professionellen Funktionen der Intellektuellen ist wiederum mit wichtigen Aufgaben innerhalb der gesellschaftlichen Arbeitsteilung verknüpft, so daß der Intellektuelle keineswegs vom gesellschaftlichen Leben isoliert ist.

2. Durch die Trennung von Kopf- und Handarbeit werden intellektuelle Kompetenzen von den jeweils Herrschenden usurpiert. Herrschaft ist somit identisch mit der Aneignung, Organisation und Produktion der gesellschaftlichen Erfahrung, des Wissens und Fühlens. Das herrschende, meist männliche Subjekt verkörpert bis in seine leibliche Gestalt, seine Motorik und seine Gesten Herrschaft über sich und andere. Freigesetzt von körperlicher Arbeit, konstituiert es sich als das seiner selbst mächtige Subjekt, das sich befähigt fühlt, sich und andere zu leiten und zu kommandieren, Genuß zu empfinden und zu denken.[21] Die Fähigkeiten, große Menschenmassen zu organisieren und zu führen, ihr Vertrauen zu gewinnen und zu erhalten, ihre Tätigkeiten zu planen und zu koordinieren, dazu die psychosomatischen Kompetenzen wie Entschlossenheit, eine präzise Motorik, mentale Konzentration und geistige Übersicht und Weitsicht zu haben, sind

ganz wesentliche Elemente moderner, bürgerlich-kapitalistischer Herrschaft.

Die Herrschaft einer Klasse ist unter anderem auch dadurch bestimmt, daß sie darüber entscheidet, ob und in welcher Weise sie Herrschaftsfunktionen delegieren kann und wie sie diejenigen rekrutiert, an die sie sie delegiert. Nicht die gesamte bürgerliche Klasse übt die geistigen Funktionen der Planung, der Koordination, der Ausarbeitung von Konsens aus, über deren Monopolisierung sie sich konstituiert hat und die Eigenschaften ihrer Herrschaft sind. Vielmehr werden mit einer Vielzahl von feinskalierten Rangfolgen und Hierarchien in allen gesellschaftlichen Bereichen Formen der geregelten Übertragung von Kompetenzen geschaffen. So bringt es die Logik der Arbeitsteilung mit sich, die dem Produktionsablauf zugehörenden intellektuellen Funktionen aus diesem auszugliedern und zu professionalisieren. Dazu gehören die der Juristen und Ökonomen, Techniker und Ingenieure, Naturwissenschaftler, Psychologen, Arbeitswissenschaftler und Soziologen.

Die Formierung solcher Personengruppen, die selbst arbeitsteilig organisiert ist, hängt unter Marktbedingungen von der unüberschaubaren Entwicklung von Nachfrage- und Angebotszyklen ab, also von einer Vielzahl von Veränderungen in der gesellschaftlichen Arbeitsteilung und Produktionsstruktur, sowie von der Entwicklung kollektiver Lebensgewohnheiten und individueller Orientierungen. Das Auffinden der geeigneten Personen, an die Herrschaft delegiert werden kann, ist demnach von Zufällen abhängig; und selbst wenn es im Durchschnitt, also statistisch, gelingt, kann es immer wieder für jeweils bestimmte Funktionen in bestimmten Produktionszweigen und Regionen mißlingen.

3. Die arbeitsteilige Sphäre, in der Delegation, Rekrutierung, Formierung und Qualifizierung organisiert werden, bezeichne ich, im Anschluß an Gramsci, als Zivilgesellschaft (»società civile«). Hier sind spezielle Gruppen von Intellektuellen tätig, die die Begriffe und Konzepte entwerfen, nach denen Kenntnisse und Qualifikationen erworben und eingesetzt werden. Entscheidungen über den Umfang einer Intellektuellengruppe werden also weniger in Diskussionen über zahlenmäßige Größen – eine solche Instanz gesellschaftlicher Makroplanung gibt es nicht – als vielmehr in der Konkurrenz von disziplinär organisierten Intellektuellen und ihren Theorien getroffen.

Intellektuelle vermitteln nicht einfach neutral Wissen und sachliche Kompetenzen, sondern vor allem den Modus ihrer Anwendung und das Gefühl des rechtmäßigen Besitzes eines Wissens im Hinblick auf die Geführten. Sie betrachten Sachverhalte nicht instrumentell und objektivistisch, sondern greifen sie aus einem Fluß von Ereignissen heraus, interpretieren sie und geben ihnen einen Sinn: Konkurrierende Intellektuelle »ringen stets um die öffentliche Auslegung des Seins« und »um den Besitz der richtigen [sozialen] Sicht oder zumindest um das Prestige des Besitzes der richtigen [sozialen Sicht]«.[22] In einer Gesellschaft, in der die Menschen ihre Verhältnisse durch Konkurrenz selbst ständig verändern und neu produzieren und reproduzieren, gibt es jedoch gesellschaftliches Sein nicht als ein passives und bloß ausgelegtes Objekt. Das gesellschaftliche Sein besteht allein aus den Verhältnissen und Auseinandersetzungen der sozialen Kollektive, zu denen auch die Wissens- und Sinnpraktiken der Intellektuellen gehören. Insofern sind Intellektuelle Akteure des gesellschaftlichen Entwicklungsprozesses. Sie registrieren und arbeiten gesellschaftliche Erfahrungen aus, verselbständigen intellektuelle Elemente zu Wissen, unter Umständen auch zu einem nur wenigen Beteiligten zugänglichen Arkanwissen, beobachten das Verhalten der unterschiedlichen, statistisch ausgemachten Kollektive. Mit ihrem Wissen von natürlichen und sozialen Regelmäßigkeiten definieren sie die gesellschaftliche Zukunftsperspektive und legen so kollektiv verbindliche Verhaltensstandards fest. Durch theoretische Konstruktionen verleihen sie beobachteten Phänomenen Bedeutung für das Handeln eines bestimmten Kollektivs und fixieren damit gleichzeitig den Erwartungshorizont anderer Kollektive. Und mit jeder dieser durch Konkurrenz herbeigeführten Bedeutungsdefinitionen und kollektiven Orientierungen fällt indirekt eine Entscheidung über den Bedarf und die für notwendig gehaltenen Proportionen von unterschiedlichen Intellektuellengruppen in der gesellschaftlichen Arbeitsteilung.

Gerade also aufgrund der arbeitsteiligen Abspaltung der Intellektuellen in Institutionen der Zivilgesellschaft sind ihre Funktionen ein integriertes Moment der gesellschaftlich bestimmenden Marktlogik. Die mit der Dynamik der Konkurrenz verbundene Unsicherheit über zukünftige Entwicklungen erzwingt von den Marktteilnehmern ein hohes Maß an zeitlich weitreichender Orientierung, die einen relativ stabilen und kalkulierbaren Erwartungshorizont erzeugt, in dem sinnvolles Handeln überhaupt erst möglich wird. Sie müssen die statistischen Größenordnungen kollektiver Verhaltensweisen, die Orientierungen einzelner Akteure und neuartige Abweichungen von standardisierten und routinisierten Einstellungen und die unterschiedlichen Lebensformen, Entscheidungen und Ziele relativ genau kennen, um zu wissen, wieweit die Grundlagen ihres Handelns stabil bleiben. Sie können versuchen, mit diesem Wissen soziale Stabilität und Kontinuität herzustellen oder zu erhalten, die gewährleistet, daß die von ihnen produzierten Güter, ihre Kenntnisse und Fähigkeiten auch in Zukunft nachgefragt werden, ihre Investitionen nach Zeit, Ort, Produkt und Produktionsverfahren richtig waren; sie können aber auch in Erwartung neuer Orientierungen versuchen, den Entwicklungen zuvorzukommen und die zur Verfügung stehenden Ressourcen umzulenken – womit die antizipierte Entwicklung selbst eigentlich erst zu einer Realität wird.

4. Die Zivilgesellschaft ist die Form der institutionalisierten Selbstbeobachtung kapitalistischer Gesellschaften. Sie besteht aus einer ganzen Kette von Institutionen, die von unterschiedlichen Intellektuellengruppen mit einem hohen Maß an ›privater‹ Initiative organisiert werden, die, konkurrierend und arbeitsteilig, die gesellschaftlichen Akteure nach verschiedenen Hinsichten beobachten und ihre Verhaltensweisen zu erklären, im Hinblick auf ihre jeweiligen Sinnhorizonte zu rekonstruieren und die Tendenzen kollektiver Orientierungen herauszufinden versuchen. Information und Freiheit der Meinungsäußerung, kurz Öffentlichkeit, sind konstitutiv für die Zivilgesellschaft und die Konkurrenz der Intellektuellen. Denn zu wissen, warum und wie sich die sozialen Akteure verhalten und wie sich eine ganze Gesellschaft entwickeln wird, ist selber eine Voraussetzung für die Möglichkeit jedes einzelnen Marktteilnehmers, seine Dispositionen so zu treffen, daß sein freier Zugang zum Markt und der Austausch seiner Waren nicht gefährdet wird bzw. seine Marktchancen sich erweitern.

Die Konkurrenz zwischen Intellektuellengruppen findet auch um die Art des gesellschaftlichen Selbstbezugs statt, darum also, welche Wissensform und Redepraxis für die kollektive Orientierung dominant ist (Soziologie oder Recht, Ökonomie oder Philosophie). Doch können kapitalistische Gesellschaften sich nicht einheitlich auf sich selbst beziehen, da sie diese Einheit nicht haben und ein solcher Selbstbezug zu einer kontraproduktiven Statik führen würde. In der von Marktprozessen bestimmten gesellschaftlichen Arbeitsteilung werden die Produktionsstrukturen ständig transformiert, bestimmte Produktionslinien überholt, Kapitalien und Wissen entwertet, Lebensformen und Klassenbeziehungen umgewälzt, politische Entscheidungen obsolet und revidiert. Aufgrund dieser Dynamik kann die bürgerliche Klasse nicht als ein identisches Subjekt aufgefaßt werden. Wie alle anderen sozialen Klassen ändert sie sich selbst ständig, sowohl in ihrer Zusammensetzung wie in ihren Orientierungen. Kontinuität erhalten die verschiedenen Gruppen der bürgerlichen Klasse nur durch permanente Innovation und Initiative in der Konkurrenz und durch die ständige Revolutionierung ihrer Lebensverhältnisse oder durch eine spezifische Praxis der Selbstkontinuierung mit der kontingenten Ausbildung relativ verallgemeinerter stabiler Gewohnheiten großer Kollektive, ihrem Wissen und den Kompromißmustern, die die Akteure in ihren Auseinandersetzungen beachten.

Ist die konzeptive Tätigkeit der Intellektuellen ein wichtiges Element bei der Herausbildung von Konsens und kollektiven Gewohnheiten, so ist die mit der intellektuellen Rolle professionalisierte und gesellschaftlich institutionalisierte Funktion der Kritik[23] ein wichtiges Element der Selbstrevolutionierung der bürgerlichen Klasse. Aufgrund der sehr dynamischen Entwicklung der bürgerlichen Gesellschaft ist die Gefahr sehr groß, in ein Wissen zu investieren, das schnell veraltet. Die kritische Auseinandersetzung mit anderen intellektuellen Positionen und Gruppen hat in diesem Zusammenhang eine dreifache Funktion: Erstens belehrt sie diejenigen, in deren Namen man kritisiert, darüber, daß es sich nicht lohnt, sich an der anderen Position zu orientieren oder zu ihr überzuwechseln – zumal die eigene Kritik schon alle wichtigen und rationalen Elemente in die eigene Position aufgenommen hat. Sie belehrt die intellektuellen Konkurrenten darüber, daß man sich bereit zeigt, ihre Ansprüche auf Verallgemeinerung und Ausdehnung auf das eigene Terrain abzuwehren; Kritik bestreitet, daß andere intellektuelle Positionen Teil der kollektiven Wissensproduktion sind. Kritik verhindert also zunächst, in einem unüberschaubaren Feld intellektueller Produktion fehlzuinvestieren und ein falsches Wissen anzueignen oder zu produzieren – wobei falsch nur heißt, daß es für die von einer Intellektuellengruppe repräsentierte kollektive Lebensweise nicht verbindlich wird.

Kritik hat zweitens eine praktische Bedeutung innerhalb des intellektuellen Feldes. Partizipieren sehr viele Individuen an demselben Wissen, so gerinnt dieses ›Wissen-von‹ und ›Gewußt-wie‹ zu einer für alle verbindlichen Objektivität, die niemand mehr in Zweifel zieht und die damit zur Grundlage einer stabilen kollektiven Gewohnheit wird. Für den Prozeß der permanenten Selbstrevolutionierung der bürgerlichen Gesellschaft ist dies eine problematische Verkrustungstendenz sozialer Verhältnisse, problematisch deswegen, weil aufgrund eingeschliffener Lebensgewohnheiten große Kollektive sich nur langsam auf die sich ständig verändernden Marktkonstellationen und sozialen Kräfteverhältnisse einstellen. Mittels Kritik übernehmen es die unterschiedlichen Intellektuellengruppen, aus Alltagsroutinen und quasi-logischen

Selbstverständlichkeiten des Alltagsverstandes aus- und die von ihm akzeptierte Objektivität aufzubrechen, um neue Pfade der Orientierung ausfindig zu machen und den Prozeß der Konkurrenz kräftig zu dynamisieren.

Drittens ist die intellektuelle Tätigkeit der Kritik ein wichtiger Allokationsmechanismus für die intellektuelle Tätigkeit selbst. Da die Produktion von Wissen abgetrennt von unmittelbar ökonomischen und politischen Prozessen und arbeitsteilig aufgeteilt zwischen verschiedenen Intellektuellengruppen stattfindet, besteht immer die Gefahr, daß sich zu viele Intellektuelle mit einem gerade öffentlich besonders diskutierten Thema beschäftigen. Dabei werden zu viele intellektuelle Ressourcen gebunden und Wissen, das in diesem Bereich erarbeitet wird, redundant – mit der Konsequenz, daß es selbst entwertet wird, während andere Themen unterdessen vernachlässigt werden.[24] Kritik an Themen, Moden, Orientierungen, Personen ist ein Selbstkorrekturmechanismus, der verhindert, daß allzu viele Intellektuelle sich jeweils um ein Problem oder eine Tendenz des Wissens herum gruppieren. Dies hätte nämlich zur Folge, daß einer nationalen bürgerlichen Gesellschaft die Gefahr droht, inflexibel zu werden, da sie durch die ›geistige‹ Immobilität ihrer Intellektuellen auf einen einzigen oder sehr wenige Entwicklungspfade beschränkt würde und in vielen Bereichen von dynamischen Konkurrenten mit weiterreichenden Zukunftsperspektiven überholt werden könnte.

5. Entgegen seinen universalistischen Ansprüchen ist der Intellektuelle auf den nationalstaatlichen Raum beschränkt und hat eine öffentliche Funktion: Er ist nichtpolitischer Politiker im staatlichen Vorfeld der Zivilgesellschaft. Die Einschränkung der intellektuellen Sprecherpositionen widerspricht zwar der aufklärerischen Norm freier Zugänglichkeit zu vernünftigen Diskussionen, läßt sich aber durch die Aufgabe des Intellektuellen, einerseits Begriffe der Führung und des kollektiven Konsens auszuarbeiten, andererseits Gewohnheiten durch Kritik aufzustören und zu verändern, erklären. Da in einer marktförmig und durch Herrschaft organisierten Gesellschaft nicht alle Führer sein können, muß die Zahl der lizensierten Sprecher begrenzt und der Ort der Wissenskonkurrenz sozial genau umrissen sein. Die Aneignung eines spezifischen Wissens kostet Zeit und legt, nahezu alternativlos, auf eine psychosoziale Praxis des Wissenserwerbs und der Wissensanwendung fest; zugleich wird in ein bestimmtes Wissen investiert, ein Wissen von sich selbst, von der Gesellschaft und ihren Kollektiven, ihren Verhältnissen zueinander und ihren erwartbaren Verhaltensweisen. Eine offene, ausschließlich marktförmige Konkurrenz würde entweder

orientierungslos machen oder schließlich zu einem Wissensprotektionismus führen. Soll die Zivilgesellschaft die Kontinuität und Stabilität kollektiver Gewohnheiten organisieren können, muß über das orientierende Wissen selbst orientiert werden. Dies geschieht in schulischen Institutionen, in denen ein Wissen erworben wird, das seine offizielle Bestätigung, symbolisiert in Lizenzen und Titeln, durch gesellschaftliche Stellen erhält, die das Definitionsmonopol auf legitimes Wissen haben, in der Regel staatliche Instanzen. Die staatliche Definition verleiht einem Wissen und dem Typus der intellektuellen Tätigkeit Dauer. Es kann nun in Anspruch nehmen, ein für das Allgemeinwohl relevantes und nützliches und auch in Zukunft mit hoher Wahrscheinlichkeit gültiges Wissen zu sein. Insofern es Ressourcen und intellektuelle Kapazitäten an sich zieht, organisiert es sich seine eigene Zukunft. Denn es schränkt Alternativen ein oder unterbindet sie; vor allem aber versucht es, Innovationen des kollektiven Denkens und Fühlens als eine institutionell geregelte Fortsetzung bestehender Wissenspraktiken, als kontinuierlich und kumulativ fortschreitenden Lernprozeß erscheinen zu lassen.

Doch der Staat, selbst ein relativ blindes Handlungssystem, weiß nicht, welchem Wissen er die Lizenzen verleihen kann. Die Entscheidung über das kollektive Orientierungen steuernde Wissen muß der Konkurrenz überlassen bleiben. Doch durch staatliche Hegung eines Raumes der intellektuellen Konkurrenz entstehen Formen des geregelten Wettbewerbs, in denen über langfristige Wissenspraktiken entschieden wird. Dies löst für die staatlichen Instanzen gleichzeitig in gewissem Maße das Problem ihrer Unkenntnis und Blindheit gegenüber unberechenbaren gesellschaftlichen Prozessen, die sie gleichzeitig kontrollieren, disziplinieren und steuern sollen. Dazu ist ein Wissen erforderlich, auf das sich Politik und Verwaltung bei ihren Entscheidungen und ihrer Praxis stützen können. Es gibt aber immer zu viel Wissen und Wissen mit sozialen und zeitlichen Perspektiven, die die staatlichen Akteure vielleicht gar nicht verfolgen wollen, aber in Gefahr geraten könnten zu übernehmen, weil sie seine Implikationen nicht beurteilen können. Indem staatliche Instanzen sich auf den Raum einer selbst wiederum auf staatliche Entscheidungen zentrierten Öffentlichkeit stützen, in der die Gesellschaft sich in durch institutionelle Positionen legitimierte Reden thematisiert, kritisiert und problematisiert, tragen sie zur Produktion von Wissen bei; gleichzeitig beschränken sie sie, geben ihm Formen und Konturen und schaffen in Positionen, Titeln und spezifischen Wissensformen Stütz- und Bezugspunkte, so daß sie mit einiger Wahrscheinlichkeit vor Überraschungen sicher sein können. Es entsteht ein selbstselektiver Kreislauf der Wissensproduktion, da das staatlich konstituierte Wissen selbst wiederum auf den Staat gemünzt ist. Die staatlichen Instanzen wissen nun, welchen Formen des gesellschaftlichen Wissens und welchen Sprecherpositionen sie im Chor intellektueller Sprecher ›ihr Ohr leihen‹ können.[25]

6. Die Konkurrenz zwischen Intellektuellen spielt sich im Medium der Wahrheit ab. Wahrheit bedeutet, daß eine bestimmte Objektivitätsdefinition und bestimmte Erwartungen über zukünftige gesellschaftliche Entwicklungen allgemein geteilt werden und also das Verhalten unterschiedlicher Kollektive stabil und berechenbar ist.[26] Die von unterschiedlichen Intellektuellen praktizierten Wahrheitspolitiken sind Versuche, Gewohnheiten der von ihnen repräsentierten Gruppen zur Objektivität einer spezifischen ›Gesellschaft‹ zu verallgemeinern. Sich nicht ›im Wahren‹ bewegen zu wollen, stünde daher im Widerspruch zur professionellen Funktion des Intellektuellen und würde bedeuten, daß er auf die Teilnahme an der Begründung von Konsens und Führungswissen verzichtete.

Wahrheitspolitik umfaßt also sowohl den Inhalt eines Wissens wie die Praxis des Intellektuellen. Wahrheit eines Wissens und intellektuelle Praxis verweisen auf ein und denselben sozialen Prozeß. Wissen, will man es nicht idealistisch als mehr oder weniger von einer überhistorischen Vernünftigkeit bestimmt, sondern als ganz und gar historisch immanent auffassen, hängt seiner Existenz wie seiner konkreten Allgemeinheit nach unmittelbar davon ab, welche Intellektuelle es in welchem Ausmaß und in welchen Formen und Redegenres vertreten. Seine Existenz impliziert, daß es einem anderen Wissen gegenüber durchgesetzt wurde und soziale Positionen bestehen müssen, von denen aus es geäußert werden und im intellektuellen Feld als besonderes kenntlich gemacht werden kann. Nur als wahres kann ein Wissen im Namen des Allgemeinwohls sprechen; und nur indem es dies tut und den Anspruch auch gesellschaftlich durchsetzt, kann es sich Ressourcen erschließen und Karrierepfade eröffnen, auf denen in regulierter Weise der Nachwuchs folgen kann, der die Durchsetzung eines Wissens erst erfolgreich abschließt und seine Kontinuität gewährleistet. Jedes Wissen konstituiert also mit seinem Anspruch auf Allgemeinheit immer zugleich eine kollektive Lebensform, eine intellektuelle Führungspraxis und damit einen Modus des Aufstiegs und der Nachwuchsrekrutierung. Beziehen sich kapitalistische Gesellschaften in der Form konkurrierender Intellektuellengruppen auf sich selbst und verleihen so ihrer eigenen Entwicklung Dauer, so ist es notwendig, daß auch diese Gruppen selbst dauerhaft werden, daß sie in geregelter Form ihren Nachwuchs finden und diesem ermöglichen, auf allen Stufen ihre spezifische Wissenspraxis fortzusetzen. Dauer und soziale Ausdehnung eines Wissens hängen an dem in der Wahrheitspolitik der Intellektuellen durchgesetzten Grad von Allgemeinheit.

4.

Intellektuelle sind mit ihren Theorien und den ihre Lebensführung und Praxis bestimmenden Begriffen der Vernunft und Wahrheit in einem Zirkel befangen und können sich notwendig nur auf sich selbst beziehen. Diese Selbstreferenz, so habe ich oben argumentiert, hat sich in der gesellschaftlichen Arbeitsteilung der kapitalistischen Gesellschaften herausgebildet und den ihr spezifischen Typus einer herrschenden Kultur begründet. Intellektuelle organisieren aktiv die Abspaltung intellektueller Elemente aus popularen Lebensformen, verallgemeinern sie und stiften damit neue Gewohnheiten, die, sofern sie kollektiv verbindlich werden, als ökonomische Größe auf dem Markt statistisch und damit für alle sozialen Akteure belangvoll werden. Durch die professionelle Aneignung der Intellektualität übernehmen sie eine Führungsrolle und repräsentieren mit ihren Begriffen den Konsens eines Kollektivs über seine Lebensweise. So tragen sie wesentlich zur Ausbildung stabiler Gewohnheiten bei. Doch ebenso bearbeiten sie den Alltagsverstand kritisch, indem sie durch Beobachtung und Selbstbeobachtung auf die winzigen Transformationen im kollektiven Verhalten hinweisen, sie herausheben und damit dazu beitragen, daß sie sich zu einer neuen Tendenz des Kollektivverhaltens verdichten können.

Diese Form des Aufbaus der bürgerlichen Kultur führt zur Zivilgesellschaft, die sich aus einer Vielzahl unterschiedlicher Intellektuellengruppen zusammensetzt, deren Verhältnis sich sowohl intern wie zu den politisch-staatlichen und ökonomischen Instanzen durch Konkurrenz reguliert. Gleichzeitig erreicht die bürgerliche Gesellschaft vermittels der durch die in komplexen und ausbalancierten Dispositiven der Zivilgesellschaft organisierte intellektuelle Konkurrenz ein hohes Maß an Voraussicht, Planung und Kontinuität, das unternehmerische und staatliche Planungen wirkungsvoll ergänzt. Aus diesem Grund darf der Zirkel intellektueller Tätigkeiten nicht als eine bloß idealistische Befangenheit einzelner Intellektueller verstanden werden. Vielmehr dehnt sich diese Selbstreferenz über eine Vielzahl von intellektuellen Gruppen und Apparaten aus, die das Medium bilden, in dem die verschiedenen Gesellschaften von sich selbst und den anderen Staaten und ihren Entwicklungen Kenntnis erlangen.

Die moderne kapitalistische Gesellschaftsformation reproduziert auf einem neuen historischen Niveau die Trennung von Kopf- und Handarbeit: Indem die intellektuellen Funktionen zu einer umfassenden Organisation kultureller Apparate ausdifferenziert werden, wird der gesellschaftliche Selbstbezug durch Wissen – wie auch in traditionalen Gesellschaften – externalisiert und der Disposition der Gesellschaftsmitglieder und also der freien Vergesellschaftung entzogen. Der Rolle des Intellektuellen haftet grundsätzlich ein traditionales Moment von Transzendenz und Priesterherrschaft, von Außer- und Überweltlichkeit an, das die bürgerliche Revolution mit der Idee des vernünftigen Individuums für immer beseitigen wollte. Diese Usurpation der kollektiven Intellektualität durch professionelle Intellektuelle wird in den zentralen Begriffen praktiziert, in denen sie ihr Verhältnis zu ihrer Tätigkeit bestimmen. Es konstituiert sich als die Geltungssphäre der Vernunft und Wahrheit, der Freiheit und Gerechtigkeit, die nicht im historischen Prozeß und den gesellschaftlichen Widersprüchen aufzugehen scheint. Damit entziehen sich die Intellektuellen dem Denken ihrer Praxis. Denn diese Geltungssphäre, die sich in »repräsentativen Kulturgütern« inkorporiert, begründet eine eigene Form der Zeitlichkeit, die der Kontinuität und Ewigkeit, die den Intellektuellen mit der Tradition und den großen Intellektuellen der Vergangenheit verbindet: »Diejenigen Normen, für welche die Intelligenz im Rahmen der Gesellschaft – und im Interesse der Gesunderhaltung (oder der Wiedergesundung) ihrer Struktur – einzutreten hat, sind seit Sokrates die der Vernunftwahrheit und einer höchsten [...] Idee von Gerechtigkeit.«[27] Doch selbst wenn in der Tradition der Aufklärung versucht wird, Wahrheit und Vernunft als weltimmanent aufzufassen, bleibt ein Rest von Transzendenz. Für Vernunft und Wahrheit wird eine eigene Kontinuität beansprucht, die den historischen Epochen zugrundeliegen und ihre Entwicklung der Rationalisierung und Intellektualisierung welthistorisch bestimmen und vorantreiben soll. Der Intellektuelle ist daher das Resultat eines säkularen Aufklärungsprozesses, in dem die Vernunft und damit der Priester und Philosoph verweltlicht werden. So erscheint es, als ob über alle historischen Brüche und Säkularisierungen hinweg sich die autonome Vernunft als der geschichtsübergreifende Kern der Intellektuellenrolle erhält.[28] Auch in seiner modernsten Gestalt noch ist der Intellektuelle – ohne deswegen weiterhin eine priesterherrschaftliche Funktion wahrnehmen zu können, die aufgrund veränderter gesellschaftlicher und Herrschafts-Verhältnisse weggefallen ist – letztlich außerweltlich und außerhistorisch orientiert und mit dem Stigma einer jahrtausendelangen Herrschaftsfunktion behaftet. Die in imaginärer Weise als Grundlage seiner Existenz in Anspruch genommenen Begriffe der Vernunft und Wahrheit, Freiheit und Gerechtigkeit sind konstitutiv von der delegierten Herrschaftsfunktion des Intellektuellen in der gesellschaftlichen Arbeitsteilung und der ›Befreiung‹ von körperlicher Arbeit und sinnlicher Erfahrung gezeichnet. Gleichzeitig repräsentiert er die Forderung der bürgerlichen Revolution nach einer absoluten Gleichheit der Individuen und behauptet, eine Praxis zu repräsentieren, die die Individuen nach Maßgabe ihrer Leistung, Vernunft und Wahrheitsfähigkeit ihrer Argumente ohne jede Form der Ausgrenzung und Verknappung sich frei durch den sozialen Raum bewegen läßt: Der Freiheit einer Marktgesellschaft und einer durch Diskussion und vernünftige Argumentation bestimmten Öffentlichkeit entspräche eine ebenso freie Zirkulation der sprechenden Individuen. Paradox genug, wurden aber Vernunft und Wahrheit Aufgaben einer bestimmten Gruppe von Individuen, was zwangsläufig zu einer Beschränkung des Zugangs zur intellektuellen Funktion führte. Dies gilt schon für Voltaire, der in der Genealogie des modernen Intellektuellen häufig als Protointellektueller genannt wird. Voltaires intellektuelle Praxis war beispielgebend für viele junge Schriftsteller und Intellektuelle des 18. Jahrhunderts, die aus der Provinz nach Paris kamen, weil sie glaubten, hier in einer egalitären Gelehrtenrepublik des freien und offenen Wortes leben zu können.[29] Doch verkannten sie, daß Voltaires eigener Erfolg eng mit der traditionellen Form der Öffentlichkeit, dem adligen Salon, verknüpft war. Hier fand er eine Unterstützung, die sich nicht auf Hunderte anderer und jüngerer Schriftsteller und Philosophen übertragen ließ, die deshalb im Elend lebten und sich ihren Lebensunterhalt mit Spitzeldiensten, Bücherschmuggel, Lohnschreiberei, Pornographie etc. verdienen mußten.

Mit der Dreyfus-Affäre wurde die Institutionalisierung des republikanischen Intellektuellen durchgesetzt. Es wurden also gesellschaftlich verallgemeinerbare rationale Formen der schulischen Ausbildung, des formalisierten Karriereverlaufs, des Aufstiegs, der Ressourcenverteilung organisiert und damit ›wilde‹ Formen der Rekrutierung, wie z. B. die Boheme mit ihrem revolutionären Drohpotential, überwunden.[30] Der für den Intellektuellen konstitutive Widerspruch bestand jedoch fort, es wurde ihm nur eine neue Form gegeben in der geregelten Rekrutierung von Intellektuellen durch ein komplexes, Schule, Hochschule, Salons, Zeitungen und Verlage umfassendes System. Die Durchsetzung der arbeitsteiligen Funktion des Intellektuellen verlief in

Frankreich – was theoretisch oft unberücksichtigt bleibt – nicht nur zeitgleich mit der Einführung des gleichen Wahlrechts für Männer (1884), sondern war davon auch bedingt: Mit der Einführung der Massendemokratie wurden Aufklärung und Rationalität um die Jahrhundertwende zur Aufgabe weniger Intellektueller. Die Verallgemeinerung des Demokratieprinzips warf für das Bürgertum ganz neue Probleme der Herrschaft und der Führung auf, da ja, je nach Standpunkt, befürchtet oder gehofft wurde, daß mittels parlamentarischer Mehrheiten die Arbeiterklasse die Eigentums- und Herrschaftsverhältnisse antasten könnte. Thematisiert wurden die Probleme neuer Herrschaftstechniken konsensueller Führung von der ebenfalls während dieses Zeitraums entstehenden Massenpsychologie, die auf das historisch neuartige Phänomen der Masse aufmerksam machte. Traumatisiert von dem rätedemokratischen Aufstand der Pariser Kommune, richtete sich das Augenmerk von Le Bon und Tarde darauf, wie in einer Demokratie die Unberechenbarkeit des kollektiven Verhaltens einer territorial verstreuten und harmlosen, aber auch unversehens sich zusammenrottenden und gefährlich werdenden Masse unter Kontrolle gebracht werden könnte. Als Schlüssel erschien diesen Autoren der Prozeß der Meinungsbildung in den Cafés, Salons und Geschäften als den »wahren Ausgangspunkten der Macht« (Tarde). Diese zu disziplinieren gelänge nur über die neuartigen Massenmedien, von denen sie annahmen, daß sie allmählich die Kommunikation zwischen Individuen ablösen und mediatisieren würden. Erzeuge die Presse (wie der Markt) eine große Zahl anonymer Individuen, so verleihe sie dem Publizisten (dem Philosophen, Politiker und Journalisten) gerade deswegen eine enorme Macht und mache ihn zum Führer kollektiven Verhaltens. Die Massenpsychologie rückte also neben der Irrationalität des Massenverhaltens die Rationalität und Macht des Intellektuellen in das Zentrum der Aufmerksamkeit, die eine alles entscheidende Bedeutung für die anonyme öffentliche Meinung und ihre Rationalität – verstanden im Sinne der Aufrechterhaltung von Ordnung – hatte.[31] Diesem neuartigen Problem der Führung einer anonymen und weitverstreuten Masse, die nicht mit Zwang, sondern mit Konsens beherrscht und geleitet werden mußte, konnten die Antiintellektuellen nicht Rechnung tragen. Anders die republikanische Praxis einer schulisch geregelten Rekrutierung von Intellektuellen, die staatlich legitimiert werden, öffentlich das Wort zu ergreifen. Die Schule wie die öffentlichen Medien sind durchlässig für Bildungsaspirationen von unten und eröffnen Chancen für die Initiative der Intellektuellen und ihre Kritik; damit wird die Blockierung von Allgemeinheits- und Willensbildungsprozessen vermieden.

Gleichzeitig regeln und kontrollieren sie aber den Zugang und schaffen eine Hierarchie der Meinungsäußerung.

Hatte die bürgerliche Revolution und Aufklärung die gleichberechtigte Rationalität aller Individuen verfochten, so konnte sie diesem Anspruch aufgrund ihrer eigenen Logik nicht genügen. In der Figur des Intellektuellen gab sie diesem Widerspruch eine Bewegungsform. Die Dynamik dieses Widerspruchs war aber offensichtlich aufgrund des Bündnisses von feudal-absolutistischer und bürgerlicher Klasse während der ersten Jahrzehnte des 20. Jahrhunderts in vielen europäischen Ländern blockiert, das eher den Typus des großen, literarisch gebildeten, patrizischen Intellektuellen hervorbrachte (Benedetto Croce, Jacob Burckhardt, Thomas Mann, Max und Alfred Weber). Dieser Intellektuelle wurde aber nicht aus den unteren, sondern aus den herrschenden Klassen rekrutiert und arbeitete in vielen Fällen deren Kompromisse aus. Während vieler Jahrzehnte scheint es aufgrund einer rigiden Klassenteilung zu keiner Aufstiegsorientierung innerhalb der Arbeiterklasse gekommen zu sein.

Richtig entfalten konnte sich die sozial widersprüchliche Dynamik des Intellektuellen erst mit der Entwicklung der Massendemokratie in den zwanziger Jahren und dem sich zur gleichen Zeit entfaltenden, wenn auch endgültig erst nach dem Ende des Zweiten Weltkriegs durchsetzenden fordistischen Akkumulationstypus, mit einer neuen Form der kulturellen Organisation und einer durch Volksparteien vermittelten parlamentarischen Demokratie.[32] Die Erblichkeit im Fall intellektueller Berufe blieb weiterhin wirksam, aber der Kreis der Intelligenz selbst dehnte sich enorm aus. So hat sich in den USA die Anzahl der ihr zurechenbaren Personen in den verschiedenen Berufsgruppen zwischen 1900 und 1980 von 1,2 auf 15,6 Millionen mehr als verzehnfacht; der Anteil der Hochschulabsolventen an der Gesamtbevölkerung der USA verdoppelte sich zwischen 1946 und 1966 von 22,1 % auf 46,1 %.[33] In der Bundesrepublik stieg der Anteil der Studierenden am gleichaltrigen Jahrgang zwischen 1950 und 1970 von 6,2 % auf 15,4 %. Mit der Bildungsexpansion der sechziger Jahre und den Aussichten auf einen wie auch immer begrenzten Erfolg wurde das Verhaltensmuster des Aufstiegs durch Bildung gleichfalls von der Arbeiterschaft übernommen. So lag der Anteil der Studenten und Studentinnen, die aus Arbeiterfamilien stammen, zwischen 1934/35 und 1959/60 relativ konstant zwischen 3 und 5 %. Erst in den sechziger Jahren veränderte sich auch hier das Bild und stieg dieser Anteil von 10,3 % 1966 auf 17,3 % 1982.[34]

Ähnliche Tendenzen lassen sich in allen entwickelten westlichen Industriegesellschaften feststellen. Eine solche Entwicklung kann sicherlich in einem gewissen Maß durch die wachsende Bedeutung von Wissenschaft und komplexen Technologien in den Produktionsprozessen erklärt werden. Sie machen neue Formen der Zusammensetzung von Hand- und Kopfarbeit und damit neue Proportionen zwischen den Bevölkerungsteilen erforderlich. Eine solche Erklärung reicht allein aber nicht aus, denn logisch würde daraus folgen, daß insbesondere der Anteil von Naturwissenschaftlern und Technikern zunehmen würde. Doch gerade in der Bundesrepublik hat sich der Anteil der Studierenden naturwissenschaftlich-technischer Fachrichtungen im Laufe der Bildungsexpansion seit den frühen sechziger Jahren stetig vermindert. Im übrigen hat gerade die Bundesrepublik mit einer im Vergleich mit anderen Ländern (Frankreich, Italien) sehr späten und schwachen Hochschulexpansion die Rezessionsphase der Jahre 1973–75 relativ besser überstanden. Dies weist darauf hin, daß der Anstieg der Studentenzahlen nicht unmittelbar von ökonomisch-technischen Prozessen ausgelöst wurde.[35] Die Argumente von Burkart Lutz werden bekräftigt durch Zahlen, die Aufschluß geben über die Struktur des Hochschulabschlusses. Hat sich die Zahl der Staats- und Diplomprüfungen ohne Lehramt zwischen 1956 und 1976 von 15000 auf knapp 35000 etwas mehr als verdoppelt, so ist die Zahl der Lehramtsprüfungen von 2761 in 1956 auf 41000 1976 um das Fünfzehnfache gestiegen. Auch Zahlen, die über den Verbleib der Hochschulabsolventen Auskunft geben, lassen erkennen, daß die Bildungsexpansion nicht unmittelbar von ökonomisch-technischen Notwendigkeiten hervorgerufen wurde. Denn die Proportionen zwischen öffentlichem Dienst und Privatwirtschaft blieben im Lauf der sechziger Jahre stabil: waren 1960 72,1% im öffentlichen Dienst und 27,7% in der Privatwirtschaft beschäftigt, lauten die Zahlen für 1970 72% und 28%. Die Zunahme der Hochschulabsolventen um dreihunderttausend Personen während dieser Dekade wurde also weitgehend von den Staatsapparaten, d.h. vor allem vom Bildungssystem absorbiert.[36]

Diese Zahlen belegen die erhöhte Wichtigkeit des Bildungssystems für die Organisation von Aufstiegsmobilität, Rekrutierung und Absorption von sozialer Kritik. Doch daneben entwickelten sich seit den zwanziger Jahren noch weitere Rekrutierungsmuster von Intellektuellen und damit auch andere Formen der Ausarbeitung von Konsens. Wesentlicher Zug dieser fordistischen Phase der Aneignung von Mehrarbeit ist, daß die Reproduktion der Masse der Bevölkerung zu einem Bestandteil der Akkumulation von Kapital wurde. Damit löste sich ein strategisches Dilemma auf, das mit der Entwicklung komplexer Techniken und betrieblicher Kooperation (teilautomatisierte Fließproduktion) entstanden war, die gebot, sehr große Mengen standardisierter Güter herzustellen, die jedoch nicht verwertet werden konnten, wenn keine Massenkaufkraft vorhanden war. Aushandlungsmechanismen zwischen Gewerkschaften und Unternehmern ermöglichten Übereinkünfte, die die Lebens- und Arbeitsbedingungen der lohnabhängig Beschäftigten stabilisierten und ihnen eine langfristige Ausrichtung auch ihres Konsumverhaltens erlaubte (langlebige Konsumgüter, Eigenheim).

Staatliche Politiken verschränkten sich mit diesen korporativen Arrangements, indem sie nicht nur die Kontinuität betrieblicher Produktionsprozesse durch finanzielle und materielle Unterstützungen (Subventionen, steuerliche Erleichterungen, Infrastruktur) gewährleisteten. Sie stabilisierten durch Globalmaßnahmen den Handlungsrahmen unternehmerischer Entscheidungen und durch soziale Sicherung die Lebensperspektive der Arbeiter und ihre intergenerationellen Erwartungen.

In der wohlfahrtsstaatlich bestimmten Ökonomie wurden also viele Momente des alltäglichen kulturellen Verhaltens direkt zum Motor des sich immer weiter steigernden Wachstums. Kino, Auto, Tourismus, Fernsehen prägten außer dem Normalarbeitstag die kulturellen Lebensformen, die unmittelbar zum Bestandteil eines erweiterten ökonomischen Kreislaufs wurden. Mittels einer gewaltigen Massenkaufkraft wurde Nachfrage nach Konsumgütern erzeugt, die zu erwerben über Jahre und Jahrzehnte das wichtigste unmittelbare Lebensziel des überwiegenden Teils der Bevölkerung in der Bundesrepublik wurde. Eingebauter Verschleiß, Produktdifferenzierung und Produktinnovation sorgten dafür, daß der Ehrgeiz des Konsumenten nicht erlahmte, seine Souveränität als Käufer gegen den Markt und dessen sich selbst ständig überholende Angebote zu behaupten sowie den Wettlauf mit dem Nachbarn um die besseren positionalen Güter zu gewinnen. Immer mehr zu verdienen, um mehr, neuere und bessere Gegenstände erwerben zu können, wurde zum Hauptmechanismus des gesellschaftlichen Konsenses. Denn der Erwerb der nach Einkommensklassen feinskalierten Konsumgüter verhieß, durch veränderte kulturelle Gewohnheiten: Konsum, Freizeitverhalten, Bildungsaspirationen, den sozialen Aufstieg. »So konnten im Zuge des Wandels von Produktionsweisen, Wirtschafts- und Beschäftigungsstrukturen in großem Umfange individuelle Aufstiegsmöglichkeiten gerade für die Teile der Industriearbeiterschaft geschaffen werden, die am ehesten Bereitschaft und Fähigkeit hätten entwickeln können, wahrgenommene soziale Ungleichheit in politische Programmatik umzusetzen und zum Gegenstand von gesellschaftlichen Konflikten zu machen.«[37]

Die Ausarbeitung dieses konsumorientierten Konsenses wurde auch von weniger von Bildung abhängigen Rekrutierungsmechanismen befördert, die das herrschaftsstrategische Dilemma: Öffnung nach unten und Zugangsbeschränkung, neuartig und entsprechend der fordistischen Logik miteinander kombinierten. Unter den Bedingungen der so genannten Massengesellschaft, in der sich kollektive Gewohnheiten vorwiegend über statistische Regelmäßigkeiten ausbilden, ergab sich die Rekrutierung vermittels des Wahrscheinlichkeitsgesetzes. Der Zugang wurde durch das winzige Nadelöhr des statistisch möglichen Erfolgs eröffnet: Vom Lottotreffer über den Schönheitswettbewerb bis zum Studienabschluß reichten die Möglichkeiten, Karriere zu machen. Es war eine Sache des Glücks, des Zufalls, der Chance, die aber immerhin durch eigene Leistung, Konformität und Habitus gut vorbereitet werden konnte.

Neben den mit Bildung und mit Bildungsabschlüssen verbundenen Aufstiegskanälen kam es zu historisch neuen Formen der Intellektualität. In Photographie, Film, Unterhaltung, Musik und Tanz, Sport, Rundfunk und Fernsehen, Design und neuen literarischen Genres wie Comics und Krimi formierten sich spezialisierte, gleichwohl meinungs- und willensbildende Intellektuelle, die den Konsum der verschiedenen Teile der Bevölkerung organisierten und ihrer Lebensführung die Orientierung gaben. So wurden Jazz-, Rock 'n' Roll-, Beat- und Popgruppen zum Idol Tausender von Jugendlichen und zum Vorbild für deren Versuche, sich gleichfalls aus ihrer sozialen Lage zu befreien, Verhaltensweisen und Meinungen von Schönheitsköniginnen, Photomodellen, Eiskunstläuferinnen und Schauspielern, medial vervielfältigt, zum Diskussionsgegenstand von Millionen am Arbeitsplatz, in Schulen etc. Die Alltagsmythen bildeten nicht lediglich das Bestehende ab. Vielmehr stachelten die intellektuellen Protagonisten dieser neuen, popularen Kultur den Widerspruch und den sozialen Protest an. Rebellentum wurde für die neuen Intellektuellen geradezu notwendig, um sich innerhalb der Massenkultur hervorzutun.[38] Damit änderte die neue Intellektualität die Funktionsweise sozialer Widersprüche und organisierte sie als ein Element des Aufstiegs und der permanenten Selbstrevolutionierung der bürgerlichen Gesellschaft. Widersprüche wurden Teil der Veränderung des kollektiven Verhaltens, führten zu neuen, statistisch relevanten Gewohnheiten und konnten als neue Formen der Massennachfrage erneut ökonomisiert und zum Ausgangspunkt einer erweiterten Reproduktion des Verwertungsverhältnisses werden. Die verschiedenen bürgerlichen Fraktionen lernten, sich auf den Widerstand der unteren Klassen zu stützen, um ihre eigenen Beziehungen, ihre Konkurrenz und ihre internen Kräfteverhältnisse zu dynamisieren. Der Widerspruch der unteren Klassen wurde über die neue Intellektualität und ihre Rekrutierungsmechanismen absorbiert, die Initiative und Kritik von unten in einen Antrieb für die permanente Bewegung der sozialen Verhältnisse transformiert.

Seit einigen Jahren wandeln sich die Formen der sozialen Gesetzmäßigkeiten erneut.[39] Der fordistische Wachstumskompromiß zwischen Kapital und Lohnarbeit, sofern er überhaupt aufrechterhalten wird, relativiert sich aufgrund seiner eigenen inneren Dynamik und nimmt eine neue Bedeutung an. Eine hohe Produktivität läßt sich nicht mehr restlos in Nachfrage übersetzen und setzt außerdem eine Vielzahl von Arbeitskräften frei. Staatliche Interventionen verlieren entweder ihre soziale Basis oder versagen an der neuen Komplexität der Eigentumsverhältnisse, auf die sie bislang noch nicht eingestellt sind.

War kulturelle Herrschaft in der fordistischen Phase bestimmt durch das Gesetz der großen Zahl, die Anonymisierung und Homogenisierung des Individuums zu einem Durchschnittsindividuum in der Massengesellschaft, so finden die gegenwärtigen kulturellen Veränderungen genau hier statt. Gleichheit wird von Differenz als zentralem Verhaltensmuster abgelöst. Zur Philosophie der Verbraucherforschung gehört denn auch, das Unbehagen an der Homogenität aufzuspüren und Unterschiede in den Gewohnheiten der Konsumenten zu intensivieren: Der Verbraucher wird nicht mehr als statistische Zahl gesehen, sondern als ›lebendiges, vielschichtiges‹ Individuum. Es wird die enge Beziehung von Konsumverhalten und Lebensstil zum Ausgangspunkt einer Typenbildung, die vor allem berücksichtigt, wie sich die Konsumenten selbst sehen bzw. wie sie gesehen werden wollen (Life Style Research 1985). Reflexion und Kritik gewähren demnach nicht mehr – wie noch Adorno gegenüber einer homogenisierten Gesellschaft hoffen konnte – die Möglichkeit einer positiv verstandenen Individualisierung und Distanzierung, sondern werden zum Bestandteil eines bewußt gegen andere soziale Gruppen gesetzten Lebensstils und damit auch zum Hebel einer hochdifferenzierten und hochflexiblen Nachfragesteigerung. Ziel der Ausbildung und Intensivierung von Lebensstilen ist jedoch nicht, die Konkurrenz und das Gesetz der großen Zahl aufzuheben. Im Gegenteil, sie verschärfen den Kampf um positionale Güter, wie er sich in den letzten Jahrzehnten entfaltet hat, durch die Integration von Situationsdeutungen und Stilisierung reflexiver Abgrenzungsbemühungen von anderen sozialen Schichten.[40] Diese Entwicklung wird offensichtlich von neuen Intellektuellengruppen des »Kopfkapitals« getragen, die in den neu sich bildenden Weltstädten in der immateriellen und High-Tech-Produktion und in Dienstleistungen tätig sind und deren Freizeitverhalten aufgrund hoher Einkommen einen außerordentlichen Aktionsradius hat.[41]

Stadt, Geist und Geld gehen eine neue historische Verbindung ein. Mit ihren Kulturangeboten konkurrieren die Städte um die neuen Gruppen von Intellektuellen in Werbung und Kultur, neuen Medien und Hochtechnologiebranchen. Urbanität wird zu einem ökonomischen Faktor städtischen Wachstums, aber auch zu einem Faktor der kulturellen Hegemonie und somit neuartiger Rekrutierungsformen. Denn Urbanität ist offensichtlich auch eine Reaktion auf die Überlastung der Rekrutierungspfade der vergangenen Jahrzehnte und auf die Entwertung der Bildungstitel. Bildung bindet die Rekrutierung an formale Abschlüsse in einem skalierten Kontinuum. Eine solche Skala wird nach Gesichtspunkten von Kompetenz und Leistung konstruiert. Da die formellen Bildungsabschlüsse wegen des Überangebots an formal hochqualifizierten Anwärtern schon längst keine berufsadäquaten sozialen Positionen mehr sichern können, muß verstärkt auf informelles kulturelles Wissen und Verhalten zurückgegriffen werden, über das viele, die über die Bildungsexpansion rekrutiert wurden, aufgrund ihrer sozialen Herkunft und des erworbenen, sachbezogenen Wissens nicht verfügen – es fehlt die oft eingeklagte sinnliche und emotionale, sozial verpflichtende Wirkung dieses Wissens. Gerade deswegen erscheint es plausibel, auf Formen der Kultur zurückzugreifen (z. B. museale Präsentation oder eklektisch-historistische Stilarten), die ihren Konsumenten gewährleisten können, daß sie eine legitime Kultur erwerben, die ihnen Konkurrenzvorteile verschafft oder zumindest Konkurrenzvorteile wettmacht, die andere aufgrund ihrer familialen und speziellen schulischen Sozialisation haben. Gleichwohl sind diese Formen konventioneller bürgerlicher Hochkultur relativiert und eingebettet in die Praktiken kreativer Intellektuellengruppen und neuer Alltagsgewohnheiten, in denen Arbeits- und Freizeitverhalten ihre scharfe Abgrenzung gegeneinander verlieren.

Die Ausdehnung und Neuzusammensetzung von Intellektuellengruppen konstituiert auch neue Verhältnisse für den traditionellen, philosophischen, vernunft- und wahrheitsorientierten Intellektuellen und seine Tätigkeit der Kritik, der Reflexion und des Einspruchs. Seine Mandatslosigkeit hat sich verschärft. Dem entspricht die beinahe trotzige Reaktion, am tradierten Modell des vernünftigen Intellektuellen festzuhalten: »Im Namen der Autonomie der Intellektuellen kann und muß Zola, können und müssen Intellektuelle Politik machen. Zola ist der Erfinder eines historischen Modells, einer Art nationaler Spezialität, die es meines Erachtens wert ist, verteidigt zu werden, obwohl ich ihre historischen Grenzen sehe.«[42] Doch ist die Verteidigung der eigenen Autonomie eine bloße Geste. Denn ihren programmatischen Äußerungen nach zielen die Vertreter der Moderne wie der Postmoderne – und darin sind sie sich einig – auf eine Verteidigung ihrer partikularen Interessen und verzichten de facto auf Kritik. Die Intellektuellen und die Intelligenz sollen die gesellschaftliche Arbeitsteilung nicht mehr in Frage stellen. Die postmoderne Intelligenz bevorzugt eine liberale und pluralistische Lebensform und verteidigt jeweils das Sprachspiel eines Kollektivs gegen Übergriffe eines anderen. Der moderne Intellektuelle sieht es als seine Aufgabe an, die Eigensinnigkeit einer arbeitsteiligen Funktion gegenüber anderen ausdifferenzierten Bereichen durchzusetzen oder zu verteidigen. In beiden Fällen sind sich die Intellektuellen einig, daß es um die Verteidigung der Autonomie der jeweils eigenen Sphäre gegen Übergriffe geht. In beiden Fällen stellen die Intellektuellen die Logik, die zur Ausdifferenzierung verschiedener autonomer Sphären und letztlich immer wieder zu den Übergriffen führt, nicht mehr zur Diskussion. War Selbstkritik der Intellektuellen eine Selbstverständlichkeit der Moderne, so ist die Verteidigung der eigenen Autonomie, sogar unter dem Anspruch auf Allgemeinheit, partikularistisch und der Anspruch auf Professionalität elitistisch. Die von ihnen verfochtene Autonomie wird so regelrecht zu einem in die jeweiligen arbeitsteiligen Bereiche eingebauten Sperrmechanismus, der den Ausbruch aus den naturwüchsig ausdifferenzierten Funktionslogiken der gesellschaftlichen Arbeitsteilung verhindert. Die Vorstellung von der Aufhebung der gesellschaftlichen Arbeitsteilung erscheint allerdings immer noch und vielleicht sogar in höherem Maße aktuell, nachdem die Klassengesellschaften des »real existierenden Sozialismus« zusammengebrochen sind und der real existierende Kapitalismus zur Freiheitsutopie vieler Völker wurde. Jene Aufhebung meint nicht die Wiederherstellung einer naturwüchsigen Gemeinschaft mit einem geringeren Grad von Arbeitsteilung, sondern im Gegenteil deren Entfaltung, so daß intellektuelle Funktionen nicht das Privileg einzelner sind und das gesellschaftliche Wissen und kulturelle Praktiken zu einem Teil des alltäglichen gesellschaftlichen Verkehrs werden.

Anmerkungen

1 Vgl. Dietz Bering, *Die Intellektuellen. Geschichte eines Schimpfwortes*, Stuttgart 1978.

2 Vgl. Pierre Lantz, »Über französische Intellektuelle und die Macht«, in: *kultuRRevolution. Zeitschrift für angewandte Diskursanalyse*, Nr. 22, 1990.

3 Vgl. Christophe Charle, »Champ littéraire et champ du pouvoir: les écrivains et l'affaire Dreyfus«, in: *Annales ESC*, 2, 1977, und ders., *Naissance des »Intellectuels«*, Paris 1990.

4 Vgl. Dietz Bering, a. a. O., S. 144.

5 Vgl. Hauke Brunkhorst, *Der Intellektuelle im Land der Mandarine*, Frankfurt a. Main 1987; Jürgen Habermas, »Heinrich Heine und die Rolle des Intellektuellen in Deutschland«, in: ders., *Eine Art Schadensabwicklung. Kleine Politische Schriften VI*, Frankfurt a. Main 1987.

6 Jean-François Lyotard, *Grabmal des Intellektuellen*, Wien 1985, S. 10.

7 Jean-Paul Sartre, *Der Intellektuelle und die Revolution*, Neuwied und Berlin 1971, S. 15.

8 J.-F. Lyotard, a. a. O., S. 18.

9 Vgl. Ernesto Laclau, *Politik und Ideologie im Marxismus*, Berlin 1981.

10 Vgl. Pierre Bourdieu, »Delegation und politischer Fetischismus«, in: *Ästhetik und Kommunikation*, H. 61 / 62: Urbanität, 1986.

11 J. Habermas, a. a. O., S. 29.

12 Ebd., S. 43.

13 Ebd., S. 29.

14 So H. Brunkhorst, a. a. O., S. 41 ff.

15 Hauke Brunkhorst, »Vom Mandarin zur Ästhetik der Postmoderne«, in: *Die Neue Gesellschaft / Frankfurter Hefte*, Nr. 5, Mai 1989, S. 436.

16 Martin Greiffenhagen, *Propheten, Rebellen und Minister. Intellektuelle in der Politik*, München 1986, S. 38.

17 J. Habermas, a. a. O., S. 30.

18 Ebd.

19 Vgl. Pierre Bourdieu, *Satz und Gegensatz. Über die Verantwortung des Intellektuellen*, Berlin 1989, S. 22.

20 Theodor W. Adorno, *Philosophie der neuen Musik*, in: ders., *Ges. Schriften*, Bd. 12, Frankfurt a. Main 1975, S. 28.

21 Vgl. zur »Urgeschichte« dieser bürgerlichen Praxis der Selbstführung Max Horkheimer, Theodor W. Adorno, *Dialektik der Aufklärung*, in: Horkheimer, *Ges. Schriften*, Bd. 5, Frankfurt a. Main 1987, und Michel Foucault, *Der Gebrauch der Lüste. Sexualität und Wahrheit 2*, Frankfurt a. Main 1986.

22 Karl Mannheim, »Die Bedeutung der Konkurrenz auf dem Gebiet des Geistigen«, in: ders., *Wissenssoziologie*, Neuwied 1964, S. 573.

23 Vgl. Rainer M. Lepsius, »Kritik als Beruf. Zur Soziologie der Intellektuellen«, in: *KZfSS*, 1964, S. 72 ff.

24 Zum Problem der Inflation von Wissen vgl. Pierre Bourdieu, *Homo Academicus*, Frankfurt a. Main 1988, S. 260.

25 Alex Demirović, »Redegenre und soziale Praxis. Zur politischen Intervention des Redens«, in: Demirović, A., Prigge, W. (Hg.), *Diskurs Macht Hegemonie*, kultuRRevolution. Zeitschrift für angewandte Diskursanalyse, 1988, H. 17/18.

26 Vgl. Alex Demirović, »Die hegemoniale Strategie der Wahrheit. Zur Historizität des Marxismus bei Gramsci«, in: *Die Linie Luxemburg – Gramsci*, Hamburg 1989.

27 Alfred v. Martin, »Die Geistigen und die Gesellschaft«, in: *Der Monat*, Nr. 34, Juli 1951, S. 378.

28 So Brunkhorst, *Die Intellektuellen...*, a. a. O., S. 34f.

29 Vgl. Robert Darnton, *Literaten im Untergrund. Lesen, Schreiben und Publizieren im vorrevolutionären Frankreich*, München 1985.

30 Vgl. Helmut Kreuzer, *Die Boheme. Analyse und Dokumentation der intellektuellen Subkultur vom 19. Jahrhundert bis zur Gegenwart*, Stuttgart 1971.

31 Vgl. Serge Moscovici, *Das Zeitalter der Massen*, München 1984, S. 233ff.

32 Vgl. dazu Joachim Hirsch, Roland Roth, *Das neue Gesicht des Kapitalismus*, Hamburg 1986.

33 Vgl. Jürgen Kuczynski, *Die Intelligenz. Zur Soziologie und Geschichte ihrer Großen*, Köln 1987.

34 Vgl. Peter A. Berger, *Entstrukturierte Klassengesellschaft?*, Opladen 1986, S. 105f.

35 Burkart Lutz, »Die Interdependenz von Bildung und Beschäftigung und das Problem der Erklärung der Bildungsexpansion«, in: J. Matthes (Hg.), *Sozialer Wandel. Verhandlungen des 19. Deutschen Soziologentages*, Frankfurt a. Main/New York 1979, S. 652f.

36 Vgl. Beate Krais, »Der deutsche Akademiker und die Bildungsexpansion«, in: *Soziale Welt*, 1980, S. 68ff.; für Frankreich vgl. Bourdieu, *Homo Academicus*, a. a. O.

37 Lutz, a. a. O., S. 655.

38 Vgl. Horkheimer, Adorno, a. a. O., S. 153.

39 Vgl. Hirsch, Roth, *Das neue Gesicht...*, a. a. O.; Alain Lipietz, *Choisir l'Audace. Une alternative pour le XXIe siècle*, Paris 1989; Burkart Lutz, *Der kurze Traum immerwährender Prosperität*, Frankfurt a. Main 1984.

40 Vgl. Helmuth Berking, Sighard Neckel, »Politik und Lebensstile«, in: *Ästhetik und Kommunikation*, 1987, H. 65/66: Zukunft des Politischen.

41 Vgl. Peter Lieser, Roger Keil, »Zitadelle und Getto: Modell Weltstadt«, in: Prigge, Walter (Hg.), *Das Neue Frankfurt*, Frankfurt a. Main 1988; vgl. auch David Harvey, *The Condition of Postmodernity. An Enquiry into the Origins of Cultural Change*, Oxford 1989.

42 Bourdieu, *Satz und Gegensatz...*, a. a. O., S. 22.

KARL MARKUS MICHEL

Genius loci
Versuch einer Anatomie

Prolog

Es ist ein ehrwürdiger barbarischer Brauch, seine Feinde nicht nur an ihren Leibern zu strafen, sondern auch an ihren Steinen, die ja, wie Poseidonios in alten Zeiten sagte, der Ausdruck der Seele sind. Kultstätten werden zerstört, Herrschaftsmäler zerbrochen, Städte dem Erdboden gleichgemacht. Das Alte Testament schwelgt in der Lust an solcher Zermalmung, die Gott wohlgefällt. Die Christen lernten daraus. So wußte im Jahre 377 der Kirchenvater Hieronymus einen römischen Stadtpräfekten zu rühmen, der, frisch bekehrt, eine Grotte des Mithraskultes samt ihren Götzenbildern »zerstörte, zerbrach, vernichtete«.[1] Die Wiedertäufer von Münster machten es nicht anders. »Vor dem Rathauß die Bischoff die da stunden, seind zu stucken zerschlagen worden und die gemalten Bild will man auß wischen, das aller bilder gedechtnuß und angesicht soll vertilket werden...«[2] Die Erinnerung an das Überwundene wird ausgelöscht, damit es nicht wiederkehre.

Auch die Erinnerung an den Nationalsozialismus wurde ausgelöscht. Niemand wäre nach dem Krieg auf die Idee gekommen, die Stätten des Terrors zu konservieren. Sie fielen, soweit sie noch standen, der Abrißbirne und der Planierraupe anheim. Es war eine legitime Vernichtung. Doch sie diente zugleich dem falschen Vergessen. Als das Verdrängte dann wiederkehrte, wurden Fundamente freigelegt, Trümmer gehegt, Gelände umzäunt, als waltete hier ein Genius loci, den man versöhnen, befrieden muß. Die persönlichen Motive solchen Gedenkens mögen respektabel sein, seine Formen sind es nicht. Sie folgen bewußtlos einer Mode, der *Topolatrie*. Geschichte wird verkürzt auf ihre zufälligen Reste, auf Orte, die sich begehen, auf Steine, die sich anfassen lassen. So wird selbst die Ungeheuerlichkeit des nationalsozialistischen Terrors endlich faßbar – anfaßbar: reduziert auf die Maße subjektiver Betroffenheit. Am Ende hat man es nur noch mit ›Spuren‹ zu tun: Mauerreste, von Wildwuchs verschluckt, und eine Bank daneben für die »Andacht zum Stein«.

Steinkult

Am Anfang war der Stein. Zum Beispiel der Meteor, der in Mekka, einer kleinen Oase, niederging. Fast alle Stämme Arabiens suchten den Ort nun auf und verehrten hier ihre Götter, ein jeder den seinen. Bis der Prophet dem schwarzen Stein seine wahre Bedeutung gab. Seitdem muß der gläubige Moslem mindestens einmal im Leben nach Mekka pilgern und die Kaaba siebenmal umrunden.

Oder der Felsen des Kapitols, zu dem der Heros Euander den Asylanten Aeneas führte. »Heilige Schauer umwoben schon damals die Stätte, des Landmanns / Zagende Brust durchbebend. Er scheut' vor dem Wald und dem Fels sich. / ›Hier‹, so sprach er, ›im Hain um des Bergjochs waldigen Gipfel, / Hauset ein Gott – wer, wissen wir nicht; doch die Arkadier meinen, / Daß sie den Zeus dort selber gesehn...‹« (Aen. VIII, 349). Und später, als auf dem Kapitol schon längst der Tempel des *Iuppiter Optimus Maximus* mit seinem anthropomorphen Kultbild stand, lebte doch die Furcht vor *Iuppiter lapis* fort; bei ihm schworen die Römer in wichtigen Staatsangelegenheiten, einen Stein in der Hand und Schauder in der Brust (Polybios III,25).

Oder der Stein, der einen anderen Flüchtling das Schaudern lehrte: Nachdem Jakob seinen Bruder Esau um den väterlichen Segen betrogen hatte, kam er an einen fremden Ort, wo er übernachten wollte. »Er nahm einen von den Steinen dieses Ortes, legte ihn unter seinen Kopf und schlief dort ein. Da hatte er einen Traum: Er sah eine Treppe, die auf der Erde stand und bis zum Himmel reichte. Auf ihr stiegen Engel Gottes auf und nieder. Und siehe, der Herr stand oben und sprach: Ich bin der Herr, der Gott deines Vaters Abraham und der Gott Isaaks. Das Land, auf dem du liegst, will ich dir und deinen Nachkommen geben. Deine Nachkommen werden zahlreich sein wie der Staub auf der Erde ... Jakob erwachte aus seinem Schlaf und sagte: Wirklich, der Herr ist an diesem Ort, und ich wußte es nicht. Furcht überkam ihn, und er sagte: Wie ehrfurchtgebietend[3] ist doch dieser Ort! Hier ist nichts anderes als das Haus Gottes und das Tor des Himmels. Jakob stand früh am Morgen auf, nahm den Stein, den er unter seinen Kopf gelegt hatte, stellte ihn als Steinmal auf und goß Öl darauf. Dann gab er dem Ort den Namen Bet-El (Gotteshaus).« (Gen. 28,10–19)

In der Erfüllung seines Gelübdes, an diesem heiligen Ort eine Kultstätte zu errichten, ist Jakob etwas säumig, Gott muß ihn zweimal mahnen. Als er sich dann endlich aufrafft, gebietet er den Seinen, die fremden Götter aus ihrer Mitte zu entfernen und sich zu reinigen. Er zieht nach Bet-El, errichtet wiederum ein Steinmal, und wieder nennt er die

Stätte ›Gotteshaus‹ (Gen. 35,1 ff.). Aber sie hieß schon lange vorher so. Was Jakob dort vollzog, war keine Stiftung, es war eine Konversion. Jedoch zu welchem Kult? Schon jahrtausendelang, seit dem späten Neolithikum, war Bet-El ein sakraler Ort; dort lag ein Menhir, Sitz eines Totengeistes, der den Besuchern Offenbarungsträume schenkte. In der Mitte des 2. Jahrtausends wurde der Stein zum Haus (*beth*) des kanaanäischen Hochgottes El. Der ephraimitische Mythos machte dann Jakob zum Stifter des Kultes und El zum »Gott Israels«, der nach 1200 v. Chr. mit dem israelitischen Jahwe identifiziert wurde. Aber schon bald darauf fiel Jerobeam, der König des Nordstaats, von Jahwe ab und erhob Bet-El zum Haupttheiligtum des Stierkults (1. Kön. 12,25–13,32). Im 7. Jahrhundert v. Chr. kehrte König Joschija zu Jahwe zurück: er zerstörte den Altar von Bet-El und »zermalmte die Steine zu Staub« (2. Kön. 23,15). Die Stadt hieß weiterhin Bet-El, und manche fromme Gründung in Europa und Amerika nannte sich nach ihr.

Heilig ist ein Ort nicht deshalb, weil auf ihm eine Kultstätte errichtet wurde. Vielmehr werden Kultstätten dort errichtet, wo ein Ort heilig ist.[4] Die Epiphanie der Gottheit, von welcher der Mythos erzählt, geschieht immer wieder, gleichgültig, ob man den Mythos so oder anders erzählt. Ihr Wahrzeichen ist in aller Regel ein Stein. Nomaden suchen ihn auf, Ackerbauern gründen dort ihre Städte. »Auch bei allen Griechen wurden in den älteren Zeiten unbearbeitete Steine statt Statuen göttlich verehrt«, sagt Pausanias (VII,22,4), und noch zu seiner Zeit, in der Mitte des 2. Jahrhunderts v. Chr., traf er bei seinen Reisen durch Hellas überall auf solche Mäler und die sich darum rankenden Geschichten. Auf der Akropolis von Athen z. B. lag »ein Stein, nicht groß, sondern so, daß ein kleiner Mann darauf sitzen kann; auf diesem soll, als Dionysos in das Land kam, der Silen sich ausgeruht haben« (I,23,5). In Megara gab es einen Stein, »auf dem Apollon seine Leier niedergelegt haben soll, als er dem Alkathoos beim Mauerbau half…; warf man aber einen Stein dagegen, so erklang er wie eine angeschlagene Leier« (I,42,2). In Pharai standen »gegen dreißig viereckige Steine, diese verehren die Phareer, indem sie jedem den Namen eines Gottes beilegen« (II,22,4).

Solche Mäler und ihre Mythen sind an den Ort gebunden. In der Sage vom Palladion, dem vom Himmel gefallenen Kultbild, löst sich diese Bindung schon auf. Die Griechen haben das Palladion bekanntlich aus Ilion geraubt und die Stadt dadurch ihres göttlichen Schutzes entblößt. Aber wer besaß es nun: die Athener oder die Argiver? Oder hat Aeneas es nach Latium gebracht? Dies behaupteten die Römer. Sie bargen den kleinen, rohen Stein (oder Holzklotz?) im Vesta-Tempel auf dem Palatin, den niemand außer den Vestalinnen betreten durfte. Da es von Vesta, der Göttin des Herdes und der Erde, kein Kultbild gab, ist vielleicht das Palladium gemeint, wenn Livius (V,52) den Furius Camillus sagen läßt, das Feuer der Vesta und ihr Bild seien »das Zeichen unserer Herrschaft« und (zusammen mit den Heiligtümern des Iuppiter, des Mars, des Quirinus) »so alt wie die Stadt, zum Teil noch älter«. Aber auch manche andere Stadt, vor allem in Griechenland, rühmte sich ihres Palladions, das ihr Schutz versprach. So ein Stein ließ sich ja leicht finden. Er ließ sich auch von Menschenhand herstellen und irgendeinem Gott zuschreiben, der der Stadt gewogen schien. Das war ein großer Fortschritt. Denn nur *einen* Kult zu haben, das Gedenken an nur *einen* Heros, der hier einmal vorbeikam und deshalb verehrt wird – das mochte für einen Marktflecken genügen, nicht aber für eine richtige Polis. Sie brauchte eine würdige Vergangenheit, in der die Geschichte dem Mythos entwuchs, von steinernen Mälern bezeugt. Da aber die Götter und Heroen dauernd herumgewandert waren, gab es um die richtige Überlieferung der Mythen manchen Streit.

Kommt man nach Athen hinein, erzählt Pausanias (I,2,1), »so ist da ein Grabmal der Amazone Antrope. Von dieser Antrope sagt Pindar...; der Troizenier Hegias aber hat folgendes auf sie gedichtet...; die Athener hingegen sagen...« Mit der Mythopoiesis erblühte die Städte-Eifersucht. So stritten sich Lakedaimonier und Messenier um die Dioskuren, und beide hatten steinerne Beweise für die Anwesenheit der göttlichen Zwillinge in ihren Mauern. »Wer's glaubt«, sagt Pausanias in solchen Fällen gern, in der Tradition der griechischen Skepsis, die dem griechischen Mythos stets eng verschwistert war. Schon Hekataios, einer der ältesten griechischen Prosaiker (um 500 v. Chr.), begann sein Geschichtswerk mit dem Satz: »Ich schreibe, wie es mir wahr dünkt, denn die Überlieferungen (*logoi*) der Griechen sind widersprüchlich und ungereimt.«[5] Zu diesen *logoi*, den lokalen Legenden und Bräuchen, gesellten sich mehr und mehr die überlokalen Kulte, die der olympischen (später auch fremder) Götter und Heroen, die aber jeweils eingemeindet wurden, spezifische Beinamen und Funktionen erhielten, wozu hätten sie sonst der Polis genutzt! In Megara z. B. sah Pausanias einen Stein in Gestalt einer Pyramide, »diesen nennen sie Apollon Karinos« (I,44,2); in Sikyon gab es »einen Zeus Meilichios und eine Artemis mit dem Beinamen Patroa, ganz kunstlos verfertigt. Der Meilichios ist in Form einer Pyramide, die Artemis in Form einer Säule« (II,9,6). In derselben Stadt aber stand auf dem Markt auch ein Bronzebildnis des Zeus und eine vergoldete Artemisstatue, ganz ohne

Beinamen. Das waren andere Götter: jünger, weltläufiger, mobiler sozusagen.

Überhaupt: der neuen, von Menschenhand geformten und mit menschlichen Zügen versehenen Kultbilder war man sich nicht so sicher wie der alten, natürlichen. Sie konnten entwendet werden. Immer wieder geschah es, daß eine Polis der anderen ihre Götter raubte; oder daß ein Feldherr die Kultbilder einer bezwungenen Stadt seinen Verbündeten überließ. Es kam sogar vor, daß die heiligen Steine getauscht wurden, besser gesagt: geleast. In Aigion standen Zeus und Athena, Poseidon und Herakles – sie hießen »die Götter aus Argos«, denn die Argiver hatten sie ihren Nachbarn, warum auch immer, zur Verwahrung gegeben, mit der Auflage, ihnen täglich zu opfern. Das taten die Aigieer, ausgiebig, aber so, daß ihnen keine Unkosten entstanden: sie verzehrten die Opfertiere gemeinsam. Als die Argiver ihre Götter wiederhaben wollten, stellte Aigion ihnen die Aufwendungen für die Opfer in Rechnung. Argos konnte nicht zahlen und war seine Götter los (Paus. VII,23,10f.).

Die alten Römer, die alles wollten, was ihnen frommt, praktizierten sogar die Abwerbung von Göttern, *evocatio* genannt. Als sie 369 v. Chr. Veji eroberten und plünderten, trugen sie nicht nur die Weihgeschenke für die Götter, sondern auch diese selbst hinweg. »Dies geschah aber mit der gebotenen Verehrung, nicht als Raub«, sagt Livius (V,22). Denn es hatte vorher geheime Absprachen mit diesen Göttern gegeben, so daß sie, »ihrer Stadt durch Versprechungen abspenstig gemacht, schon nach Tempeln bei den Feinden und neuen Sitzen verlangten«. Als nun die vornehmsten Jünglinge des Heeres, frisch gebadet und »in heiliger Scheu«, den Tempel der Juno betraten, fragte einer die Göttin: »Vis venire Romam?« Die anderen riefen, sie habe genickt, und war nicht auch ein »Ja« zu hören? Juno wollte nach Rom. Sie ließ sich willig überführen auf den Aventin, »ihren ewigen Wohnsitz«. Wer's glaubt. (Trotzdem wurde Rom zehn Jahre später von den Galliern erobert. Immerhin haben die Gänse der Juno wenigstens das Kapitol gerettet.)

Der Brauch der *evocatio* – historisch kaum belegt – mag uns wunderlich erscheinen; insbesondere, wenn wir im Livius weiterlesen (V,52): die Rede, mit der Camillus nach der Zerstörung der Stadt die Römer beschwört, doch um Himmels willen nicht nach Veji überzusiedeln. »Wir besitzen eine Stadt, durch göttliche Zustimmung und Weihe gegründet. Jeder Ort darin hat seine Heiligtümer, seine Götter ... Ihr, Quiriten, wollt alle Götter des Staates und eurer Häuser verlassen?« In einer anderen Stadt könnten vielleicht noch die Familienopfer gebracht werden, nicht aber die staatlichen, das wäre Frevel. Der Kult ist an den Ort gebunden; er ist das Erbe der Vorfahren, sagt Camillus, und dann, überraschend, mit Hinweis auf die kürzliche Überführung der »Königin Juno« aus Veji: »Wir haben sogar fremde Götter in Rom eingeführt oder neue aufgestellt, als hielten wir noch etwas auf unsere alte Frömmigkeit.« Wie also nun? Will Camillus sagen, daß Rom der einzige Ort auf der Welt ist, wo Götter richtig verehrt werden können?

Es ist mit den Göttern einer Stadt so ähnlich, wie es viel später – in säkularisierter, aber nicht unbedingt in entweihter Form – mit den gefragten Wissenschaftlern und Künstlern sein wird. Denken wir an die Universität von Berlin, die nach ihrer heroischen Gründung durch Humboldt aus allen deutschen Landen Professoren anzog und abwarb: *evocatio* heißt ›Berufung‹. Gewiß, es wurden auch viele Professoren an Ort und Stelle gemacht, wie ja auch die frommen Römer, nachdem der legendäre Numa Pompilius ihnen Gesetze gegeben und Kulte gestiftet hatte, nicht müde wurden, neue Götter zu erzeugen, all jene (weiblichen) Begriffsgottheiten wie Fides, Fortuna, Concordia, Pietas, Pax usw., so daß schließlich Platons Idealstaatsregel, wonach an jedem Tag des Jahres wenigstens *eine* Behörde einer besonderen Gottheit opfern soll, im kaiserlichen Rom praktisch befolgt wurde; fast jeder Tag hatte seinen Kult (wie später seinen Heiligen). »Zum Heil und Segen des Staates«, mit Platon zu reden (nom. St 828). Entsprechend groß war der Bedarf an behauenem Stein. Aber dafür gab es jetzt eine Industrie und einen freien Markt. Denn wenn ein Kult einmal etabliert war, ließen sich die Kultbilder fast beliebig auswechseln (wie später die Professorenbüsten in der Universität). Ein schönes Beispiel liefert uns Plinius der Jüngere, zur Zeit Trajans. Auf seinem Landgut in der Toscana befand sich ein Ceres-Heiligtum, wo einmal im Jahr viel Volk aus der Umgebung zusammenströmte, um Gelübde abzulegen und Geschäfte zu tätigen, es war eine Art Markt. Auf Geheiß der zuständigen Priesterschaft mußte Plinius die Kultstätte ausbessern und erweitern lassen. So bat er seinen Freund Mustius in Rom, ihm Marmorsäulen und -tafeln zu besorgen, und »ein neues Bildnis der Göttin wird man wohl auch in Bestellung geben oder fertig kaufen müssen« (ep. IX,39). Schon etwa 150 Jahre vorher, im (noch) republikanischen Rom, schrieb Lukrez (De rerum natura V,198 ff.):

»Frömmigkeit ist das nicht, mit verhülltem Haupte sich oftmals
Wenden gegen den Stein und jeden Altar zu berennen;
Hin sich zur Erde zu werfen mit ausgebreiteten Händen
Vor den Bildern der Götter...«

Glaubten die Römer an ihre Götter? Glaubten die Griechen an ihre Mythen? Die letztere Frage hat Paul Veyne vor kurzem brillant beantwortet: Ja und nein.[6] Es kommt ganz auf die Situation an. Oder auf den Bezug des Mythos zu den Belangen des Lebens. Als der im Stein verehrte Gott menschliche Gestalt bekam, konnte sich auch die Vorstellung entwickeln, daß der Mensch Gott ähnlich, ja, Gott gleich werden solle. Die Humanisierung des ›Numen‹ ist die Voraussetzung seiner Vergeistigung, seiner Ablösung von dem Ort, an den es ursprünglich gebunden war. Ideen sind generalisierbar, Lokalkulte nicht. Der Hellenismus ging den Weg von den Kulten zu den Ideen, von den Logoi zum Logos. Dabei traf er auf das Christentum, das den umgekehrten Weg beschritt. Auch die frühen Christen hatten ihren Steinkult: Christus als Eckstein. Aber dieser Stein war ortlos – eine Metapher, eine Idee. Denn das Reich Gottes »ist nicht von dieser Welt«. Anders gesagt: es meinte »alle Welt«. Das ermöglichte ihm seine schnelle Ausbreitung in dem Völker- und Göttergemenge der hellenistischen Zeit. Die Christen schlossen sich aus den lokalen Kulten aus, in Erwartung eines universalen (himmlischen) Königreichs, so wie Daniel es prophezeit hatte, als er den Traum des Nebukadnezar deutete (2,31 ff., nach Luther): »Du, König, sahest, und siehe, ein groß und hoch und glänzend Bild stund vor dir, das war schrecklich anzusehen ... Solches sahest du, bis daß ein Stein [aus einem Berg] herabgerissen ward ohne Hände ... Der Stein aber, der das Bild schlug, ward ein großer Berg, daß er die ganze Welt füllete.« Der Stein, deutete Daniel, ist ein von Gott errichtetes Königreich, das alle anderen Königreiche »zermalmen und verstören« und »ewiglich bleiben« wird. Die frühen Christen zögerten nicht, Daniels Stein mit Christus zu identifizieren und das Götzenbild Nebukadnezars mit Rom. Sie bezichtigten sogar ihren Hauptkonkurrenten um eine Universalreligion, den Mithraskult, des Plagiats, weil dieser lehrte, Gott sei aus einem Felsen geboren.[7] Schlimmer noch: die Bilder des felsgeborenen Mithras trugen menschliche Gestalt! Die frühen Christen waren bilderfeindlich, wie die Juden. Jahrhundertelang kämpfte die Orthodoxie gegen die Anbetung ›falscher‹ Abbilder des Göttlichen: Gott war »wahrhaft Mensch« geworden, um der Lüge der Götzenbilder ein Ende zu bereiten.[8] So entstand, gleichsam im Rücken der Kirche, die Vorstellung vom ›wahren Bild‹ (*vera ikon*), die in der Veronika-Legende Ausdruck fand und in der Verehrung des Schweißtuchs in Rom, des Grabtuchs in Turin überlebt.

Als die Kirche dem Verlangen der Gläubigen nach Kultbildern endlich nachgab, war der christliche Kult längst idolatrisch und topolatrisch geworden. Man verehrte Gnadenbilder und Reliquien, deren Wunderkraft wieder an den jeweiligen Ort gebunden war. Die christliche ›Andacht zum Stein‹ (oder zum Kreuzsplitter, zum Märtyrerknochen, zum Schamhaar der hl. Jungfrau, bis hin zum Beuysschen Filz und Fett) gilt dem Objekt, nicht dem Abbild. Sie gilt deshalb auch dem Gnadenort und beförderte – nebst dem Reliquienhandel – die Praxis der Wallfahrt und der Pilgerreise. So reiste Hans Tucher aus Nürnberg im Jahre 1482 nach Jerusalem und sah in der Grabeskirche »ein Stück von der Säule, woran der Herr im Haus des Pilatus gegeißelt wurde. Die Säule ist einen Spann und drei Finger breit, und die Höhe liegt bei dreieinhalb Spann. Hier bekommt man die Vergebung von Strafe und Schuld. Von dieser Säule habe ich früher zwei Stücke gesehen«[9], nämlich in Rom und in Paris, etwa ebenso lang, das macht schon zweieinhalb Meter.

Glaubten die Christen an ihre Reliquien, ihre Gnadenorte, ihre Stadtheiligen? Oder: Glauben die Intellektuellen an ihre Theorien und Begriffe, etwa den des Genius loci? Es kommt nicht darauf an. Entscheidend ist vielmehr, in welchen Dienst das Bekenntnis gestellt wird.

Städtelob

Die Griechen haben ihre Mythen schon früh ästhetisiert und rationalisiert, das Medium waren Poetik und Rhetorik. Eben dadurch aber traten die Mythen wieder in den Bann des Kultes, der einer der Polis war: als Lobgedicht oder Lobrede auf die Stadt.

Die berühmteste lokalpatriotische Rede ist die Totenrede des Perikles. Generationen von Gymnasiasten lernten aus ihr, wie köstlich es sein muß, fürs Vaterland zu sterben. Die Rede beginnt mit einem kräftigen »Wort über den Geist unseres Staatswesens und der Einrichtungen, auf denen die Größe Athens beruht« (die damals gerade zu schwinden begann). »Mit einem Wort: ich sage, unsere Stadt ist die hohe Schule für ganz Griechenland ... Wir brauchen zur Verherrlichung unserer Taten keinen Homer noch sonst einen Sänger, der für den Augenblick entzückt, dessen Fabelwelt dann aber vor der Wahrheit nicht standhält ... Macht nur die Augen auf, um euch tagtäglich von der Macht und Schönheit unserer Stadt zu überzeugen und euch recht eigentlich in sie zu verlieben.« Dem folgt der Ruhm der Gefallenen, ganz wunderbar. Konzipiert hat die Rede angeblich Aspasia, die geistreiche Milesierin; redigiert hat sie Thukydides (II,36ff.) und persifliert schon kurz darauf Platon, im *Menexenos*, wo Sokrates aus Restbeständen von Aspasias Leichenrede eine Laudatio auf Athen anstimmt – sie fällt, ohne jedes polemische Wort, vernichtend aus.

Damit hätte das Genre eigentlich erledigt sein sollen. Aber nein, es blühte in der antiken Welt, rund tausend Jahre lang. Warum? Sokrates sagt es (St 235): Diese Redner preisen mit unseren Toten und Ahnen zugleich uns Lebende, »so daß ich wenigstens, mein Menexenos, in ganz gehobener Stimmung bin, wenn ich so von ihnen gelobt werde, und jedesmal wieder wie gebannt und bezaubert dastehe und lausche, mich wiegend in dem Glauben, ich sei mit *einem* Rucke größer geworden und vornehmer und schöner«. Dieses gehobene Gefühl halte bei ihm tagelang an, erst am vierten oder fünften Tag entsinne er sich wieder, »wo eigentlich mein Platz hier auf Erden ist: bis dahin komme ich mir wie ein Bewohner der Inseln der Seligen vor. Solche Gewalt haben über uns unsere Redner.«

Ein halbes Jahrtausend später – die Hellenen unterstanden längst der römischen Herrschaft, die Städtekonkurrenz wurde nicht mehr mit Waffen ausgetragen – gab Plinius der Jüngere einem Freund, der zum Statthalter der Provinz Achaia bestellt worden war, gute Ratschläge für sein Amt in Sparta, Korinth, Athen: »Verehre die Gottheiten, die die Gründer dieser Städte sind, sowie die Namen der Gottheiten! Bezeige Deine Ehrfurcht dem alten Ruhm und vornehmlich dem hohen Alter, das bei Menschen ehrwürdig, bei Städten heilig ist! ... Schmälere keinem Hellenen auch nur im geringsten seine Würde oder Freiheit, nicht einmal sein Großtun!« (ep. VIII,24). Das Großtun, die hellenische Prahlsucht: je weniger sie sich auf gegenwärtige Größe stützen konnte, desto wichtiger wurde der »alte Ruhm«, der mythische Ursprung der Stadt. So entstanden in der hellenistischen und römischen Epoche gewaltige lokale Historiographien mit oft phantastischen Gründungsmythen, aus denen legendäre Städteverwandtschaften folgen, z. B. zwischen Rom und Ilion, zwischen Sparta und Jerusalem.[10] Man brauchte jetzt die von Perikles verschmähte »Fabelwelt« zur Verherrlichung der Stadt, zur Begründung ihrer Identität – sie galt als Persönlichkeit.

Diese Idee der politischen, d. h. der städtischen Identität, die vielleicht sogar älter ist als die der persönlichen Identität, steht hinter der Vorstellung von der Polis oder dem Staat als menschlichem *corpus* mit Haupt, Gliedern und Bauch, die seit der Antike die politische Theorie infiziert. Und so, wie sich die ›Persönlichkeit‹ der Polis von der ihres mythischen Gründers herleitet, will der historische Gründer einer Stadt sich mit dieser verewigen. Sehr schön bezeugt das eine von Vitruv überlieferte Alexander-Legende, die Machiavelli in den *Discorsi*[11] zugespitzt erzählt: »Als Alexander der Große zu seinem Ruhm eine Stadt erbauen wollte, kam zu ihm der Baumeister Deinokrates und riet ihm, sie auf dem Berg Athos anzulegen, da dieser, abgesehen von seiner festen Lage, sich derart bearbeiten lasse, daß er menschliche Gestalt[11a] bekäme. Das wäre etwas Wunderbares und Seltenes und seiner Größe würdig. Auf Alexanders Frage, wovon die Einwohner denn leben sollten, antwortete er, daran habe er nicht gedacht. Alexander lachte, ließ den Berg liegen und gründete Alexandria, wo die Fruchtbarkeit des Landes und die günstige Lage am Meer und am Nil den Einwohnern alle Annehmlichkeiten gewährte.«

Nicht nur Alexander lachte über seine Schmeichler, alle Hellenen taten es. Sie machten sich gern lustig über die Hyperbeln und Hypostasen ihrer Lobredner. Aber das tat deren Beliebtheit keinen Abbruch, im Gegenteil. Die Übertreibung gehörte zur rhetorischen Gattung der Lob- und Prunkrede, die seit der Spätantike ihre Regeln hatte. Und ihre Meister. Wanderredner zogen von Stadt zu Stadt, um ihre Kunst vor dem jeweiligen Publikum zu erproben.

Den Regeln zufolge mußte der Laudator zuerst die *Lage* der Stadt preisen; sie ist gleichsam der Eckstein ihrer Identität, das Fundament des Genius loci. In der Antike gibt es dafür zwei gegensätzliche Orte, die sich in den rhetorischen Topoi *locus amoenus* und *locus terribilis* überhöhen. Also: liebliche und fruchtbare Gegend, die das Leben bequem macht – rauhe und karge Gegend, die nur das zum Leben Notwendige bietet. Grob gesagt: Nildelta oder Berg Athos. Der letztere (etwas abgeflacht, mit ein wenig Ackerkrume versehen) trägt den Preis davon, jedenfalls in Platons Idealstaat. Denn die Fülle ist schädlich, sie verweichlicht, verdirbt die Sitten. Vor allem am Meer sollte eine Stadt nicht gegründet werden, weil der Handel »eine Empfänglichkeit für trügerische und unzuverlässige Sinnesart« erzeugt; oder es müßte »eine Art göttlicher Gesetzgeber sie vor dem Schicksal bewahren, eine Brutstätte schillernder und entarteter Sitten zu werden« (nom. St 704f.). Glückliches Rom, du hattest sogar beides: die Ungunst der natürlichen Lage und die Gunst eines göttlichen Gesetzgebers. Als Rom zu Beginn der Kaiserzeit daran ging, sich im attizistischen Stil zu loben, wurden beide Vorzüge herausgestrichen, und dieses Lob der Kargheit und der Zucht fand ein reiches Echo, das, durch Machiavelli oder Montesquieu[12] modifiziert, noch nachklingt in neuester Zeit, z.B. im Lobe Berlins. Nur wurde im bürgerlichen Selbstlob die ›Zucht‹ gern durch

›Fleiß‹ ersetzt. So sagt etwa der Nürnberger Hartmann Schedel von seiner Stadt, sie sei »auff eim vnfruchtpern vnnd sandigen erdpoden erpawen, vnd auß diser vrsach alda ein arbaitsams vnd emsigs volck« (Weltchronik, Blatt C).

Als zweites gilt es den *Ursprung* zu rühmen, die Gründung der Stadt. Auch hierin eiferten die Römer den Griechen nach, als sie sich, relativ spät, auf Aeneas besannen, der die Penaten (das Palladium?) aus Troja nach Latium brachte, so wie jetzt, laut Vergil, »Augustus Caesar, divi genus« die goldenen Zeiten wieder nach Latium bringt (Aen. VI,792 f.). Die Autorität Vergils als Zeuge der römischen Urgeschichte – sie überdauerte die Zeit der Völkerwanderung und erstrahlte im Mittelalter – zog eine ganze Reihe legendärer Stadtgründungen nach sich. An allen möglichen Küsten landete ein antiker Held: Diomedes in Calabrien, Sicanus in Tuscien, Siculus in Sizilien, Antenor in Venedig; Brutus gründete Britannien, Francus Franzien, und nach seinem Onkel Paris ist die Stadt Paris genannt.[13] Die mittelalterlichen Chroniken bevorzugen zwar christliche Märtyrer als Patrone der Stadt, vergessen aber nicht die alten Heroen oder Patriarchen als die wahren Gründer, die von den Humanisten dann ins Licht ihrer neuen Bildung gestellt werden. Blättern wir in Hartmann Schedels *Weltchronik*, 1493 in Nürnberg erschienen: Köln hat »zu den zeiten Enee des Troyaners, von einem Troyanischen Colonus genant den anfang genomen ... dann es hat daselbst ein Capitolium gleich gestalt dem römischen...« (XL). Von Augsburg sagen etliche, »das das schwabisch volck vonn Japhet dem sun Noe herkom, der erstlich diss land bewonet, vnd alda diese stat erpawen hat«. Andere aber sagen, die Schwaben seien bereits von den Amazonen aus Augsburg vertrieben worden, deshalb sei die Stadt »vor Troya gewesen«, oder sie sei »von den Troyanern gepawen« (XLI).[14] Auch Prag ist sehr alt, es hat »nach den zeitten des patriarchen Abrahe anfang gehabt« (CCXXIX). Nürnberg hingegen ist viel jünger: »von Tiberio nerone dem kayser... gepawet, oder von Druso nerone seinem bruder ... Neroberg genannt ... Aber die allereltisten bücher der geschihtschreiber haißen die burg ein norckewisch geschloß...« (C).

Nach den antiken Regeln kamen nun die anderen Vorzüge der Stadt zur Sprache, von ihren Gesetzen und Kulten bis hin zu ihren Schätzen und Sehenswürdigkeiten, zu denen im Mittelalter vornehmlich die Heiltümer (Reliquien und Gnadenbilder) zählten; auch Schedel, der Humanist, schenkt ihnen noch viel Aufmerksamkeit: »So wirdt auch dise statt [Nürnberg] sunderlich hoch gezieret mit dem vnerschetzlichen vnd götlichsten sper, das die seyten Jhesu christi am creütz geoffent hat. Auch mit einem mercklichen stuck des creützs vnd anderen in der gantzen werlt zewirdigen heilthumen« (CI). Es folgen die großen Männer und Frauen der Stadt. Nürnberg etwa »frewet sich nicht wenig irs konigclichen patrons sant Sebalds der in seinem leben vnd mit wunderwerken also erleüchtet gewest ist das er auch dise statt erleuchtet hat« (CI). Auch in Köln haben »vil menschen an kunst vnnd heiligkeit geleüchtet, als sand Seuerinus daselbst bischoff, vnd Albertus magnus, des leichnam bey den predigern ligt ... So hat sand Vrsula mit den aylfftausent iunckfrawen, vnnd etliche andere daselbst die kron der marter verdient« (XC).

Und endlich das Lob, das der Pflege der Künste und Wissenschaften gebührt. »Denn wir pflegen die Künste, aber nicht um eitlen Prunkes willen, und lieben die Wissenschaften, aber ohne uns dadurch verweichlichen zu lassen«, hatte Thukydides gesagt (II,40). Da machten die Römer aus ihrer Not eine Tugend: »Andere werden das Erz mit weichem Atem beseelen ... / Dein sei, Römer, das Amt, als Herrscher die Völker zu zügeln, / Dies ist die Kunst, die dir ziemt, die Gesetze des Friedens zu schreiben.« So verheißt es Anchises in der Unterwelt seinem Sohn (Vergil, Aen. VI,47ff.). Beide Arten von Kunst machen im späteren Städtelob viel von sich reden. Oft aber schrumpfen sie zur Biederkeit, wie Schedel sie den Kölnern attestiert: »Aber sich ist zeuerwundern der bürgerlichen syttlichkeit, gestalt der statt tapfferkeit d'mann vnd der weiber hübschheit vnd sauberkeit daselbst« (XC). Letzteres hatte schon Petrarca zu rühmen gewußt, als er, etwa 160 Jahre vorher, nach Köln kam. Aber er traf dort, »auf barbarischem Boden«, noch etwas, das ihn überraschte: »Ich will dir nicht zuviel sagen: einen Vergil gibt es dort nicht, aber doch mehr als einen Ovid. Diese waren meine Begleiter ...«[15]

O tempora! Alle Künste und Tugenden, all die Heiltümer, Schutzgötter und mythischen Ursprünge nutzten den Städten wenig, wenn Tyche/Fortuna sich von ihnen abwandte. Und wie oft sie das tat! Mit dem Kult der Tyche, der seit dem 4. Jahrhundert v. Chr. begann und sich in der hellenistischen Epoche stark verbreitete, brach die geschichtliche Zeit in den mythischen Raum ein. Tyche, die ursprünglich günstige Macht, wurde zur Personifikation des sinnlos waltenden Schicksals. Da lag es nahe, sie zur Schutzgöttin der Stadt zu küren, wie es allenthalben geschah. Aber was half das, wenn die bösen Nachbarn ihr ebenfalls opferten? Tyche ließ sich an keinen Ort binden, sie war vielleicht die erste wirklich universale Gottheit. Auf bildlichen Darstellungen trug sie zwar die Mauerkrone der Stadt, aber sie stand auf einer rollenden Kugel. »Wir sehen ja selber«, sagt Ovid (met. XV,420ff.), »wie sich die Zeiten verändern, wie dort ein Volk sich zu neuen Kräften erhebt, wie ein anderes stürzt.« Es stürzte Troja. Dann fielen Sparta, Mykene, Theben, Athen – was sind sie noch, fragt Ovid, »nisi nomen«? Dafür stiegen neue Städte auf, wie aus dem Nichts, ganz ohne mythische Gründung: in hellenistischer Zeit vor allem Alexandria und Antiochia, die selbst mit Rom wetteifern konnten und es intellektuell weit überragten. Und wo war im letzten Jahrhundert v. Chr. »der Hauptsitz der Freiheit und der Wissenschaft«? In Rhodos, wo Poseidonios lehrte; viele junge Römer, auch Cicero und Pompeius Magnus, zog es dorthin. In der Zeit des Augustus aber ist es Massalia (Marseille), wohin »die angesehensten Römer in ihrem Wissensdurst lieber gehen als nach Athen«, wie Strabon berichtet.[16]

Seit die Griechen unter die römische Herrschaft geraten waren, stand für sie fest, daß Tyche »die größte von den Göttern ist in den menschlichen Dingen und die meiste Macht hat« (Paus. IV,30,5). Sie ließ sich nicht bestechen. Ihre Kugel rollte. Warum aber rollte sie nicht, was Rom betraf? »Die unbeständige Göttin, welche ihre Gunst so launenhaft verleiht und zurücknimmt, hatte *nun* eingewilligt (so drückte sich die Sprache neidvoller Schmeichler aus), ihre Fittiche zu schließen, von ihrer Kugel herunterzusteigen und ihren festen und unwandelbaren Thron an den Ufern der Tiber aufzuschlagen.« So sahen es, nach der trefflichen Formulierung Edward Gibbons[17], die Griechen. Einer von ihnen, der Historiograph Polybios, der den Jüngeren Scipio auf seinem Feldzug nach Karthago begleitete (146 v. Chr.), nahm ihnen diesen Trost. Ja, sagte er, die Tyche hat »dem gesamten politischen Geschehen in der Welt die Richtung auf einen Punkt hin gegeben und alles gezwungen, sich auf ein und dasselbe Ziel hinzuwenden« (I,4), aber das ist keine »Augenblickslaune der Tyche«, wie es das »plötzliche Aufleuchten« von Athen und Theben war (VI,43) – es ist das Verdienst der Römer, ihrer Sitten, ihrer Gesetze, ihrer Frömmigkeit. »Was bei anderen Völkern ein Vorwurf ist, eben dies scheint die Grundlage des römischen Staates zu bilden: eine beinahe abergläubische Götterfurcht.« Denn die Masse kann nur in Zaum gehalten werden »durch dunkle Angstvorstellungen und eine gut erfundene Mythologie« (VI,56). Damit war ein Ton angeschlagen, der im Städtelob für viele Jahrhunderte mitschwang und unlängst noch im Gerede über den ›Mythos Berlin‹ einen blechernen Nachklang fand.

»Die Stätte, auf der Rom liegt, ist minder gesund und minder fruchtbar als die der meisten alten Latinerstädte. Für die Ansiedler ist die Örtlichkeit nichts weniger als lockend ... Schon die Legende hat diese Seltsamkeit empfunden.« So Theodor Mommsen in seiner *Römischen Geschichte* (I,3), die – jenseits aller Legenden – zu erklären versucht, warum das »an so ungünstiger Stätte« erbaute Rom »so früh zu einer hervorragenden politischen Stellung innerhalb Latiums gelangt sein kann«. Aber ist die Legende nicht selbst ein historischer Faktor? Ist der einer Örtlichkeit zugesprochene ›Geist‹ nicht wichtiger als ihre ›Natur‹ oder das ›Los‹, das Fortuna ihr zuteilt? Einer, der sich als legitimen Erben von Roms »Macht und Herrlichkeit« verstand, der Gaströmer Leon Battista Alberti, fragte um 1440: »Was unsere Tüchtigkeit uns erworben hat, sollen wir uns dafür als Schuldner des Glücks bekennen? ... Sollen wir seine Blindheit als die Grundlage des Reiches ansehen, das unsere Vorfahren mehr durch ihre Tüchtigkeit als durch Glück des Zufalls errichtet haben?« Nein, antwortet er stolz: »Das Glück hält sein Joch nur für den bereit, der sich ihm unterwirft.«[18]

In der Tat: dem Kult der Fortuna, den Servius Tullius, der König aus dem Sklavenstand, in Rom eingeführt haben soll, hingen vor allem die Sklaven an und andere kleine Leute, die sich vom Glück etwas versprechen konnten. Es gab zwar einen Tempel der *Fortuna publica populi Romani*, aber Stadtgöttin war Fortuna nie. Sie hat sich hier vervielfältigt und diversifiziert. Unter der Fülle von Fortuna-Heiligtümern war eines sogar »Fortunae huiusce diei« geweiht: da hatte jemand an einem bestimmten Tage Glück gehabt. In der Kaiserzeit spezialisierte sich Fortuna noch weiter – es besagte nicht mehr viel. Das Füllhorn war ihr Attribut, nicht das Glücksrad. Und wenn sie auf der Kugel stand, dann bedeutete diese den Globus: das römische Weltreich, über dem sie freundlich schwebte, jahrhundertelang.

Das Glück war es also nicht. War es der *Genius publicus*? Von ihm kann man jedenfalls sagen, daß er ganz und gar römisch ist, kein Ableger des griechischen *daimon*. Ein Genius, als die dem Mann innewohnende Macht (ihm entspricht die Juno der Frau), wurde anfangs wohl nur dem *pater familias* und den *lares*, den Ahnengeistern, zugesprochen. Bei ihm schwor das Gesinde, er war der Schutzgeist der Familie und ihrer Güter, sein Sitz der häusliche Herd, wo man ihm Opfer brachte. Insofern war er auch ein *genius loci*. Durch die Übertragung der religiösen *pater*-Bindungen auf die *patria* konnte der Genius dann zum Schutzgeist der Stadt, des Staatsvolks werden: *Genius urbis Ro-*

mae, Genius populi Romani oder *Genius publicus*. In seinem Tempel auf dem Forum, am Fuße des Palatins, empfing er – ein bärtiger Mann mit Füllhorn und Szepter in der Hand – am 9. Oktober die staatlichen Opfer.[19] Größere Bedeutung scheint dieser Kult nie gehabt zu haben. Der *Genius publicus* war eher ein Symbol der römischen Größe als deren Triebkraft. Ähnliches gilt wohl für den erst spät eingeführten, vor allem von Kaiser Hadrian geförderten Kult der *Dea Roma*; er lehnte sich eng an den Athena-Kult der Athener an, aber dort gab die Göttin der Stadt den Namen, nicht umgekehrt. Der Roma-Kult war ein sehr künstlicher, er löste das Problem nicht, um das es ging: daß die Urbs Roma dem Imperium Romanum als Zentrum dienen mußte, auch als religiöses Zentrum. Noch weniger löste dieses Problem die Deifizierung der Kaiser. Durch sie sollte die Religion der Familie von der des Staates absorbiert werden: man opferte jetzt dem Genius divi Augusti, man schwor bei ihm – und spottete darüber. Die Grundlage der römischen Größe wurde damit unterhöhlt. Nur in der Umgebung der Soldatenkaiser (und vermittelt durch den dort verbreiteten Mithraskult) gab es eine religiöse Verehrung des Kaisers, seine mystische Identifikation mit Sol Invictus[20] – die meistens sehr kurzlebig war. Mit »Roma aeterna« (Tibull) hatte das nichts mehr zu tun. Was hatte Rom überhaupt mit dem Imperium zu tun?

»Staat (*polis*) und Vaterland ist für mich als Antoninus Rom, für mich als Mensch die Welt (*kosmos*)«, schrieb Marcus Aurelius, der Philosoph auf dem Thron (und auf dem Schlachtfeld); aber er schrieb und meinte es griechisch, in enger Anlehnung an stoische Denker wie Epiktet oder Seneca. In den Briefen an Lucilius (102,21) hatte Seneca gesagt: »Die menschliche Seele... sucht sich keine irdische, geringwertige Heimat, nicht Ephesos, Alexandria oder einen Ort [sc. Rom], der diese beiden Städte noch an Einwohnerzahl und Pracht glanzvoller Bauten übertrifft: ihre Heimat ist der Raum, der Himmel und Weltall umfaßt.« Und an anderer Stelle (ot. 3): »Deshalb haben wir uns in großzügiger Gesinnung nicht in die Mauern einer einzigen Stadt eingeschlossen, sondern uns zum Verkehr mit dem ganzen Erdkreis hinausbegeben und die ganze Welt für unser Vaterland erklärt, um für die Tugend einen weiteren Spielraum zu gewinnen.« Aber das ist im Stande der kaiserlichen Ungnade geschrieben. Dahinter steht, obwohl verleugnet, doch die Idee von Rom als »caput orbis«, »caput mundi«, »caput rerum«, der ein anderer Verbannter damals Ausdruck gab, oder richtiger: die Ovid dem Pythagoras als Prophezeiung der künftigen Größe der Stadt – »die größte, die ist, die sein wird und jemals war« (XV,445) – in den Mund legt, als Numa, der sagenhafte Gesetzgeber Roms, sich bei ihm Rat holt. Gleiches hatte vorher schon Vergil dem Schatten des Anchises in den Mund gelegt, um dem Aeneas die Zukunft der »incluta Roma« zu verheißen: »daß ihr Reich einst über die Welt, ihr Mut zum Olymp reicht« (Aen. VI,782). Gemeint ist, bei Vergil wie Ovid, das Projekt der »aurea Roma« ihrer Zeit, oder vielmehr die »Idea romana«, die Rom-Idee. Denn die augusteische ›Wende‹ war nicht zuletzt eine von Dichtern und Geschichtsschreibern vollstreckte gewaltige Idealisierung (und Ideologisierung) Roms: eine Verklärung nicht nur der mythischen Ursprünge der Stadt, sondern gerade auch der republikanischen Zeit mit ihren *exempla virtutis*, indes die Republik selbst verlorenging.[21]

Die Rom-Idee war in gleichem Maße nostalgisch wie imperialistisch. Sie beschwor den Genius loci, um ihn der Welt aufzunötigen. Ähnlich war es später, als Paris mit der schon korrumpierten Freiheitsidee, als London mit dem schon verschacherten Liberalismus, als Moskau mit seinem barbarisierten Sozialismus die Welt beglücken wollten. (Nur die amerikanische Heilslehre läßt sich nicht eindeutig verorten. Soll man die Wallstreet nennen oder Hollywood? Disneyland oder Silicon Valley? Es handelt sich eben weniger um einen *locus* als um einen *way of life*.)[22] Der universale Anspruch solcher Ideen verfällt heute zu schnell der Herrschaftskritik. Das Beispiel der Rom-Idee zumindest zeigt, daß das Postulatum das Imperium überleben oder unterlaufen kann. Von dieser Idee nährte sich lange Zeit der Traum vom Idealstaat, der, griechisch inspiriert, schon bei Cicero im *Somnium Scipionis* auftritt (die Polis als Kosmos) und in der Spätzeit der Antike, nach dem Schock der Plünderung Roms durch Alarich, in Augustins Lehre vom Gottesstaat mündet, die wiederum, auf die Erde geholt, in den Utopien der Renaissance und der Aufklärung nachwirkt.

Die heidnische Rom-Idee, so scheint es, mußte christianisiert werden, um sich rationalisieren zu können. Es war ein langer Weg.[23] Den frühen Christen galt Rom als Babylon, als Sitz alles Bösen dieser Welt. Das römische Imperium verzögerte die verheißene Wiederkehr des Herrn, die Errichtung des neuen Jerusalem. Erst seit Origenes begannen einige Kirchenväter, Rom in den göttlichen Heilsplan einzubeziehen. Die Prophezeiungen der sibyllinischen Bücher und vor allem Vergils providentielle Huldigung an Augustus – »Dies hier, dies ist der Mann, den oft du dir hörtest verheißen« (Aen. VI,791) – wurden auf Christus extrapoliert, und als dann unter Kaiser Constantin das Christentum zur römischen Staatsreligion aufstieg, konnte die Pax Romana als Wegbereiter der Pax Christiana erscheinen. Das Christentum wurde politisch seßhaft und erhob nun den Anspruch, das wahre Rom zu vertreten. Rom als Jerusalem. »Electa gentium caput / sedes magistri gentium«[24] – das Haupt der Völker ward zum Sitz des Lehrers der Völker, so preist Bischof Ambrosius von Mailand im späten 4. Jahrhundert die Papststadt. Doch das römische Patriziat war noch nicht bekehrt, und die pagane Version der Rom-Idee blühte jetzt erst richtig auf: aus Trotz. Denn Rom hatte, schon unter Diocletian (284–305), den Rang als »caput mundi« verloren. Im Jahre 330 weihte Constantin das »neue Rom« am Bosporus ein. Die alte römische Aristokratie war entmachtet, politisch und geistig. Tief kränkte sie auch das Verbot ihrer hergebrachten Kulte, der privaten wie der staatlichen. Die Altäre verschwanden, die Tempel wurden geschlossen, zerfielen, dienten dem christlichen Pöbel als Steinbruch. Rom wurde zur Stadt der Vergangenheit. Und zugleich zum Hort der alten Größe.

Als Kaiser Constantius im Jahre 356 mit orientalischem Gepränge in Rom einzog, so erzählt es der Geschichtsschreiber Ammianus Marcellinus, »da staunte er...« Es folgt eine stolze Beschreibung dessen, was der fremde Kaiser nun sah in der »heiligen Heimstätte des Reiches und aller Tugenden«. Das klingt fast wie die Evokation eines Geistes. Noch beschwörender werden die Stimmen im Streit um den Victoria-Altar (382–384). Bis Constantin ihn beseitigen ließ, stand der Altar im Senatssaal auf dem Kapitol und war, weit mehr als andere Kultstätten, ein Symbol der guten alten Zeit: die Senatoren schworen bei Victoria. Kaiser Julian, den die Christen den Abtrünnigen nannten, ließ den Altar wieder aufstellen, doch unter Kaiser Gratian, der allen heidnischen Kulten die staatliche Unterstützung entzog, wurde Victoria von neuem entfernt. Das war 382. Eine Senatsgesandtschaft versuchte den Kaiser umzustimmen – vergeblich. Bei seinem Nachfolger, Valentinian II., hatte sie mehr Erfolg. Die Bittschrift des Stadtpräfekten Symmachus, ein Meisterwerk des Städtelobs, machte großen Eindruck. Darin heißt es: »Nicht einerlei Götterdienst hat den Städten der göttliche Geist zu Schutz und Schirm zugewiesen. Wie die Seelen bei der Geburt den Menschen, so werden den Völkern schicksalbestimmte Schutzgottheiten zugeteilt.« Am Ende läßt Symmachus Roma selbst sprechen: »Ihr auserwählten Kaiser, Väter des Vaterlandes, habt Scheu vor meinen Jahren, in die mich frommer gottesdienstlicher Brauch geführt hat...«[25] Das war der Verzicht auf alle imperialen Ansprüche, Rom wollte nur noch Stadt sein und alt. Aber die neuen imperialen Ansprüche des Christentums duldeten das nicht. Bischof Ambrosius antwortete scharf. Auch er ließ Roma persönlich sprechen, als Büßerin: »Ich schäme mich meines Falles... Nicht erröte ich, mich im hohen Alter mit der ganzen Welt zu bekehren.«[26] Der rhetorische Streit wurde machtpolitisch entschieden. Als der Kaiser sich geneigt zeigte, dem frommen Wunsch der römischen Senatoren zu entsprechen, drohte ihm die Kirche mit Exkommunikation. So blieb der Victoria-Kult verboten. Unter dem Schattenkaiser Eugenius wurde er zwar für kurze Zeit wieder eingeführt, aber nach dem Sieg des Theodosius (394) war es endgültig aus. Die Ironie der Geschichte wollte es, daß ausgerechnet ein Vandale, Konsul Stilicho, das Bildnis der Victoria – nicht den Altar – wieder aufstellen ließ: als Kunstwerk. Nur ästhetisch durften die alten Götter, durfte das heidnische Rom überleben.

Die Laudatio auf das Konsulat Stilichos, die Claudianus, der letzte große lateinische Dichter, damals anstimmte, ist auch das letzte große Preislied auf das heidnische Rom. Es schwelgt im Topos der ›Unaussprechbarkeit‹, der seitdem viele *laudes Romae* (und anderer berühmter Städte) schmückt. Der Dichter besingt »diese große Stadt, / das Höchste, was auf Erden der Äther umfängt! / Ihren Raum faßt der Blick nicht, noch das Herz die Schönheit, / noch irgendeine Stimme ihr Lob...«[27] Es versteht sich, daß Claudianus, im Banne Vergils, die alten Sagen bemüht: in Rom wirkt das Göttliche. Eben dies aber meint auch sein Rivale Prudentius, der Sänger der *Roma christiana*, der auf die berühmt gewordene Relatio des Symmachus antwortete. Prudentius deutet, gleichfalls im Banne Vergils, die Geschichte Roms als Heilsgeschichte, die sich freilich nicht im göttlichen Augustus, sondern im heiligen Laurentius, dem Märtyrer, vollendet. Wenige Jahre nach diesem Sängerwettstreit, anno 410, wüteten Alarichs Kohorten in Rom. Christen und Heiden gaben sich gegenseitig die Schuld daran.

Von nun an, und indes Rom im Schutt versank, hatte der Genius loci zwei Köpfe: Der eine blickte in die Vergangenheit, der andere ins Jenseits. *Roma aurea* und *Roma sacra*, und beide *aeterna* – als Idee. Die Vision des Claudianus begeistert noch Petrarca, dessen hymnische Anreden vorzüglich dem antiken Rom gelten (und der über die Gleichgültigkeit der Römer gegenüber ihren Trümmern staunt); die Vision des Prudentius mündet in Dantes *Paradiso*, das in Wahrheit von Rom handelt: Wie die Barbaren und die Pilger »beim Anblick Roms und seiner Herrlichkeiten vor Staunen starren« (XXXI, 31f.), so blickt Dante am Ziel seiner Reise auf die himmlische Stadt: er setzt sie mit dem irdischen Rom ineins – »nostra città«.

Die beiden Versionen der Rom-Idee koexistierten im Mittelalter wie die zwei Seiten einer Münze. Oft aber weiß man gar nicht, welche Seite gemeint ist. Nur daß Rom für ›die Welt‹ steht, bei Kaiser wie Papst, scheint ausgemacht. Eine Weissagung aus der Zeit um 700 sagt es: »Quando cadet Colisaeus, cadet et Roma. Quando cadet Roma, cadet et mundus.«[28] Wußte man noch, wozu das Kolosseum einmal diente? Vieles geriet in Vergessenheit, selbst die Namen der geborstenen Tempel. Vielleicht konnten deshalb die seit dem 12. Jahrhundert verbreiteten Pilgerführer die »Mirabilia urbis Romae« so ausgewogen vorstellen, Heidnisches neben Heiligem. Einer davon, so überliefert es Gibbon[29], bezeichnete nicht etwa den Vatikan, sondern das Kapitol als »caput mundi«, wie seit Ovid ganz Rom sich nannte. Auch Schedel pries an Rom vor allem das, was es nicht mehr gab: »Die zierde diß gantzen bergs waren also köstlich dz sie alle wunderwerck der egyptier übertraffen vnd die guldine Capitolia vnd behawsung der göter genant warden« (Bl. LVII).

Was aber zog diese Pilger nach Rom wie in ein anderes Mekka? Zunächst die christlichen, dann die humanistischen, schließlich die touristischen Pilger: was suchten, was fanden sie dort? Besonders ansehnlich war die Stadt ja nicht mehr seit Alarich, das meiste Antike lag unter Schutt, Heiltümer gab es auch anderswo, die Luft war in Lucca besser. Nehmen wir Montaigne als unbestechlichen Zeugen. Er reiste 1580 nach Rom: über Augsburg, wo er sich lange aufhielt; Venedig, wo er ein paar Tage verweilte; Florenz, wo er nur über Nacht blieb – so wie Goethe noch zweihundert Jahre später. Beide strebten nach Rom, gezogen von einer Idee. Montaigne kam an und sah: nichts Überwältigendes. Keine danteske Vision. »Die Landschaft war unfreundlich, hügelig, voll tiefer Falten…, baumlos, zum guten Teil unfruchtbar…, von Wohnstätten fast ganz leer…« Der Bereich der sieben Hügel, das alte Rom, »trägt jetzt einige Kirchen und ganz wenige Häuser und Gärten von Kardinälen« (›Bastardbauten‹ nennt er sie) über einer Trümmerschicht von vielen Metern. Aber dann, nachdem er den christlichen Mirabilien, seinen Koliken, dem gesellschaftlichen und religiösen Leben der Stadt einige Aufmerksamkeit gewidmet hat, gräbt Montaigne sich gleichsam ein in diese Trümmer, studiert alte Karten und Schriften und findet heraus: »Die Welt, die sich gegen Roms ununterbrochene Herrschaft aufgelehnt, habe zuerst Stück für Stück von seinem herrlichen Körper abgeschlagen und zerschmettert und dann, als ihr noch der tote, umgestürzte und entstellte Körper Schrecken einflößte, selbst die Trümmer verscharrt. Die kleinen Überreste, die noch aus dem Grab herausschauen, seien nur dem Zufall zu verdanken, der sie zum Gedächtnis an diese unendliche Größe aufgespart habe…«[30]

Aber doch ›aufgespart‹. Deshalb konnte Freud dreihundertfünfzig Jahre später das »Problem der Erhaltung im Psychischen« am Beispiel der Ewigen Stadt illustrieren: nichts, was einmal gebildet wurde, geht unter, trotz aller Zerstörungen und Verschüttungen.[31] Selbst dann, so wäre mit Montaigne zu ergänzen, wenn »das Schönste und Würdigste« zuerst zerstört und die Grabstätte ihrerseits »wieder zum größten Teil begraben« worden ist. Falls es einen Genius loci gibt, dann liegt er hier, wie eine Leiche im Keller. Anders gesagt: dieser Genius ist ein *Spiritus loci*, ein Wiedergänger, der klopft und pocht, solange er nicht zur ewigen Ruhe findet. Solange es Erinnerung gibt.

Zeitgeist

Falls es einen Genius loci gibt (und keiner abendländischen Stadt stünde er eher an als Rom) – wie wirkt er? Durch *evocatio*. Am Beispiel Roms gesagt: Kaum einer der Autoren, die den Genius loci beschworen oder die Rom-Idee geprägt haben, war ein ›echter‹ Römer. Das gilt schon für die großen Dichter der augusteischen Zeit: Vergil ist bei Mantua geboren, Horaz in Venusia, Ovid in Sulmo usw. »Das politische Rom zog sie an und machte sie groß.«[32] Erst recht gilt es für die späteren Schriftsteller, die aus irgendwelchen römischen Provinzen rund ums Mittelmeer stammten und nur als Reisende oder als Gäste, Beamte, Berufene nach Rom kamen: Seneca (Corduba), Aristeides (Smyrna), Ammianus Marcellinus (Antiochia), Claudianus (Alexandria), Prudentius (Spanien) usw. Von noch späteren wie Dante, Petrarca, Alberti gar nicht zu reden. Und als der römische ›Genius‹, der die Frührenaissance noch abgewehrt hatte, aus seinem tausendjährigen Halbschlaf erwachte und in der Hochrenaissance und der Barockzeit ›zu sich selbst‹ fand, waren es wiederum Fremde, die das bewirkten, von den großen Päpsten dieser Epoche, die als Bauherren das Stadtbild prägten, bis zu den Architekten, Bildhauern, Malern. In Rom, sagt Harald Keller, hat sich *»niemals eine bodenständige Kunst entwickelt*... Die Meister, welche das künstlerische Antlitz Roms bestimmt haben, sind Toskaner, Umbrier, Venezianer, Lombarden, vor allem aber sind es Florentiner und noch einmal Florentiner. Aber ihrer aller Kunst wandelt sich, sobald sie die Ewige Stadt betreten haben; sie alle wachsen nun in ihre ›römische Manier‹ hinein. Das geschieht unbewußt...«[33]

Es ist merkwürdig: so unterschiedlich die Bestimmung dieser ›römischen Manier‹ auch ausfällt, ihre Erzeugung wird fast stets als ein Prozeß beschrieben, in dem sich ›unbewußt‹ eine Norm erfüllt. Ist der Genius ein ›Habitus‹ im Sinne Panofskys, aber gerade nicht mehr als Zeitstil, sondern als Ortsstil, seßhaft und ewig? Diese Vorstellung von einer zeitlosen Kraft, die – Erdstrahlen gleich – an einem Orte wirkt, ist mythisch. Das heißt aber: sie ist eine Mystifikation, wenn sie vorgibt, geschichtliche Phänomene zu deuten. Wahrscheinlich liegt eben darin der Zweck der Rede vom Genius loci: man *will* die Erdstrahlen. Das Modell liefert Rom, die ›ewige‹ Stadt. Viele andere Städte besorgten sich Kopien davon, die meisten waren kurzlebig, suggerierten aber, daß da ein gleichsam ewiger Geist des Ortes, nicht ein vergänglicher der Umstände am Werke sei. Trotz ihrer lokalen Einfärbung haben diese Kopien des Genius loci viele gemeinsame Züge, denn sie mystifizieren nur das, was für Städte und Stadtkulturen typisch ist. Drei dieser Züge seien hervorgehoben.

1. Die Ausstrahlung einer Metropole entspricht ihrer Anziehungskraft. Sie saugt die Provinz aus, oder das ganze Imperium. Selbst kleine Residenz- oder Universitätsstädte saugen. Typisch ist der Drei-Generationen-Weg vom Dorf über die Kleinstadt zur Hauptstadt. Dabei entsteht eine (Über-)Identifikation mit dem ›Geist‹ des Zielorts, die diesen bestätigt. Zugleich vergrößert sich der intellektuelle Abstand zwischen der ihrer Talente beraubten Provinz und jenem Ort, wo ganz offenbar ein ›Geist‹ wohnt. Das kann aber auch zu einer Reaktionsbildung führen, die das Selbstbewußtsein der Provinzstädte stärkt. So geschah es z. B. in Florenz im Quattrocento: die »Tochter Roms« lernte sich gegenüber ihrer dominanten Mutter als vollkommene Kleinstadt begreifen[34], nicht zuletzt dank Lionardo Bruni, der aus dem noch kleineren Arezzo kam und 1427 Staatskanzler in Florenz wurde. In seiner *Historia Florentina* attackiert Bruni den mittelalterlichen Rom-Mythos, aber seine Laudatio urbis florentinae lehnt sich eng an den berühmten Rom-Preis an, den Aristeides, ein griechischer Wanderredner, im 2. Jahrhundert angestimmt hatte. Florenz ist für Bruni, in Architektur und Verfassung, ein real existierender Idealstaat, ähnlich wie für Rousseau später Genf. Doch die Herrlichkeit währte nicht lange. Schon bald traten Eiferer auf, die den Untergang beschworen. Der Genius loci wurde – gleich dem von Venedig, das sich ebenfalls als Idealstaat verstand – zum Pflegefall. Wer etwas gelten wollte, ging jetzt nach Rom.

2. Der Genius loci ist ein Genius temporis, jedenfalls in kleineren Städten. Allein in Rom scheint er ewig zu sein. Je reicher die Traditionen, der historische Fundus einer Stadt, desto größer auch die Chance, daß sie ›Geist‹ behält. Denn es sind dann (wenigstens) *zwei* Geister, die miteinander konkurrieren, sich gegenseitig herausfordern, wie in Rom seit eineinhalb Jahrtausenden der profane und der christliche. Aus der Rivalität der beiden kann auch die Vorherrschaft des einen über den anderen werden; oder ein Wechsel der Vorherrschaft, wie Rom ihn im 16. Jahrhundert erlebte (falls man den Renaissance-

Päpsten die Ehre antut, sie – mit den damals wirklich Gläubigen – als Heiden zu bezeichnen und ihre Stadt als Babylon). Ähnlich konkurrieren in Paris seit dem 18. Jahrhundert der katholische (royalistische) und der laizistische (republikanische) ›Geist‹; oder in Berlin seit dem 19. Jahrhundert der reaktionäre und der moderne. (Frankfurt kam bekanntlich schon als das verkörperte Einerseits-Andererseits zur Welt.) Kleinere Städte hingegen, wo der Genius loci angeblich so behaglich haust, am Honoratiorenstammtisch, im Gesangverein oder Heimatbund, pflegen oft nur die Erinnerung an einstiges Wehen. Das kann zur Selbstinszenierung des ›Geistes‹ werden, besonders im Dunstkreis einer alten Universität. »Der Genius loci Heidelbergs ist feucht«[35], so sangen die Scholaren am Faß. Sie sangen es mit Bedacht. Als Hermann Glockner Anfang der zwanziger Jahre dorthin kam, um sich an der berühmten Universität zu habilitieren, machte er sich Gedanken über den ›Geist‹ der Stadt und kam zu dem Ergebnis, »daß Heidelbergs genius loci romantisch und dem Mythos besonders günstig sei«. Vor allem Abgeschiedene würden anspruchsvoll ins Mythische gesteigert, und das sei »kein leerer Wahn, sondern ein legitimes Werk« des menschlichen Geistes.[36] Es galt verflossener Größe. Max Weber, kurz zuvor gestorben, war noch nicht verflossen genug; von den Lebenden konnte, Glockner zufolge, nur einer mit Recht »der Mythos Heidelbergs« genannt werden: Stefan George – der war damals wirklich schon tot. Heute hingegen würde man sagen, daß es im Kreis um Max Weber etwas gab, das sich durchaus als Genius bezeichnen ließe. Aber war dieser Genius an einen Locus gebunden? Und wurden jene, die einmal in Weimar oder Ascona oder Starnberg zusammenkamen, vom dortigen Locus inspiriert? Sie gingen wieder auseinander und ließen einen Ort zurück, wo es heute noch Wirtshäuser gibt.

3. Der Genius loci ist ein Verkehrsproblem. Alle Wege führen nach Rom (nach Paris, London, Moskau ...). Sie führen auch wieder zurück, aber der Hinweg ist stärker besetzt. »Am nächsten Morgen brachen wir drei Stunden vor Tag auf, solches Verlangen trug er, den Boden Roms zu sehen ...«[37] »Um vier Uhr nachmittags ... warfen wir Anker in der Nähe der Londonbrücke. Boote kamen heran, und alles drängte der Falltreppe zu, um sich, gleich unter den ersten, einen Platz zu sichern.«[38] »›Noch 25 Minuten bis Paris!‹ Das ganze Coupé war in großer Aufregung.«[39] Es sind vor allem die Grand-Touristen und die Bildungspilger, die Beutebürger und die Gastarbeiter (die ›berufenen‹), die den Genius loci füttern wie einen Affen im Zoo. Erst recht gibt dem Affen Zucker, wer die Stadt seiner Wahl nicht ganz freiwillig verläßt, er fühlt sich versetzt, verschlagen, verbannt. Oder wer niemals dort hin-

kommt: was wäre uns Moskau ohne den perversen Wunsch von Tschechows drei Schwestern! Manchmal auch scheidet einer im Grimm über den falschen, den bösen Geist, der dort herrscht, wie Luther, der, von seiner Pilgerreise nach Rom ins winzige Wittenberg zurückgekehrt, hier einen neuen Geist entfachte. Allein durch Worte. Nach Wittenberg mußte man nicht pilgern, um diesen Geist zu fassen, er verbreitete sich rasch durch den Buchdruck. Der Protestantismus ist gewissermaßen ortlos, wie das frühe Christentum; er verschmäht auch Gnadenbilder und Reliquien, wie das Judentum. Es ist ein Zufall, aber ein bezeichnender, daß Luthers Landesfürst, Friedrich der Weise, der wohl größte Reliquiensammler der Christenheit war. Ausgerechnet in der Schloßkapelle von Wittenberg hortete er seine Schätze, darunter Dornen von der Dornenkrone, Haare der hl. Jungfrau, ein Stück Brot vom Letzten Abendmahl: fast 20000 Posten, so heißt es, deren Wunderkraft sich auf insgesamt zwei Millionen Jahre Fegefeuer-Erlaß belief. Und das alles sollte nun Plunder sein und wertlos fürs Seelenheil? Friedrich der Weise ließ Luther gewähren – und sammelte weiter; in aller Welt fahndeten seine Agenten nach heiligen Knochen.[40] Ein Widerspruch war das nicht. Reliquien, die sich beliebig kaufen und transportieren lassen, haben ihre magische Wurzel, ihren ›Ort‹ verloren, sind Zeichen geworden, gleich Lettern in einem Text, der vielleicht einen Sinn ergibt, vielleicht auch nicht. Der Genius, der von nun an beschworen wird, ist der der Schrift.

Die modernen Verkehrs- und Kommunikationsmittel haben diese ›Entwurzelung‹ des Genius so sehr befördert, daß die Rede vom Genius loci nur noch nostalgisch wirkt. Früher als andernorts zeigte sich das in Berlin, das in den zwanziger Jahren die modernste (modischste) europäische Stadt war. Wenn Gottfried Benn damals sagte, es sei jetzt wichtiger, *wo* jemand etwas denke, als *was* er denke, so war das Trotz gegen einen Trend, der es anders wollte. Die Berlin-Literatur jener Jahre bezeugt diesen Trend. Kracauer z. B. spricht von ›Straßen ohne Erinnerung‹, Martin Kessel vom ›Fluchtcharakter‹ Berlins, Alfred Döblin von der ›Unsichtbarkeit‹ Berlins. Aber all dies hatte Heine schon 1828 festgestellt: »Berlin ist gar keine Stadt, sondern Berlin gibt bloß den Ort dazu her, wo sich eine Menge Menschen, und zwar darunter viele Menschen von Geist, versammeln, denen der Ort ganz gleichgültig ist; diese bilden das geistige Berlin... Es sind wahrlich mehrere Flaschen Poesie dazu nötig, wenn man in Berlin etwas anderes sehen will als tote Häuser und Berliner. Die Stadt enthält so wenig Altertümlichkeit und ist so neu; und doch ist dieses Neue schon so alt, so welk und abgestorben.«[41] Genau hundert Jahre später schrieb dann Döblin: »Berlin ist größtenteils unsichtbar. Eine merkwürdige Sache: bei Frankfurt am Main, München ist es nicht so, oder doch? Sollten vielleicht sämtliche modernen Städte eigentlich unsichtbar sein – und was sichtbar an ihnen ist, ist bloß die Nachlaßgarderobe?«[42]

Berlin als Modell der ›modernen‹ Stadt. Aber der Trend ist umgeschlagen, zum Wurzelgrund, zum Bodensatz. Undenkbar wäre heute die von Heine zitierte Berliner Skepsis: »Sobald ich anfange, meine guten Berliner zu loben, so hat mein Ruhm bei ihnen ein Ende, und sie zucken die Achsel und flüstern einander zu: ›Der Mensch wird sehr seicht, uns sogar lobt er.‹«[43] Das Städtelob feiert heute Urständ. Man nimmt und pflegt und preist, was man kriegen kann, sofern es nur ein Locus ist mit einigem Gemäuer darauf oder darunter; der ›Mythos‹ wird darübergestülpt, als Genius loci. Das geschieht vor allem auf dem modischen Laufsteg, wo New Age in Nostalgie schwelgt und Geschichte zur Natur verklärt.

Als Zeuge diene ein Wortführer der postmodernen Architektur-Ideologie, Christian Norberg-Schulz. In seinem Buch *Genius loci* (1982) sieht er überall dort, wo der Mensch heideggerisch ›wohnt‹, den Genius loci am Werk – als gleichsam mystische Hochzeit von »natürlichem Ort« und »artifiziellem Ort«, vulgo: von Landschaft und Architektur. Insbesondere in Rom. »In kaum einer anderen großen europäischen Stadt kommt eine solche Naturnähe zum Ausdruck, und kaum ein anderer Ort ist in solchem Maße *humanisierte* Natur. Dies könnte das Wesen des römischen genius loci sein: das Gefühl, in einer ›bekannten‹ natürlichen Umgebung verwurzelt zu sein.«[44] Denn jede Landschaft »ist strukturiert und verkörpert Sinn. Struktur und Sinn haben Mythologien (Kosmogonien und Kosmologien) entstehen lassen, die die Grundlage für das Wohnen abgegeben haben.«[45] Da fragt man sich, warum der Mensch überhaupt noch Städte baute und anderen Wahnwitz trieb, bei soviel Sinn und Struktur in der schieren Landschaft; z. B. in der »chthonischen Welt Etruriens« mit ihren tiefen *forre*, die – laut Norberg-Schulz – den »idyllischen« Straßen und Plätzen Roms als Vorbild dienten. In Wahrheit mieden die Römer diese ungesunden *forre*, solange es irgend ging. Sie wohnten auf den sieben Hügeln. War das schon Seinsvergessenheit? Dann wären die Barbaren, die Rom in Schutt versinken ließen, die wahren Hüter des Genius loci gewesen. Genug davon.

Aus Norberg-Schulz spricht der modische Genius temporis, der heute allenthalben und allerorten nach Sinn, Struktur, Mythos verlangt, deshalb auch nach einem Genius loci im Angebot. Ob dieser ›Geist‹ nun an die Natur oder sonst etwas gebunden wird: er sieht überall gleich aus. Er ist irrational, blind gegenüber der europäischen Aufklärung, die bei den Griechen begann und im 18. Jahrhundert Standards setzte, hinter die zurückzufallen pathologisch wäre. Daß heute ein solcher Sog besteht, aus der Erfahrung von Verlusten, mag verständlich sein; aber das adelt ihn nicht. Schon vor zweihundert Jahren wurden diese Verluste empfunden. Der junge Hegel blickte voller Sehnsucht – und doch nüchtern – zurück auf den Genius der griechischen Polis: »Geist des Volks, Geschichte, Religion, Grad der politischen Freiheit desselben... sind in ein Band zusammenverflochten... Der Vater dieses Genius ist der Kronos, seine Mutter die *politeia*, die Verfassung, seine Wehmutter, seine Säugamme die Religion, die zu Gehilfen der Erziehung die schönen Künste annahm... Wir kennen diesen Genius nur vom Hörensagen, nur einige Züge von ihm, die hinterlassenen Kopien einer Gestalt, ist uns vergönnt, mit Liebe und Bewunderung zu betrachten, die nur ein schmerzliches Sehnen nach dem Original erwekken.«[46] Und fünf Jahre später (als die jakobinische Beschwörung des römischen Genius endgültig gescheitert war): »Den entflohenen Genius einer Nation kann die Begeisterung nicht zurückbeschwören, das Schicksal eines Volkes nicht unter ihren Zauber bannen, wohl [aber] einen neuen Geist aus der Tiefe des Lebens hervorrufen, wenn sie rein und lebendig ist...«[47] Eine harte Bedingung, selbst im Maßstab einer Kommune statt einer Nation. Denn ›das Volk‹ ist widerborstig. Es schert sich wenig um den Genius, den die Intellektuellen ihm verpassen wollen. Was oftmals zu begrüßen ist.

Epilog

Es gibt heilige Orte, wo Götter, Dämonen, Geister wohnen und wirken. Und es gibt ›Unstätten‹, das sind Orte, die einstmals heilig waren und dann unheimlich wurden, verflucht durch einen neuen Glauben. In unseren Breiten lagen sie meistens außerhalb der Siedlungen, denn die alten Deutschen waren, als das Christentum sie heimsuchte, noch nicht dazu gekommen, an ihren heiligen Orten Städte zu gründen. Sie gründeten sie dann auf kirchlich geweihtem Boden. Jene anderen Orte wurden verteufelt, die Kulte gerieten in Vergessenheit. Aber noch im frühen 19. Jahrhundert sollen sich nächtens alte Weiblein zu den unheimlich-heilkräftigen Stätten geschlichen haben, um dort den Geistern der Steine und Quellen zu opfern. Als sich dann Volks- und Mythenkundler daran machten, die Überbleibsel solcher lokalen Kulte zu sammeln und zu deuten, waren sie ziemlich ratlos. Das alles ergab keinen Sinn. Jacob Grimm schloß daraus, der Steinkult habe in der deutschen Mythologie keine große Rolle gespielt. Dem widerspricht die Unzahl von Felsbrocken, die in deutschen Landen herumliegen und noch immer die Fußspuren oder Fingerabdrücke der heidnischen Riesen, also der Teufel tragen, die sie, von dem neuen Gott bedrängt, dorthin geschleudert haben sollen. Es nützte wenig, daß einige dieser Male im Stein später der Muttergottes oder einem Heiligen zugeschrieben wurden. Das Gedächtnis des Volkes reicht weiter zurück als das seiner Priester und Forscher.

Das könnte als Hinweis dienen, wenn wir uns demnächst dem wahren Problem des Genius loci zuwenden, wie es sich für die kommenden 10000 Jahre stellt. Es geht um die Endlagerung des radioaktiven Mülls.[48] Die zukünftigen Menschen müssen vor tödlichen Strahlen gewarnt werden. Aber wie, wenn wir damit rechnen müssen – die Verantwortlichen tun es –, daß nach einem ABC-Schlag oder einem Super-GAU von unserer Zivilisation samt ihren Symbolsystemen nichts mehr übrig bleibt, nur ein paar dumpf Überlebende, die neuen ersten Menschen? Deshalb haben schon vor Jahren die US-Regierung und der Bechtelkonzern an die Wissenschaftler appelliert, sich Gedanken zu machen über ein Warnsystem, das diese Troglodyten davon abhält, sich den verseuchten Orten zu nähern. Die bislang vorgelegten Forschungsergebnisse sind nicht sehr überzeugend: Dokumente, Embleme, Strichmännchen? Das kann es nicht sein, bei einer Halbwertzeit von 10000 Jahren. Erst etwa 5000 Jahre alt sind die Relikte der frühen Hochkulturen, die unseren Spezialisten immer noch Rätsel aufgeben: schlichte Zeichen im Stein – sollen sie uns vielleicht vor etwas warnen? Oder weiter: ein Geheimbund von Experten, eine Art Priesterkaste, in der das esoterische Wissen durch die Jahrtausende weitergereicht wird? Aber es spricht nichts dafür, daß gerade diese Strahlenpriester überleben, und außerdem: Experten streiten sich immer, sie sind sich auch heute nicht einig über das Ausmaß der Gefahr. So bliebe die Stiftung eines Mythos der Angst, des heiligen Schreckens, der alle erfaßt und ewig währt. Er müßte verbunden sein mit strengen lokalen Kulten, damit der jeweilige *Genius loci terribilis* der menschlichen Neugier, Wißbegier entzogen bleibt. Wer das Tabu dennoch bräche, wer seinen Kopf etwa auf einen der heiligen Steine legte, wie Jakob einst in Bet-El, dem ginge die Verheißung des strahlenden Gottes wohl schrecklich in Erfüllung: daß seine Nachkommen sein werden »wie der Staub auf der Erde«.

1 Zit. n. R. Merkelbach, *Mithras*, Königstein/Ts. 1984, S. 248.
2 Zit. n. M. Warnke, »Durchbrochene Geschichte? Die Bilderstürme der Wiedertäufer in Münster«, in: M. Warnke (Hg.), *Bildersturm. Die Zerstörung des Kunstwerks*, Frankfurt a. Main 1973, S. 84.
3 Vulgata: ›terribilis‹. Luther übersetzt ›heilig‹ und merkt in einer Marginalie an: »Heilig heißt hie metuendus / terribilis / Nota / da man Gott fürchten und ehren sollte...« (1545)
4 Vgl. Eric R. Dodds, *Der Fortschrittsgedanke in der Antike* (1973), Zürich und München 1977, S. 174.
5 Vgl. Gilbert Murray, *Hellenism and the Modern World*, London 1953, S. 33.
6 Paul Veyne, *Glaubten die Griechen an ihre Mythen?* Frankfurt a. Main 1988.
7 Vgl. R. Merkelbach, a. a. O., S. 189 f.
8 Vgl. Karl Borinski, *Die Antike in Poetik und Kunsttheorie*, Bd. I, Leipzig 1914, S. 78 f. und 267 (Belege).
9 Zit. n. H. Boockmann, *Das Mittelalter. Ein Lesebuch...*, München 1988, S. 95 f.
10 Vgl. P. Veyne, a. a. O., S. 95 ff.
11 N. Machiavelli, *Discorsi I*, 1, zitiert nach: *Politische Betrachtungen über alte und neue Geschichte*, Üb. F. v. Oppeln-Bronikowski, Köln und Opladen 1965, S. 6.
11a Gemeint ist sicher die Gestalt Alexanders. Bei Vitruv sagt Deinokrates: »Ich habe den Berg Athos in Gestalt einer männlichen Bildsäule ausgearbeitet, deren linke Hand eine mächtige Stadt umspannt, während die rechte eine Schale hält...« (2. Buch, Vorrede)
12 Vgl. Machiavelli, *Discorsi I*, 1, und Montesquieu, *L'Ésprit des lois* XIV (Klima) und XVIII (Boden). Machiavelli empfiehlt, Städte in »fruchtbaren Gegenden« zu gründen, aber er scheint keinen allzu strengen Maßstab angelegt zu haben, denn als Beispiel dient ihm Rom.
13 Vgl. K. Borinski, a. a. O., S. 11 f.
14 Troja als ›Mutter‹ war ein im Mittelalter beliebter Topos. Geradezu bescheiden erscheint da London, das sich um 1130 als eine Stadt verstand, die nicht von einem Trojer, sondern nur »nach dem Muster und im Gedenken an das alte, große Troja gegründet worden« sei. Vgl. M. Warnke, *Bau und Überbau*, Frankfurt a. Main 1976, S. 22. – Mit der Berufung auf Troja trat eine Stadt in verwandtschaftliche Beziehung – oder in Konkurrenz – zu Rom und vermied zugleich den (fast blasphemischen) Anspruch, direkt von der heiligen Stadt abzustammen. Allein Florenz bezeichnete sich als ›Tochter Roms‹ (woraus noch Savonarola frommes Kapital zu schlagen wußte).
15 Francesco Petrarca, *Das lyrische Werk*, Darmstadt 1958, S. 18 (Über mich selbst).
16 Vgl. W. Kranz, *Geschichte der griechischen Literatur*, Bremen o. J., S. 468, 488.

17 Edward Gibbon, *Verfall und Untergang des römischen Reiches* (1776ff.), hg. von Dero A. Saunders, Nördlingen 1987, S. 554.
18 L. B. Alberti, *Vom Hauswesen* (Della familia), Üb. Walther Kraus, Zürich 1962, S. 6f.
19 Vgl. G. Lugli, *Il foro romano e il palatino*, Rom 1971, S. 102.
20 Vgl. G. Murray, a. a. O., S. 17.
21 Vgl. P. Zanker, *Augustus und die Macht der Bilder*, München 1987.
22 Vom Nationalsozialismus kann in diesem Zusammenhang natürlich nicht die Rede sein. Er war im Ursprung ein Abhub Münchens, dem (nicht nur) das kaschubische Berlin auf die Sprünge half. Und dennoch: wenn wir vom Genius loci reden, warum dann immer nur von dem, der uns paßt?
23 Zum Folgenden vgl. F. Klingner, »Rom als Idee« (1927) und »Vom Geistesleben im Rom des ausgehenden Altertums«, beide in: *Römische Geisteswelt*, 4. Aufl. München 1961, S. 631ff. und 514ff.
24 Zit. n. Klingner, a. a. O., S. 645.
25 Zit. n. Klingner, S. 549f.
26 Zit. n. Klingner, S. 551f.
27 Zit. n. Klingner, S. 534.
28 Zit. n. F. Schneider, *Rom und Romgedanke im Mittelalter*, München 1926, S. 57f.
29 E. Gibbon, a. a. O., S. 588.
30 M. de Montaigne, *Tagebuch einer Badereise*, Üb. Otto Flake, Stuttgart 1963, S. 164, 180.
31 S. Freud, »Das Unbehagen in der Kultur«, *GW* XIV, S. 426f.
32 L. Curtius, *Das antike Rom*, Wien 1944, S. 8.
33 H. Keller, *Die Kunstlandschaften Italiens*, München 1960, S. 163.
34 Vgl. dazu Eugenio Garin, »La cité de la renaissance italienne«, in: *Les utopies à la renaissance*. Colloque internationale (Avril 1961), Brüssel und Paris 1963, S. 18ff.
35 Victor von Scheffel, Widmungsgedicht in: *Gaudeamus*, 1867.
36 H. Glockner, *Heidelberger Bilderbuch. Erinnerungen*, Bonn 1969, S. 104f.
37 Montaigne, a. a. O., S. 164.
38 Th. Fontane, *Von Zwanzig bis Dreißig. Autobiographisches* (1898), München 1967, S. 134.
39 Yvan Goll, *Der Mitropäer* (1928), Anfang des Romans.
40 Vgl. Fulvio Tomizza, *Das Böse kommt vom Norden. Die Geschichte des Pier Paolo Vergerio ...*, Köln 1988, S. 72.
41 H. Heine, *Reisebilder*. Dritter Teil (1828), »Reise von München nach Genua«, Kap. II.
42 Döblin (1928), zit. n. K. R. Scherpe (Hg.), *Die Unwirklichkeit der Städte*, Reinbek 1988, S. 8.
43 Heine, a. a. O.
44 Chr. Norberg-Schulz, *Genius loci: Landschaft, Lebensraum, Baukunst*, Stuttgart 1982, S. 142.
45 Ebd., S. 25.

46 Hegel, »Fragmente über Volksreligion und Christentum« (1793–94), *Werke in zwanzig Bänden*, Bd. 1, Frankfurt a. Main 1971, S. 42 ff. Weiter heißt es: »Einen anderen Genius hat das Abendland ausgeheckt, seine Gestalt ist alternd, schön war er nie...« Gemeint ist der Geist des Christentums.

47 Hegel, »Der Geist des Christentums und sein Schicksal« (1798 ff.), a. a. O., S. 295.

48 Vgl. E. Sens, »Am äußersten Rand«, in: *Kursbuch* 85, 1986, S. 142 f.

Zitierte Übersetzungen (soweit nicht in den Anmerkungen genannt):
Genesis: Einheitsübersetzung der Heiligen Schrift (1985).
Livius: Josef Feix (Goldmann).
Lukrez: Karl Ludwig von Knebel (1831).
Marc Aurel: Willy Theiler (Artemis).
Pausanias: Ernst Meyer (Artemis).
Platon: Otto Apel (Meiner).
Plinius d. J.: Mauriz Schuster (Reclam).
Polybios: Hans Drexler (Artemis).
Seneca: Ernst Glaser-Gerhard (Rowohlt).
Thukydides: Theodor Braun (Insel).
Vergil: Wilhelm Hertzberg (Aufbau).

PS. Dieser Text wurde Anfang 1989 geschrieben. Inzwischen sind einige Aufsätze und Bücher erschienen, die mein Thema berühren. Ich möchte wenigstens drei davon erwähnen:
Hans Belting, *Bild und Kunst. Eine Geschichte des Bildes vor dem Zeitalter der Kunst,* München 1990.
Volker Breidecker, *Florenz oder »Die Rede, die zum Auge spricht«. Kunst, Fest und Macht im Ambiente der Stadt,* München 1990.
Karl Schlögel, *Das Wunder von Nishnij oder Die Rückkehr der Städte. Berichte und Essays,* Frankfurt a. Main 1991.

NICOLAUS SOMBART

Nachrichten aus Ascona
Auf dem Wege zu einer kulturwissenschaftlichen Hermeneutik

I.

Unsere Hermeneutik ist geisteswissenschaftlich. Mit anderen Worten: meimonidisch, talmudistisch, protestantisch, auf Texte und ihre Chronologie bezogen; sie interpretiert die Welt wie *ein* Buch in der Abfolge der Seiten; in der Ordnung der Buchstaben versucht sie, einen geheimen Sinn, der dahinter verborgen sein soll, zu entziffern. Es geht immer um »Enthüllung«. Das kulturelle Phänomen, um dessen Sinndeutung es geht, ist immer Chiffre, die »hinterfragt« werden muß. Die Lebenswelt in ihrer sinnlichen Konkretheit wird nicht ernst genommen. Sie ist nur Schein, der das Sein verbirgt. Die wissenschaftliche Demarche zielt darauf, Indizien für einen Betrug zu finden, dem man auf die Schliche kommt. Die »Enthüllung« wird »Entlarvung« (das ist der Gestus der modernen Kulturkritik). Die Belege müssen immer Textstellen sein. Die Interpretation klebt am Buchstaben. Die Topologie dieser Hermeneutik ist ortlos.

Dagegen stünde eine kulturwissenschaftliche Hermeneutik, die raumbezogen ist und in Körpern denkt, dreidimensional, morphologisch, geographisch. Die Welt des Menschen ist der Planet mit seinen Erdteilen und Ozeanen, seine Geschichte, sein Erdenschicksal ist an konkrete Orte und Räume gebunden. Ihre Topik ist Topographie. Jeder Ort muß über die ihm zugeordnete Ikonographie verstanden werden. Nicht Epochen und Zeitabläufe sind das Entscheidende, sondern Sozialkörper und Kulturkreise. Sinnmuster werden in räumlich-geographischen Beziehungen und Bereichen gesucht, das Phänomen als Bild und Gestalt in *situ* wahrgenommen. Es gibt kein von der sinnlichen Welt abgelöstes Reich des Geistes, das nur im Geisterreich kanonischer Texte existiert. Alles ist lokalisierbar.

Man könnte von einer topographischen Hermeneutik sprechen. Das Grundmuster, in das alle Daten des geschichtlich-gesellschaftlichen Kontinuums eingetragen sind, ist der viergeteilte Kreis der Windrose mit den Himmelsrichtungen Ost und West, Nord und Süd; im Mittelpunkt – mit beiden Füßen auf dem Boden, hoch erhobenen Hauptes – der Mensch in der Dreidimensionalität seines Körpers, von dem her bestimmt wird, was oben und unten, vorne und hinten und rechts und links ist. Jede Sinnfrage kann eine Antwort nur in diesem Koordinatensystem finden, in dem es nichts zu »hinterfragen« und zu »entlarven« gilt, sondern in dem sich Antworten in dem Maße finden lassen werden, in dem man darin das für eine Kultur und ihre Physiognomie bestimmende System der symbolischen Zuordnungen erkennt. Das ist nichts Neues. Für diesen Typ der Exegese liefern Material in Hülle und Fülle die Soziologie, die Ethnologie, die Anthropologie, die Religions- und Kunstwissenschaften, die Gestaltpsychologie, die Mythenforschung, die Tiefenpsychologie, die Rechtswissenschaft, ja – bei Licht besehen – jede Wissenschaft. Aber zur Ausbildung einer wissenschaftlichen Methodologie, einer kulturtopographischen Hermeneutik, ist es bislang noch nicht gekommen; die geisteswissenschaftliche Orthodoxie beherrscht das Feld. Auch die Kultursoziologie und die Kulturanthropologie haben es offenbar nicht für nötig befunden, sich dieses Instrument, das doch für eine wissenschaftliche Erkenntnis ihres Gegenstands unerläßlich wäre, zu schaffen. Das ist um so merkwürdiger, als überall Ansätze zu finden sind – sie gehen nur leider im interdisziplinären Methodenpluralismus der Humanwissenschaften unter. Im übrigen müssen sie immer gewärtig sein, als unseriös und unwissenschaftlich abgetan zu werden, als Gedankenspiele und Assoziationen, als beiläufige Referenzen, die vielleicht gelegentlich erhellend, nicht aber wirklich stringent eher in den Bereich des Essays, des Feuilletons und einer akademisch nicht akkreditierten »Kulturphilosophie« gehören. Selbst Carl Schmitt hat da einen schweren Stand mit seinem *Nomos der Erde*, in dem der Zusammenhang von »Ortung und Ordnung« welthistorisch demonstriert wird.

Liegt es am Ende daran, daß die Kulturtopographie, der wir hier das Wort reden, so selbstverständlich zu unseren Denkgewohnheiten und zu unserer Denktradition gehört, daß sich jedes Verstehen von Welt, auf jeder Stufe der Erkenntnis, von der Lebenswelt des Alltags über das Verständnis politischer und historischer Zusammenhänge bis zur philosophisch oder naturwissenschaftlich begründeten »Weltanschauung«, daß jede Ideologie- und Kulturkritik, ob wir es merken oder nicht, sowieso immer schon im Koordinatensystem einer räumlich-geographischen, körperlich-anthropomorphen Ortsbestimmung entfaltet und daß darin – ob nun wissenschaftlich oder vorwissenschaftlich – die konstitutive Voraussetzung der Bedingung der Möglichkeit jeder »Orientierung« in dieser Welt, die nicht auf Metaphysik rekurriert, gesehen werden kann?

»Orientierung« – schon haben wir es. Können wir überhaupt unsere

Geschichte denken ohne den »welthistorischen Gegensatz« von »westlichen Demokratien« und »östlichem Despotismus«, von einem protestantischen »Norden« und einem katholischen »Süden«? Können wir uns als Europäer und als Deutsche anders »verorten« als durch das Bewußtsein einer »Mittellage«? Das hat mit der Geographie der Landkarten nichts zu tun, aber mit einer »géographie humaine«. Die Geographen – wie Ritter und Ratzel – waren vielleicht die ersten, die darüber nachgedacht haben, daß jeder politische, geistige, historische Topos seine geographische Dimension und jeder geographische Topos seine politischen, geistigen und historischen Konnotationen hat. In der »Geopolitik« wurde daraus eine (einseitige) Methode entwickelt. Immerhin. Unsere Geisteswissenschaft ist dafür blind.

Die Entdeckung der Polarität von Zentrum und Peripherie, von Metropole und Provinz, der Bedeutung von Grenzen und Grenzverschiebungen – das »Go West!« in Nordamerika, unser »Drang nach Osten« – haben Strukturelemente einer Kulturtopographie freigelegt, die erstaunlicherweise überall ihre Gültigkeit haben, dem geistigen Territorium jedes Volkes aber eine besondere Physiognomie geben.

Leider hat sich der ethnologische Strukturalismus in dem Maß »entortet«, in dem er sich auf eine Saussuresche Abstraktionsebene verstiegen hat, auf der ihm die *analysis situ* nicht mehr relevant scheint. Ein Irrtum, der entsteht, wenn man die Welt als Text interpretiert. Es bleibt ein Desiderat kulturwissenschaftlicher Theoriebildung herauszubekommen, wie Geschichte, Sprache, Denken *und* Raum zusammenhängen, und eine Systematik der Korrespondenzen zu entwerfen, zu der die dreistufige Gliederung der Wirklichkeit – die Ebene des Realen, des Imaginären und des Symbolischen – schon als Ausgangspunkt dienen könnte, unter der Bedingung allerdings einer durchgängigen Raumbezogenheit.

2.

Es braucht wohl nicht gesagt zu werden, daß jedes Volk seine eigene Kulturtopographie hat und besser als durch irgendwelche anderen Kriterien – die ethnischen, rassischen oder rein geographischen – von ihr her beschrieben werden kann. Uns geht es hier um die Deutschen und ihre Geschichte. Was impliziert z. B. die Rede von der »Mittellage«? Durchaus mit Recht und nicht von ungefähr machen unsere Historiker, im Notstand einer nationalen Identitätskrise, von diesem Topos heute so viel Aufhebens. Wir können tatsächlich nicht anders, als unsere Lage weltpolitisch und kulturhistorisch von unserem Standort in der Mitte Europas her zu verstehen, und das tut ja schließlich auch die ganze Welt, der »Westen« wie der »Osten«, insofern als seltsamerweise, trotz aller gewaltigen Veränderungen seit dem Zweiten Weltkrieg und der Entstehung einer planetarischen Weltordnung, die politische Geographie und ihre Nomenklatur eurozentrisch geblieben sind. Es erweist sich, daß eine Besinnung auf geographische Grundfakten (nicht nur qua »Geopolitik«) der sicherste Zugang zum Verständnis der Sonderheiten der Deutschen als Kulturgemeinschaft ist. Wie steht es mit *unserer* Kulturtopographie?

Vergessen wir einmal die »Ost-West«-Achse, über die viel zu sagen wäre. Mit Bezug auf seine europäische Lage ist für Deutschland auch die Nord-Süd-Achse von größter Bedeutung, der Norden und seine Verheißungen, das Mittelmeer und seine Verlockungen; sowohl im Innen des nationalen Binnenraums wie im Außen der vorgestellten und erfahrenen Welt werden wir beherrscht von dieser Dichotomie.

Man lese nur einmal im *Tonio Kröger* nach, um zu sehen, mit welchen rassischen, sozialen, politischen und psychischen Repräsentationen Nord und Süd für ein deutsches Gemüt besetzt sind. Es gibt die schöne Studie von Karl-Heinz Bohrer, die der Bedeutung des Nordens in der deutschen Romantik gewidmet ist. Hartmut Zelinsky hat vor nicht langer Zeit die Italien-Sehnsucht als Topos der deutschen Dichtung untersucht. Es genügen hier wirklich Andeutungen. Jeder weiß sofort, worum es geht. Man kann eigentlich kein wesentliches deutsches Buch aufschlagen, ohne Belege für die Persistenz dieser kulturtopographischen Konstanten zu finden. Frappierend ist die Weise, in der sich die alten Orientierungen auf die neuen, bildbezogenen Medien auswirken.

Aufregend wird die Sache, wenn man die Namen von Städten in das axiale Kraftfeld einzeichnet. Ihre topologische Bedeutung springt sofort ins Auge. Besonders dann, wenn man sie zueinander in Beziehung setzt. Über zwei, drei Städtenamen und ihre Aura von Assoziationen kann man Bände kulturhistorischer, kulturmorphologischer Einsichten vermitteln. Seitdem große Ausstellungen mit ihren Katalogen sich dieser Materie bemächtigt haben, ist die ikonologische Präsentation von Stadtphysiognomien zu einem privilegierten Zugang zu Geschichte und kultureller Tradition geworden. Offenbar können Ausstellungen besser als Bücher kulturtopographischen Intentionen folgen, ja, man wird sich fragen müssen, ob Ausstellungen nicht überhaupt das Medium par excellence einer nicht mehr textbezogenen Traditionsvermittlung und Sinnfindungstechnik sind. Berlin um 1900. Berlin – Paris. Paris – Moskau. Paris – Wien. Wien 1900. Seitdem es diese Ausstellungen gab, haben Millionen wieder eine lebendige Anschauung vom Europa der Jahrhundertwende nicht nur als Epoche, als deren Epigonen sie sich begreifen müssen, sondern auch als Raum, dessen Spannungsfeld mit seinen kulturellen und geistigen Strömungen auch ihre Gegenwart und Zukunft prägt.

Auf der deutschen Nord-Süd-Achse kommt neben Berlin, das dem »Norden« zuzuordnen ist, dem »südlichen« München eine besondere Bedeutung zu. Hier die Kapitale des protestantischen, preußischen Kaisertums mit seinem patriarchalischen Herrschaftsanspruch und Ordnungsentwurf, dem Zentrum von Armee, Bürokratie, »Wissenschaft«, der dynamischen Zentrale eines sich zur Industriegesellschaft wandelnden Deutschen Reiches, dort die katholisch-klerikale Hauptstadt des südlichsten Bundeslandes, das seinen Widerwillen gegen den preußischen Machtanspruch nie verwinden konnte, und in der reichsständische Traditionen, agrargesellschaftliche Rückständigkeit, der Widerstand gegen den Berliner Zentralismus und Militarismus sowie eine großzügige, liberale Förderung der schönen Künste das Klima geschaffen haben, in dem sich eine zwar unpolitische, aber durchaus dezidierte kulturelle Opposition gegen die Wertvorstellungen des offiziellen Deutschlands formieren konnte. Dort die Rationalität des »stählernen Gehäuses«, hier der Irrationalismus der Kosmischen Runde. Matriarchatsmythos gegen das Diktat des Gewaltpragmas. Schelling versus Hegel? Stichwort »Schwabing«. Die Münchener Boheme als Gegenpol zur Berliner Bourgeoisie und Beamtenschaft. Es bedarf wieder nur weniger Stichworte; es wird sofort evident, was gemeint ist.

3.

Das Verdienst, die Polarität Berlin – München (oder vielleicht besser: Berlin – Schwabing) pointiert herausgearbeitet zu haben (und dies bewußt in kulturtopographischer Absicht), kommt einem anglo-amerikanischen Komparatisten zu: Martin Green, der in seinem vor ungefähr zehn Jahren (auch in deutscher Übersetzung, wenn auch stark gekürzt) erschienenen Buch *Die Richthofen-Schwestern* in höchst origineller Weise Wissenschafts- und Literaturgeschichte, Biographie und Wissenssoziologie mit kultureller Topographie verbunden und damit einen der interessantesten Beiträge zur deutschen Geistesgeschichte, ja, man muß sagen, zur politischen Geschichte Deutschlands geliefert hat. Neben München weist Green Heidelberg einen wichtigen Platz in seinem Beobachtungsfeld zu. Er entdeckt es als den anderen Gegenpol zum wilhelminischen Berlin. Seine Protagonisten sind Max Weber (Berlin – Heidelberg) und Otto Gross (München); wir verdanken ihm nicht nur ein völlig neues, von der offiziellen Hagiographie, die sich wohl oder übel damit auseinandersetzen mußte, abweichendes Bild von Max Weber, sondern die Wiederentdeckung des geheimnisvollen Dr. Gross, der überhaupt erst seit Green auf ihn hingewiesen hat, wieder in unser Gesichtsfeld getreten ist, um in der Bedeutung erkannt zu werden, die ihm Sigmund Freud, C. G. Jung, Max Weber, Carl Schmitt und unzählige andere seiner prominenten Zeitgenossen einmal beigemessen haben [1], bevor er in den Orkus des Vergessens gestoßen wurde.

Das neueste Buch von Martin Green [2] nimmt seine kulturtopographischen Enqueten zur deutschen Geistesgeschichte wieder auf und zeichnet einen neuen Ort in das mitteleuropäische Nord-Süd-Kraftfeld ein, einen ganz kleinen Ort diesmal, dessen Name uns sofort aufhorchen läßt, nicht nur, weil wir ihn schon gehört haben, sondern auch, weil wir bereits über seine singuläre kulturelle Bedeutung belehrt worden sind. Und zwar durch eine berühmte Ausstellung von Harald Szeemann [3]: Es handelt sich um Ascona.

Ascona wird uns präsentiert als eine Filiale – als ein Vorort gewissermaßen – von Schwabing, als Treff- und Sammelpunkt aller wichtigen Geister und Strömungen, die in Opposition zur herrschenden, durch Berlin symbolisierten Kultur auf der Suche nach Freiheit, nach neuen Lebensformen und Sonne im Süden eine Zuflucht suchten. Es gibt andere solcher südlichen Fluchtpunkte, die zum Umfeld der deutschen Reichsgeschichte gehören, Capri und Korfu zum Beispiel. In der »Blauen Grotte« fand bekanntlich der Herr der Villa Hügel, der an der Spitze des größten europäischen Industriekonzerns in privater Hand stand, neben dem Kaiser der reichste Mann des Landes, ein Refugium, wenn er den Anforderungen und Zwängen seiner Stellung entfliehen wollte. Er schied freiwillig aus dem Leben, als man ihm das Recht dazu streitig machte. Kaiser Wilhelm II., der ja alle Widersprüche seiner Epoche in sich vereinte, kaufte auf Korfu von den Erben der unglücklichen Kaiserin Elisabeth das Achilleion, sein liebster Besitz. Seine jährlichen »Nordland-Fahrten« unternahm er nur in Begleitung von Männern, dorthin fuhr er mit Tochter und Frau, trieb archäologische Studien, die ihm lieber waren als deutsche Innenpolitik, und machte den erstaunlichen Fund einer »Gorgo«. (Merkwürdig, es heißt, daß ihm Ascona als Exil lieber gewesen wäre als Doorn.)

Wer nicht alles nach Ascona strebte! Schon die Szeemannsche Ausstellung war eine Offenbarung. Martin Green geht noch weiter in der

Inszenierung des Defilees der bemerkenswerten Menschen, die im Laufe einer verhältnismäßig kurzen Zeitspanne in dem kleinen Tessiner Kaff am Lago Maggiore Befreiung suchten und fanden. Ein *deutscher* Vorort? Man findet einen fast vollständigen Katalog aller Exponenten und Repräsentanten der wilhelminischen Gegenkultur: Anarchisten, Theosophen, Lebensreformer, Vegetarier, Religionsphilosophen, Mystiker, Feministinnen, Heilpädagogen, Dichter und, natürlich, Künstler aller Sparten, Protagonisten des Ausdruckstanzes und der freien Liebe: Mühsam und Landauer, Laban und Mary Wigman, Tillich und C. G. Jung, spaltenlang könnte man Namen aufführen, und mit vielen ist ein Überraschungseffekt verbunden. Natürlich stoßen wir auf Otto Gross, den Initiator neuer Lebensformen, auf dessen Spuren Martin Green Ascona entdeckt hat, und auch Max Weber, den es nach seiner ›Konversion‹ durch Else Jaffe auch dorthin gezogen hat, ebenfalls auf den Spuren von Otto Gross.

Was in den *Richthofen-Schwestern* nur angedeutet war, wird in dem neuen Buch ausgeweitet zu einer großen topographisch-biographischen Studie, in der der Bedeutung von Otto Gross für Ascona und von Ascona für Otto Gross mit ihren vielfältigen Wirkungen auf Berlin, Wien, München und Prag nachgegangen wird. Dabei erfahren wir nicht nur Neues über Max Weber, sondern auch über Franz Kafka.

Was in Ascona geschah, geschah ohne einheitliches Programm. Jeder verfolgte seine Ideen für sich, es bildeten sich kleine Kreise, Gruppen und Grüppchen, aber keine Schulen. Die Impulse, die von hier ausgingen, wirkten sich oft anderswo aus – im »Norden«. Jede Avantgarde fand hier einen Stützpunkt: Expressionismus, Dadaismus, Surrealismus.

Erst auf Ascona bezogen erkennt man, wie sie alle zusammenhängen, von Ascona aus kann man sehen, wie die Peripherie in das Zentrum zurückwirkt, wie der »Süden« in den »Norden« zurückschlägt, ein »back-lash«. In der Sprache der Psychoanalyse würde man von einer »Wiederkehr des Verdrängten« sprechen. Damit berühren wir einen anderen wichtigen Aspekt der kulturtopographischen Hermeneutik.

4.

Der »Topos« Ascona ist auch zu verstehen als Syndrom einer geistig-seelischen Verfassung. Er bezeichnet nicht nur ein Biotop, sondern auch ein »Psychotop« (der Ausdruck stammt von dem Architekten Neutra). Es gibt das Ascona in uns.

In seiner psychischen Valenz muß jeder geographische Ort(sname) mit seinen kulturellen Konnotationen, der Aura seiner Assoziationen, mit seinem semantischen Feld in Beziehung gesehen werden zu der Topik, wie sie Sigmund Freud zur Explikation der Organisation des psychischen Apparats im Individuum entworfen hat. Diese (die zweite) gibt ja nicht nur Auskunft über den Ablauf seelischer Vorgänge im Inneren des einzelnen, sondern schafft einen Zugang zum Verständnis des Funktionierens des seelisch-geistigen Kräftehaushalts eines Gesellschaftskörpers. Es-Ich-Überich haben auch eine sozialpsychologisch-soziologische und also eine anthropologisch-ethnische und damit eine kulturtopographische Dimension.

Die gesellschaftliche Produktion von Unbewußtheit ist, wie uns die Ethno-Psychoanalyse belehrt, ein über intrapsychische Vorgänge verlaufender soziologischer Prozeß, das Unbewußte auch eine soziologische Kategorie, unerläßlich zum Verständnis der Dynamik gesellschaftlicher Veränderungen. Dasselbe gilt für das Überich. Beide sind im gesellschaftlichen Raum lokalisierbar. Keine Kulturtheorie, keine Kulturkritik ist heute mehr möglich, die diese Korrespondenzen nicht berücksichtigt. Eine ihrer wichtigsten Referenzen wird das »Lexikon des Unbewußten« sein müssen. Es ist mit Ortsnamen gespickt.

Gehen wir noch einen Schritt weiter. Die herrschende Kultur ist die Kultur der Herrschenden, die »Gegenkultur« diejenige derer, die sich dieser Herrschaft entziehen oder die Herrschaftsverhältnisse verändern wollen. Eine kulturtopographische Hermeneutik als Erkenntnisinstrument einer kultursoziologischen Kulturtheorie wird sich auch als Schlüssel für das Verständnis der Dialektik von herrschender Kultur und Gegen(Sub)kultur bewähren. Die Erkenntnisse der Ethno-Psychoanalyse finden ihre Ergänzung in denen der Ethno-Psychiatrie, wie sie Georges Devereux und seiner Schule zu danken sind. Einer ihrer zentralen Begriffe – am Schnittpunkt von Tiefenpsychologie und Soziologie – ist der des »espace culturel négativiste«; gemeint ist der in jeder sozialen Struktur (ethnisch und historisch) sich konstituierende Pol, von dem aus die Werte und Normen der herrschenden Kultur in Frage gestellt, »negiert« werden. Dieser Ort der Negation ist potentiell in jedem einzelnen die Voraussetzung der Möglichkeit einer psychischen »Störung« und der damit verbundenen Anpassungsschwierigkeiten; er bezeichnet aber auch die soziale Position jeder kulturellen Opposition. Der Herd des »désordre ethnique« ist intrapsychisch und soziologisch der Topos, an dem alle »Subkulturen« und »Gegenkulturen«, alle »Avantgarden« und kreativen Veränderungsimpulse angesiedelt sind. Auch er ist »lokalisierbar« und nicht nur mit Namen, sondern immer auch mit Ortsnamen zu bezeichnen. Ganz zweifellos hat er etwas mit dem »Süden« zu tun. Am Anfang dieses Jahrhunderts war der »espace culturel négativiste« in Ascona verortet.

5.

Martin Greens Buch über Ascona, dem er den Untertitel gegeben hat »The Counterculture Begins«, muß auch als Beitrag zu einer Theorie der Subkultur gelesen werden. Eine Fallstudie »vor Ort«. Die kulturhermeneutische Erschließung eines Topos. Green behandelt in seinem Buch einen lange zurückliegenden, kurzen Zeitraum, die Periode von 1900 bis 1925. Er erzählt eine Geschichte, geht historisch-archäologisch zu Werke, doch ist er sich des Zusammenhangs seines Stoffes mit der Gegenwartsproblematik durchaus bewußt. Er weiß genau, daß er seine Aktualität aus dieser Gegenwartsbezogenheit gewinnt. Wir stehen am Ende dessen, was damals »begann«. Die Frage lautet natürlich: Was hat es mit dem Verhältnis von Kultur und Subkultur heute für eine Bewandtnis? Was ist aus Ascona geworden? Wo befindet sich geistig-topographisch die »offizielle«, wo die »Gegen«kultur? Wie steht es mit dem Ascona in uns? Es ist leicht, Verbindungslinien nach Berkeley, in den Pariser Mai, zu den Berliner Kommunen, zu Friedensbewegung, Frauenemanzipation, Schwulenbewegung und Grünen zu ziehen. Das tut Green auch. Man kann schnell zu dem Ergebnis kommen, ein halbes Jahrhundert später ist Ascona überall – nur nicht mehr in Ascona. Eine völlige Umkehrung der Verhältnisse hat stattgefunden. Die ehemaligen Hochburgen der »herrschenden« Kultur sind geschleift und subkulturell überwuchert, vom Dschungel verschlungen – wie die Tempel von Angkor. In Ascona dagegen herrscht der totale Konformismus der höchsten Einkommensklasse der Konsumgesellschaft, nur daß man da von »herrschender« Kultur gar nicht mehr sprechen kann. Wäre der Triumph der Subkultur das Ende der Kultur?

Was ist die offizielle Kultur der industriellen (oder meinetwegen post-industriellen) Gesellschaften, die das Erbe der bürgerlichen Gesellschaft des europäischen Kulturraums angetreten haben? In ihrem Erscheinungsbild, ihren Stilen, ihrem Selbstverständnis ist sie geprägt von jenen Ideen, die einmal das Programm subversiver Minoritäten waren. Es gibt keine »Avantgarde« mehr, deren oppositionelle Attitüde nicht im Handumdrehen akzeptiert, integriert und zum authentischen Ausdruck unserer Gesellschaft deklariert würde.

Der Traum von Ascona hat sich erfüllt. Das alte Überich mit seinen Leitrepräsentationen ist entmachtet und demontiert. Der Acheron ist über die Ufer getreten. Woran soll sich das arme, schwache Ich noch halten, um in der Wirklichkeit zu bestehen? Selbst die Arbeit, an der es sich festmachen konnte, ist ihm genommen worden. Jetzt schwankt es, wie ein Rohr im Winde, zwischen Projektionen und Regressionen. Der »espace culturel négativiste« ist nicht mehr an bestimmte Orte gebunden. Ascona ist aufgegangen in einer ubiquitären, letztlich klassenlosen, ethnisch indifferenten Weltkultur, die denselben Marktgesetzen gehorcht wie der technologisch-szientistische Apparat des sekundären Systems, der einen eigenen »Kultur«-Anspruch gar nicht mehr zu stellen wagt und nur noch das Gerüst bildet, das stählerne Gerippe, dem kulturelle Manifestationen jedweder Art als etwas ihm Äußerliches angeheftet sind wie seinerzeit die historistischen Stuckfassaden den Eisenkonstruktionen der Bahnhöfe.

»Subkultur« ist heute genau das Gegenteil dessen, was sie früher war. Soweit der Begriff nicht überhaupt obsolet geworden ist, wird man damit die in den Untergrund abgesunkenen Residuen der ehemals »herrschenden« Kultur bezeichnen müssen, jene trotzigen Versuche, in irgendwelchen Krypten oder Katakomben die Substanz der alten europäischen Kulturtradition und ihrer Werte, deren öffentlicher Kurs auf Null gesunken ist, allen Oberflächenerscheinungen und Trends zum Trotz, zu erhalten und womöglich zu perpetuieren. Man wird dazu alle Fundamentalismen rechnen müssen, wozu auch eine altmodische Vorstellung von wissenschaftlicher Akribie und Rechtschaffenheit gehört, die selbst in den Institutionen, die einmal für sie geschaffen wurden, marginalisiert worden ist.

Wo sind die neuen Zentren, wo die Peripherie? Wo »Nord«, wo »Süd«? Wo »oben«, wo »unten«? Wo liegt – sozial und geographisch – der Ort, an dem der Weltgeist zum Bewußtsein seiner selbst kommt? Das muß die Leitfrage einer neuen Hermeneutik sein.

Die neue Polarität, die es topologisch zu vermessen gilt, ist die von Exoterik und Esoterik. Die Ängste, die ein Baudrillard artikuliert, sind die des expropriierten Intellektuellen, der sich um seinen alten, subkulturellen Führungsanspruch betrogen sieht und schlicht die »Orientierung« verloren hat. Der Kultursoziologe kann von der Gewißheit ausgehen, daß auch die »neue Welt«, so verwirrend sie scheinen mag, ihre Topik hat und daß sich ihr Raum, letzten Endes, nach einem erd- und körperbezogenen Grundschema strukturiert.

Anmerkungen

1 Vgl. Sombart, Nicolaus, »Max Weber und Otto Gross – Zum Verhältnis von Wissenschaft, Politik und Eros im wilhelminischen Zeitalter«, in: *Nachdenken über Deutschland*, München 1987.
2 Green, Martin, *Mountain of Truth. The counterculture begins, Ascona, 1900–1920*, University Press of New England, Hanover, 1986.
3 *Monte Verità, Berg der Wahrheit. Lokale Anthropologie als Beitrag zur Wiederentdeckung einer neuzeitlichen sakralen Topographie*, Katalog der Ausstellung (Ascona 8. Juli bis 30. August 1978).

2.

Ansichten einer Metropole: Berlin vor dem Fall der Mauer

DIETER HOFFMANN-AXTHELM

Die Einsamkeit des Stadtintellektuellen
Neun Glossen

I.

Gibt es noch ein intellektuelles Berlin? Ich weiß es nicht, halte es aber nicht für wahrscheinlich angesichts der Spaltung in zwei sehr verschiedene Stadtkulturen, hier wie dort in der Mitte jeden kulturellen Tuns die Abwesenheit der jüdischen Intellektuellen, ohne die das intellektuelle Berlin der zwanziger Jahre nicht das gewesen wäre, was es war. Die gesellschaftliche Zentrierungsleistung einer Hauptstadtintelligenz hat im heutigen Berlin keinen Ort und keinen Sinn. Alles ist von vornherein gewohnheitsmäßig fragmentiert, insofern ein schlechter Ort für das französische Leiden an Zentralität.

Vor allem schiebt sich die Schauwand des Kulturbetriebs davor, die Stadt voller Projekte, man sieht weder sich noch andere. Kulturbetrieb und intellektuelle Arbeit schließen einander weitgehend aus, eine Frage der Zeitökonomie. Fragt man nach den Wurzeln zurück, aus denen der Kulturmarkt sich ernährt – alles muß ja doch irgendwann von irgend jemandem erst einmal entwickelt sein, bevor man damit Kultur machen kann –, dann fällt unweigerlich das Wort von den vielen Szenen.

Die Szenen sind mit der ideellen Gesamtintelligenz der Stadt keinesfalls identisch, aber seit langem stehen sie an jener Stelle, an der früher vom intellektuellen Berlin die Rede war: sehr unterschiedliche Milieus, verteilt auf verschiedene Orte und verschiedene Interessenfelder, in beiden Teilen der Stadt, deutlicher und wichtiger aber in Berlin-Ost, in Spannung zwischen einer ortlosen (z. B. auch am Stadtrand wohnenden) Zentrumsintelligenz und einer sich bewußt lokal verankernden Stadtteilintelligenz, teils in anderen Sprachen, Ethnien, Kulturen. Es gibt sicher noch viel mehr: Ich werde mich hüten, einen Überblick vorzutäuschen. Hier ist beabsichtigt, ein paar Erfahrungen und Vorurteile loszuwerden, eine Art Negativbeschreibung.

2.

Als ich anfing, mich umzusehen, in den fünfziger Jahren, waren die, die in Berlin öffentlich redeten, entweder von auffälliger Vergreistheit: Existenzen von vor dem Krieg, oder, wenn zeitgenössisch, sie saßen zu locker auf ihren Blockadekoffern, als daß ein Gemeinsames zwischen Stadt und Intelligenz merkbar geworden wäre. Alle redeten von Kultur mit einer Intensität, die zu deutlich die Sachen versteckte, von denen nicht geredet werden konnte: was alles nicht mehr da war, die verschwundenen Menschen, die verschwundene Stadt. Die politische und dann auch steinern gemauerte Teilung des Ruinenfeldes, die man miterlebte, war demgegenüber vordergründig – viel zu sinnfällig und brauchbar, um in dieser Form wahr zu sein.

Das scheint mir noch heute ein Untergrund, ohne den man die jetzige Situation nicht versteht. Ich konnte das damals nicht benennen, aber es fehlte etwas Wesentliches. Der Mangel war, merkte ich später (in Paris, als ich eine nicht mit sich zerfallene Stadt kennenlernte), die Abwesenheit der Stadt. Die Vor- und frühen Nachkriegsgenerationen taten so, als sähen sie die zerstörte Stadt gar nicht. Die Alten bewegten sich in Verhältnissen, die es nicht mehr gab, die Jüngeren hatten sich überhaupt von allem Dauerhaften, Ortsgebundenen getrennt, von allem, was eine Bombe hätte zerstören können. Mit der Zerstörung konnte man nicht umgehen, mit der historischen Schuld natürlich erst recht nicht – Auschwitz war damals noch nicht die Schrift an der Wand, die die reale Zerstörung der Stadt und das Verschwinden so vieler ihrer Bewohner hätte erklären können.

1967 schien alles anders zu werden. Die wichtigen Dinge spielten sich plötzlich in der Stadt, auf den Straßen ab. Aber es ging bei genauem Hinsehen nur um stilisierte Szenen, hier der bürgerliche Ku'damm mit den Torten, dort die Fabriken mit den Proletariern. Es gab noch keine Geschichtserfahrung. Das intellektuelle Klima wurde auch keineswegs sozialer: Wenn man nicht an der Uni war oder sonstwie unbedingt dazu gehörte, bekam man mit der neuen linken Intelligenz schwerlich etwas zu tun. Die wenigen Leute, die ich kennenlernte, verschwanden in ihren Kadergruppen, und als sie enttäuscht wieder auftauchten, waren sie kulturfromm geworden, kulturfrommer noch als die Kofferintellektuellen der fünfziger Jahre, mit einem so zarten wie penetranten Beigeschmack des Leidens.

3.

Das, was ich die Charlottenburger Intelligenzija nenne, ist natürlich ein Vorurteil. Sie ist die eigentlich Kultur produzierende Intelligenz. Sie ist unermüdlich, nicht familiär gebunden, unglücklich. Sie trifft sich in Lokalen längs der Leibnizstraße, sie ist über alles informiert, was zum jeweils gegenwärtigen Zeitpunkt gemacht wird. Sie ist in den Medien präsent und zugleich ganz altmodisch dabei, die Welt der Bücher, Features und Filme für die Welt schlechthin zu halten.

Ihr Stadtverhältnis ist gebrochen. Sie lebt in der Stadt wie in einem großen, befahrbaren Speisewagen. Wenn sie überhaupt auf diese besondere Stadt reflektiert, dann ist es die historische Stadt, in der Benjamin-, Hessel- und Kracauer-Zitate die Orientierungsmarken bildeten, oder die Filme, die Stars, die Musiken der zwanziger und fünfziger Jahre. Sie kommt zu einem guten Teil aus Westdeutschland und reproduziert am Orte die Projektionen von Berlin, mit denen sich die einzelnen auf den Weg machten. Sie macht wenige Erfahrungen, hat aber viele Erlebnisse. Sie lebt, darin den Yuppies ähnlich, in einer Stadt der Bedeutungen – Bedeutungen sparen Wahrnehmung ein: Sie weiß, wo die wichtigen Orte sind, man hat ein Stadtbild aus historischen Begebenheiten, Beschreibungen, Urteilen, mit dem man seine aktuellen Eindrücke ordnen und an die Medien weitergeben kann. Sie stößt nur aus gezieltem Anlaß in die nichtintellektuellen Stadtteile vor, Kreuzberg nur am 1. Mai, auch Schöneberg ist schon zu realistisch und zu wenig medial. Sie lebt in der Kulturmetropole E '88, nicht in der wirklichen Stadt mit ihren 7,4 Prozent rechtsradikalem Wähleranteil. Sie verbraucht Stadt, ohne sich in den Vorgang der Reproduktion verwickeln zu lassen.

4.

Was mich immer neu erstaunt, ist die alltägliche ästhetische Ignoranz. Man kann in intellektuellen Verhältnissen auf ästhetischen Konsens, auf die abkürzende, die Dinge bildlich erfassende Subjektivität nicht rechnen. Das dürfte eine Sache der Arbeitsteilung sein, also eine Folge des Ausmaßes, in dem in Berlin, aufgrund der zerstörten intellektuellen Kultur der Stadt, die intellektuelle Fähigkeit, global zu reden – aus einem allgemeinen Fundus von Wissen, Kategorien, politischen Standpunkten, Moral – sich verselbständigt hat. Die Wertabstraktion bringt also ihr volles Maß an Unanschaulichkeit mit sich, das durch keine Verknüpfungskultur (früher gab es Salons, heute muß jeder für sich die

Spannung zwischen nur intellektuellen und nur ästhetischen Szenen eingehen und aushalten) aufgefangen wird. Die andere Seite ist also der unglaubliche Kulturkonsum in dieser Stadt, dessen wesentliches Kennzeichen das Ausmaß ist, in dem er durch Waschanleitungen vorgekocht wird – Waschanleitungen, die von zuständigen Intellektuellen verfaßt werden und offenbar ihren Zugang zur Sache darstellen.

Die ästhetische Ignoranz hindert niemanden, in globalintellektueller Manier auch über Dinge zu reden, die das nicht vertragen: städtebauliche Situationen, Architektur, Planungsentscheidungen. Sie haben nun einmal keine Augen und einen schlechten Geschmack, der vom Hörensagen und Quotierungen lebt. Als wenn es nicht genug wäre, daß schon die grünen und sozialdemokratischen Bezirkspolitiker auf Stadt und Architektur herumhacken.

5.

Daß es über den karikierten Normalzustand im einzelnen immer wieder hinausging, hatte mit unserem transzendentalen Stadtbauwerk zu tun, der Mauer. Sie sorgte für Risse, Doppeldeutigkeit, osteuropäische Zugluft. Wenn es in Berlin, beidseits, überhaupt eine öffentliche Intelligenz gab, dann war es die Mauerintelligenz. Es handelte sich dabei um ein ab und zu öffentlich werdendes Nachdenken und Imaginieren, das sich, im Bewußtsein der Beidseitigkeit und ohne sie je einholen zu können, in beiden Teilen der Stadt an der Tatsache der Mauer abarbeitete.

Die Mauer war dabei sozusagen eine objektive Bedingung, die die Stelle vertritt, die anderswo die hauptstädtische Konzentration ausfüllt. Die Mauerintelligenz war keine Eigenschaft der Berliner Intellektuellen, wir können nichts dafür. Sie war ein Spannungszustand, der die wachen Leute in Bewegung hielt. In Frankfurt gibt es noch die bei Adorno eingeübte dialektische Unruhe. In Berlin gab es statt dessen das Bauwerk, das allem, was man sagte, eine verdeckte Rückseite hinzufügte. Man merkte das am Westdeutschlandeffekt: einem typischen Unverständnis für Formulierungen, die dem Berliner Gastreferenten selbstverständlich schienen.

6.

Was Städte interessant macht, ist nicht die darin ansässige offizielle, sondern die in die Verhaltensweisen der Bewohner eingearbeitete stadtspezifische, sozusagen ortskundige Intelligenz. Sie drückt sich nicht vorrangig in Büchern aus, sondern in Witz, Beweglichkeit, Reaktionsvermögen – Kierkegaard, ein Stadtbeobachter vom Range Baudelaires, hat den Unterschied für das biedermeierliche Berlin sehr genau bestimmt. Aber der Berliner Volkswitz ist tot, ein Opfer der Bevölkerungsumwälzungen, die diese Stadt umpflügten, und es gäbe auch keine Intellektuellen, die mit ihm Bündnisse eingingen.

Wenn es trotzdem in Berlin so etwas wie eine spezifische städtische Intelligenz gibt, dann verdankt sich das der allgemeinen Form- und Fassungslosigkeit dieser Stadt. Die Universitäten sind ebenso wie die Opern fest in der Hand der Westdeutschen usw. Gleichgültiger kann sich das städtische Leben gar nicht zur Hochkultur verhalten, das zwingt selbst die Beamten zur Doppelexistenz. Die Stadtkultur lebt, wenn sie denn noch lebt, von situativ gestreuten Intelligenzen, die kein Mensch mehr überblicken oder zum Vorzeigen kulturpolitisch bündeln kann. Man tappt durch Zufall mal in das eine, mal in das andere Nest, mit mehr als drei Situationen kann man überhaupt kaum vertraut bleiben, alles weitere wäre Überforderung und artete in Übersichtswissen aus.

Offenbar gibt es jede Menge Verbindungen, vom fast-offiziellen Verhältnis zwischen Nachdenken und Taxifahren oder der Nacht- und Sonntagsarbeit bei der Post über die zahllosen Kleinöffentlichkeiten, in denen Lehrer, Sozialarbeiter, Ärzte usw. ihr Zweitleben organisieren, bis zur Planungsintelligenz der S-Bahn- und Eisenbahnfreaks. Was wüßte man von philosophierenden Huren, wenn davon nichts in der *taz* gestanden hätte. Besser gesagt, es geht nicht um die Menge, die man weder kennt noch greift, sondern um eine Struktur: an unüblichen Orten sich herstellende intelligente Verbindungen. Die Schlüssigkeit ist es, mit der, wie selbstverständlich, sich manchmal Ideen, Kenntnisse, Fähigkeiten zusammenfinden, so daß etwas entsteht, was nur hier möglich ist, aber nicht organisierbar wäre, wollte man es interdisziplinär erzeugen.

7.

Eine Bühne dieser gestreuten Intelligenz, zugleich ein Gegenbild der Intelligenzija, ist der Stadtteil. Aber im Stadtteil gibt es zu wenig davon. Intellektuelle sind Mangelware, oft bleibt es bei der privaten Intelligenz von Berufsgruppen, Architekten, Planern, die sich fachlich mit Stadtteilproblemen befassen. Natürlich sind die Künstler da, z. T. in großer Zahl und lokaler Dichte. Aber die Künstler machen Kunst, sie geben keine verallgemeinernde intellektuelle Arbeit an den Stadtteil ab. Das aber braucht der Stadtteil: daß Leute da sind, die die vorhandenen Probleme und Möglichkeiten durchdenken, zuspitzen, sprachlich und öffentlich machen, so daß alle sich dieses Instrumentariums bedienen können.

Stadtteilintelligenz ist, natürlich, beschränkt. Es müssen Teile von Autonomie, Flüssigkeit, Nichtzugehörigkeit an konkrete Bedingungen, an reale Zeitabläufe abgegeben werden. Man lernt, in realistischen Erwartungen zu denken, das Verwirklichen zu schätzen, der bloßen Veröffentlichung von Problemen zu mißtrauen. Man beginnt, in Kategorien der Wiederherstellung zu denken und sich über Intellektuelle zu ärgern, die mit der Veröffentlichung lokaler Erfahrungen ihren Unijob absichern. Wenn man soweit ist, ist es schon zu spät, man ist unwiderruflich zu einem Bereichsintellektuellen geschrumpft. Man gehört in diese lokale Ecke, was von den Globalintellektuellen dankbar wahrgenommen wird.

8.

Das Denken in Stadtorten und städtischen Entwicklungsmöglichkeiten hat notwendigerweise seine eigene Zentralität. Der leere Mittelpunkt der Stadt Berlin – politische Trümmerflächen – konnte nicht immer nur umfahren, er mußte auch zum Gegenstand gemacht werden. Daraus wurde inzwischen reiner Rückblick, das, was heutzutage »Geschichte« heißt. Aber darum ging es nicht bei der Öffentlichmachung der Naziorte, Reichssicherheitshauptamt, Volksgerichtshof usw. Es ging um eine andere Art, Politik zu machen: die herrschende Stummheit der Stadt und deren Umsetzung in Gebäude aufzubrechen und die eigene Verzweiflung am Verschwinden zu bearbeiten.

Meine Generation hat sich mit der Zerstörung identifizieren müssen. Sie kam zu spät, um sie zu verhindern, gerade richtig, um sie zu begreifen. Daraus folgt eine komplizierte Haltung: einerseits festhalten, was ist – aber das sind immer die Dinge, die zu reich sind, um in irgendeine Strategie der Erhaltung zu passen; andererseits modernisieren, weiterentwickeln, Platz schaffen für zukünftige Tätigkeiten – aber das reibt sich auf an der sozialstaatlichen Verwaltung des Status quo, an den sich inzwischen fast alle gewöhnt haben.

Was mich fasziniert, sind die greifbaren Möglichkeiten – angesichts der Verhältnisse zugleich Unmöglichkeiten –, weit Auseinanderliegendes zu verschränken, also etwa Altbau und High-Tech, Zerstörung und neue Wahrnehmungsformen, Geschichte und Modernisierung. Die Materialien sind alle da. Aber was angeboten und gekauft wird – d. h. wozu man sich verhalten soll –, ist nur die Wahl zwischen Stadtreparatur und Randale.

9.

Heimweh nach einem Milieu, in dem man als Intellektueller zu Hause wäre, haben wohl alle. Vermutlich sind alle allein und fühlen sich vom »intellektuellen Berlin« verraten. Da es die heimatlichen Milieus nicht gibt – Milieus bilden sich unterhalb der intellektuellen Kreise, über Tai Chi, politische Paranoia oder Volvobasteln –, sind die Distanzierungen die einzigen Orientierungsmarken. Ich wäre bereit zu durchschauen, daß auch meine Unterscheidungen nur mein Fall sind und die Vereinzelung noch vorantreiben, aber es gibt einfach zu wenige gegenteilige Erfahrungen. Stadtteilarbeit, überhaupt konkrete Stadtleidenschaft und Stadtintelligenz, hat dagegen den Vorteil, daß sie immerhin Relais schafft, manchmal sogar Freundschaften: Der Gegenstand erzwingt ein Minimum solidarischen Handelns. Was aber passiert, wenn man einem Globalintellektuellen eine Stadtsituation zeigt? Er reagiert als Macher: ein Film, eine historische Studie, ein Bild, eine Kulturtheorie. Dann ist er schon wieder woanders oder ist etwas geworden.

IRENE RUNGE

Vielleicht war alles nur ein Traum
Ausschnitte einer Nachkriegs-Biographie

1.

Wenn jemand mich fragt, wo ich wohne, antworte ich: in Berlin. Aus Westberliner Sicht heißt das Ostberlin.

Hier bin ich weitergewachsen, nachdem mich meine Eltern 1949 von Manhattan nach Berlin-Pankow verpflanzten. Pankow war auch damals gemütlich, randständig, und vielleicht deshalb ein beliebter Bezirk für bessere Adressen im Norden des Ostteils der Stadt. Es hat seinerzeit genügend Gründe für Leute wie meine 12 Jahre ausgebürgerten Eltern gegeben, in dieses Deutschland zurückzugehen. Andere mit ähnlicher Biographie haben es dennoch vorgezogen, deutschen Boden nicht mehr zu betreten. Berlin wurde in diesen Nachkriegsjahren ein Symbol für ein bestimmtes politisches Verständnis, das seine eigene Zukunft nicht ahnen konnte.

Der Begriff »Aufbauwerk« war mehr als ein billiges Schlagwort für jene ungeduldige Sehnsucht, in diesem Teil Deutschlands eine menschliche Antwort auf den blanken Terror der Vergangenheit zu finden. Hier, im östlichen Berlin, wo es die Berliner nach ihrem Zusammenbruch zwar schwerer, aber doch weiterleben ließ, trafen Rückkehrer wie wir auch auf ehemalige Illegale und Überlebende der Lager. Und auf die Mehrheit der anderen.

Alle begannen damals, sich auf ihre Weise in der neuen Zeit einzurichten.

Der Krieg war kaum vorbei.

Aus meiner New Yorker Kindersicht sind wir eines Tages abgereist. Vom Ankommen hatte ich keine Vorstellung.

Ich habe nie genau erfahren, wie die Erwachsenen dieses Berlin wahrgenommen haben. Erste Antworten auf diese Frage erstickten im Wort Arbeit. Viel später erst wurde, wenngleich zögerlich, von den unangenehmen Empfindungen gesprochen. Noch später erfuhr ich, daß sich bohrendes Mißtrauen nicht besänftigen läßt. Hier mag der Hang zur Isolation seine psychologische Legitimation gefunden haben.

Besonders schwierig soll es anfangs gewesen sein, beliebige andere Personen ganz nahe zu wissen. Man kann sich seine Nachbarn nicht nach Biographien aussuchen, es sei denn, das Wohnen grenzt aus und ein. Diese Logik führte zum bewachten »Städtchen«.

Entgegen meiner Vorstellung hat man darüber kaum gesprochen. Die einen wollten, die anderen mußten, auch wenn sie es nicht konnten, ihre Zweifel vergessen. Der Neubeginn brauchte jeden.

Entnazifizierung wurde für mich zu einem Begriff, der den Umgang regelte. Gegenüber Entnazifizierten war Vorsicht geboten. Worte und Stempel verdeckten noch nicht, was auch in dieser Stadt Berlin bis vor kurzem zur tolerierten Norm gehörte. Die aus dem Widerstand erinnerten sich wie ehemalige »Sternträger« genau an das, was eben noch das Leben kosten konnte. Kinder wie ich waren auf Vermutungen angewiesen. Die Helden tranken dünnen Kaffee und rauchten krümelige Zigaretten.

Den Straßenkindern war diese Erfahrung fremd. Meine Phantasie machte aus ihren gefallenen Vätern und Brüdern, von denen ich Photos auf Vertikos und Klavieren stehen sah, nicht mehr als feldgraue Totschläger, die gegen uns, wer auch immer dies war, verloren hatten.

»Eine deutsche Frau schminkt sich nicht.« An diesen Satz erinnere ich mich genau. Eine deutsche Frau rauchte auch nicht. Deutsche Kinder aßen mit Messer und Gabel und unterbrachen nicht die Gespräche der Erwachsenen. Demnach waren wir keine Deutschen. Die Straßenkinder gefielen sich darin, mir für Amischokolade, wie sie es nannten, ihre Freundschaft zu verkaufen.

Wir waren Fremde, die sich in diesen Alltag aus Überbleibseln und Neubeginn nicht fugenlos einzupassen wußten. Für die Erwachsenen gab es zudem Wichtigeres als die Gunst der Straße, um die ich mich mühte. Wer war damals das Volk?

Ost- oder Westemigration? Das war eine dieser Fragen, die auf lange Zeit nichts Gutes bedeuteten.

In der neuen Heimat Berlin habe ich mich als Kind nicht besonders heimisch gefühlt. Zum Zuhause wurden kleine Häuser in Pankow, die ich mit der zerstörten Stadt verwechselte. Bei uns in Pankow gab es unzerstörte Häuser, gab es das eingezäunte »Städtchen« für die »Nomenklatura« und ihre Kinder, gab es die Intelligenzsiedlung und meine Straße, die zwischen zwei Parks verlief und genügend geheimnisvolle Verstecke offerierte. In unserer Gegend wohnten viele Kinder, die es wie mich aus irgendwo in der Welt nach Pankow verschlagen hatte.

Daß es kein Zurück in die andere Heimat geben würde, war von den Erwachsenen unmißverständlich deutlich gemacht worden. Ich mußte mich abfinden.

Ich weiß nicht mehr, wann ich zum ersten Mal bemerkte, daß Berlin aus vielen Facetten besteht. Das meint nicht Westberlin. Westberlin war für jemanden wie mich geographisch nicht mehr als eine politische Tatsache. Schauergeschichten machten die Runde. Während die Kinder der anderen dort ein- und ausgingen, galt für solche wie mich ein striktes Westverbot. Mit einem leichten Gruselgefühl malte ich mir heimliche Besuche aus. Manchmal stand ich an der Grenze und sah zu, wie andere ungeniert hin und her pendelten. Bis auf weiteres blieben die Westsektoren jedoch ferne Orte für mich, die nichts mit mir und meinem Kinderalltag zu tun hatten. Das gehörte zum Kalten Krieg.

Mein Eindruck dieser verschiedenen Berlins entstand im Ostteil der Stadt, der Sowjetischer Sektor hieß. Ich entdeckte die Unterschiede eher zufällig, beispielsweise, wenn ich aus der U-Bahn hoch über der Schönhauser Allee in Nebenstraßen sah, die mich in ihrer Gradlinigkeit verschwommen an Manhattan, nicht aber an Pankow erinnerten. Ich kannte Berlin lange nur vom Hörensagen und aus diesen zufälligen Einblicken.

In Manhattan fuhr ich, wenn ich den Vater bei der Arbeit besuchen wollte, mit der Subway ins Zentrum. In Berlin nahm ich die U-Bahn. War ich bei ihm angekommen, trennte mich nur eine Station von Westberlin.

Das Berliner Zentrum bestand in den ersten Jahren vor allem aus Trümmern, dazwischen standen viele notdürftig hergerichtete und die wenigen unzerstörten Gebäude.

An den Wochenenden wurde ich manchmal zum »Aufbauen« mitgenommen. Männer und Frauen griffen mit der einen Hand den Ziegelstein und gaben ihn mit der anderen Hand weiter. Am Ende der Menschenreihe wuchsen riesige Steinquader, Loren und Lastwagen dienten dem Weitertransport nach irgendwo. Musik spielte von irgendwoher. Enttrümmerung war das Wort des Tages. Anschließend gab es Marken, die in kleine Bücher geklebt wurden. Die Einzelstunden summierten sich zur Zeit für ein Nationales Aufbauwerk. Ich wünschte mir vergeblich die Goldene Aufbaunadel. Im übrigen war es wohl so, daß man die Erwachsenen aufgefordert hatte, an bestimmten Wochenenden zum Arbeitseinsatz zu erscheinen. Betriebsweise. Büroweise.

Ich liebte diese Tage. In unserer Reihe standen Leute wie wir. Vielleicht habe ich mir auch nur diese Menschen gemerkt. Sie werden sich aus Sympathie nebeneinander gestellt haben, Stunde um Stunde, Stein um Stein, Wort um Wort. Ich gehörte einfach dazu.

Kaffeehäuser und Restaurants blieben lange rar in Berlin. Ich weiß beim besten Willen nicht, wann ich zum ersten Mal das Wort Kneipe hörte, aber ich weiß genau, mit wem ich zum ersten Mal in eine Kneipe ging. Da war ich schon fast erwachsen. Kneipen waren keine Orte für unsereins.

Der Mangel an Restaurants und Kaffeehäusern vervielfachte die gegenseitigen Besuche, die Einladungen zum Essen. Man sprach in vielen Sprachen mit den vielen Gästen aus vielen Ländern, von denen manche erkundeten, ob dieses Berlin ihre Stadt werden könnte. Zu sehen war wenig in dieser Zeit des Anfangs. Die ständigen Besucher, das vor allem gefiel mir an Berlin. Besuch haben und Besuchemachen wurde zeitweilig meine Lieblingsbeschäftigung. Während die Erwachsenen miteinander sprachen, saß ich, sofern es keine weiteren Kinder gab, in einer Ecke und las. In meiner Erinnerung verbindet sich das damalige Berlin mit dem Geräusch erregter Gespräche. Immer wurde über irgend etwas gestritten. Die Streitenden waren einander in der Manier des Wortewechselns ähnlich, und ihr Geschrei, von heftigen Gesten unterstrichen, war so laut wie ihr Lachen. Anders waren sie, meine Erwachsenen, als jene, die ich bei meinen Mitschülern traf.

In meiner Erinnerung werde ich von meinen Erwachsenen stets gefragt, ob ich essen oder trinken will und was ich in der Schule leiste. Ich mochte die Schule nicht. Über schlechte Noten aber tröstete man mich hinweg. Alle hatten irgendwann in ihrem Leben einmal schlechte Noten bekommen.

Es wurde damals viel über das Essen gesprochen. Seinerzeit gab es erstaunliche Dinge zu kaufen. Aber nur wir schienen Krebsfleisch und Truthahn und Weinblätter und Mais aus chinesischen und sowjetischen, aus bulgarischen und ungarischen Büchsen zu essen. Vor meinen Straßenfreunden schämte ich mich deshalb. Ich wollte lieber wie sie in der durchsichtigen Heimat eines geordneten Zuhause fraglos integriert sein, in eine Ordnung, die jedem einen Platz zuweist und die Rebellion programmiert.

Das ist sehr lange her.

Bei uns gab es lange Gespräche, in denen es um das Leben in Berlin ging, um das, was fremd blieb, um Neuankömmlinge, um die Vorstellungen von Zukunft, in denen der Umgang miteinander, Theater, Bücher, Möbel, Filme, Kaffeehäuser, Gäste und die Erinnerungen eine Rolle spielten. Wie würde später einmal zu leben sein, nach den Erschwernissen des Anfangs? Man sah sich Alternativen an, solche wie in China, wo dem Volk zu trauen war. Ich träumte von Moskau, vom Roten Platz, von Stalin.

Ich erinnere mich noch genau an mein erstes Pioniertuch und an den Tag, an dem ich mir einen Pionieranorak kaufen durfte. Meine auf Vorrat aus Manhattan mitgebrachten karierten Wolljacken wurden aussortiert. In ihnen sahen Lehrer eine Unterstützung dessen, was sie fortan amerikanischen Imperialismus und dessen Unkultur nannten. Nachdem ich ein- oder zweimal zum Kleiderwechsel nach Hause geschickt worden war, bekam ich Geld für jenen graugrünen Anorak, der Schulterklappen hatte. Ich wollte aussehen wie ein Partisan, wie Soja und Schura, meine Helden aus dem Kinderbuch. Die Mode brachte irgendwann auch braune und schwarze Herrenhemden auf. Bei uns waren die Erwachsenen lange Zeit entsetzt und empört darüber. Die Braun- und Schwarzhemdenzeit war für meine Erwachsenen gerade erst vergangen, an Mode war nicht zu denken. Ihre Reaktion konnte nur politisch sein. Das Mißtrauen saß zu tief.

Diese Episode gehört zur Tragik der Geschichte. Inmitten des Aufbauwerks war aus der Vergangenheit Gegenwart geworden, gewöhnlicher Alltag entstanden. Die Zeichen der Zeit müssen denen, die sich im Bunde mit dem Fortschritt wähnten und die Macht innehielten, entgangen sein. In welchen Proportionen hat Schweigen, Resignation oder Abwehr, hat Angst oder Vertrauen sie zusammengeschweißt und den Blick auf weiteres verstellt? Sie müssen damals gedacht haben, daß sich alsbald, aber wo und durch wen, Sozialismus und die Kulturwerte des Bürgertums ergänzen würden. Dieser Hoffnung hatten sie ihre Zukunft zur Verfügung gestellt, mit ihr konnten sie ihr Überleben erklären.

Mit der Grobheit des Alltags taten sie sich schwer, machten daraus Reste des Vergangenen, lösbare Mißverständnisse, individuelles Versagen aus zwölfjährigem Kulturverlust. Der Proletkult war Theorie, parteipolitische Erfindung, ein Thema, aber keine identitätstiftende Realität. Gemeinsamkeit erstritt sich aus mehr denn nur einer Lesart politischer Kultur. Hier müssen die ersten Brüche sichtbar geworden sein. Der Schwur gegen das Vergangene verband weiterhin und paralysierte das Handeln.

Ich wußte, welche der Erwachsenen aus den Zuchthäusern und Lagern zurückgekehrt waren. Ihnen begegnete ich mit Bewunderung. Als Kind hatte ich eine unklare, gleichzeitig beklemmende Vorstellung, was die blaue Nummer auf dem Arm bedeutete. Meine Helden waren die Illegalen, die in den Städten heimlich Losungen getüncht, Flugblätter verteilt, Menschen versteckt und die Fluchtwege der Kanalisation gekannt hatten. Wie diese Menschen wollte ich sein, und wie Pawel Kortschagin. Bücher und Filme zu diesem Thema gehören ebenso zu meinen frühen Berlin-Erinnerungen wie die Pekingoper und das Moskauer Ballett. Was war das Leben? Auch in den Ferien trafen wir damals aufeinander. Warum auch in den Ferien? Heute denke ich, das existentielle Bedürfnis nach Nähe verdeckte die zunehmende Distanz zu jenen anderen, die Ohnmacht, sich mit der Zeit an die Zeiten zu gewöhnen, in denen die eigene Erfahrung sich zunehmend als Erfahrung der wenigen verdeutlichte.

Merkwürdigerweise fällt mir jedesmal, wenn ich Berlin memoriere, Stalins Tod ein.

Ich weiß, daß ich in eine Art Trauer fiel. Ein Lehrer, so ging das Gerücht nach der Gedenkstunde, hatte sich erschossen. Ein Leben ohne Stalin war unvorstellbar. Meine Erwachsenen schwiegen in dieser Frage. An den Abenden wurde leiser gesprochen als zuvor. War es nur die Schweigeminute in der Aula, die mich den damals noch teuren Toten nicht vergessen lassen sollte? Von den glitzernden Helden der Kindheit ist Abschied zu nehmen. Was wußten die Erwachsenen schon damals? Einige Jahre später wurde das Wort Stalin aus den Russischbüchern gestrichen. Jetzt gab es nur noch Lenin.

Meine Erwachsenen trauerten nicht. Die Zeiten für viele Emigranten, doch das wußte ich damals nicht, waren bitter geworden. Manchmal schnappte ich auf, daß der eine oder andere wieder gegangen sei. In der Schule ereiferten wir uns dagegen. Verrat war ein gängiger Begriff.

Die Stadt Berlin stand damals offen für jedermann. Für unsereins aber gab es keine Alternative zu unserer Gegenwart. Auch als die Verhältnisse gespannter wurden, es blieben immer unsere. Die spätere Mauer versteinerte den Riß durch die Stadt. Jetzt war er für alle unüberwindbar. Meine Gewohnheiten wurden durch die Mauer kaum beeinträchtigt. Darin unterscheide ich mich von vielen.

Ein wenig müssen diese ersten Berliner Jahre an die Träume von der ersehnten Zukunft angeknüpft haben. Man schien bei sich angelangt. Doch die Träume verwandelten sich in der rauhen städtischen Wirklichkeit zu flatternden Vögeln, und ihr Himmel reichte nicht an die Erde heran. Nur Geschichten erzählten weiterhin, wie es hätte sein können.

Die Erwachsenen lebten mit der Sehnsucht nach anderen Städten. Sie hatten sich Erinnerungen ausgebaut, Polster aus Zeiten der Flucht, in der sie jung waren und die Weltrevolution ihrer harrte.

Sie erzählten Geschichten von Städten, in denen sie, wenn es keine Arbeit gab, in Kaffeehäusern saßen, lasen und das Warten lernten. Sie warteten konspirativ aufeinander, neugierig auf Fremde, auf Kuriere, auf Geld, auf das Affidavit, ein Visum, einen Paß oder eine Nachricht aus Deutschland. In ihren Geschichten kamen Namen vor. Jahrzehnte später entpuppten sich manche davon als Personen der Parteien-, Kultur- und Ereignisgeschichte.

In den Stadtgeschichten der Erinnerung traf man sich in kleinen Wohnungen und teilte das Essen mit Flüchtigen. Man bestach Behörden und reiste weiter, in neue Länder und andere Städte, wo wieder gedarbt, in Kaffeehäusern gewartet und in Wohnungen über die Zukunft gestritten wurde. War der politische Haß ein Äquivalent für die Angst vor Deutschland?

Vermutlich stellte ich mir als Kind vor, daß der Mensch, einmal geboren, von Stadt zu Stadt zieht, zwischen Sprachen und Straßen unterscheiden lernt und herausfindet, wer Feind und wer Freund ist. Städte waren für mich auswechselbare Namen mit unverwechselbaren Gerüchen und Gewohnheiten. Jemand wie ich hätte auch in Nizza oder Jerusalem geboren sein können, in Moskau, Shanghai, Kapstadt, in London, Stockholm oder Wladiwostock. Für Wien und Paris reichte mein Alter nicht aus. Für Berlin war ich nicht spät genug geboren. Städtenamen ordneten chronologisch: Flucht, Annektion, Flucht, Kriegsbeginn, Überfall, Flucht, Deportation, Flucht, Befreiung. Man war immer vorher oder nachher auf die Welt gekommen.

Ich wußte seit jeher, daß die Wohnung der Ort ist, an dem sich Gleichgesinnte treffen. Die Wohnung ist für mich wie ein Synonym für Besucher geblieben. Dieser eigentlich private Bereich, halböffentlich genutzt, kann, wenn es sein muß, Öffentlichkeit ersetzen: Gäste kommen, Fremde bringen den Gruß von Freunden und wollen Hilfe. Hilfe heißt zuhören, fragen, ob jemand hungrig ist. Hilfe ist, den Tisch dekken und beim Essen über die Weltzeiten, über die Liebe, über Bücher und Filme, Freunde und Feinde sprechen, wissen wollen, woran gearbeitet und worüber nachgedacht wird. So werden Erinnerungen geschaffen.

Wenn ich an Berlin denke, fällt mir diese Art Leben ein.

2.

Heute, da ich wie damals die Erwachsenen begonnen habe, meine eigenen Geschichten zu erzählen, hat sich der Alltag längst anders gefügt. Meine Sehnsucht nach Stadt bleibt immer wieder ungestillt, die Früchte der Phantasien vom urbanen Rausch sind noch nicht verdorrt. Doch den Stadtgesichtern fehlt es an großstädtischem Glanz. Die Intellektuellen sind die zufälligen Besucher eines miefigen Provinzeinerleis. In den meisten der Ostberliner Kaffees ersticken banale Musikkonserven schrill das Schweigen, das die Gespräche ersetzt hat. Nur in den Kneipen lärmen wortgewaltig wie eh und je die Kunden beim Bier und schüren den Neid der um diese Art Heimat geprellten Intellektuellen. Mir will scheinen, die Hoffnung ist verändert und das Träumen praktischer geworden. Sind die Themen denen des Anfangs ebenbürtig? Die Stadt findet zu Hause statt. Man sitzt noch immer in den Wohnungen und redet, während rundherum das gierige Umbauen stattfindet.

Wie damals wird die Gegenwart am großen Entwurf Zukunft bewertet. Aber sie wird wie damals auch nach eigenem Maß vermessen.

Die letzten der Emigranten sind alt geworden. Die Überlebenden haben sich nicht mit der Vergangenheit abgefunden. Darum erzählen solche wie ich, was wir in diesem Berlin durch sie erfahren haben. Wir streiten um ihre verpaßten Alternativen und verpassen vielleicht die eigenen, wissend, daß später einmal irgend jemand uns dafür richten wird. Geschichte ist unsere gewesene Lebenszeit. Die Öffentlichkeit der Intellektuellen ist noch immer fast privat und halb geöffnet. Berlin wird wieder aufgebaut, und doch ist die Stadt unfertig. Der Hang zur Perfektion erstickt die Bewegung, Fremde haben kein Zuhause, Intellektuelle brauchen ein kulturelles Umfeld und finden es kaum in den für Touristen herausgeputzten Idyllen.

Eine Stadt ist keine Wohnung, in der Türen beliebig geöffnet und geschlossen werden.

Mein Berliner Leben ist dem vieler Intellektueller ähnlich. Ich habe, und vielleicht ist das der Unterschied, meine Grenzen in mir selbst entdeckt. Ich wußte frühzeitig, daß Grenzverletzungen folglich unausweichlich sind.

Wenn wir aufhören, leidenschaftlich um unsere Utopien zu streiten, werden wir uns nach Belanglosigkeiten verzehren, die uns schließlich aufzufressen drohen.

Den Intellektuellen dieser Stadt fehlen noch immer öffentliche Orte.

Öffentlichkeit muß erobert und besetzt werden, jeden Tag aufs neue. Jede Generation ist für ihre Bedürfnisse zuständig. Die Vielfalt der privaten Orte ist identisch mit der Zersplitterung, mit Isolation und Verzicht auf kooperative Einmischung. Dieser Mangel an intellektueller Übereinstimmung kränkt mich, würde mich lähmen, jagte ich mich nicht selbst immer wieder mitten ins städtische Geschehen, so, als sei es an mir, für meinesgleichen Raum zu schaffen.

Meine Sehnsucht nach Stadt gefällt sich darin, mir vorzugaukeln, daß Berlin Leute wie mich meint, wenn Kaffeehäuser eröffnet oder Straßen planiert werden. Als Plangröße erscheinen wir städtischen Intellektuellen nicht, sehr zum Nachteil für die Stadt, die deren Originalität verspielt, ohne sich des Verlusts bewußt zu sein. Stadt ist mehr als Umbauung des Elementarsten. Der vorgeführte Habitus der Intellektuellen ist ein Markenzeichen. Doch bislang ist intellektuelles Leben als soziale Funktion bei der Stadtgestaltung ausgespart. Kultur und Bildung meint Mark und Pfennig.

Ich stelle mir hin und wieder vor, wie es wäre, wenn die Intellektuellen in regelmäßiger Zufälligkeit an allbekannten Orten zusammenkämen, stelle mir vor, wie im eingewöhnt peripheren Berliner Zentrum Flanierstraßen in alter Manier die dicht an dicht gebauten Arbeitsorte der Intellektuellen verbinden und in bekannten Mittelpunkten der Stadt Kaffeehäuser und Bierstuben, kleine wie weitläufige Restaurants zu Arbeits- und Diskutiervorzimmern der hier wohnenden Dichter, Maler, Wissenschaftler, Musiker, Schauspieler und Regisseure, der Publizisten, Philosophen, Verleger, Redakteure, Ärzte und Lektoren mit jedermann würden. Dann wüßten Akademiker und Studenten, die Ungebundenen und anderen endlich, wo aufeinander zu warten ist.

Die Unverbindlichkeit derartiger Kontakte schafft dem Beziehungsreichtum des Alltags guten Unterboden, geistiges Klima aber gedeiht nicht überall. Eine ganze Straße, wie eine winzige Stadt, vollgestopft mit Intellektuellen – so kann ich mir einen Kiez am Prenzlauer Berg vorstellen. Die Menschen sind längst da und bauen sich in ihrem Stadtsinn Luftschlösser, weil ihnen der Boden zum Träumen fehlt.

In den unteren Geschossen gäbe es, was es immer gibt. Und zusätzlich Bücher- und Schallplatten-, Papier- und Milchläden. Eine Kaffeestraße dürfte nicht fehlen, wo die Kellner ahnen, was erwartet wird, Zeitungen für Frühstücksgäste bereitliegen und Stühle je nach Bedarf bis tief in die Nacht gerückt werden dürfen. Straßenfeste und Hofkonzerte wären sodann gewohnte Sonntagsereignisse. Das nicht wenig, sondern nur anders arbeitende Volk der Komödianten und Tragöden, der Helden und Soubretten des Alltags ist begierig, die Straße zum Ort ihrer Auftritte und Abgänge zu machen. In der großen Anonymität ist viel Platz für kleine öffentliche Intimitäten, die entdeckt und bestaunt werden wollen, bevor sie wieder in Vergessenheit geraten. Die Intellektuellen sind das Gär- und Treibmittel einer Gesellschaft. Es ist nicht gut, wenn sie unter sich versauern. Ihr Lebenssinn ist nun einmal Reflexion, das nicht endende Bezweifeln des Selbstverständlichen. Nur Stadtfeinden erscheint das intellektuelle Chaos bedrohlich.

Ich denke wehmütig an Zeiten der Kinos, vor denen heute nur noch anderswo im Zweistundentakt die einen heraus- und die anderen hineingehen, bis schließlich eingekehrt wird, wo man gestern schon saß.

Jemand müßte den Kellnern dieser Stadt sagen, daß das Wohlbefinden dieser ungeduldigen Menschengruppe der Individualisten entscheidend leidet, wenn die hervorragenden Eigenschaften der Meßlatte des Durchschnitts geopfert werden.

Es sind die Außenseiter, die dem Milieu der Großstadt unverwechselbar Urbanität signalisieren, in deren Umfeld sich intellektuelle Verschiedenheit gefällt. Tolerant, nicht anders, deutet sich eine Weltstadt an, im Völkergemisch und im Gemisch der Lebensweisen.

Kaum spricht sich in diesem Berlin herum, daß irgendwo irgend etwas Außergewöhnliches zu erwarten ist, ist der intellektuelle Nachwuchs da und markiert den Raum. Noch strecken die gestandenen Intellektuellen nur die Köpfe in den Wind und nehmen Witterung auf. Die Orte der neuen Öffentlichkeit bilden sich so schnell, wie sie verlassen werden, oder dauern an. Die Zeiten, da plötzlich eine verordnete Renovierung solche spontan entstandenen Stätten informeller Öffentlichkeit wieder verschloß, bleiben nunmehr die Geschichten von gestern.

Die Trümmer der zerstörten Kultur sind, und das braucht Mühe, nicht per Arbeitseinsatz abzutragen. Sie reproduzieren sich schon wieder im intellektuellenfeindlichen Vorurteil, das sich wie von selbst verständlich macht und im Alltag lange Schatten wirft. Ist dennoch der intellektuelle Nachwuchs in Ortsbegehung und im Positionieren erfindungsreicher als die Altvorderen der letzten Jahrzehnte? Die Jungen haben erneut die Hoffnung auf Stadt geweckt, während etablierte Intellektuelle sich im Eigenen sicherer fühlen.

Jetzt ist die Zeit der Nachgeborenen angebrochen.

Dieser Teil Berlins ist das fast erreichte Ende einer Einbahnstraße.

Nicht zu akzeptieren bleibt, daß die Verwaltung städtischer Öffentlichkeit die intellektuellen Sonderwünsche nicht wahrnimmt, sondern im Mißverstehen der Spezifik mit provinziellen Angeboten erfolglos ködern will. Die Bildungsgleichmacherei hat die ererbte Kultur zerstört und wohlmeinend ihre materialisierte Form als kulturelles Erbe institutionalisiert. Voller Stolz kann eine erste Generation auf Kulturgewinn verweisen, dessen Preis verlustseitig zu kalkulieren und zu zahlen bleibt.

Nicht nur die Flohkinos sind ausrangiert. Die ungezwungene Zeit in wechselnden Kaffees und Bierstuben, wo sich zwischen Frühstück und Frühstück jene trafen, die einander zum Erzählen brauchen, ist mit Nachdruck zu Nostalgie verfallen. Die Intellektuellen wissen: Nett mußte es nie sein. Wer dazugehörte, fühlte sich geborgen. Diese Realität ist die unerfahrene Heimat für unterschiedlich Gleiche.

In Berlin haben Kellner und Verkäuferinnen längst die Macht über die Bedürfnisse an sich gerissen. Nicht nur städtische Intellektuelle sind es müde, im Berliner Gastronomiebetrieb zu stören, wo das machtausübende Personal es sich gemütlich macht und ein Angebot für seinesgleichen reserviert, mit pädagogischem Eifer versucht, der intellektuellen Kundschaft Modegeschmack aufzudrängen. Die Straße, kommunikativer Vielfalt entwöhnt, lohnt es nicht, die Wohnung zu verlassen.

In einer richtigen Stadt aber muß es von allem und allen zuviel geben. Über gigantischen Vorstadtbauvorhaben wurde die Urbanität vergessen. Das Mißtrauen gegen die Ungenormten fand seinen baulichen Ausdruck. Was für ein Verlust! Verlorengegangen ist auch die öffentlichste städtische Gegenwart, der Bürgersteig, auf dem sich Stadtleben ungeniert vor aller Augen präsentiert.

Wenn die Straßen nur Zugänge zu Wohnungen und Waren des täglichen Bedarfs sind, aller sonstigen Funktionen bar, wenn auf zentralen Magistralen Musikanten, Straßenmaler, Händler, Schausteller, Neugierige nur nach dem Politkalender um die Gunst der Stunde buhlen, wenn die Schaufensterscheiben nicht zum Bespiegeln der Eitelkeiten verführen und Stehenbleiben ein sinnleerer Akt ist, wenn nichts verlockt, dann ist die Stadt arm, und nicht nur Intellektuelle ziehen sich verstört aus ihr zurück.

Auch ich fühle mich verstoßen, wenn die normativen Schranken der Verordnungen und ungeschriebenen Gesetze sich den Gewohnheiten der Massen verbinden, als ob die Minderheiten keine Rechte haben. Die Reduzierung städtischen Lebens auf elementare Funktionen bedroht uns wegen der Feindseligkeit gegenüber Urbanität, die die Lust an der eigenen Stadt und die Verantwortung für sie behindert. Ich weigere mich, mit dem Erreichten zufrieden zu sein, mit der versimpelten Zeitungsfreude, daß im Dreieck zwischen Wohnen, Arbeiten und Erholen die Wegezeit der wichtigste zu optimierende Faktor ist. Die Benutzer der Stadt leiden unter realitätsfernen Ordnungsmerkmalen, die Dimension der Verknüpfung von sozialen Funktionen wie Wohnen, Erholen, Arbeiten, Versorgen muß die, aber auch *den* Menschen meinen. Ein Konsumersatz, der zudem als Ersatzkonsum gilt, zielt phantastisch auf jedwede Erfüllung. Man möchte Freud zitieren: Die Phantasien besitzen *psychische* Realität im Gegensatz zur *materiellen*, und wir lernen allmählich verstehen, daß in der Welt der Neurosen die psychische Realität die maßgebende ist.

Städtische Intellektuelle können sich dem Kreislauf zwischen Geld und Ware nicht entziehen, ihre Bedürfnisse folgen ihren Prioritäten in Zeit und Raum. Der hastige Konsum des Mindesten verführt die Reflexion zu einer Art Verweigerung. Das Ergebnis ist nicht glückseligmachend. Die Lebenszeit zerrinnt, während das Nebensächliche sich wie selbstverständlich zum Lebensinhalt wandelt und der intellektuellen Kritik entweder entzogen bleibt oder sie dominiert. Folgt daraus die ernsthafte und andauernde Verachtung der Stadt, die Rückkehr zum Traum einer stadtfern reinen Natur?

Ich kann der Erfahrung Stadt nur wenig entgegensetzen. Für mich bleibt vor allem Berlin eine Provokation, weil in seiner Doppelung die Weite des Denkens an umbaute Räume stößt und Umwege erfinden muß. Unbequem ist es oft, laut, stickig und jeden Tag verschieden. Stadtflucht erscheint mir wie eine Strafe, die den Richter trifft, der das Urteil verhängt hat.

Wenn die Intellektuellen fehlen, wird das Berliner Stadtbild von anderen geprägt, die massenhaft in den Kaffeehäusern das Ihre finden und nicht nur den Spielplänen ihren Geschmack diktieren wollen. Irgendwann könnten alle Optionen vergeben sein. Ich fürchte diesen Augenblick. Er summiert ein kollektives intellektuelles Versagen, das nicht leicht zu erklären sein wird. Längs und quer durch die säuberlich definierten Klassen und Schichten sind sie dahingezogen, diese städtischen Intellektuellen, ohne energisch aufs neue ihre Ansprüche in dieser Stadt Berlin anzumelden. Längst hat sich die Zeitgeschichte zwischen ihnen und der alten Kultur festgefressen, wurde zur unüberbrückbar nacherzählten Erinnerung aus einer nahen Vorvergangenheit. Die nachgewachsene intellektuelle Generation sieht verständnislos und selbstbewußt auf ihre Vorfahren und probiert mit untrüglichem Instinkt und Witz, was sie der Stadt abzuverlangen und anzubieten hat. Sie könnten es Verrat an der eignen und an der Kultur der anderen nennen, wenn altvordere Intellektuelle in ihrer Privatheit den Biß vergaßen und versetzt haben, was sie der Gesellschaft schulden. Intellektuelle Verantwortung ist nicht zu delegieren. Hier muß noch lange und ausführlich debattiert werden.

Die Intellektuellen der nahen Zukunft entwachsen mit Macht der mittelbaren, indirekten Kommunikation, wenn sie im kulturellen Umfeld hitziger Streitgespräche ihren eigenen Ort bestimmen wollen. Der Fernsehdisput, Ersatz für intellektuelle Wirklichkeit, läßt das Leben schnell zu Szenen gerinnen. Entgegen jeder Absicht wird wohnungsweit die soziale Erfahrung städtischer Intellektualität zu einem kultischen Privileg der Eingeweihten. Nachlässigkeit ist dafür ein weiches Wort. Ich finde es bedrückend, wenn in dieser Stadt Berlin nicht gewußt wird, wo sie mit Gewißheit und ein wenig Geduld anzutreffen sind, die Dichter und Denker.

Exzellenzen der fremden Staaten nutzen hauptstädtische Obliegenheiten und garnieren ihre gesellschaftlichen Arrangements mit intellektueller Creme. Alltäglich ist das nicht. Vielleicht befördert es eine weltläufig zu gewinnende städtische Normalität des Umgangs. Theaterpremieren, Festspiele, Filmabende der Akademie, das Beisammensein nach der Versammlung, hin und wieder ein Vortrag – es gibt noch einige Orte mehr, wo die Präsidenten der Künstlerverbände, die namhaften und weniger bekannten intellektuellen Produzenten und Rezipienten zu absehbarer und nicht ausschließlich exklusiver Kommunikation aufeinanderstoßen. Die großen Themen sind den knappen öffentlichen Pausen kaum angemessen, Koordinaten werden gesteckt, Stichworte ausgetauscht, der Genuß heißt Dabeisein. Ausführlichkeit gehört ins private Feld der Wohnung, Vertrautes wird mit Vertrauten getauscht. Generation bedeutet auch, altersgleiche Erfahrung zu teilen.

Das Ritual ist festgefahren. Sein Reiz ist ungebrochen. Die Wohnung, bleibt sie auch weiterhin das öffentlichste Zuhause? Die Kultur des Disputs, die Künste des Dialogs, Kleidung und Küche, die Art, den Wein zu loben und den Tee zu trinken, die Gier auf Zigaretten, Schnäpse und fette Torten, der Instinkt für Gelegenheiten, die sich nicht wiederholen, der verbindliche Blick für einen Menschen, der am Kaffeehaustisch neben einem sitzt, nichts davon ist selbstverständlich. Leben ist Nachleben. In der Vertrautheit der eigenen Wohnung sind

Zufälle eher ausgeschlossen. In der Zwanglosigkeit der Begegnung in halbhellen Öffentlichkeiten präferierter Kaffeehäuser und Bierstuben inszeniert schon immer das Publikum seine Hierarchie von Bedürfnis und Befriedigung. Die Neugier auf das Unbekannte, das man schließlich vage zu kennen meint, erhält sich selbst. Täglich wird auf die Dauer einiger Tassen Kaffee oder vieler Gläser Bier auf irgend etwas gewartet. Die Intellektuellen allerorts versichern sich ihrer Bedürftigkeit aneinander in kompliziertem Ritual, das zwischen privat und öffentlich vermittelt, der Vorgeschichten eingedenk.

Es gibt zudem noch das akademisch geschürte Mißverständnis, der Begriff vom Intellektuellen wäre nur ein anderes Wort für die Schicht der Intelligenz. Dieser Irrtum verwechselt die Spezifik intellektueller Lebensweise mit einer gleichgemachten Ungleichheit aller im Lande. Ähnlichkeiten der Arbeitsweise täuschen oberflächlich vor, daß »Hochschul-Leute« per se Intellektuelle sind. Dem folgt der zweite Irrtum, wonach der statistische Schnitt majorisierter städtischer Lebensgewohnheiten auch als Bedarf der Minderheiten angesehen wird, diese aufs neue diskriminierend. Differenz gleich Dissidenz?

Wird eine Stadt nicht rundum benutzt, verkommt sie. Ihre Straßen riechen nach Lieblosigkeit. Die Spannung der Urbanität stellt sich nicht her, wenn Häuser sich wie selbst verschließen und Wände schweigen. Flach- und Hochbauten im Karree tragen den Grundfunktionen Rechnung. Aber was wird aus den Utopien von Stadt, aus der Lust des Städters auf Zerstreuung, auf kauzige Beschaulichkeit, auf Teilnahme an den Entscheidungen anderer? Die gebaute Entscheidung zur Verknappung der Vielfalt hat bornierende Einseitigkeit hervorgebracht und jedermanns Lebenszeit um die Dimension des kommunikativen kollektiven Genusses betrogen, der im Geflecht aus städtischer Ungeduld entsteht.

Da ist als Bedarf eine ungeheure intellektuelle Sehnsucht nach Stadt vorhanden, nach dem geheimnisvollen Ineinander von Anonymität, Neugier und Geschwätzigkeit, Straße und Kino, nach Schaufensterscheiben und Zufallsbekanntschaften, nach dem Lebenswitz der Großstädter, der sich der unglaublichsten Widersprüche und ihrer unvorstellbaren Lösungen bedient.

Ich kann mir nicht vorstellen, auf Dauer in einer anderen Stadt als in diesem Berlin zu leben.

Was soll werden? Ich pfropfe meine Worte auf Stimmungen, die wetterwendig sind.

Alle Erinnerungen führen mich in diese Stadt. Hier, in diesem Ostteil Berlins sind die Bänke, auf denen ich einst saß, dort war ein Kaffeehaus, zentraler Planung geopfert, anderswo ein Kino, nicht mehr erkennbar, auch der Laden an der Ecke ist verschwunden. Nur der Dreck der letzten Jahre hält sich länger.

Meine Gefühle dauern an. Sie reisen mit mir umher und bringen mich zurück. Stadt ist sinnlich. Wie Haut muß sie einen umgeben, wie Liebe.

RUDI THIESSEN

Berlinische Dialektik der Aufklärung

I.

Als Georg Brandes, der dänische Philosoph und Freund Friedrich Nietzsches, in den achtziger Jahren des letzten Jahrhunderts Berlin besuchte, da staunte er über die gerade in Betrieb genommene Stadtbahn nicht wenig. Enthusiastisch beschreibt er die Leichtigkeit und Helle der Stahl- und Glasarchitektur des Anhalter Bahnhofs, die Züge schienen ihm (von unsichtbarer Hand gelenkt und ebenso betrieben) mehr in den Bahnhof hereinzuschweben, als daß sie ratterten und schnauften, wie es sich doch eigentlich gehörte. Aber sensationeller als all diese technische Perfektion und in die Gegenwart hereingezogene Utopie war das Betragen der Berliner. Georg Brandes, der ein gesundes Ressentiment gegenüber Preußen hatte, immerhin war dessen imperialer Krieg gegen sein Land noch in frischer Erinnerung, zweifelte keine Sekunde, daß die Berliner dieses Wunderwerk zu benutzen imstande seien, und er erwartete die militärischen Kommandos, die den Ein- und Ausstieg befehlen und denen diese Preußen in berühmter Manier nachkommen würden. Doch es blieb vollkommen still. Die Türen öffneten sich, die Fahrgäste verließen gemessenen Schrittes ihre Waggons, derweil die draußen Wartenden höflich zur Seite traten, um dann ihre Fahrt anzutreten. Die Türen schlossen sich, der Zug entschwebte, und der Philosoph hatte überm Staunen vergessen einzusteigen.

Ausgerechnet im Zentrum des militaristischen Preußen schien sich eine Zivilisationsutopie erfüllt zu haben. Die technische Entwicklung entlastet und befreit die Menschen von der Mühsal animalischer Existenz, und die Entlasteten und Befreiten bedürfen nicht länger der Aggressivität des Überlebenskampfes und also auch keiner Autorität mehr, diese zu regulieren.

Aber natürlich war dieses Berlin längst nicht mehr nur das Zentrum des militaristischen Preußen, sondern die Hauptstadt eines neugegründeten Reiches, das sich mit frivoler Unverschämtheit in Versailles proklamiert hatte, das mit aller Macht und allem Geld und preußischer Disziplin zunächst seine industrielle Rückständigkeit zu überwinden sich anschickte, um sich dann zum Imperium zu träumen und die Welt anzuzünden.

Es war die Stadt, die sich mit einer Geschwindigkeit entwickelte und über die Mark ausdehnte, die vor der Jahrhundertwende ihresgleichen nicht einmal in den jungen Städten der Vereinigten Staaten von Amerika fand. Und es war die Stadt der östlichen Zuwanderung, der jüdischen zumal; es entwickelte sich in ihr jener preußische Kulturprotestantismus, der prägend sein sollte für das, was Preußen-Deutschland kulturell möglich war, und als dessen Juniorpartner sich das assimilierte Judentum verstand. Erst dieses Bündnis machte Berlin zu einer Metropole.

Vielleicht kann man es so sagen: In Berlin kann man der Dialektik der Aufklärung bei ihrer Arbeit zuschauen; man braucht nie lange zu warten, um zu sehen, wie die Aufklärung umschlägt in die Barbarei, ja, man ist versucht zu behaupten, in Berlin könne man diese Dialektik nicht nur sinnlich erfahren, sondern man käme nicht umhin, sie zu erleiden. Schon gar nicht als Aufklärer, oder doch als einer, der zu einer Bevölkerungsgruppe gehört, die an der Aufklärung partizipierte.

Als Georg Brandes seine Stadtbahnerfahrung machte, war Berlin als dieses Berlin, das irgend Zentrum genannt werden konnte, erst ein paar Jahrzehnte alt. Berlin ist für eine europäische Metropole eine extrem junge, eine rein bürgerliche Stadt. Damit ist vor allem etwas gemeint, das Adorno zum Vorrang des Objekts gezählt hätte. Berlin ist eine Stadt des Zeitalters, welches das bürgerliche genannt wurde. Von den Subjekten her gesehen wird Berlin weit stärker von der Präsenz vorbürgerlicher Junker geprägt – dies im Unterschied zu einer Stadt wie Hamburg, die ihre Modernisierung unter der Regie des überkommenen Patriziats durchmachte. Oder auch so: Berlin ist nicht so sehr bürgerlich von der Identitätskonstruktion seiner Bürger aus gesehen als vielmehr vom Konzept der Rationalisierung selbst: einer Form rationalistischer bürgerlicher Idealität. Und so läßt sich die Behauptung über die erfahrbare Dialektik der Aufklärung so umformulieren, daß sie zur Heuristik einer Beschreibung dieser Stadt dienen kann: Berlin ist eine Stadt, deren Aufblühen mit dem Beginn der deutschen Aufklärung zusammenfällt – und die seither deren Schicksale teilt.

2.

Kant residiert, reflektiert und vegetiert in Königsberg, Lessing in Hamburg, Herder treibts in der südwestlichen Provinz. Die Klassik versammelt sich in Weimar (und Jena). Die zweite Generation entschlüpft einer einzigen Stube des Tübinger Stifts und landet erst nach bizarren Umwegen in Berlin.

Aber Berlin ist der Umschlagplatz der Ideen, die Zirkulationsmetropole schon damals, wenn auch eher noch bescheiden und eher geistig und noch ohne jede Ähnlichkeit mit der Metropole des Zirkulationstaumels, als welche sie in den zwanziger Jahren dieses Jahrhunderts für ein kurzes Intermezzo wirklich Weltstadt wurde. Jedenfalls wurde die Preisfrage: Was ist Aufklärung?, der Kant die unübertreffliche Antwort gab – Ausgang aus selbstverschuldeter Unmündigkeit –, von einer Berliner Zeitung ausgelobt. Selbstverständlich ließen sich Namen von Berlinern nennen, die aus dem Diskurs der Aufklärung nicht wegzudenken sind, und zumindest einer muß genannt werden: Moses Mendelssohn, wichtiger aber ist, daß Berlin der Ort war, der die Zeitungen und Salons anbot, in denen die Ideen und Entwürfe der Aufklärung, in eigenartiger Spannung zum politischen Machtzentrum, redend, schreibend, rauchend durchgearbeitet werden konnten. Berlin als Umschlagplatz der Ideen überschreitet die Enge einer noch provinziellen Residenz, und der Diskurs in weltbürgerlicher Absicht nimmt sprachlich vorweg, was Berlin in einer späteren Zeit, den zwanziger Jahren dieses Jahrhunderts, sein wird: eine Weltstadt, die Stadt, in der die Welt sich ausstellt und die stolz ist auf den Fremden. Und schon damals, oder auch nur damals, sprach man den eigenen Diskurs fremdsprachig: Französisch war die Umgangssprache der Ideen.

Vielleicht kann Berlin es sich gar zum Verdienst anrechnen, daß ausgerechnet Preußen den in deutschen Ländern ansonsten nicht entwikkelten Typus des aufgeklärten Absolutismus in Gestalt Friedrichs des Großen generierte, auf jeden Fall aber gehört es und paßt es zum Stolz dieser Stadt, daß der König von Preußen nie ein unproblematisches Verhältnis zu ihr gewann. Lange Zeit hatte die Stadt sich geziert, dem Kurfürsten Residenzort zu werden. Als Freie und Hansestadt wollte sie ihm mehr als Gastrecht nicht gewähren, und auch lange nachdem der Magistrat der Stadt nach zähen Verhandlungen und nicht ohne unter Pressionen gesetzt worden zu sein, sich eines Großteils seiner Rechte (und der der Stadt) begeben hatte und den Herrschern von Preußen im Zentrum der Stadt ein Schloß gebaut worden war, vermochten sie es nicht, in dieser nüchternen bürgerlichen Stadt heimisch zu werden. Für diese Niederlage der Stadt gegenüber dem preußischen Staat schien sie über die Maßen entschädigt zu werden. Ohne die staatlichen Infrastrukturmaßnahmen, die Kanalbauten, welche Berlin mit der Ostsee und schließlich mit der Nordsee und den industriellen Zentren an Rhein und Ruhr verbanden, hätte sich aus dieser in den märkischen Sand gesetzten Stadt niemals das Industriezentrum Mitteleuropas machen lassen. Später, das heißt bei einer so sehr von Geschwindigkeit geprägten Stadt sehr viel später erst, sollte sie bitter dafür bestraft werden, sich ihrer Autonomie begeben zu haben.

Das Stadtschloß hatte man sich von Schlüter bauen lassen, dem Architekten, der später dazu beitrug, daß aus Petersburg, dem kühnen und eitlen Projekt eines großen Zaren, das geglückte Brasilia des 18. Jahrhunderts wurde. War es wirklich ein Zufall nur, jenes Glück in der Wahl des Architekten Schlüter, der Berlin in Form eines sehr späten, sehr durchdachten Barock zum erstenmal das südliche Licht, das Licht der Aufklärung gegenständlich bescherte? (Obwohl halbaufgeklärte Vandalen nach dem Zweiten Weltkrieg im Osten der Stadt das Stadtschloß schleiften, können heute noch Baugeschichtler am Charlottenburger Schloß das rechte Maß studieren. Und zuweilen entdekken sie nach Jahrzehnten des Studiums zu ihrer Überraschung, daß das rechte Maß des Schlüter kein feudales, kein aristokratisches war, sondern ein bürgerliches, das bürgerlich nie recht geworden, sondern Utopie geblieben ist.) Ein Zufall nur – oder doch die Signifikanz eines Ortes, daß Architektengenerationen später Friedrich Gilly hier einen vermeintlich radikal revolutionären Klassizismus entwirft, und dessen weniger genialer, aber besessener Schüler Karl Friedrich Schinkel jenen um einiges geläuterten Klassizismus in Berlin, als einer mittlerweile preußischen Metropole, baulich realisiert.

Derweil die Klassik und ihr sie so weit überragender wie sie lange überlebender Genius Goethe längst in literarische Rückzugsgefechte verwickelt sind und im literarischen Salon eine Romantik dominiert, die sich ihrer regressiven Züge durchaus nicht gegenwärtig ist, verstreut Karl Friedrich Schinkel zauberische Perlen klassizistischer Baukunst über die Stadt und die sie umgebende Mark, die, so sie nicht längst oder jüngst zerstört worden sind, noch heute im Betrachter den Impuls wekken, zu Goethes *Italienischer Reise* zu greifen.

Vor Schinkels Werk möchte man weniger von einer berlinischen oder preußischen Dialektik der Aufklärung sprechen, obgleich man dies könnte, als vielmehr von einem Shiboleth des bürgerlichen Zeitalters, das so recht bürgerlich nie wurde.

Er baut dem König unmittelbar neben das Charlottenburger Schloß ein Wohnhaus, in welchem der König Bürger spielen konnte, und es gelingt ihm eine bis heute beeindruckend italianisierende Stadtvilla, deren Anblick irritiert, wenn die Palmen vor den Salontüren zum Garten hin fehlen oder wenn die Läden im mittäglichen Sonnenlicht nicht zur Siesta geschlossen sind. Der ehemalige Bühnenarchitekt versieht das Innere mit einer *Zauberflöten*-Dekoration, dem Dekor eines bürgerlichen Singspiels, aber schon lange vorher, als das Nachbeben der Freiheitskriege, politische Interessen und literarische Romantik die deutschen Länder in die erste nationale Hysterie versetzt hatten, erinnerte sich der Italien-Enthusiast der deutschen Baukunst, der »altteutschen«, der gotischen also – von den bewundernd imitierten Italienern beharrlich nur »barbarische« oder »deutsche« genannt –, und entwirft jene Nippeskirchturmspitze, die noch heute – zu allem Überfluß auch noch aufgesockelt – den Kreuzberg ziert. Dem König von Preußen, der nach Napoleons Untergang im nationalen Überschwang Bauten im »mittelalterlichen Stil« geordert hatte, ward zu Beginn der zwanziger Jahre der nationale Überschwang der Studenten, Demokraten und Romantiker ein Greuel, und er befahl von nun griechische Klassik, dorische womöglich, und sein Untertan wurde dogmatischer Klassizist. Schon früh zum lebenslänglichen preußischen Beamten geworden, für die Siegesfeier eine gigantische Alleeattrappe gebaut, geschätzt vom König, heiß geliebt von Clemens von Brentano und Bettina von Arnim, bewundert von Achim von Arnim, gefördert von Wilhelm von Humboldt, unterstützt vom Grafen Gneisenau und vom Bankier Wagner –: Karl Friedrich Schinkel endet im Wahnsinn. Doch kurz zuvor erfindet er noch eine neue Architektur und errichtet nahezu im Alleingang, nicht im Einklang mit dem Geschmack der Herrschenden, seinen besten Bau: die Bauakademie. Sie setzte Maßstäbe, ihr Vorbild ist heute noch unzähligen Fabrikhöfen in Berlin anzusehen, sie wurde nach dem Schlüterschen Schloß das zweitbeste Bauwerk der Stadt und wurde nach dem Krieg ohne jede Not im Osten der Stadt abgerissen.

3.

Die Häuser, in deren Wohnungen sich heute so angenehm leben läßt, stammen allesamt aus den baugeschichtlich wie kunsthistorisch zumeist belächelten, wenn nicht verachteten Gründerjahren. Sie gehören in jenes letzte Drittel des letzten Jahrhunderts unbekannter und bis dahin wohl auch ungeahnter Prosperität. Ganze Viertel werden unter der Ägide von mehr oder weniger seriösen Spekulanten gebaut, riesige Vermögen werden verdient und zuweilen auch verloren. Diese nahezu überschnappende Prosperität entlud sich in Fassaden, deren einziges Maß zu sein schien, das Nachbarhaus im prunkenden Protz zu überbieten, und das ging neoklassizistisch, neobarock, neogotisch; auf jeden Fall: zum erstenmal war alles Neo, ein Zeitalter des universalen Neo; die neue Stadt, die wir heute erbittert gegen den Abriß verteidigen: eine ungeheure, selbstbewußte Fälschung.

Wer etwas genauer hinschaut, wird allerdings Villen, Villenkolonien, öffentliche Gebäude, Mietshäuser und Parks gerade aus dieser Zeit bis zum Beginn des Ersten Weltkriegs ausmachen können, die zweifellos erstrangig sind, architektonisch den Stil und Zeitgeist prägenden Vor- und Nachläufern zuweilen überlegen. Zu nennen wäre da nicht nur der heute wieder geschätzte Martin Gropius und die ihm Verwandten, sondern auch die wunderlichen Lilienthals und auch die Colonie Alsen, die erst kürzlich ihre Würdigung erfahren hat.

Und doch ist die Architektur des zwanzigsten Jahrhunderts in Berlin, so sie triftig »Neues Bauen« heißen darf, eine Wiederentdeckung, ja eine Wiedergeburt Friedrich Gillys und Karl Friedrich Schinkels. Das Bauhaus, gegründet in Dessau, steht unmittelbar in der Nachfolge von Schinkels Bauakademie. Was sich wie eine kunsthistorische Harmlosigkeit anhört, verbirgt und enthält doch all jene Spannungen, in denen Preußen zum Reich und zum Weltbrandstifter wird, und auch jene, an denen die erste Republik scheitert und aus Berlin, der Stadt des Luxus und der Moden der zwanziger Jahre, die Kultstätte des NS und das Aufmarschgelände seines Krieges wird.

In Schinkels Bauakademie wurde ein lebensreformerisches Projekt gegenständlich. Die von Schinkel intendierte Lebensreform ist die Biedermeierausgabe eines Hegelschen Entwurfs. Wenn bei Hegel die Kunst als Form des Absoluten Wissens aufscheinen darf, so darf sie in der Lebensreform an die Stelle der Religion treten – signifikanterweise nicht, wie für Goethe noch selbstverständlich, als autonome Form der Erkenntnisproduktion, als eine gegenüber Philosophie und Wissenschaft gleichberechtigte Form von Synthesis, sondern anstelle, an der Stelle der Religion. (Dabei wird natürlich die Kunst nicht weniger verraten als die Religion.) Dieser wird längst nicht mehr zugetraut, den gesellschaftlichen Zusammenhalt zu garantieren, bestenfalls liefert sie den Kitt, der Gemeinschaft dort simuliert, wo Antagonismen aufs profitabelste herrschen, und so ist auch jene an ihre Stelle tretende Kunst kein Projekt einer sich verwirklichenden Gattung, sondern die Funktion, Ersatzreligion zu sein, erlaubt nur Kunstersatz: Die Kunst der Schinkelschen Lebensreform meint Kunstgewerbe. Die gesellschaftliche Elite, die gebildeten Stände, im wesentlichen das preußische Bildungsbeamtenbürgertum glauben von nun an an die Offenbarungen des schöpferischen Künstlers, derweil die Massen weiterhin naiv einer Religion folgen sollen, die reduziert ist auf die Autorität einer sozialen Institution: Kirche und Staat. Eitel scheint niemand zu bemerken, daß die an der Berliner Universität, an der Berliner Bauakademie und in der protestantischen Kirche zu Berlin-Brandenburg je entwickelten Konzepte immer auf das gleiche hinauslaufen: Kirche und Staat, Kunst und Staat, Vernunft und Staat. Hundert Jahre später meint der Berliner Arzt und Poet Gottfried Benn dies zusammenfassen zu dürfen in: Zucht und Staat.

Schinkels Genie und Wahn vermögen jedem dieser Begriffspaare bauliche Gestalt zu verleihen. Über Friedrich Gilly waren ihm die Huldigungen an die reine Stereometrie der Vernunft in der sogenannten französischen Revolutionsarchitektur bekannt. In deren Visionen und Entwürfen, anschaulich im »Kenotaph für Newton«, wird eine insektuöse Menschheit, mühsam die Stiegen der Vernunft emporkletternd, dem Lichte der reinen Vernunft zugeführt. In einem kleinen Kultbau hat Schinkel raffiniert das Maßlose als das Recht staatlicher Vernunftsatzung vorgeführt. Die Neue Wache, von Goerd Peschken mit dem paradoxen, doch treffenden Attribut »Klassik ohne Maß« belegt, verzichtet – unter dem Vorwand, reine Form zu sein – auf jede architektonische Gliederung, die es dem Betrachter ermöglichte, sich zu ihr als Bau ins Maß, ins Verhältnis zu setzen. Ein Kultbau des Staates, ein Kultbau des Maßlosen, in dessen Vernunftsatzung (vor ihr wird jeder substantielle Gerechtigkeitsanspruch des einzelnen zu Staub) und ein Kultbau für jene, die ein Jahrhundert später Berlin in eine, in ihre Kultstätte verwandeln sollten.

Entschieden versöhnter (versöhnlicher und bündnisfähiger) dagegen der Bau, in dem Schinkel das Bürgertum sich selbst stellvertretend und ironisch ins Verhältnis zum Staat setzen läßt: im Wohnhaus des Königs, der Bürger spielen will, spielen soll. Der König wird als kunstreligiöser Bürger inszeniert, in seinem Ambiente spiegelt er sich in der zivilisatorischen Utopie der Vernunft. Italianisierend das Ganze, und das heißt ja immer: zu versuchen, Vernunft so in Szene zu setzen, daß ein materialer Naturbegriff nicht verraten wird. Aber selbstverständlich muß auch diese große Utopie auf das Niveau des Biedermeier gebracht sein: Das *Zauberflöten*-Dekor soll zeigen, daß alles darauf ankäme, richtig gestimmt zu sein. Richtig gestimmt, wird man folgenlos naturfromm, entkommt man der rächenden Macht der Luna, der launischen Natur wie den launischen Frauen, denn natürlich sind es zur selben Zeit die Frauen, in diesem Fall die Frauen im romantischen Salon der Stadt Berlin, die der Idee verfallen waren, die Menschenrechte könnten auch für sie gelten, und die der richtigen Stimmung bedurften, harmonisch gestimmt werden mußten. Jedes der im heute Schinkel-Pavillon genannten Gebäude ausgestellten C. D. Friedrich-Gemälde gibt davon beredt Zeugnis.

Prägnanter als seine ausgeführten Kirchen führt ein großes, ein großformatiges Gemälde des jungen Schinkel sein Verhältnis zur protestantischen Kirche vor, genauer: die gesellschaftliche Funktion, die Schinkel, und mit ihm wohl der überwiegende Teil der Berliner Intelligenz, der Kirche im lebensreformerischen Projekt, das den unaufhaltsamen Aufstieg Preußens begleitet, zumißt. Eine sehr deutsche, dramatisch überwölkte, mittelgebirgige Landschaft wird dominiert von einem gotischen Dom, genauer: dessen Rückseite, der auf eine Bastei gesetzt so gegen die tiefstehende Sonne gezeigt wird, daß es keines Blickes in sein Inneres bedarf, um der zeitgenössischen romantischen Behauptung, der Genese des altdeutschen Stils aus dem deutschen Wald (dem deutschen Naturdom), Evidenz zu verleihen. Eine Brücke überspannt ein tiefes Tal, durch das ein breiter Strom gemächlich, jedenfalls gefahrlos schiffbar, fließt, derweil im Vordergrund des Bildes Arbeiter hurtig brandenburgische Lastkähne beladen. Man glaubt, sie ein fröhlich Lied pfeifen zu hören – wohlgestimmt, hochgestimmt: preußischer Gewerbefleiß. Das kunstreligiöse Pendant zu diesem Bild heißt: Blick in Griechenlands Blüte. Im klassizistischen Blick Schinkels, dies nun sein spätestes Werk in Öl, erscheint Griechenland als ideale, von monumentalen Bauwerken, wie sie Schinkel zu seinem Glück bis zum Ende verwehrt blieben, durchsetzte Landschaft, in der nackte Sklaven anmutig bewegt dorische Welten schaffen.

Große Architektur entsteht häufig, wenn eine Generation von Architekten nicht bauen darf oder glaubt, nicht bauen zu dürfen. Mußte sich Schinkel ein halbes Architektenleben lang mit Bühnenarchitektur begnügen (und daß ihm lebenslang der Stein zuweilen wie Pappmaché gerät, ist davon nur die Folge), so verbinden sich hundert Jahre später die durch den Weltkrieg zur Tatenlosigkeit Verdammten in der Gläsernen Kette. In deren alpiner Architektur wird zeichnerisch eine neue Welt geschaffen, die einzuholen das lebensreformerische Projekt des Bauhauses wird.

Waren im Krieg die technischen Mächte wie die zerstörerischen des Kosmos über die Menschen gekommen, so sollten nun die tellurischen wie die astralen architektonisch beschworen, besänftigt und gebunden werden. Man nahm das Quid pro quo der Erfahrung des Krieges wörtlich: das »Als ob« der kriegerischen Technologie als Kosmogonie der Zerstörung wurde konzeptionell in der technisch-architektonischen Bändigung des Tellurischen und des Astralen. Ein Blick auf die Blätter der alpinen Architektur, auf Tauts Tempel des Glases (in dem der Urquell tellurischen Tiefen entspringt) oder auf Mies van der Rohes astralen Kristall als »Hochhausprojekt Berlin-Friedrichstraße« genügt. Tauts Pavillon zur Feier des Glases hatte nicht nur weniger mit Kunst als mit deren historischem Antipoden zu tun, einem archaisierenden Kultbau, sondern war dies zu allem Überfluß und bezeichnenderweise als Public-Relation-Objekt der deutschen Industrie.

Angesichts der Qualität der Forschungen und der Menge der seriösen Darstellungen, auch der seltenen Popularität eines architektonischen Projekts, braucht weder zur Konzeption und Geschichte des Werkbundes noch zu der des Bauhauses hier eigens etwas gesagt zu werden. Nur soviel zur in Berlin anschaulichen Dialektik der Aufklärung: Der Entfremdung der Menschen (eine Pathosvokabel allerdings erst zehn Jahre später infolge der Wiederentdeckung der *Pariser Manuskripte* von Karl Marx) sollte begegnet werden durch Achtung vor den Gegenständen und ihrer Funktion. Der Kälte, die dem technisch Hergestellten anhaftet, wollte man entkommen, indem ein Schleier handwerklicher Sorgfalt den Gegenständen Persönlichkeit und Aura zurückzugeben schien. Dem Dingkult Rilkes nahe, einem Kult, der in Heideggers Spätwerk noch Triumphe feiern wird, vertraute man der Sprache und der propagandistischen Macht durchgebildeter Gegenstände. Selbstverständlich ist Anfang und Ausdruck aller Verdinglichung, keine Achtung vor den Dingen zu haben. Und ebenso selbstverständlich erheischt erst ein durchgebildeter Gegenstand alle Achtung. Doch wird er dies weder dadurch, daß er als solcher propagiert wird, noch überhaupt durch bloße Intention. Und was über diese hinausgehend in ihm gesellschaftlich gebunden werden müßte, bleibt gefesselt in der Lebenslüge, mit der sich das Bauhaus konstituiert. Das erziehungsdiktatorische Moment in einem jeden Glashaus von Mies gemahnt nicht nur an die Tradition, welche die französische Revolutionsarchitektur mit Gilly, Schinkel und Mies verbindet, sondern, als offensichtliche Ersatzhandlung, an die ausgebliebene deutsche Revolution. So stellte denn auch die Konzeption des Werkbundes den Antagonismus der Klassen einfach still. Aus Proletariern wurden Werkleute und aus Kapitalisten Betriebsführer. Werkleute arbeiten nicht in Fabriken, sondern in Werkhöfen, in Tempeln der Arbeit, weshalb Walter Gropius seinen gerühmten Fagus-Werken einen Tempeleingang verpassen zu müssen glaubte.

Waren die zwanziger Jahre wirklich Jahre der Entscheidung (zumindest die philosophische Diskussion wurde durch keinen anderen Terminus so aufgemischt wie durch diesen), so beweist ein Blick auf das Berlin nach der Entscheidung, daß das Neue Bauen, das wirklich und wahrhaftig eine neue Welt der Zivilität meinte, sich auf allen Ebenen in eine hilflose Kultkonkurrenz zum wirklich Neuen, zur Barbarei, begeben hatte.

Daß es Kultkonkurrenz war, zeigte sich nicht zuletzt, aber spätestens, als sich Speer anschickte, Berlin in eine Kultstätte zu verwandeln. Wenn er sehr viel später, in immer noch megalomanischem Überschwang, anmerkt, daß sie dorischer bauten als die Dorer, so kann er damit nur meinen, daß seine tumben Großbauten das realisierten, was Schinkels kleiner Kultbau kunstvoll vorführte: Klassik ohne Maß. Und genau so weit, sehr viel eleganter, zivil und nicht barbarisch, hatte es der Klassizismus des Neuen Bauens im Kampf um eine auratische Aufladung industriell hergestellter Gegenstände auch gebracht.

4.

Die Idee, daß das Gehen die intellektuelle Form der Fortbewegung sei, muß in einer urbanen, einer bürgerlichen Erfahrung fundiert werden. »Daß man denkt, wie man geht« – das mag einen Friedrich Nietzsche zwar im Engadin überkommen haben, doch nicht nur hatte er dort nichts zu bestellen, sondern er luxurierte in einer Landschaft, die in früher Spezialisierung für einige ihrer Dauergäste längst zur permanenten Sommerfrische geworden war, von der aus sich gelassen nach Turin oder Genua blicken ließ. Friedrich Nietzsche, der durchs Engadin spazierend denkt und der glaubt, der hofft, das Schreiten und seine Maße müßten sich in seinen Gedanken und deren Fügung in Worte wiederfinden lassen, hatte sich das Engadin in einen Park verwandelt. Der Park jedoch ist nicht wie das Land, die vermeintliche Gegensphäre zur Stadt, sondern auch eine deren idealer Formen, die Spiegelung der Idee der Stadt in der Stadt.

Die bis heute schönste, auch gewagteste, von der Konzeption her so absonderliche wie von der Durchführung auf den allerersten Blick schon überzeugende Gestalt hat der Park im Bacino di San Marco zu Venedig angenommen. Das Bacino, Teil der Lagune, die die lebende, weil von der Adria großzügig durchflutete, heißt, wird zum städtischen Raum, architektonisch zum Binnenraum durch die auf die Piazzetta bezogenen Bauten von Santa Maria Salute, Il Redentore auf der Guidecca und San Giorgio Maggiore auf der Klosterinsel und – so ist es gedacht, so ist es auf unzähligen Veduten dargestellt – zum wahren innerstädtischen Platz, zum Verkehrs- und Versorgungsknotenpunkt und gleichzeitig zum Ort des Vergnügens, wo auf dem Wasser schaukelnd, treibend, lustfahrend flaniert wird. Von den bebauten und bewohnten Teilen der Stadt kommend, wird man zweifach vorbereitet auf den Anblick dieses majestätischen Zentrums der »Serenissima« an ihrer äußersten Peripherie. Wer immer die Piazza betritt, was immer er zuvor getan hat, und welches aktuelle Ziel auch immer er gerade verfolgt – auf die Piazza di San Marco tretend, wird er sein hastiges, sein eilendes, sein gebücktes Gehabe ablegen, sich aufrichten und schreiten. Wem das, aus welchen Gründen auch immer, versagt ist, dem bleibt die Erfahrung nicht erspart, sich wie ein Trottel zu fühlen, jedenfalls wie einer, der sich nicht zu betragen weiß, einer, der zur falschen Zeit am falschen Ort ist. Die Piazza durchschreitend, wird man erhoben, und wenn man dann auf die Piazzetta tritt, verwandelt sich das Schreiten in ein Schlendern, das in einem erhabenen Innehalten enden mag, man atmet das Bacino, und sodann mag man bestätigt und bestärkt als freies Subjekt seinen abhängigen Geschäften wieder nachgehen.

Vermutlich gibt es weder eine andere Stadt, in welcher das Gehen, das richtige Gehen so sehr Lebensform ist, noch eine, die einem dieses Glück so zwingend macht. Und doch lebt jede Stadt, die diesen Namen verdient, von einer verwandten Erfahrung. Nur erfahren wird dabei sehr Verschiedenes. In Venedig, um noch kurz dort zu verweilen, ist es etwas heute kaum mehr Aussprechliches: eine Art von Zeitlosigkeit, die als nicht mehr Getrieben-Sein (durchaus erotischer Subjekte) von Herbert Marcuse (in *Eros and Civilization*) als der utopische, der freiheitstheoretische Kern der Freudschen Hypothese des Thanatos, des Todestriebes, interpretiert worden ist. Auf seltsam verharmloste oder morbid dramatisierte Weise ist dies ja auch bis zum Überdruß behauptet und nahezu sprichwörtlich geworden: als Morbidität, Fäulnis, Dekadenz, Melancholie – als Tod in Venedig. Als würde beständig Mahler, als würden beständig dessen Kindertotenlieder klingen. So durchaus nicht. Es verhält sich viel undramatischer: Venedig kann über die Jahrhunderte hinweg offensichtlich immer wieder als der Ort erfahren werden, an dem und der sich nicht(s) mehr ändern muß. Die Idee des Fortschritts wirkt hier widersinnig, nicht weil das Alte so pittoresk und anmutig, sondern weil es das offenkundig Fortschrittlichere ist.

Durch Rom – die definitive Stadt, Mama Roma und Hure Babylon immer und unbedingt zugleich – gehend, denkt man gehend anderes. In Rom vermag man aus dem »Alptraum der Geschichte« zu erwachen, weil es das Zentrum der abendländischen Geschichte ist und weil es gebaut ist wie ein Traum. Nicht zufällig wurde Rom für Freud zur Metapher, zum Modell des Unbewußten. Rom ist die Stadt des Traums. Rom ist nicht endende Überlagerung von Geschichtlichem, Schicht auf Schicht, und zuweilen sind die Schichten durchsichtig, und man sieht in einem Haus das römische Theater und die christliche Basilika und den mittelalterlichen Steinbruch, die spätmittelalterliche Behausung und die Automobilgarage der Gegenwart. Und zuweilen liegt der Schutt der Jahrtausende meterhoch, und das selbstverständlich einst auf Straßenniveau gelegene Pantheon sieht heute von seiner Rückseite aus, als sei es an eine Böschung gelehnt, eine Böschung aus dem Schutt der Geschichte. Hier heißt Ewigkeit, die der ewigen Stadt, etwas durchaus anderes als in Venedig. Die unerbittliche Gleichzeitigkeit Roms, die nichts verloren gibt, zeugt natürlich zugleich von einer alptraumhaften Geschwindigkeit des Verschwindens. Diese Gegenwärtigkeit des Verschwindens droht mit Totalerinnerung, der antiken Quelle des Wahnsinns, dem Wahnsinn eben des Alptraums, dem man zu entkommen suchte, jedoch kennt sie nicht die Schrecken der Wiederkehr des Verdrängten. Selbstverständlich gibt es Verdrängtes, aber dies Verdrängte muß sich nicht mit Gewalt und Schrecken seinen Weg zurück bahnen, sondern bedarf nichts als der Bereitschaft, es anzunehmen. Es liegt einfach herum. Darin berühren sich das Heilsversprechen eines römischen Spaziergangs und das der Triebrede der psychoanalytischen Situation.

Vom Glück der Erfahrung solchen Gehens bleibt man in Berlin verschont. Aber – und das weist diese Stadt als eine wirkliche aus – um eine sehr spezifische, sehr moderne Erfahrung kommt man in Berlin nicht herum. Man erlebt Sozialität örtlich, changiert Sphären. Ganz so, als ob ein genialer Soziologe die vollkommene Darstellung der Sozialstruktur unternommen hätte, und zwar so, daß in sie ein Mechanismus, heute muß man sich das wohl als Digitalisierungssystem denken, eingebaut wäre, der, auf die feinsten Änderungen im Realen reagierend, permanent das empirische Material und die aus ihm gewonnenen Begriffe anpaßt und sichtbar macht. Eine historiographische Sozialstrukturdarstellungsmaschine. Mag es selbstverständlich scheinen, daß auch die Sozialstruktur ihre Phänomenologie haben muß, schlicht: daß sie erscheint, daß man sie sieht, so macht doch ein Blick auf den Segregationsgrad einer beliebigen Großstadt sofort klar, wie wenig selbstverständlich es ist, daß man durch ihre Straßen streifend die Sozialstruktur nicht nur in ihrer aktuellen Differenziertheit wahrnimmt, sondern zugleich in ihrer historischen Genese. Das heißt also in ihrem immerwährenden Verfall, so daß nicht nur die gegenwärtige, sondern die jeweils zukünftige dem gehend Sehenden immer schon im zweiten Futurum begegnet. Nicht zuletzt daher rührt die paradoxe Erfahrung, daß man in einer Stadt, aus der seit Jahren die Prosperität raus ist, vor allem eine macht: die der Geschwindigkeit.

Wer heute irgendwo in Kreuzberg, SO 36 – meinethalben am Schlesischen Tor – zu einer Stadtwanderung aufbricht, der durchläuft einen Stadtteil, der vor zwanzig Jahren der Substanz nach aufgegeben war, großflächigem Abriß zunächst schutzlos preisgegeben. Ein Areal zur Selbstdarstellung sozialdemokratischer Stadtbaukünstler, die unüberbietbar in der Produktion neuer Slums sich am Kottbusser Tor ein Denkmal gesetzt haben, ein Areal für ein paar schnelle Millionen für die Betonzocker und Spekulanten, mit denen sich die notorisch geschichtsfeindlichen Sozialdemokraten großartig vertrugen. Vor zehn Jahren Hauptquartier der Hausbesetzer, ging von hier die Rettung der Stadt aus, ohne daß daselbst noch allzuviel zu retten gewesen wäre. Und was noch zu retten war und denn auch gerettet wurde, haben längst die türkischen Mittelständler souverän in Regie genommen. Man durchquert halbwegs intakte Blocks mit großzügig geschnittenen Wohnungen in den Vorderhäusern, üblen, doch immerhin noch billigen Unterkünften in den Gartenhäusern und schon seit Jahren heiß begehrten, hocheleganten und gut belichteten Fabriketagen, zur gewerblichen oder privaten Nutzung, in den Höfen. Auf dem Heinrichplatz oder der Oranienstraße spürt man noch, daß man im Bereich der allerersten inneren Stadterweiterung, in unmittelbarem Kontakt zum wirklichen Zentrum der Stadt sich aufhält, doch wenige hundert Meter westwärts, man nähert sich immer noch dem alten Zentrum, wähnt man sich an der äußersten Peripherie. Großflächiger Abriß gebar eine Stadtrandsiedlung, durchsetzt mit Propagandazeichen ökonomischer Prosperität. Man passiert das Springerhochhaus, nicht ohne sich an die wichtigsten Monate dieser Stadt in den letzten vierzig Jahren zu erinnern, und vermerkt, nicht ohne Ärger, daß es angesichts des städtebaulichen Elends rundherum dem Auge eine Freude ist. Weiter westwärts stößt man auf die Reste eines Abraumgeländes, Hügelchen aus dem Abrißschutt Kreuzbergs, dann genutzt als optimales Übungsgelände für jugendliche Autorowdies, darunter die Keller des Prinz-Albrecht-Palais, die Folterkeller der Gestapo. Daneben das ehemalige Kunstgewerbemuseum von Martin Gropius, hübscheste, spätklassizistische Schinkel-Nachfolge, und unmittelbar jenseits der einstigen Mauer Sagebiels nazistisches Reichsluftfahrtministerium, heute in ministerialer Nutzung durch das neue Deutschland. Man durchquert das ehemalige Pressezentrum einer Weltstadt, seit kurzem wieder sichtbar durch ein Zeichen, das die *taz* durch die Übernahme eines der wenigen nicht abgerissenen Gebäude setzte, und man steht vor der größten innerstädtischen Brache, die Westeuropa wohl zu bieten hat. Über den Verlust der Mitte bedarf es in Berlin keiner melancholischen Klage, die Mitte ist leer, eine Tabuzone geblieben bis heute – ihr widerfuhr ein wahrhaft antikes Schicksal: als sei sie gepflügt und Salz in die Furchen gestreut worden. Die IBA-Wohnbauten, die die Brache östlich säumen, und das Kulturzentrum, das sie westlich beschließt, verstärken nur den Eindruck der Endgültigkeit der Leere, der Rückkehr des märkischen Sandes, der dort weht, wo einst das Zentrum des Verbrechens war. Und so sich dem neuen Kulturzentrum nähernd, kann man sich der Skepsis kaum erwehren, ob dies nicht alles in den Sand gesetzt sei. Selbstverständlich stand dort ein beeindruckendes Ensemble geistreicher Architektur zur Feier des Geistes der Künste und Wissenschaften. Zunächst Mieses Nationalgalerie, ein gläserner Tempel der Kunst, der nicht ohne Ironie zeigt, daß sich in Berlin der Klassizismus nicht unterkriegen läßt, und Scharouns Philharmonie, deren unnachahmliche Kurven heute verstellt sind, weil man glaubte, ihr mit einer verkleinerten (und im Resultat tatsächlich vergröberten) Replik zu Leibe rücken zu sollen. Dann die nach Scharouns Plänen gebaute Staatsbibliothek. Doch spätestens seit man im sturen Nachvollzug nicht mehr verständlicher Beschlüsse und Prämierungen Planungen und Wettbewerbsresultate der sechziger Jahre zwanzig Jahre danach ohne Rücksicht auf Verluste realisierte, bleibt nur Staunen darüber, mit welchem Aufwand die Krise der Architektur, die Krise der Städte und ihres Selbstbewußtseins zur Darstellung gebracht werden. Als hätte nicht die Ausstellung der mißratenen Entwürfe gereicht, werden sie gebaut. – Westwärts, wenn auch mit kleinem Schwenk nach Norden, schlägt man sich durch den Tiergarten, tatsächlich selbst noch hier erfahrend, daß der Park der utopische Ort der Stadt in der Stadt ist; man nimmt das russische Ehrenmal und den Reichstag zur Kenntnis und ist endlich an der Spree, der Hauptader der Stadt. Am anderen Flußufer ein alter Güterbahnhof, der heute das Speditionszentrum der Stadt ist; dem nächstgelegenen Hamburger Bahnhof, der Abrißbirne jüngst entrissen, winkt eine Zukunft als Dependance der Nationalgalerie; diesseits ein Kuriosum der Nachkriegsgeschichte: die nach nur zwanzig Jahren in eine neue Ordnung gestürzte Kongreßhalle, so nutzlos, daß sie schon für reine Kunst gelten dürfte, für weitere zwanzig Jahre deutsch-amerikanischer Freundschaft liebevoll detailgetreu rekonstruiert. Westwärts flußabwärts erreicht man linksseitig das Schloß Bellevue, den Berliner Amtssitz des

Bundespräsidenten, dessen christdemokratischer Nachfolger in bezirksfürstlicher Selbstverkennung denselben dort exmittieren wollte; und derweil auf dieser Seite gutbürgerliche 19. Jahrhundert-Seriosität das Bild bestimmt, wehen von der Moabiter Seite proletarische Dämpfe herüber. Dort auch das Untersuchungsgefängnis Moabit, die Frauenhaftanstalt mit Hochsicherheitstrakt, Anlaß und Platz unzähliger Straßenkämpfe, in deren Verlauf so mancher flüchtend unfreiwillig die Moabiter Höfe kennen und schätzen lernte. Westwärts flußabwärts auf der Moabiter Seite verfliegt schnell jeder morbide Charme zerfallender Metropolen. Die Mischquartiere, Fabriken und Wohnungen gehen kaputt, desolate Grünanlagen, von Planungsdesperados an den Fluß gesetzt, unterbrechen den Blick auf die Rudimente der Industrie, von der diese Stadt einst lebte. Noch heute ist die nur wenige hundert Meter vom Ufer entfernte AEG-Turbinenhalle als Kraftwerksunion in Betrieb, jene von Peter Behrens gebaute, so viel gerühmte Halle, deren Vorderfront-Verblendung an eine »Zyklopenschmiede« gemahnt – und so zeigt, daß schon der erste, exquisit moderne Berliner Fabrikbau dieses Jahrhunderts kultische Züge trägt. Plötzlich stoppen kleinbetriebliche Nutzungen den weiteren Verkehr zu Fuß auf dieser Seite, man überquert den Fluß, mal wieder, findet sich – wo sonst? – in einer Grünanlage, und durch sie wandelnd, bekommt man den Blick nicht weg von dem gegenüberliegenden, geradezu futuristisch anmutenden Kohlekraftwerk und seinen behenden Fahrkränen. So gefesselt, gewahrt man kaum, daß man sich am Flußufer des Parks des Charlottenburger Schlosses befindet, beim Mausoleum der Königin Luise, bei Schinkels Wohnhaus für den König, bei Nerings Schloß mit dem Knobelsdorffschen Flügel. Aber selbstverständlich geht man nicht nahe dem alten Zentrum, in der Luisenstadt, also in Kreuzberg, los, um beim Schloß, beim vorstädtischen Schloß des Königs zu landen. Man betritt also die Schloßstraße, eröffnet durch die gleichermaßen klassizistischen Museen für ägyptische und antike Faszinosa, verspürt den Wunsch, sich in einer der in den oberen Geschossen liegenden Wohnungen aus der Gründerzeit einzumieten, wechselt irgendwann die Straße, um den Anblick des Stuttgarter Platzes nicht zu verpassen, jenes Prostitutions- und Rauschgifthandelszentrums, das vor Jahren Schlachtfeld konkurrierender Banden war, woraus, wie in dieser Stadt zu jener Zeit nicht anders zu erwarten, nur eine Konsequenz folgte: großflächiger Abriß und (eine im übrigen, wie es scheint, nicht konsequent genutzte) Chance für ein paar schnelle Millionen für die Bauzocker. Kurz wird es unheimlich, schon wieder durchquert man äußerste Peripherie in größter Nähe zum angeblichen, dem neuen Zentrum, man glaubt sich auf einer Umgehungsstraße, doch schon winkt der Kurfürstendamm, vor zwanzig Jahren noch durchsetzt mit Ruinen, Löchern im Straßenprofil, die der Krieg hinterließ und die zuzuschminken das Geld lange Jahre fehlte, lange Jahre also ein einzigartiger Boulevard, der mit der Geschichte zu leben, sie auszuhalten schien – bis man der Idee verfiel, der Tourismus könnte in die Bresche der maroden Industrie springen.

Die Pointe ist, daß man nicht umhin kann zu bemerken, daß Berlin, die ganze Stadt Berlin, immer wieder ein lebensreformerisches Projekt war, oder genauer: die Stadt selbst immer wieder als lebensreformerische Tarnform eines neuen Geistes, einer neuen Harmonie, einer neuen Entschlossenheit, einer neuen Einheit des sozialen Körpers, als Tarnformklimborium völlig anders strukturierter Dynamik herhalten mußte. Aber natürlich ist eine Tarnform, so sie gebaute Stadt ist, keinesfalls nichts als Tarnung, sondern Lebensform. So propagierte der Hobrecht-Plan 1862 die hierarchisch geordnete Bevölkerungsmischung in Vorder- und Hinterhäusern als Gesittungsprojekt. Die niederen Stände sollten durch die sichtbaren Vorbilder bürgerlichen Anstandes in den Vorderhäusern moralisch erhoben, die Konzentration dunkler Elemente sollte verhindert werden. Jeder weiß, daß bei der Nachahmung von Haussmanns Umbau der Stadt Paris ein bürgerkriegsstrategisches Kalkül bestimmend war, Barrikadenbau sollte unmöglich gemacht, integre Arbeiterviertel verhindert werden. Jeder weiß auch, daß ein Jahr nach Haussmanns Demission Paris brannte und die Kunst des Barrikadenbaus ungeahnte Triumphe feierte. Und selbstverständlich sind es die übriggebliebenen Mischquartiere, in denen es heute notorisch zu Straßenkämpfen kommt, nur in ihnen kann heute einer auf den Gedanken kommen, die Freie Republik Kreuzberg auszurufen. Was also auch immer die Intention der Mischquartiere war – daß Berlin eine Stadt der Mischungen ist, daß Berlin sich jeder Entmischung widersetzt, macht heute den intellektuellen Reiz der Stadt aus, beläßt ihr tatsächlich noch Züge einer Weltstadt.

Einst muß Berlin eine Metropole des Schocks gewesen sein, das heißt ein Ort, an dem der Schock der Erfahrung zur Norm, zur Normalität ihrer Form geworden ist. Selbstverständlich war es Charles Baudelaire, in dessen Poesie der Schock zur Norm der Moderne geworden war, und doch war es der Berliner Walter Benjamin, der aus dieser Poesie des Schocks, die Poetik der Norm des Schocks, als die der Poetik der Hauptstadt des 19. Jahrhunderts, herauslas. Eine Generation vor ihm schon fundierte Georg Simmel die spezifische Intellektualität der großstädtischen Existenz in einer sehr verwandten Erfahrung (und alles spricht dafür: er formulierte nicht nur in Berlin, es begab sich in Berlin, daß er das erfuhr, was ihn so zu formulieren nötigte): Der Großstädter muß die überwältigende Zunahme der auf seine Sinne einströmenden Reize mit der Steigerung des Bewußtseins beantworten, das er gegen die Außenwelt mobilisiert, um sein Seelenleben zu schützen. »Daraus wird vor allem der intellektualistische Charakter des großstädtischen Seelenlebens begreiflich.« Der rasche Wechsel der Sinneseindrücke überfordert schließlich das »Unterschiedswesen Mensch«, es wird unfähig, auf neue Reize »mit der ihnen angemessenen Energie zu reagieren«. So erscheint denn die Blasiertheit des großstädtischen Kindes als der traurige Preis jener unablässigen Steigerung des Nervenlebens, das andererseits als nervöse Bewußtheit die anthropologische Grundlage des großstädtischen Geisteslebens ist.

Das ist so sehr die Signatur der Moderne oder ihres Verfalls geworden, daß es kaum mehr als Spezifikum von Urbanität gesucht wird – und wenn denn, so würde man sich mit großer Selbstverständlichkeit nicht in Berlin nach ihr umtun, ja, vermutlich überhaupt nicht in einer europäischen Stadt. Klassizistisch gestimmt, würde man die europäischste der transatlantischen Städte, New York City, aufsuchen oder Singapur, Tokio, Hongkong. Egal – es wäre verfehlt. Denn der Jahrmarkt der Sensationen ist längst keiner mehr der Städte, sondern west und verwest und blüht und rauscht im realen Universum der Elektronik.

5.

Heinrich von Kleist ist im Ganzen der hier versuchten Perspektive auf die Intellektualität Berlins ihr Intellektueller par excellence. Er war ein Moderner im strikten Sinne. Er allein schrieb in Deutschland Erzählungen, die sich rechtens mit dem vergleichen lassen, was an Nüchternheit, Lakonie, Präzision und Geheimnis, schlicht: Modernität, die englischen und amerikanischen Erzähler des 19. Jahrhunderts geleistet haben. Und vermutlich reichen an sein Werk, insofern es die früheste Symptomatologie der Moderne enthält, allein Goethes *Wahlverwandtschaften* heran. Daß die Größe, das Leiden (und auch das Scheitern) der Person und des Autors Heinrich von Kleist immer im Verhältnis zu Goethe bestimmt wurden, spricht für die Treffsicherheit der literarischen Kritik. Goethe, das ist die Verkörperung des luxurierenden transitorischen Subjekts. Goethes Dazwischensein, sein Unterwegssein, sein Springen zwischen Sphären, Genres und Metiers sind Zeichen seiner Freiheit. Kleist schon ist, wie es sehr viel später heißen wird, zur

Freiheit verurteilt. Ihm wird das Transitorische zum Terror: sein Leben zu einem universalisierten Dazwischen von Nirgendwo. Seine verrückten Reisen sind Reisen eines Einsamen, dem zurückkehrend die eigene Stadt nicht vertraut ist – ein Fremder in der eigenen Stadt. Unglücklich und selbstzerstörerisch artikuliert sich in ihm die Abscheu des Modernen vor aller klebrigen Intimität, und folgerichtig wird ihm die Stadt zur Bühne seines Selbstmordes.

Heinrich von Kleist wurde mehr als 150 Jahre nach seinem Selbstmord zum Bühnenautor, wenn nicht zu *dem* Autor der siebziger Jahre. Die Aufklärung hatte in der zweiten Hälfte der sechziger Jahre ein kaum mehr für möglich gehaltenes Comeback gehabt. Für eine Generation von Intellektuellen war Aufklärung noch einmal mit einer Emphase belegt, die mit dem Pathos des riskanten Einsatzes der ganzen Persönlichkeit und ihrer Entwürfe eingelöst werden sollte. Und dann – schneller als der Zeitgeist blinzeln kann – war alles erstickt in Bürokratie: der der staatlichen Reform und der der eigenen Köpfe. Schnell war man sich selbst historisch geworden, mußte man selbst die resigniert romantische Nachfolge der eigenen Aufklärungsemphase antreten. Und wer würde bestreiten wollen, daß das Kleistrevival der frühen siebziger Jahre und seine literarischen Entsprechungen künstlerisch fruchtbarer waren als die zuweilen nur bilderstürmerischen Versuche der kulturrevolutionären Emphase? Kleist, die Berliner Legende, die Verkörperung des unglücklichen Bewußtseins, das auf die Verwirklichung von Subjektivität so wenig verzichten will, wie die Realität dafür Raum gibt, kehrte als Identifikationsfigur für eine Generation zurück, der der eigene Kollektivitätskult hohl geworden war. Doch spiegelbildlich zur künstlerischen Kreativität, die jene Reflexion auf das Kleistsche »Kein Ort. Nirgends« ermöglichte, scheint doch von heute auch das böse Urteil Enzensbergers treffend: Die siebziger Jahre, sie sind gekommen und vergangen, und keiner hat's gemerkt.

Heinrich von Kleist, dessen Leben von der Geschwindigkeit geprägt war, formuliert wohl als erster jenen Erkenntnismodus, dem die Moderne der Form nach ihre Poetik verdankt: Plötzlichkeit, wobei nichts weniger als der Gang der Weltgeschichte und die diesem inhärente Vernunft aufs Spiel gesetzt wird. Zufall – ein Wort aus der deutschen Mystik – wird durchaus rational, und also aufklärerisch der Selbstsicherheit der aufklärerischen Geschichtsinterpretation entgegen- oder doch zumindest zur Seite gestellt. Dies ist das Einfallstor aller romantischen Utopie – sei's der des »anderen Zustands«, sei's der des »neuen Reiches«, sei's der der neuen Mythologie selbst.

Berlin, das war der Zirkulationsplatz der deutschen Aufklärung, aber es ist der Geburtsort der deutschen Romantik. Und schon in deren erstem Genie zeigt sich, daß deren poetische Leistungen spiegelbildlich sind zu dem politischen Schwachsinn, den sie generieren. Es mag heute für unfein gelten, daran zu erinnern: aber deutsche Romantik, das war immer auch die politische Romantik, und die war immer ein Berliner und ein deutsches Verhängnis.

3.

Intellektuelle Milieus: Städte-Bilder

KARL SCHLÖGEL

Moskau
Die Rückkehr des Cafés

Es gab in Moskau einen Punkt, von dem aus sich das Treiben der Stadt gut überblicken ließ: das Café im Erdgeschoß des Hotels Metropol am Swerdlow-Platz. Nun ist es vorübergehend geschlossen: Generalüberholung des 1903 gebauten Hotelpalastes. Drei U-Bahnlinien kreuzen sich hier und speien ununterbrochen ihre Passagiere auf den großen Platz, der begrenzt wird von der Mauer des alten Kitajgorod, dem Leninmuseum, dem Hotel Moskwa und, am danebenliegenden Theaterplatz, vom Bolschoj-Theater, dem Kinder- und dem Kleinen Theater. Fast alles ist beisammen, was diesen Platz seit jeher zu einem der belebtesten Moskaus gemacht hat: die Kaufhäuser, Passagen und Banken in Kitajgorod, die Moskauer Stadtduma, die vor der Revolution in dem neorussischen Gebäude untergebracht war, in dem heute die Lenin-Reliquien ausgestellt sind, die Theater, an denen Tschajkowskij, Liszt und Wagner ihre Auftritte hatten, die alte Adelsversammlung im Säulensaal, und der monumentale Neubau der Gosplan-Kommission aus den dreißiger Jahren. Der Doppelplatz ist ein Schnittpunkt der Käufermassen, die aus den Metroausgängen zum nahen GUM oder ZUM und zur »Welt des Kindes« streben, über ihn nehmen am Abend die Besucher der Theater und Konzertsäle ihren Weg. Hier beginnen viele Touristen ihre Exkursion zum Roten Platz und zum Kreml. Was Moskau in die Stadtbildung investiert hat, kann man hier mit einer Wendung des Kopfes erfassen: die meterdicke, gezackte Mauer aus dem 16. Jahrhundert, den frühen Klassizismus der Adelsversammlung von Kasakow, das neorussische Duma-Gebäude Tschitschagows, das strahlende Empire des Bolschoj-Theaters, die neogotische Glasfassade des alten Kaufhauses »Muir and Merilies«, die nicht ganz definierbare, zwischen Funktionalismus und Art deco schwankende Fassade von Schtschussews Hotel Moskva und schließlich das Hotel Metropol selbst: eines der schönsten Bauwerke des russischen Jugendstils mit Wrubels Majolika-Friesen an der Stirnseite. Dort im Café sitzen zu können, war ein Glück, auch wenn es fast nie ohne besonderen Aufwand abging – der Türhüter war streng, auch zu Ausländern. Sowjetbürger hatten keine Chance hineinzugelangen. Man genoß das Privileg, dort endlich sitzen zu können, nicht wegen des Kaviars, nicht wegen des Blicks auf die Allegorien, die man durch das Rondell in der Decke sehen konnte, sondern einfach deshalb, weil man hier einen Punkt der Ruhe inmitten der allgemeinen Bewegung, außerhalb der Stadt inmitten der Stadt hatte. Nun ist das »Metropol«, in dem die aus Petrograd nach Moskau übergesiedelte Sowjetregierung zunächst logiert hatte, zeitweise geschlossen.

Erst jetzt, da auch dieses Café geschlossen ist, wird einem klar, was eine Elf-Millionen-Stadt ohne Cafés ist. Es gibt nicht jenen exterritorialen Punkt, der der Stadt angehört und doch den Blick auf sie von der Seite erlaubt, der in die Bewegung hineinragt und gleichzeitig durch die große Glasscheibe gegen sie abschirmt. Die Abwesenheit des Cafés zu beklagen ist in einer Stadt, die andere Sorgen hat, ein wenig lächerlich. Aber wir sprechen ja nicht von einem Defizit an Dienstleistungen, sondern von der Abwesenheit eines Orts, an dem die städtische Selbstwahrnehmung seit jeher zu Hause war: als gelassen registrierender Blick, als Räsonnement des von Eindrücken erschöpften und tentativ Formulierenden, als Ort glücklicher Begegnung. Das Café erweist sich dort, wo ein Schriftsteller wie Jurij Olescha als Spitzel verdächtigt wurde, nur weil er regelmäßig seinen Aussichtspunkt im Café des »National« bezogen hatte, als eine aus Mitteleuropa mitgebrachte Illusion ebenso wie die Vorstellung, daß ein Selbstverhältnis von Intellektuellen zu ihrer Stadt lebensnotwendig sei. Die Selbstwahrnehmung der Stadt hat in Moskau andere Stützpunkte.

I.

Vor aller Selbstwahrnehmung und Sublimation der Stadterfahrung liegt die Stadt als Lebenszusammenhang, aus dem man nicht heraus kann. Vor der Reflexivität liegt die Reflexionsbedingung. Der »byt« – das Sein – geht der Existenz voraus.

Metro

Die Metro macht alle gleich – wie die Schlange, in der ansteht, wer anstehen muß. In der Metro sind alle nur Passagiere, keine Individuen, die ihr Auto steuern und das Tempo und den Weg selber bestimmen können. Sie ist das Hauptverkehrsmittel, das Band, das einen fester als einem lieb ist an die Stadt bindet. Wer sie benutzt, muß sich den Regeln ihres Gebrauches unterwerfen. Er muß sich dem Strom der Passanten, den Lautsprecheransagen bei der automatischen Öffnung und Schließung der Türen fügen. Er muß sich drängen und schieben lassen, und er muß selber drängen und schieben, wenn er vorankommen will. Wer rücksichtsvoll ist, kommt niemals ans Ziel. Er muß sich gefallen lassen, daß man ihn tritt. Man wird auf dem Weg zur Arbeit von der Masse verschluckt, und man wird erst, wenn man nach Hause zurückkehrt, von ihr wieder freigegeben. Man ist Rücken an Rücken, Bauch an Bauch, Tasche an Tasche mit der Stadt in Kontakt. Man wird schon früh am Morgen hart angefaßt, und man übersteht es nur, wenn man selbst hart wird und sich daran gewöhnt, daß es anders nicht geht. Dieser Kontakt mit der Stadt ist eine Demütigung. Der einzige Moment der Ruhe ist, wenn man auf den Rolltreppenbändern, eng aneinandergerückt stehend, nach unten oder oben gleitet. Das heißt, man blickt der Stadt ins Gesicht, man riecht die Stadt: Man sieht in die erschöpften Gesichter, auf die grell geschminkten Lippen, auf die Epauletten der Offiziere, auf die Rucksäcke derer, die von der Datscha zurückkommen, auf die hundert Tönungen des Teints, die es im Imperium gibt. Dort sieht man Russen, Asiaten, Grusinier, Ausländer, Junge und Alte, Männer und Frauen; aber es fällt schwer zu sagen, wer von ihnen ein Arbeiter, ein Ingenieur, ein Beamter, eine Verkäuferin ist. Der Mensch ist, was er ist, sein Gesicht, seine Manieren, seine Gestik, die sozialen Attribute scheinen ausgelöscht oder führen in die Irre. Man kann nicht entscheiden, wer Hausfrau, Student, Arbeiter, Intellektueller ist. Wie auch – der »geistige Arbeiter« verdient am wenigsten von allen, und die ausländischen Klamotten tragen die darauf spezialisierten Sowjetangestellten. Die Fahrt in der Metro – vielleicht eine Stunde hin, eine Stunde zurück – ist nicht nur die Unterquerung der Stadt, sondern die Fahrt an der Vielgesichtigkeit der Stadt und ihrer Besucher vorbei. Die Metro ist der tägliche Zwangsaufenthalt in der Stadt, ohne die Chance der Distanz. Alle sind gleich, und der »Intelligenzler« erkennt den anderen vielleicht nur daran, daß der beim Einsteigen zögert, oder an dem, was er liest. Die Stadt ist aus dieser Perspektive der zweimal täglich durchquerte leere Raum im Untergrund, ein Stück verlorener Zeit inmitten von sich drängenden Menschen, die alle nur ein Ziel haben: möglichst rasch wieder daheim oder am Arbeitsplatz zu sein. Die Stadtöffentlichkeit des Metrowaggons überwältigt, man flieht, wenn man kann.

Arbeit, Institut, ›kabinet‹

Man arbeitet nicht zu Hause, man arbeitet dort, wo man eine Stelle hat, wo man angestellt ist, in seinem »kabinet«. Man hat nicht sein eigenes Büro, seine eigene Kanzlei oder seine zweite Wohnung zum Arbeiten. Man ist werktätig so wie alle anderen auch. Man fügt sich dem Rhythmus, der spätestens um neun Uhr morgens beginnt und abends um fünf – formal wenigstens – zu Ende ist. Es gibt dort wenigstens einen Arbeitsplatz, den man zu Hause nicht hat. Zu Hause, das ist eine Zwei- oder Drei-Zimmer-Wohnung, die man sich mit der Familie, mit den Kindern, vielleicht mit den Großeltern teilt. Das Institut oder die Redaktion ist das Nichtzuhause. Hier hat man es bestenfalls mit den Kollegen zu tun, die unentwegt alles mögliche besprechen. Auch hier jene seltsame Dekonzentration und Diffusion der Arbeit, die alle Einrichtungen charakterisiert. Wie soll man sich konzentrieren, bei einer Sache bleiben können, wenn ringsum Leute sitzen? Es gibt keine gleitende Arbeitszeit, sondern eine verfließende Arbeitsintensität. Es ist nicht auffällig, für eine Weile zu verschwinden. Am besten lassen sich Termine während der Arbeitszeit machen. Es gibt tausend zwingende Gründe, warum man nicht anwesend sein muß: die Beschaffung eines Buches, einer Fotokopie, eine Besprechung, selbst die Erledigung von Einkäufen. Die Sinnlosigkeit der Arbeit wird zum Vorwand für die eigene, gar nicht mit dem jeweiligen Fach zusammenhängende Arbeit. Selbstverwirklichung ist durchaus möglich, wenn man die Form – Arbeitszeitbeginn, formale Anwesenheit etc. – beachtet. Andererseits: Da es nicht sonderlich viele Möglichkeiten der Zerstreuung und angenehmen Unterhaltung in der Stadt gibt, ist das »kabinet« mit seinen ausgedehnten Tees und Rauchpausen weit mehr als nur ein Arbeitsplatz.

Flucht nach innen

Wer zu Hause angelangt ist, hat die Tür geschlossen: Nicht die Arbeit ist so ermüdend, sondern die Besorgungen, das Gedränge und Geschiebe, die aus der einfachsten Operation eine langwierige Prozedur machen, die Zeit, Kraft, Nerven kostet. Zu Hause angelangt zu sein heißt, nicht mehr hinausgehen zu müssen. Aber es heißt auch, sich nicht zurückziehen zu können. Es gibt keinen Rückzug in den eigenen vier Wänden. Auch bei größter Ökonomie, die Zeitschriften zu verstauen, die Bücher zu stapeln, die bauchigen Gläser mit eingemachten Säften und Marmeladen unterzubringen, bleibt kein Raum für einen Schreibtisch, auf dem sich die Ordnung halten ließe, die zur Arbeit inspiriert. Moskauer Zimmer sind multifunktional: Aufenthalts-, Schlaf- und Arbeitszimmer in einem. Es ist ein Wunder menschlicher Adaptation, das man nur von Ausnahmezuständen und Kriegssituationen kennt, wenn man sich zum Lesen oder Schreiben konzentrieren kann, während ständig Menschen um einen sind. Es herrscht ein intimer Waffenstillstand, der von außen betrachtet etwas Bedrückendes hat. Deshalb sind der Konzertsaal, das Kino, das Theater so wichtig – dort hört man Musik nicht nur im Original, sondern man kann sie überhaupt hören – in allen Modulationen und Lautstärken. Konzerte in Moskau haben etwas Sakrales; das Theater- oder Kinofoyer erfüllt Funktionen, die anderswo ein Bistro wahrnimmt.

Moskauer Küche

Die Küche ist der öffentliche Raum der Wohnung und der private Raum der Öffentlichkeit – bis vor kurzem jedenfalls. Sie ist nicht die geräumige Wohnküche mit rundem Tisch, sondern die vom Plan zugestandene Fläche von höchstens drei mal drei Metern. Wenn es einen Raum in der Wohnung gibt, in dem geraucht werden darf, dann ist es hier. Die Küche ist der Ort, um den Tee zu nehmen. Sie liegt nahe an der Eingangstür. Man sitzt auf Hockern und schmalen Stühlen. Das Gespräch wird begleitet vom Geräusch des Teekochers, und die Hausherrin oder der Hausherr entwickeln ihre Gedanken unter Handreichungen und Gesten, die wie Girlanden über den Tisch schwenken. Die Moskauer Küche ist ein Klischee, aber, wie alle Klischees, ein kulturgeschichtlicher Topos von großer Bedeutung. Die Küche ersetzt die Cafés, die es nicht gibt; sie bringt die aneinander Interessierten, aber Fachfremden zusammen; sie ist die Zentrifuge, die aus Spezialisten Dilettanten macht wie jede Öffentlichkeit; sie ist kein Büro, aber hier wurden Entscheidungen getroffen, die wichtiger waren als die von aufgeblasenen Redaktionen mit Millionenetats; sie bot Wegzehrung für die Köpfe, die um die »verfluchten Fragen« der Intelligencija kreisten. Die Moskauer Küche war das Öffentlichkeitsforum, das sich etablierte, als man wenigstens den Nächsten schon vertrauen konnte, aber die Zeit für die Publizistik noch nicht reif war. Die neue Moskauer Publizistik ist aus den Küchen und den Instituten hervorgewachsen. Sie waren der Raum für die Sprechübungen, aus denen auf unerklärliche Weise die Schärfe und Brillanz der heutigen Publizistik entstanden ist. Hier wurden wenn nicht die Freundschaften, so doch die Bekanntschaften geschlossen, die der mühsamen Bewegung des Geistes vom Rand dorthin, wo über das gedruckte Wort entschieden wird, Rückendeckung gegeben haben. Der Anbruch der neuen Öffentlichkeit ist auch das Ende der alten Küchenöffentlichkeit. Jetzt dreht sich alles um den Fernsehschirm, auf dem ungeheuerliche Dinge passieren.

Handschrift und Konzentration

Moskauer Intellektuelle haben eine Handschrift, die auch von Nichteingeweihten entziffert werden kann. Das ist nicht Ausdruck mangelnder Individualität, sondern einer Schulung, die allen Zeitgenossen des Vor-Xerox-Zeitalters zuteil wurde. Die moderne Stadt hat seit geraumer Zeit neue Embleme: Wo früher vielleicht »Typographie« stand, steht heute Copyshop. Moskau hat keine Copyshops, und das Geschäft des Exzerpierens ist so mühsam geblieben, wie es immer war. Man muß seine Exzerpthefte sauber führen, man ist verloren, wenn man sie verloren hat. Man ist als Zeitgenosse der Vor-Xerox-Epoche an den Arbeitsplatz der öffentlichen Bibliotheken und Archive angeschmiedet. Man macht sich frühmorgens auf, um nichts anderes zu tun, als zu exzerpieren. Höchste Ökonomie ist lebenswichtig. Das Passieren des Milizionärs am Bibliothekseingang, die Frau an der Buchausgabestelle, die Garderobenfrau, der Verwalter des »spezchran«, in dem die »problematischen« Schriften verzeichnet sind – das sind Vertraute in einer Stadt, die sonst wenig vertraute Gesichter hat. Man kann sicher sein, sie auch dann wieder anzutreffen, wenn man zehn Jahre nicht in der Stadt gewesen ist. Es gibt Bewohner der großen Bibliotheken auf Lebenszeit.

Radio Svoboda

Früher, solange die Rundfunksendungen von BBC, Voice of America, Deutsche Welle und Radio Liberty gestört waren und das Ohr schon geübt war, sich aus dem knisternden Äther Nachrichtensegmente herauszufiltern, war das instabile Rauschen der Kurzwelle das Hausgeräusch vieler Moskauer Intellektueller. Man erfuhr über Svoboda alles, auch das, was in der nächsten Umgebung vor sich ging: der Unfall in der Metro, die Panik im Leninstadion, die Schuldbekenntnisse von Geistlichen, die Verurteilungen von Dissidenten-Freunden. Die Küchenöffentlichkeit war kurzgeschlossen mit der Weltöffentlichkeit. Die Öffentlichkeit der Stadt, jenes mittlere Medium, existierte nicht. Das hatte Einfluß auf Proportion, Genauigkeit, Selbsteinschätzung. Eine »Unperson« konnte zugleich ein Held der Weltöffentlichkeit sein. Die Öffentlichkeit der Radiowellen wurde zum Resonanzboden der eigenen Lebensäußerungen, manchmal sogar eine Überlebensbedingung, weil es andere Echos und Multiplikation nicht gab. Das Stimmengewirr in der Küche und die Radiostimme aus Übersee bildeten das Netz, das einen am Leben halten konnte. Der einzige Beweis: Man existierte noch. Jetzt aber ist es das Rauschen einer verflossenen Zeit, ein Geräusch, das Nostalgie auslöst.

Adreßbüchlein

Das Büchlein mit den Telefonnummern ist lebensnotwendig. Die Stadt ist eine Prärie, die sich im Dunst verliert. Sich zu verabreden ist nicht Sache eines spontanen Entschlusses, sondern reiflicher Überlegung. Wer will schon von einem Ende der Stadt ans andere reisen. Es gibt keine Telefonbücher – weder zu Hause noch in den öffentlichen, batterieweise an Metroeingängen, in Unterführungen oder sonstwo aufgestellten Telefonkabinen. Das Büchlein mit den eng beschriebenen, alphabetisch geordneten Adressen und Telefonnummern ist der Code der urbanen Kommunikation. Und man trägt es im Plastikeinband, zerknautscht und speckig, als Schlüssel, der die Stadt öffnet, meist mit sich herum. Auffällig ist auch, wie viele Leute Telefonnummern im Kopf gespeichert haben. Das Telefon ist der große Kommunikator, und die Abwesenheit eines Telefonbuches seit Jahrzehnten ist das Indiz für gestörte Kommunikation. Die Neuauflage eines jedermann zugänglichen Telefonbuches käme einer Revolution gleich – man muß sich einmal vorstellen, was New York ohne Telefonbuch wäre. Man muß die Nummern bei sich haben, es gibt kein Medium, das sie zur Verfügung stellt. Aber dieser Mangel bildet die Fähigkeit, an jeder beliebigen Stelle und zu jeder beliebigen Zeit Telefonate führen zu können, bis zum Virtuosentum aus. Das Telefon schafft den Raum über der städtischen Diaspora, und das kleine Adreßbuch mit den sorgfältigen Eintragungen könnte unter diesem Gesichtspunkt die Chiffre für das Netzwerk sein, auch wenn es kein Telefonbuch gibt. Jetzt freilich, da ein städtisches Telefonbuch vielleicht allen wieder zugänglich wird, muß man schon wieder fürchten, was in New York niemand fürchten muß: daß man anhand seines Namens kenntlich gemacht wird und den Schutz der Anonymität verliert.

Das Alter von Fußnoten, Buchhandlung

Was in einer Stadt intellektuell geschieht, kann man meist an ihren Buchhandlungen ablesen: das Sortiment, die Titel, die Neuerscheinungen sagen etwas über das Tempo, über den Tiefgang der Ideenzirkulation, über die Wortwerdung des noch diffusen Gedankens, über die Lebendigkeit des Denkens. In den Buchhandlungen Moskaus erkennt das denkende Moskau notorisch aber nur die von ihm längst zurückgelegten Etappen. Was die Leser bewegt, ist immer schon ausverkauft – oder unsichtbar unter dem Ladentisch, unter den nur die besonderen Beziehungen reichen. Die goldgeprägten Rücken der »Gesammelten Reden und Aufsätze« der jeweiligen Chefs sind die Zeichen für Makulatur. Frische Gedankenware ist nicht zu haben. Buchhandlungen, sonst die Gradmesser geistiger Bewegung und Beweglichkeit, kündigen in Moskau diesen Dienst auf. Man findet dort niemanden, der mit sich ringt und zögert, ob er etwas kaufen soll oder nicht. Was wichtig ist, ist vorab aus anderen Kanälen bekannt. Und wenn die Neuerscheinung da ist, dann zirkuliert sie gleichzeitig überall. Ein Buch macht die Runde. Das wird erst anders werden, wenn die Explosion der Wahrnehmung, die in den Zeitschriften, Zeitungen und »dicken Journalen« stattfindet, auch die Bücherwelt erfaßt hat und die in den Fußnoten zitierten Quellen den aktuellen Diskussionsstand dokumentieren statt die Langsamkeit nie eingehaltener Verlagsproduktionsplanung.

Datscha – Zerstreuung der Stadt

Ohne Datscha kann man in Moskau nicht leben, auch kein Moskauer Intelligenzler. Das Holzhaus mit dem geteerten Dach, den zwei oder drei Zimmern, der verglasten Veranda, dem Klo und dem Wasseranschluß draußen im Garten ist die Kolonie des Städters, die Datschenvororte sind das kolonialisierte Umland der Stadt. Vielleicht leben im Sommer mehr Moskauer in ihren Kolonien als in der Mutterstadt. Die Kolonie erlaubt ein Doppelleben, und jeder Moskauer hat es verinnerlicht. Die Organisation des Wochenrhythmus, des Tagesablaufs nimmt auf diese Doppelexistenz Rücksicht. Man ist Städter und Datschnik – daher die Passagiere in der U-Bahn mit den Rucksäcken mit frisch geernteten Äpfeln und Blumensträußen, dem Schuhzeug für alle Wetterlagen und dem Gerät, das Gärtner brauchen. Zeitweilig verläuft das Leben im weitschenkeligen Dreieck Wohnung – Arbeitsplatz – Datscha. Die Situation ist nicht: Datscha oder Stadt, sondern: Datscha und

Stadt, wenn sie innerhalb des 100-Kilometer-Radius liegt. Datscha ist Flucht: aus der Enge, aus dem Staub, der Älteren vor den Jüngeren, sturmfreies Haus für die Jüngeren. Datscha ist Freiheit und der Himmel über dem Kopf und das Kindergeschrei, das sich in der Lichtung verliert. Das denkende Moskau, schon in der Agglomeration weit gestreut, zerstreut sich am Wochenende noch einmal radial in die Umgebung. Die städtische Intelligencija verschwindet – mit den dicken Journalen und den Zeitungen im Gepäck und in der Montur der Sommergäste. Dekonzentration der städtischen Intelligenz – das ist ganz wörtlich zu nehmen. Im Sommer ist kaum jemand in der Stadt anzutreffen. Es scheint, als herrsche noch die Zeitrechnung der Tschechowschen Stücke. Der Sommer, der lang ist, ist eine Zäsur, wichtiger als Ende und Anfang von Planperioden. Das städtische Leben gehorcht nicht dem Endlosrhythmus der Stadtkultur, sondern dem Wechsel der Gestirne und der Natur. Datschen sind leicht zu kontrollieren, aber wenn sich die Besitzer von nebeneinander gelegenen Datschen verstehen, dann kann leicht ein Nest der Konspiration entstehen. Datschen sind Refugien gewesen, in denen Weltliteratur geschrieben wurde – im Vorhof der Hauptstadt.

Metro Aeroport. Lawruschinskij pereulok

Die Intellektuellen haben kein Stamm- und Verdichtungsgebiet. Intellektuelle wohnen überall und irgendwo, genauso anonym wie alle anderen, in denselben Häusern, in Wohnungen mit denselben Grundrissen. Es gibt kein Quartier Latin und kein Greenwich Village. Über den Ort, an dem man sich niederläßt, entscheidet nicht die Vorliebe für einen Rajon oder der Wunsch nach einem geschichtlich bedeutsamen Terrain, sondern die Instanz, die die immer viel zu knappen Wohnungen zuteilt. Man findet sich dort wieder, wo es eine Wohnung gibt, nicht dort, wo es einen hinzieht. Die Städter sind atomisiert, die Intellektuellen erst recht. Es gibt kein Arbeiter- oder bürgerliches Viertel. Wenn es eine Teilung gibt, dann die in Macht- und Verwaltungsstadt und in Schlaf- und Wohnstadt. Mit der Auslöschung der sozialen Gliederung ist auch die soziale Gliederung der Stadt ausgelöscht. Es gibt Verdichtungen, aber sie sind nicht gewachsen, sondern veranstaltet – sie sind Kristallisierungen um die Einrichtungen des Staates für seine Intelligenz. Die Musiker und Komponisten »verdichten« sich im »Dom kompositorov«, die Künstler und Schriftsteller konzentrieren sich in den Häusern, die der Künstler- und Schriftstellerverband gebaut hat;

die Theaterleute, die Physiker, die Universitätsangehörigen, die Filmschaffenden – sie alle haben ihre gut ausgestatteten, privilegierten Häuser, eigenen Polikliniken, eigenen Sanatorien. Ein ganzes Viertel solcher Häuser gibt es um die Metrostation Aeroport, ein Nest der Moskauer Intelligencija befindet sich im Schriftstellerhaus im Lawruschinskij pereulok. Doch die geplante Ansiedlung von Intelligenz nach den Prinzipien der Rangtabelle, die Bildung einer Stadt in der Stadt, ist nicht die urbane Siedlungsform, die die Atomisierung der Intelligenz ungeschehen machen könnte.

Peredelkino

Peredelkino lag früher weit außerhalb der Stadt, vom Kiewer Bahnhof aus zu erreichen. Schon muß man sich der Planungen der Städtebauer erwehren, die für Peredelkino eine weitere Trabantenschlafstadt vorsehen. Dann wäre es aus mit dem Refugium der Moskauer Intelligencija-Elite zwischen Föhrenwäldern, Getreidefeldern, dem Kirchlein und der Bahnstation, das Stalin für seine Intellektuellen in den dreißiger Jahren errichten ließ. Allenfalls die Regularität, mit der die Grundstücke aufgeteilt und die Zäune gezogen sind, und die Solidität der zweistöckigen Datschen verraten, daß hier der staatliche Arm gewaltet hat. Das Refugium der Romanciers, Lyriker und Wissenschaftler aus den dreißiger Jahren ist anders als gewöhnliche Datschensiedlungen ein Ort, an dem man arbeiten kann, selbst wenn die ganze Familie mit in die Sommerfrische gegangen ist. Wenn es einen Verdichtungspunkt der städtischen Elite gibt, dann hier, außerhalb der Stadt, und in anderen ähnlichen Kolonien der Akademie der Wissenschaften in Swenigorod zum Beispiel. Peredelkino ist ein Reservat, in dem, staatlich gehütet, Rußlands 19. Jahrhundert noch einmal gedacht werden kann.

Botschaften, Korrespondenten

Botschaften, deren Kulturattachés die Intellektuellen der Hauptstädte zu Filmabenden einladen oder unter ihren Gästen haben, sind allenthalben gang und gäbe. In Moskau allerdings hatten sie bis vor kurzem eine andere Bedeutung: sie waren – ebenso wie die Korrespondenten der ausländischen Zeitungen – Türen zur Außenwelt, hier gab es wenigstens ab und zu die *New York Times* oder *Le Monde*, den Katalog einer Picasso-Ausstellung in Paris. Solche Einladungen anzunehmen, war, bevor sie allgemeine Gepflogenheit wurden, eine riskante Sache, die Konsequenzen haben konnte. Moskau war eine Hauptstadt des Imperiums, keine Weltstadt. Der Kontakt mit den Botschaften, die Empfänge, die Eröffnung von Ausstellungen, die gewisse Festlichkeit solcher Veranstaltungen bedeuteten ein wenig Glanz, ein wenig Fremdsprachen-Praxis und Begegnung mit Leuten, die man sonst nicht traf. Solange das Risiko bestand, waren die geladenen einheimischen Gäste Auserwählte und Erlesene, manchmal auch Vorgeführte, sie trugen die Last des »anderen Rußland«, verantworteten seine Ehre und den Reichtum seiner Kultur. Der Schritt in den Kinosaal der Französischen Botschaft oder das Passieren der Marines in der Tschajkowskij-Straße war ein Schritt auf exterritoriales Gelände, in die Internationalität und in eine neue Erfahrung: wie die Gegenstände, die im Westen hergestellt werden, sich anfassen und wie sich Gedanken in einer anderen Sprache lebendig anhören.

2.

Aber es war nicht immer so. Was anders war, zeigt sich an den Fragmenten kompakter Stadt, an den bis in die Gegenwart reichenden Fäden der Vergangenheit, an den Verwerfungen, die man ex post klarer wahrnehmen kann. Das sowjetische Moskau hat das vorrevolutionäre überwachsen, die Agglomeration hat die alte Stadtgestalt absorbiert – fast. An den kompakten Teilstücken, die der Auflösung entgangen sind, läßt sich ablesen, daß es vor der Agglomeration ein Biotop gegeben hat, in dem eine andere Intelligenz zu Hause war.

Arbat

Der Arbat ist ein solches kompaktes Stück Stadt, zwar entzweigeschnitten vom Kalinin-Prospekt, zwar im Schatten der Doppelhochhäuser, aber unverkennbar: mit den Zeichen der Stadt, die nach dem Brand von 1812 emporwuchs – dichter Bebauung, den Fassaden nicht aus einem Guß, sondern nach dem Gusto eines Besitzers, Wohnungen, die ihre Maßstäbe an den einstigen Palais gewonnen haben, einer entwickelten Struktur von Geschäften aller Art. Es gibt noch andere solche kompakte Stücke: Zamoskworetschie, Sretenka, Soljanka und andere. Aber der Arbat ist auch dicht an Adressen, die sagen, daß das, was wir heute vor uns haben, nur das hohle Gehäuse einer einst dicht gewachsenen Kommunität ist: das Haus, in dem Puschkin gewohnt hatte, das Eckhaus, in dem sich die Argonauten des Symbolismus um Bugaew und Belyj versammelten, das Stadthaus Skrjabins, das »Praga«, eines der ersten Kinos Moskaus. Die Restaurierung und die Verwandlung des Arbat in eine Fußgängerzone, die Ansiedlung kleiner Geschäfte, die Nachbarschaft professioneller Dissidenten und Scherenschnitt- und Ölbildkünstler sind Hinweise, die tote Zone wiederzubeleben. Aber in einer Stadt, in der es Unabhängigkeit – sei es des Hausbesitzers, des Architekten, des Ladenbesitzers oder des freien Schriftstellers – bisher nicht gibt, trägt solch ein Versuch Züge der Künstlichkeit. Bis in die dreißiger Jahre hinein hatte sich hier etwas, das keine staatliche Veranstaltung war, gehalten. Das Ende kam in zwei Schüben: mit der Aufteilung der Wohnungen, der Einquartierung der Arbeiter, kleinen Leute und Neuzugewanderten, die die Mieter von einst zu Fremden in der eigenen Behausung machten und die »komunalka« als Zelle der sowjetischen Lebensform schufen – das war in der Zeit bis zum Zweiten Weltkrieg. Der zweite Schub kam in den sechziger Jahren, als mit dem gigantischen Neubauprogramm die Aussiedlung der Kernstadt und der Stadtbewohner begann. Der Fortschritt der sechziger Jahre, der Triumph des modernen Wohnungsbaus – zuerst in den fünfstöckigen »Chruschtschoby«, dann in den zehn-, zwanzigstöckigen Wohnsilos am Stadtrand – löste den Stadtrest, der in den »komunalkas« zusammengedrängt war, auf. Die Straßen des Arbat haben Spuren hinterlassen in der Autobiographie von Berdjajew, in Belyjs Moskauer Epopöe, in den Briefwechseln Zwetajewas, als Hintergrund von Ossorgins Romanen und schließlich bei Bulat Okudschawa, dem »Emigranten des Arbat«. »Die Kinder des Arbat« finden schon einen anderen Horizont vor als der Bugajew-Sohn.

Komunalka

Im Arbat-Viertel gibt es bis heute noch »komunalkas« – das ist ein Beweis für die Wohnungsnot. Doch die alte Stadt ist in ihren Kerngebieten noch nicht ganz zerrüttet – ähnlich wie das alte, in Großwohnungen zusammengepferchte Petersburg, das in der Leningrader Agglomeration überlebt hat. Man kann keine Geschichte der sowjetischen Stadt und der nachrevolutionären Intelligenz schreiben, ohne die »komunalka« zu beachten: die Vier- oder Achtzimmerwohnung der besitzenden Klassen von einst, nun bevölkert von vier- oder acht Familien. Für die, die dort aufwachsen mußten, wird die Behausung zur Hölle, für die, die aus den Hütten hierher gekommen sind, ist sie unvorstellbares Glück und Luxus. Menschen, die nichts miteinander zu tun haben oder einander hassen, leben zusammen. Es gibt keinen Binnenraum des Privaten mehr. »Komunalka« ist die Geburtsstätte eines neuen Soziums, der Städter von einst überlebt nur, wenn er so gemein sein kann, wie es die Lage erfordert. Mit dem Ende der »komunalka« beginnt ein neues Kapitel sowjetischer Kultur- und Stadtgeschichte: die Rekonstruktion der Privatsphäre und des Schutzraums in den Betontürmen am Stadtrand. Die neue Urbanität wächst, wenn überhaupt, auf der tabula rasa der Vorstadt. Die Bildung neuer Kerne einer sozialen und intellektuellen Topographie beginnt von vorne, am Ende der Atomisierung der alten Stadt.

Haus an der Moskwa

Der graue Gebäudekomplex am Ufer der Moskwa, in Sichtweite des Kreml, ist imposant und geheimnisvoll wie der Escorial, eine Stadt in der Stadt. Hinter der spätkonstruktivistischen Fassade verbarg sich das ehemalige »Haus der Regierung« mit seinen geräumigen Wohnungen, Spezialgeschäften und Sicherheitsbeamten. Es lag auf halber Strecke zwischen Himmel und Hölle, und seine Bewohner konnten nie sicher sein, wem sie näher waren. Hier endeten die Karrieren der Vertreter der alten revolutionären Intelligenz. Es ließen sich hier diejenigen nieder, für die das Massaker von 1937 die Wohnungen geräumt und den Weg nach oben frei gemacht hatte. Die geplante Stadt war das Ende der schützenden Anonymität, der privilegierte Ort wurde zur Falle. Trifonow hat mit seinem Roman den Ort zurückgeholt, an dem Hauptfiguren der Moskauer Intelligenz ihr Schicksal ereilte. Tatonows »Haus an der Moskwa« war nur das Fragment einer Zerstörungsgeschichte, doch der Anfang für die Rückkehr der Geschichte war gemacht.

Vsja Moskva

Vsja Moskva (*Ganz Moskau*) war das Adreßbuch, das vom Ende des 19. Jahrhunderts bis zum Jahre 1937 – unterbrochen von Krieg und Bürgerkrieg – für Moskau herausgegeben wurde. Ein Adreßbuch macht die Stadt verfügbar für den einzelnen, es ist ein rationelles Hilfsmittel der Kommunikation, eine virtuelle Gliederung der Stadtwirklichkeit; es ist der Katalog der Stadt, in dem ihr Reichtum an Individuen, Spezialitäten, Sonderangeboten, guten und schlechten Adressen ausgebreitet ist. Welche zivilisatorische Errungenschaft ein Adreßbuch ist, erfährt man erst, wenn es keines mehr gibt. Nach 1937 weiß nur noch die Geheimpolizei, wer wo wohnt, sie weiß alles, der Stadtbewohner tappt erblindet im Dunkel seiner Stadt. Das Verschwinden des Adreßbuches als öffentliches, jedem zugängliches Medium markiert das Ende der Stadt, die man nun nur noch im Kopf haben kann. *Vsja Moskva* heute durchzublättern ist nicht bloß interessant, sondern ein Lebensbeweis: es hat einmal eine Stadt gegeben, bevor sie überwältigt wurde.

Der Stadtraum der Memoiren, der Stadtraum der Literatur

Das neue Moskau hat das alte überlagert und auch den Prozeß des Verschwindens aus dem Gedächtnis getilgt. Aber die Vorgeschichte wirkt fort, ebenso atomisiert wie die Lebensform der Intelligenz selbst. Die Erinnerung an sie existiert jenseits der Alltagssorgen, die dringlicher sind als die Vergegenwärtigung dessen, was geschah. Die Stadt hat eine Spur hinterlassen in Jurij Tynjanows *Vasir Muchtar*, in Mandelstams *Vierte Prosa*, sie ist ein Hauptschauplatz für Bulgakows *Meister und Margerita*, für Marina Zwetajewa und in *Doktor Shiwago*. Sie ist der Raum, der in den Memoiren zurückkehrt: zum Teil in detaillierten Beschreibungen der Topographie des Verschwindens, der Korridore, über die die Verhafteten geführt, der Zimmer, in denen sie verhört, der Bahnhöfe, von denen aus sie deportiert wurden. Noch mehr aber ist sie die Stadt, die erst noch entdeckt werden wird.

Private Bibliotheken, Dynastien

Bibliotheken wachsen, und in Moskau kann man zuweilen Bibliotheken finden, denen nicht anzumerken ist, was geschehen ist. Die Bücherrücken mit den Goldprägungen, der beruhigende Rhythmus der Brockhaus-Efron-Enzyklopädie, die schmalen kartonfarbenen Beispiele frühsowjetischer Buchkunst, die Akademieausgaben der dreißiger Jahre – das ist fast wie ein Dementi, daß es die Geschichte der Zerstörung, der verheizten Bücher und der deportierten Autoren gegeben hat. In privaten Bibliotheken ist greifbar, was in den öffentlichen unter Verschluß ist. Und vor allem: Sie sind der Schattenriß derer, die die Bücher gesammelt haben, in Moskau mehr als in Leningrad, das 1935 an

Dynastien verlor, was sich bis dahin hatte retten können. Eine Kultur ist zugrunde gegangen, aber es gibt Überlebende und das gerettete Gepäck des Geistes. Wohnungen sind nicht vererbbar, Bibliotheken wohl. Sie, vielleicht auch das eine oder andere Möbelstück, nicht das Haus, der Ort, verkörpern die Kontinuität der über mehrere Generationen wirksamen Moskauer Intelligenz – freilich auch ihre Dezimierung.

Samizdat, Chronik der laufenden Ereignisse

Die Jahre nach Stalin, die Jahre der Selbstverständigung im Untergrund, der Schreibmaschinen-Texte, der Fixierung der Küchen-Diskurse, der Entwicklung des Netzwerkes, in dem die »Chronik der laufenden Ereignisse« zustandekam und zirkulierte – das war die Phase der Wiedergeburt der städtischen Öffentlichkeit, die noch Jahrzehnte brauchen wird, um die ganze Stadt zu erfassen. Aber der Anfang war gemacht. Der Gegenpol der Sprache, der Erinnerung, der Vergegenwärtigung war gewonnen. Es gab wieder einen Spiegel, in dem sich die gigantisch gewachsene Stadt ins Gesicht schauen konnte. Die Stadt ist noch immer kein beherrschender Darstellungsgegenstand, von Trifonows *Zeit und Ort* einmal abgesehen. Die Stadt als Sujet ist ein Zeichen von Luxus, wenn man aus dem ärgsten heraus ist, manchmal auch Verlegenheit. In der neuen Öffentlichkeit ging es um geistige Selbstbehauptung und die schlichte Nachrichtenübermittlung. Ihre Organisatoren und Autoren werden einmal als die Taufpaten einer Stadt, die nicht nur lebt, sondern eine Sprache hat und ein Bewußtsein von sich selbst, in den Geschichtsbüchern verzeichnet sein.

3.

Moskau ist in eine neue Phase eingetreten. In der Agonie des sowjetischen Moskau wird wieder eine Stadt sichtbar: ein Zivilisationstypus, nicht nur eine Agglomeration von Menschen, Gebäuden und Tätigkeiten. Städtische Planungen dauern Jahre, Jahrzehnte; die veränderte Selbstwahrnehmung aber kommt als Funkenschlag. Ein alter Zustand hat aufgehört, als selbstverständlich zu gelten. Das Verschwundene wird transparent. Die Stadt wagt sich wieder hervor. Die »membra disjecta« der hauptstädtischen Intelligenz bilden sich fast mit der Schnelligkeit, in der Kettenreaktionen sich aufbauen. Wir sind inmitten eines

Zerfalls- und Kristallisierungsvorganges, in dem sich auch das Bild von der Stadt, das sich im Kopf festgesetzt hat, verwandelt.

Kotlovan

Andrej Platonows Roman *Die Baugrube* wurde zur Metapher für einen Bau der Zukunft, der nichts als eine verwüstete Kraterlandschaft ist, ein Riesenloch, in dem eine Kultur, Menschen, Generationen verschwunden sind. Die Suche nach dem Symbol, das dieser Vergangenheit gewordenen Zukunft und ihren Opfern angemessen sein könnte, bewegt die Aktivisten des denkenden Moskau. Das Auge tastet die Stadt ab nach den Leerstellen, die in Wahrheit Schädelstätten sind: die Lubjanka und die anderen Gefängnisse, die Hinrichtungsplätze und die Massengräber, das »Haus an der Moskwa«, die »Chaussee der Enthusiasten«, das Schwimmbad Moskwa, aus Verlegenheit mit Wasser gefüllt, nachdem dort die alte Christ-Erlöser-Kathedrale weggesprengt worden, die Errichtung des Palastes der Sowjets aber gescheitert war. Die Stadttopographie bekommt im neuen Licht andere Zentren, eine andere Peripherie. In der Universität, die von Zwangsarbeitern erbaut wurde, zerfällt das naive historische Bewußtsein. In den Instituten, die sich jetzt endlich zu ihren als Volksfeinden erklärten und erschossenen Gründern bekennen, denkt man anders über Zivilcourage als in dem staatlichen Betrieb, als der man funktionierte. Die Museen, die die Verfemten endlich aus ihren Magazinen hervorholen, sind nun keine pädagogischen Anstalten mehr, sondern Ausgangspunkte für weitgehende und vielleicht in die Verzweiflung führende Erkundungen. Die Stadt hört auf, nur noch Ödnis und Prärie zu sein, und erweist sich als veränderlich, plastisch, geschichtlich, mit einer Zukunft, auf die Einfluß nehmen kann, wer den Willen und die Kraft dazu hat. Die Agonie des hierarchischen und staatlich veranstalteten und verunstalteten Moskau setzt so erst recht das Chaos frei, das die Stadt immer zusammengehalten hat. Sie besteht nicht mehr nur aus zwei Schichten, sondern aus unendlich vielen; sie hat nicht ein Zentrum und eine Peripherie, sondern viele; sie ist nicht monolithisch, sondern in ihren Lebensäußerungen unüberschaubar. Die Baugrube, das große, bisher verschwiegene Nichts, füllt sich.

Basar, Reklame, Ladenschilder

Am schnellsten geht es im kleinen voran: beim Einrichten von Imbissen, von Kooperativen für alles mögliche. Neue Farben tauchen auf in der erdbraunen, habsburggelben, grauen Stadt – nicht das Rot der Plakate und Politslogans, sondern das Rot mit der Inschrift des neu eröffneten Restaurants. Alles ist dürftig. Aber wo eine Stadt von zehn Millionen losgelassen wird, das Geld, das sie hat, auch loszuwerden, und die Gegenstände, die sie versetzen will, anzubieten, entsteht auch innerhalb einer zusammenbrechenden Versorgung ein orientalischer Basar. Solche Basare gibt es beispielsweise am Rigaer Bahnhof oder im Ismajlowskij Park. Es findet etwas statt, das es seit der Schließung der Schwarzmärkte auf der Sucharewka, dem Zentrum des Moskau der NEP-Leute, nicht mehr gegeben hat: inmitten grauer Eintönigkeit plötzlich das Gefühl der Überraschung, die Gewißheit, unter dem ausgebreiteten Krempel das zu entdecken, was den Puls rascher schlagen läßt. Und so ziehen die, die im Moskau der Händler ein neues Schauspiel der Stadt sehen, hinaus nach Izmajlowo, an den kilometerlang aufgereihten Ständen vorbeiflanierend: Gemälde unterschiedlichster Qualität, Briefmarken, Shampoos, alte Fotoalben, Kollektionen von Abzeichen, alte Reiseführer usw. usf. Der Basar ist das Ende der »sozialistischen Großsiedlung«, in der zugeteilt, nicht gefeilscht wird, und die Rückkehr zum Ursprung des Städtischen. Unter den Schollen der sozialistischen Wolkenkratzer erscheint »Moskwa kupetscheskaja«: das Moskau der Kaufleute.

Luschniki

Luschniki ist das Riesenfeld, das das Leninstadion umschließt, bestimmt für Wettkämpfe, Freilichtveranstaltungen, Rockkonzerte. Luschniki liegt nicht im Zentrum, sondern in einer Schleife der Moskwa, draußen. Hier fanden die ersten öffentlichen Massenversammlungen der Perestrojka genannten Zeit statt – genügend weit vom Zentrum entfernt, um nicht als Bedrohung empfunden zu werden, massenhaft genug, um jeden Verdacht, es handele sich um eine Verschwörung von Versprengten, lächerlich zu machen. Luschniki ist die Formierung der politischen Öffentlichkeit, der Demonstrationsort in der Vorstadt, und es dauerte nicht lange, bis er sich verlagerte auf den Manegeplatz im Geviert zwischen Manege, Hotel Moskwa, Kreml und Hotel National. Mit dem Demonstrationszug von Luschniki zur Manege kehrt der politische Wille derer, die die Gesellschaft bilden, ins Zentrum zurück.

Klubs, Institute, Haus der Filmschaffenden

Die Orte der Agitation sind jetzt die Orte der Selbstverständigung, die Institute nicht mehr bloß die Zufluchtsorte von Dissidenten, sondern Agenturen der kritischen Bestandsaufnahme in eigener Sache. Die »Häuser« der Komponisten, der Schriftsteller, der Filmschaffenden bilden jetzt die Arena des gesellschaftlichen Diskurses. Wer den Terminkalender der letzten Jahre rekonstruierte, könnte herausfinden, welche Institute in welchen Rajonen vorangegangen sind, wer sich gesperrt hat und wer Raum für Ausstellungen, Uraufführungen, Diskussionen usf. angeboten hat. Moskau hat neue Zentren der Kommunikation, das Werk der Verknüpfung des Netzes ist in Gang. Was in dem wöchentlich erscheinenden Programmblatt an Veranstaltungen angekündigt ist, ist nicht einmal die Spitze eines Eisberges.

Kreml

Der Kreml ist eine Attraktion für Touristen, vor allem aber für Fernsehzuschauer, seit im Großen Kremlpalast das Parlament tagt. Das Fernsehen sorgt mit seinen Direktübertragungen für die Rückkehr des Kreml ins Bewußtsein der Stadt. Im Kreml gibt es noch etwas anderes als Ikonen, Zarengräber, goldene Kuppeln und Geschichte; es gibt dort die Gegenwart und eine Elite des Reiches, die sich zu unerwarteten Aussprachen und nicht immer vorhersehbaren Beschlüssen zusammengefunden hat. Die Entmusealisierung des Kreml ist nur der erste Schritt bei der Rückgliederung der verbotenen Stadt in die Stadt. Der Rote Platz wird folgen, auf dem irgendwann der Verkehr von Passanten und Bussen die Andachtsstille der langsam vorrückenden Mausoleumsbesucher ablösen wird – wie vor der Revolution, als an der Kremlmauer entlang Straßenbahnen fuhren. Die moderne Stadt ist profan und kennt keine sakralen Bereiche. Hinter dem Zerfall der Symbole der Hierarchie wird die soziale Differenz der wirklichen Stadt lebendig.

Puschkin-Platz

Das Bewußtsein der Stadt von sich selbst kreist, wenn es wirklich vorhanden ist, um einen Punkt. Man kann ihn nicht festsetzen. Er liegt im Schnittpunkt von Bedürfnissen und Ambitionen, die nichts voneinander zu wissen brauchen, um zueinander zu finden. Der Puschkin-Platz ist ein solches präsumptives Zentrum der sich herausarbeitenden Moskauer Urbanität. Zentren wandern und lösen sich wieder auf, wenn die Kräfte, die sich kristallisieren wollen, zu schwach sind. So war es mit der Gorkij-Straße, die in der Zeit, als die Universität noch nicht auf die Sperlingsberge jenseits der Moskwa ausgesiedelt war, bis tief in die Nacht der Broadway der Studenten war. So war es auch mit dem Majakowskij-Platz, dem Treffpunkt der wilden jungen Männer der Generation Bukowskijs und Jewtuschenkos Ende der fünfziger Jahre. Am Puschkin-Platz heute läuft zusammen, was sich in den Jahren zuvor generiert hat: Der kräftigste Strom fließt unterirdisch, auf dem Umsteigebahnhof der Metro Puschkinskaja; darüber die Kreuzung von Boulevard-Ring und Gorkij-Straße mit dem Delikatessengeschäft Jelisejew, der Akademiebuchhandlung und der Buchhandlung der osteuropäischen Länder im ehemaligen Verlagshaus Sytin. Der Platz ist umstellt: von Barschtschs Gebäude für die *Iswestija* und dem Gründerzeitbau der *Moscow News* mit den Wandzeitungen davor. An der Stirnseite steigt man ins gläserne Foyer des Kinos Rossija hinauf. Im Schnittpunkt aller Bewegungen steht Puschkin, in Bronze und von Taubenkot bedeckt. Puschkin ist der unverfehlbare Punkt der Verabredungen und der Schutzpatron der Demonstranten, die hier am 5. Dezember zum Tag der Menschenrechte zusammenzukommen pflegen. Vor den Zeitungsgebäuden Menschentrauben und Handverkauf: estnische, litauische, Leningrader, Omsker Zeitungen, Zeitschriften mit der schwarzroten Fahne des Anarchismus und dem doppelköpfigen Zarenadler, Blätter, die wieder so buntscheckig zu werden beginnen wie italienische Boulevardzeitungen oder die russischen Zeitungen der Vorrevolutionszeit, Börsen lebenswichtiger Nachrichten und ebenso wichtigen Klatsches. Ins Getrappel der Menschen in der Unterführung mischt sich der Rhythmus eines Zigeunerorchesters – der Strom ist unterbrochen. Die Bewegung hält an diesem Platz inne: Um Puschkin herum sind die bequemsten Bänke postiert und allzeit besetzt. Die Stadt kommt zu sich – alles ist bereit für die Wiedergeburt des Cafés.

Die Wiedergeburt des Cafés, in dem ein Jurij Olescha keinen Verdacht mehr erregt, ist unausweichlich. Die Moskauer Küche ist zu eng geworden. Was man dort beredete, kann man jetzt ungestraft auf öffentlichen Plätzen sagen. Man muß für Verabredungen nicht mehr ausweichen auf die Foyers der Theater oder Kinos. Die Stadt, die man täglich während der Fahrt in der Metro erduldet und an sich vorbeirasen sieht, kann man nun aus sicherer Deckung heraus an sich vorbeiziehen lassen. Der Geist der Stadt braucht keine privilegierten Spezialhäuser mehr mit Restaurants, in denen die Filmer oder die

Komponisten unter sich sind. In der Zirkulation kommen jene zusammen, die einander etwas zu sagen haben, und verlaufen sich, die keine Lust dazu haben. Ein exterritorialer Ort kehrt in die Stadt zurück. Das neue Moskau wird seine neuen Cafés haben. Und wer durch die Scheiben auf die Straße blickt, wird sich endlich ein Bild von der Stadt machen können – innehaltend in einem atemraubenden Geschehen.

Sommer 1990

New York und seine Intellektuellen

THOMAS BENDER und RICHARD SENNETT im Gespräch mit Frank Herterich

Herterich Sie lehren an der Universität und sind künstlerisch tätig. Sie leben in Manhattan, dem Zentrum einer Stadt, die in der zweiten Hälfte dieses Jahrhunderts zum Mythos der Metropole avanciert ist. Hat New York so etwas wie einen »genius loci«? Welche Rolle spielt diese Stadt in Ihrer intellektuellen Arbeit?

Sennett Für mich ist bedeutsam, daß New York etwas jenseits des akademischen Betriebs bereithält, wichtig nicht nur für mich, der ich auch Schriftsteller bin, sondern generell für Leute unserer Generation, vermutlich auch für die Generation davor. Ich meine damit Menschen wie etwa Lionel Trilling[1] oder Hannah Arendt, die sich selbst, obwohl sie lehrten, um ihren Lebensunterhalt zu bestreiten, dennoch nicht in erster Linie als Professoren, als Gelehrte begriffen, sondern als Teil eines städtischen Zusammenhangs – in New York zu leben, bedeutete für sie, der Beschränktheit des akademischen Milieus entkommen zu können.

Bender Das ist das Wichtigste, was eine Stadt bieten muß, in der die meisten Intellektuellen notgedrungen Akademiker sind. Die universitäre Enge ist ein ernstes Problem. Gerade an guten Universitäten kann man das beobachten. Sie bilden eine eigene Welt, haben ein eigentümliches geistiges Klima. In New York haben wir daran Anteil, sind aber nicht darin gefangen.

Eine weitere Besonderheit dieser Stadt ist ihre Dichte, die zwangsläufig auch ein dichtes Netz von Intellektuellen erzeugt – zwar gliedert es sich in zahlreiche Binnengruppen, doch gibt es gleichzeitig einen übergreifenden Zusammenhang. Man bewegt sich durch eine Vielzahl unterschiedlicher Milieus, unter Intellektuellen, aber genauso ungezwungen unter Nicht-Intellektuellen.

H Versteht die hiesige intellektuelle Gemeinde – falls sie sich so überhaupt bezeichnen läßt – New York als ihr Markenzeichen, oder ist sie eher international geprägt?

B Das hat sich geändert. Es ist heute weit weniger möglich, von einer intellektuellen Gemeinde zu reden als früher. Die Generation Trillings etwa hatte, obwohl sie ebenfalls außerhalb des akademischen Gefüges existierte, immerhin eine Zeitschrift, die *Partisan Review*[2], um die sich konzentrisch Zirkel gruppierten. Heute ist alles in kleine Einheiten zerfallen, deren Berührung untereinander recht gering ist. Die Situation läßt sich mit den zwanziger Jahren vergleichen. Die Gruppen sind in hohem Grade zersplittert und tragen in mancherlei Hinsicht sektiererische Züge.

S Als Tom und ich das New York Institute for the Humanities[3] gründeten, sollte es sich zur einen Hälfte aus Akademikern und zur anderen Hälfte aus Künstlern, Schriftstellern, Malern zusammensetzen. Bereits in den siebziger Jahren, die ja durchaus eine lebhafte Zeit für Intellektuelle waren, hatte ich das Gefühl, daß die Leute, die außerhalb des akademischen Milieus arbeiteten, es besser verstanden, den geistigen Austausch produktiv zu machen. Diejenigen, die universitären Konventionen folgten, waren gewohnt, ihre Ideen darzulegen, höflich miteinander zu kommunizieren, Terrains abzustecken und Grenzen zu respektieren. Die anderen, die Künstler zum Beispiel, konnten damit wenig anfangen; ihnen ging es um die Sache, sie wollten wissen, was die Dinge bedeuteten und warum sie existierten.

H Nun kann aber eine akademische Institution sehr wohl mehr sein als ein intellektuelles Gehäuse. In Frankfurt beispielsweise wirkte die »Frankfurter Schule« über lange Zeit als Dreh- und Angelpunkt fast jeder geistigen Auseinandersetzung. Diskurse, über welche Frage auch immer, waren von ihrer Denkweise geprägt.

B Einer der Vorzüge New Yorks, das galt vermutlich auch früher schon, ist die unglaubliche Verschiedenartigkeit der Einflüsse, ihre Heterogenität. Man greift sich dies heraus oder läßt sich von jenem gefangennehmen – das ist ein enorm wichtiger Aspekt dessen, wie diese Stadt das Denken strukturiert. Ich glaube, daß Universitäten ihrem Wesen nach dazu neigen, Einflüsse in bestimmten Rastern zu fixieren, die gesamte akademische Sozialisation zielt darauf. Die Großstadt bricht das auf, vielleicht stärker, als es gut ist. Ein paar Kristallisationspunkte mehr wären schon wünschenswert. Es müßte ja nicht gleich ein allesbeherrschendes Institut für Sozialforschung sein, zu dem man sich bekennen kann oder gegen das man sich behaupten muß. Hier dagegen gibt es viele Eintagsfliegen, alles ist...

S ...außerordentlich zersplittert. Seit den dreißiger bis etwa in die siebziger Jahre bestand die Vorstellung einer engen Verknüpfung von linker Politik und avantgardistischer Kunst, ein Wechselspiel, das gegenseitige Herausforderung bedeutete. Damit ist es vorbei. Die intellektuelle Community hier ist gründlich entpolitisiert, ähnlich wie in Paris oder London. Indessen hat sich die Kunstsphäre in der Stadt ausgedehnt, allerdings wird, wie Thomas Bender in seinem Buch[4] deutlich gemacht hat, Kunst nur noch verbreitet, nicht mehr geschaffen. In künstlerischer Hinsicht ist New York nicht mehr wirklich produktiv. Früher, als junger Mann, hatte ich häufig das Gefühl, daß die Leute hier erdrückt würden, so wie jene Gruppen um die *Partisan Review*, die einen Sack voller Fragen mit sich herumschleppten, denen sie sich mit Besessenheit widmeten, ob das nun der Liberalismus, der Kalte Krieg, die innovative Kraft der Kunst, die amerikanische Identität oder ähnliches war. Das war bisweilen nicht schlecht, aber wohl eine Herausforderung, die allmählich an Brisanz verlor.

H Sie führen eine vielfältige Existenz als akademischer Lehrer, als Schriftsteller und auch als Künstler. Ist das typisch für einen, sagen wir, durchschnittlichen New Yorker Intellektuellen, oder erstreckt sich dessen Kommunikation nicht doch nur auf das akademische Milieu?

B Das hängt davon ab, was man unter einem Intellektuellen versteht: Personen mit hohem Ausbildungsgrad, Geistesarbeiter, die publizieren? Viele universitäre Institutionen sind mit solchen Leuten besetzt, und von ihnen gibt es eine ganze Menge in New York und der unmittelbaren Umgebung. Vermutlich arbeiten die meisten, ohne allzusehr über ihr Fachgebiet oder ihr Institut hinauszublicken. Diejenigen jedoch, die man im eigentlichen Sinne Intellektuelle nennen könnte, die an einem breiten Spektrum von Themen interessiert sind und sich dazu öffentlich äußern wollen, bilden nur einen kleinen Teil der großen Schicht der Kopfarbeiter. Ihr Einfluß ist heute so gering, wie er vermutlich noch zu keiner Zeit in der Geschichte dieser Stadt gewesen ist. Nicht nur, was unmittelbar politische Belange betrifft, sondern auch bei wichtigen Streitfragen, die Intellektuelle seit jeher beschäftigen, werden sie nicht wahrgenommen. Sicher, wir sind an der *Partisan Review*, an dieser jahrelangen Fixierung erstickt. Aber keine der Zeitschriften heute, nicht einmal die *New York Review of Books*, greift in vergleichbarer Weise Probleme auf, die eine größere Anzahl von Leuten umtreiben. Das aber war vor fünfzehn Jahren in New York durchaus der Fall.

S Es ist merkwürdig, daß die politisch Rechten im strikten Sinne heute eher als Intellektuelle bezeichnet werden können, als die Linken, so z. B. Irving Kristol oder Norman Podhoretz.[5] Sie haben keine Skrupel, außerhalb des akademischen Geheges Stimmung zu machen. Sie erklären uns zu Feinden, die sich im Schutze akademischer Privilegien ihnen gegenüber als Heckenschützen aufführten. Auf ihre Weise sind sie, leider, die geübteren Stadtmenschen.

B Das entscheidende Merkmal der konservativen Intellektuellen ist vielleicht, daß sie genau wissen, worauf sie hinauswollen. Deshalb ist es den Neokonservativen, obwohl sie nicht sehr viele sind, gelungen, ihre Tagesordnung zum öffentlichen Programm zu erheben. Ob in Fragen der Erziehung, der Politik oder Sozialpolitik, heute sind Auffassungen tonangebend, die vor zehn Jahren gänzlich unvorstellbar gewesen wären.

H Neben veränderten Umständen und einem nicht zu ignorierenden modischen Verlangen nach neuen Denkmodellen scheinen solche Umbrüche mitunter auch mit einem Generationswechsel einherzugehen. Beispielsweise war die aufbruchgestimmte Generation, die vor zwanzig Jahren die intellektuelle Szene Deutschlands prägte – ähnlich wie das, was Sie über die *Partisan Review* gesagt haben –, bis zur Borniertheit auf ihre Fragen fixiert, jedoch im Unterschied zu Trilling hatten sie keine nennenswerte Beziehung zum städtischen Leben, weder zur Kunst noch zu sonst etwas jenseits der theoretischen Reflexion. Es kamen sogar unverkennbar antistädtische Ressentiments auf. Jetzt, da dieser Theoriepurismus aus vielerlei Gründen in eine Sackgasse geraten ist, gibt es eine fast eruptive und manchmal geradezu lächerliche Hinwendung zur »Urbanität«.

Waren Sie nun Vorreiter einer Generation, in der sich Vergleichbares abgespielt hat, oder gilt für New York grundsätzlich, daß man hier ohne Sensorium für die Stadt kein wirklicher Intellektueller sein kann?

S Ja, das ist richtig. Unsere Geschichte ist wohl anders verlaufen als eure.

H In den Vereinigten Staaten gibt es etliche, auch bedeutende Universitäten, die in keiner Weise mit einer Großstadt verknüpft sind. Die geistigen Verbindungen der dort arbeitenden Akademiker spannen sich um die ganze Welt, man trifft einander auf Tagungen und Kongressen. Zumindest im eigenen Fachgebiet ist man international, und der Standort der Universität scheint von untergeordneter Bedeutung im Vergleich etwa zum Rang der Fakultät. Sehen New Yorker Professoren das anders? Spielen hier nicht nur soziale Milieus, sondern auch Plätze und Orte eine Rolle?

B Vermutlich spielt für Angehörige von Universitäten abseits der Metropolen deren Ort durchaus eine Rolle, und natürlich bedeuten ihnen die Kollegen viel. Aber es gibt einen zusätzlichen Zusammenhang: Der Umstand, daß zahlreiche Intellektuelle ihre Arbeit an New Yorker Zeitschriften aufgeben und ihren Lebensunterhalt an Universitäten verdienen mußten, hat viele von ihnen aus dem New Yorker Raum entfernt. Und doch bestimmt das Leben in New York nach wie vor ihr Selbstverständnis, was man daran sieht, daß sie die Verbindung aufrechterhalten, ihre Ferien hier verbringen und sich im Sommer in Untermiete hier einquartieren. Eine Vielzahl solcher halben Abschiede ist zu beobachten.

S Das hat mit der kulturellen Landkarte der USA zu tun. New York ist keine sonderlich amerikanische Stadt, worin für uns ein großer Vorteil liegt. Es hat etwas zu tun mit dem, was der französische Begriff »migration intérieure« umschreibt. Eine große Zahl von Menschen, die New York schätzen, mögen es gerade deshalb, weil es sich hier in einer Art innerer Emigration leben läßt. Ich finde das aufschlußreich, denn ich vermute – jetzt spreche ich auch von Politik –, daß wir am Beginn einer Periode des kulturellen Niedergangs stehen. Ich meine damit, daß dieses Land seine kulturelle Innovationskraft verloren hat. Das Paradoxe ist, daß der Drang, sich in dieser Stadt aufzuhalten, sich zunehmend verstärkt, während ihre wirtschaftlichen Bedingungen junge Leute mehr und mehr ausschließen. Mir scheint, als bräuchten mehr und mehr Menschen diese »migration intérieure«. Die Klasse unzufriedener junger Menschen ist, trotz allem, was in den Zeitungen zu lesen ist, enorm groß. Doch sie können es sich gar nicht leisten, in dieser Stadt zu leben, sie ist nicht gerade ein Ort, der Zuflucht bietet. Ich bin gespannt, was in den neunziger Jahren geschehen wird. Hier ist das Herz des Weltfinanzkapitalismus. Historisch ist New York stets eine Zuflucht gewesen. Und diese Qualität ist zu einem Zeitpunkt, da sie dringender denn je vonnöten wäre, ökonomisch immer weniger gegeben. Wenn dieses Land tatsächlich vor dem Niedergang steht, was wird dann mit den jungen Menschen, die sich dessen bewußt werden? Vielleicht gehen sie dann wieder ins Ausland, so wie in den zwanziger Jahren. Damals gab es eine regelrechte Fluchtwelle, und möglicherweise steht eine neue bevor.

H Da New York keine amerikanische Stadt ist, was ist es denn? Eine europäische Stadt? Eine transatlantische Stadt?

B Es ist in zunehmendem Maße eine Weltstadt. Historisch gründete New Yorks Besonderheit innerhalb der amerikanischen Kultur in seiner engen Beziehung zu Europa. Es wurde vielfach als eine europäische Stadt auf unserer Seite der Atlantikküste angesehen. Das ändert sich jetzt. Je mehr New York zur Weltstadt wird, durch finanzielle Interessen, durch die Immigranten, durch sein kulturelles Bewußtsein, desto weiter wird die Bedeutung der Stadt für die Nation über ihren europäischen Hintergrund hinausweisen. New York verbindet heute die Vereinigten Staaten mit allen Teilen der Welt. Die Kulturerzeugnisse aller Erdteile wetteifern hier miteinander. Einst waren es verschiedene Einwanderergruppen europäischer Herkunft, die Iren, die Briten, Deutsche, Ost- und Südeuropäer, deren Zusammentreffen die New Yorker kulturelle Mixtur bestimmte. Heute findet der Wettstreit statt zwischen den Europäern einerseits und den Asiaten, den Afrikanern und den Lateinamerikanern andererseits. Die Frage ist, ob sich daraus eine wirkliche kosmopolitische Kultur entwickeln wird oder bloß ein Basar der kulturellen Differenzen.

S Die europäischen Emigranten der dreißiger Jahre brachten in das intellektuelle Leben New Yorks eine einzigartige Regsamkeit, wie wir sie heute kaum noch kennen. Es war ein tiefer Einschnitt auch in der Kunst, in der Musik, nicht so sehr in der Malerei – oder doch, wenn man an Léger oder Duchamps denkt. Einrichtungen wie die »New School of Social Research«, die durch und durch von dieser germanisch-mitteleuropäischen Präsenz in New York geprägt ist und die auch die Stärke des europäischen Elements in New York verkörperte, knüpften einen geistigen Zusammenhang, der jetzt zerreißt.

H Tritt ein anderer geistiger Zusammenhang an diese Stelle?

S Nein, so etwas wie eine spanischsprachige Intelligenzija, die den Platz der deutschsprachigen eingenommen hätte, sehe ich nicht, übrigens erst recht nicht eine Koreanisch oder eine Japanisch sprechende Intelligenzija, die sich in der Stadt bemerkbar machte.

Das alles hat wohl damit zu tun, daß die meisten damaligen Emigranten Juden waren, und daß sie auf sehr vielschichtige und tiefe, aber auch spannungsreiche Weise in Verbindung standen mit den Juden, die vor ihnen gekommen waren. Einer der Gründe, weshalb sich für mich das New York von 1991 von dem von 1968 so sehr unterscheidet, ist, daß 1968 die enorme zentraleuropäische jüdische Immigration noch überall zu vernehmen war. Das ist vorbei. Und obwohl New York nach wie vor keine amerikanische Stadt ist, hat es jene Infusion verloren, die es zu einem kulturellen Weltzentrum machte im Gefolge dieses gewaltigen europäischen Aderlasses. Es ist kaum zu fassen, welche gigantische Veränderung New York durch diese Ausländer erfahren hat. Wer weiß denn heute noch, wie provinziell New York in den zwanziger Jahren war, was für ein Brackwasser es war. Versetzen wir uns ins Greenwich Village von 1926 und stellen ihm den Montparnasse gegenüber oder Berlin – das war nicht im geringsten zu vergleichen. Und plötzlich, wegen der Nazis, wurden wir eine Kapitale, weil alle diese Menschen zu uns kamen. Um ein persönliches Beispiel zu nennen: Als junger Mann habe ich intensiv und ernsthaft musiziert. Ich besuchte eine Musikschule, das Marlborough Music Festival. Die »lingua franca« dort, tief in den Bergen von Vermont, war deutsch. Sämtliche Lehrer, Rudolf Serkin, Busch, auch Casals, alle drückten sich in deutsch aus, und wir jungen amerikanischen Musiker fingen schließlich an, eine Art Pidgin-Deutsch zu sprechen. Dergleichen gibt es heute nicht mehr.

B Dieses deutsche akademische und kulturelle Establishment war die Avantgarde des beginnenden zwanzigsten Jahrhunderts, und wir empfingen ihre Impulse, ihr Vermächtnis. Das führt zu der peinlichen Frage, wer eigentlich die kulturelle Pionierrolle in der zweiten Hälfte des zwanzigsten Jahrhunderts spielt. Was stellen die Vereinigten Staaten dar? Die wenig schmeichelhafte Bilanz lautet, daß die Vereinigten Staaten, nachdem sie sich alles angeeignet haben, offenbar nicht in der Lage sind, ob in New York oder sonstwo, irgendeine erkennbare intellektuelle Präsenz zu behaupten – außer in einigen sicherlich bemerkenswerten akademischen Spezialdisziplinen, in denen Amerikaner vielfach führend sind. Sobald man aber das kulturelle Feld insgesamt betrachtet, ist nach den abstrakten Expressionisten und den Errungenschaften der New Yorker Moderne in der Zeit nach dem Zweiten Weltkrieg kaum eine nennenswerte ideelle oder ästhetische Leistung von allgemeiner Bedeutung zu erkennen. Es gibt ja nicht einmal eine amerikanische Zeitschrift oder Zeitung, auf deren neueste Ausgabe Europäer oder Lateinamerikaner ungeduldig warteten.

S Die schlichte Feststellung ist: Es gibt hier keine Avantgarde. Schon dieser Ausdruck hat ein eigenartig reizvolles Flair, das aus einer anderen Zeit herrührt. Ich wünschte, wir hätten eine Avantgarde. Statt dessen haben wir Geld.

H Gibt es in dieser Weltstadt mit ihren unzähligen Kulturen auch im künstlerischen Bereich, in der Malerei oder der Musik, tatsächlich nichts Prägendes, keine Substanz, sondern nur eine Mixtur, nichts als ein buntes Mosaik?

B Nachdem der Ansatz der »abstrakten Expressionisten« oder der »Judson Church Group« der sechziger und siebziger Jahre ausgespielt hatte, ist in den vergangenen zehn bis fünfzehn Jahren keine irgend bedeutende Kunstrichtung auszumachen, die speziell dieser Stadt zuzuordnen wäre. Mag sein, daß die Kunst oder die Literatur diverser nichteuropäischer Gruppen in naher Zukunft aufblühen wird, doch die wirtschaftliche und kulturelle Dynamik der Stadt scheint dem entgegenzuarbeiten. Übrigens kann man bereits für die siebziger und achtziger Jahre kaum noch von Intellektuellen im herkömmlichen Sinne sprechen. Dieses Wort ist aus unserem Wortschatz verschwunden, genauso wie jene intellektuelle Linke, die sich selbstbewußt so definierte.

S Tom Bender beschäftigt sich am Ende seines Buches *New York Intellect* mit der Verschiebung kultureller Energien in New York, vom Sprechen zum Tanzen, und das ist kein beiläufiges Beispiel. An das New York City Ballett und an Balanchine, der Russe war, wird man sich erinnern, wenn man sich einmal fragt, was nach dem Zweiten Weltkrieg und nach den abstrakten Expressionisten in den letzten drei Jahrzehnten an der New Yorker Kultur bemerkenswert war. Man wird sich an sie nicht wegen ihrer Romane erinnern, vermutlich auch nicht der sogenannten E-Musik wegen, sondern man wird an das Ballett denken.

B Vielleicht liegt es daran, daß die Intellektuellen, die »Wort-Leute«, verschwunden sind, daß es keine Romane und keine Literaturkritik mehr gibt...

S ...sie sind nicht verschwunden, sie haben schlicht nichts getan.

B Betrachten wir die politische Sphäre. Ich habe die unglaublichen Veränderungen durch die »Entmarxifizierung« Frankreichs vor Augen. Wir haben hier unsere eigene Variante davon, und ich fürchte, daß erneut die Neokonservativen davon profitieren werden. Sie haben einen gewaltigen Einfluß auf dieses Land und sitzen heute in New York. Sie verfügen über eine kohärente Sichtweise, vermögen junge Leute in einer Weise anzusprechen, wie es die liberale Linke schon lange nicht mehr kann. Ihre Anschauungen sind nicht nur in der Politik wirksam, sie haben auch eine Art Kulturkampf angezettelt...

S ...wobei sie selbst sich immer als Opfer darstellen.

H Sie sprechen einerseits davon, daß das intellektuelle Milieu New Yorks fragmentiert sei, sagen jedoch andererseits, daß der Einfluß einzelner Intellektueller heute viel weiter reiche als früher.

B Es handelt sich dabei um zwei unterschiedliche Aspekte. Ich vermute, die meisten Beobachter würden es so sehen, daß die New Yorker Intellektuellen heute weniger Einfluß haben als während irgendeiner anderen Periode im letzten halben Jahrhundert. Dies rührt daher, daß sie Intellektualität nach der Vorstellung des Linksintellektuellen definieren. Doch der Einfluß der New Yorker neokonservativen Intellektuellen, von denen einige früher einmal New Yorker Linksintellektuelle waren, gründet darin, daß in ihren außenpolitischen Argumentationen, beispielsweise von Irving Kristol oder Norman Podhoretz, gegenüber Israel die Belange der Menschenrechte zurückgestellt werden – nur gegenüber kommunistischen Staaten wurden und werden sie geltend gemacht. Das ist doch ein beträchtlicher »Erfolg«. Innenpolitisch ist die Ansicht, der Liberalismus funktioniere nicht, eine florierende Aktie auf dem politischen Meinungsmarkt. »Liberal« ist zu einem Schimpfwort geworden. Dafür gibt es eine ganze Reihe von Gründen. Doch hat die Gruppe neokonservativer New Yorker Intellektueller bei diesem Perspektivenwechsel eine erhebliche Rolle gespielt, eine Rolle, die jener der früheren Generation vergleichbar ist. Teilweise handelt es sich um dieselben Leute, die in den sechziger Jahren ein ganz anderes politisches Programm verfolgten, das weit über den Liberalismus, ja, sogar über einen radikalen Liberalismus hinausging.

H Beeinflussen die Rechtsintellektuellen die öffentliche Meinung oder vor allem die »Entscheidungsträger«?

B Interessant ist, daß sie beide beeinflussen. Sie haben erreicht, wovon die Intellektuellen der sechziger Jahre immer träumten: direkten Zugang zur Macht durch die Einwirkung auf Leute, die an den Schaltstellen sitzen. Aber gleichermaßen beeinflussen sie die öffentliche Meinung. Nehmen wir als Beispiel die *New York Times*. Beinahe alle Kommentare in dieser Zeitung, die sich mit der Stadt befassen, werden von Roger Star, der dieser Gruppe angehört, geschrieben. Er argumentiert systematisch gegen jede interventionistische Politik und hat die Idee der »planmäßigen Schrumpfung« in Umlauf gebracht, als Methode, sowohl der Haushaltsdefizite wie auch der Armut Herr zu werden.

H Ablesen läßt sich das wohl auch an der Abwertung des Liberalismus, der in der öffentlichen Meinung keinen Widerhall mehr findet?

B Ja, das ist eine Ironie der Geschichte. In den siebziger Jahren verband sich die linksradikale Kritik am Liberalismus auf eigenartige Weise mit der konservativen Kritik. Da die linksradikale Kritik mittlerweile von der Bildfläche verschwunden ist – vielleicht formiert sie sich wieder, vielleicht aber auch nicht –, die konservative Attacke aber andauert, bestimmt sie die Meinung der Öffentlichkeit ebenso wie die der »Entscheidungsträger«.

H Könnte man sagen, daß New York in intellektueller Hinsicht keine liberale Stadt mehr ist?

B Nun ja, historisch gesehen ist es paradox, das heißt, so paradox wiederum auch nicht, weil es ähnliche Konstellationen während des 19. Jahrhunderts gab. Damals bildete eine konservative – als die wir sie heute bezeichnen würden, sie selber nannte sich liberal – Gruppe von Intellektuellen bzw. Journalisten in New York eine nationale konservative Machtzelle. Deutlich wurde dies während des Wiederaufbaus des Südens nach dem Bürgerkrieg, als es darum ging, ein Regierungsprogramm zur Förderung der Chancengleichheit der ehemaligen Sklaven zu verhindern. Sie lieferten dafür ideologisch nachhaltig Flankenschutz. New York ist zwar nicht ganz so regressiv wie einige Städte im amerikanischen Südwesten, aber anders als in den Jahrzehnten vom Ersten Weltkrieg bis in die siebziger Jahre, als New York sich als progressive Kraft der nationalen Politik bewies, gehen heute keine liberalen Impulse mehr von ihm aus. Das zeigt sich schon an der Lokalpolitik. Das, wofür ein Fiorello La Guardia im Bürgermeisteramt stand, unterscheidet sich himmelweit von den Übereinkünften, die Edward Koch symbolisierte. Und Dinkins hat es bisher nicht vermocht, eine faszinierende Vision für die Entwicklung der Stadt oder auch nur ein paar liberalere Optionen als sein Vorgänger zu formulieren. Obwohl sein Regierungsstil weitaus umgänglicher ist als der von Koch und er mehr Frauen und Vertreter von Minderheiten in seine Verwaltung berufen hat – freilich nicht in den wirtschaftlich bedeutenden Bereichen –, scheinen seine politischen Orientierungen fast noch konservativer zu sein als die von Edward Koch.

H Gibt es einen signifikanten Wandel im Einfluß des jüdischen liberalen Denkens? Mich interessiert das auch deshalb, weil in Europa, auch in Deutschland vor der Nazizeit, der politische Liberalismus des Bürgertums zumal in den Großstädten eng mit der jüdischen Tradition des Denkens, der Kultur, der Erziehung und mit der Geschichte der bürgerlichen Gleichstellung der Juden verbunden war.

B Sicher gibt es eine starke jüdische Komponente in der New Yorker liberalen Tradition, aber es wäre falsch, ausschließlich sie hervorzuheben. Die wichtigsten New Yorker Intellektuellenzirkel – politischer Intellektueller – sind zumeist eine Art Allianz von Juden und WASPs[6], zuweilen auch von Italienern und ein paar Schwarzen. Die Neokonservativen haben eine sehr ähnliche Zusammensetzung – übrigens sind es manchmal dieselben Leute. Die konservative Wendung mancher jüdischen Intellektuellen hat sehr viel mit dem Schicksal Israels zu tun. Es war nicht zuletzt dieser außenpolitische Faktor, der die Verhältnisse grundlegend gewandelt hat.

H Gibt es also Leute, die sowohl neokonservative wie auch liberale Positionen vertreten? Staatliche Interventionen abzulehnen ist ja ein klassisch liberales Konzept.

B Richtig. Irving Kristol zum Beispiel, der in dieser großen Verschiebung eine recht entscheidende Rolle spielt, verfaßte in den sechziger Jahren, als er zu einer erklärtermaßen konservativen Position überzuwechseln begann, einen Essay zur Wiederentdeckung E. L. Godkins[7] und zur Geschichte der Demokratie-Idee in Amerika, in dem er Godkin als den Begründer jener Art von Liberalismus feierte, die er selber zu befördern gedachte.

H Welche Zeitschriften waren beim Aufstieg des Neokonservativismus besonders wirksam?

B In New York waren es vor allem zwei Zeitschriften. Erstens *Commentary*, das bis etwa 1966, 1967 eines der bedeutenden liberalen Foren war und das jetzt unter dem selben Herausgeber Norman Podhoretz eines der wichtigsten konservativen Organe ist. Zweitens die Zeitschrift *The Public Interest*, die von Irving Kristol gegründet wurde, heute von ihm gemeinsam mit Nathan Glazer[8] herausgegeben wird und einen Großteil der New Yorker intellektuellen Szene beherrscht. Schließlich gibt es die *New York Times*, ein im allgemeinen liberales Blatt, das jedoch in spezifischen Ressorts, beispielsweise der Stadtpolitik, sehr stark von Roger Star beeinflußt ist, der zum Umkreis beider Zeitschriften gehört und gleichzeitig Mitglied des Herausgebergremiums der *New York Times* ist.

H Jean-Paul Sartre war der Auffassung, der Intellektuelle könne nur als »Generalist« in die öffentlichen Angelegenheiten eingreifen. Foucault dagegen sah die Wirkung des Intellektuellen gerade an sein »Spezialistentum« gebunden. Wie verhält es sich mit den neokonservativen Intellektuellen? Repräsentieren sie den Typus des »Generalisten«?

B Ich denke schon, genauso wie die älteren New Yorker Intellektuellen »Generalisten« waren. Wobei allerdings für die Neokonservativen festzustellen ist – und dafür ist *The Public Interest* ein Beispiel –, daß man beides versucht. Obgleich sich die Zeitschrift mit allen möglichen Themen befaßt, läßt man Autoren zu Wort kommen, die ihr Augenmerk auf spezielle Sachverhalte richten, etwa Armut, Polizei u. ä. In Amerika hat sich ein Typus herausgebildet, den man als »Politik-Intellektuellen« bezeichnen könnte. Meist sind sie mit kleineren Stiftungen verbunden, sowohl auf der Linken wie auf der Rechten, und sie avancieren auf einem bestimmten Gebiet zu Experten und Stichwortgebern, beispielsweise zu den Menschenrechten in Lateinamerika oder zur Obdachlosigkeit in New York. Sie sind in der Regel keine Akademiker, auch keine Fachleute, sondern Problem-Spezialisten und entwickeln darin eine Art von Kontinuität. Obschon die Kennzeichnung »Politik-Intellektuelle« auf sie zutrifft, sind sie doch mehr oder weniger freie Intellektuelle, nicht in die Regierungsbürokratie eingebunden, aber auch keine Akademiker. Sie arbeiten in kleinen Stiftungen mit sehr wenigen Mitarbeitern.

H Finden sie Gehör bei den Politikern?

B Sehr sogar, zuweilen auf direktem Weg, zuweilen indem sie ihre Vorhaben groß in der Presse lancieren.

H Und in der linksliberalen Intellektuellen-Szene? Geht angesichts von deren Schwächung die Entwicklung dort weg vom »Generalisten« hin zu einer höheren Spezialisierung oder in eine ganz andere Richtung?

B Ich glaube, die Entwicklung führt weg vom Universalisten, der in allem gleichermaßen zuständig und unzuständig ist. Teilweise deshalb, und das gilt sowohl für Rechte wie für Linke, weil unter den hiesigen Verhältnissen der »allgemeine Intellektuelle« es schwer hat, sich über Wasser zu halten, da es keine Verleger gibt, die Autoren eine kontinuierliche und feste Apanage aussetzen. Auch gibt es nicht genug seriöse Zeitschriften, die es einem unabhängigen Kritiker ermöglichten, bei ihnen sein Brot zu verdienen. Also wird man entweder in die Universität getrieben oder in einen dieser Stiftungshäfen. Es gibt viele und vielfältige strukturelle Restriktionen gegen ein Dasein als »Generalist«.

H Wie verhält es sich mit den Journalisten in den Massenmedien, vor allem im Fernsehen? Ein populärer Kommentator wie Ted Koppel zählt vermutlich nicht zu den Intellektuellen, doch auf die öffentliche Meinung übt er einen enormen Einfluß aus. Sind solche Medienprofis in irgendeiner Weise mit den intellektuellen Milieus verbunden?

B Soweit ich weiß, nur beiläufig, obwohl in New York einige Nachrichtenjournalisten des Fernsehens oder von politischen Magazinen wie *Newsweek* und *Time* sitzen, die in der Tat Teil der intellektuellen Zirkel sind. Im Grunde geht es dabei um eine Art der Mitarbeiterrekrutierung auf indirektem Wege. Doch die meisten Leute, die auf dem Bildschirm erscheinen, womit ich jetzt nicht die wirklichen Journalisten meine, die selbst Reporter sind, sondern die populären Nachrichtenmoderatoren, stehen dem intellektuellen Leben sehr fern. Mit einer Ausnahme: Bill Moyers, dem es gelang, ernstzunehmende Themen im Fernsehen aufzugreifen und wichtige Interviews zu führen. Aber das ist ein ganz ungewöhnlicher Fall.

H Gibt es einen geregelten, stetigen Austausch von Ideen und Ansichten?

B Ein generelles Phänomen des gesellschaftlichen Austausches in New York ist, daß er eher dem europäischer als dem anderer amerikanischer Städte gleicht. Der gesellschaftliche Umgang hat hier mehr öffentlichen Charakter, weniger privaten. Das Problem in New York ist freilich, und das hat ganz einfach mit dem Immobilienmarkt zu tun, daß das Leben hier extrem teuer ist, weshalb viele Menschen in mehreren Jobs arbeiten müssen, um überhaupt zu überleben. Die Vorstellung, die Stadt sei ein Freiraum, wird immer unrealistischer. Denn die Zeit, die man in die Befriedigung der Grundbedürfnisse investieren muß, nimmt rapide zu. Das ist ein wesentlicher Faktor der heutigen Lage, auch der Intellektuellen.

H Es gab eine Zeit, in der Künstler hier im »No-Man's-Land« gelebt haben. Gibt es kein Niemandsland mehr in Manhattan?

B Nicht in Manhattan, und das macht einen Teil des Problems aus. Viele sind in kleine Vororte am Rand der Städte oder nach New Jersey abgewandert. Das, was Manhattan einmal charakterisierte, geht so zunehmend verloren.

H Gibt es da einen Zusammenhang mit dem, was Sie als Niedergang der intellektuellen Kultur beschrieben haben? Äußert sich das in einer erneuten Flucht junger Leute, so wie in den zwanziger oder dreißiger Jahren?

B Ja, das Exil. Ich bezweifle, daß es zu einer Alternative wird, weil es keinen Ort gibt, von dem junge Intellektuelle heute glauben, daß es dort wirklich besser sei. Die Demoralisierung des intellektuellen Lebens gibt es heute überall. Sie mag da und dort stärker sein als andernorts, aber die Dinge sind eben anders als in den zwanziger Jahren, als Paris eine ungeheure Anziehungskraft besaß. Wahrscheinlicher ist, daß junge Amerikaner die Möglichkeit wahrnehmen werden, ein hinreichend zufriedenstellendes Leben an den Universitäten zu führen. Wie zufrieden sie dort tatsächlich sein werden, ist allerdings offen, denn diese Existenzweise widerspricht ja dem traditionellen Bild des Intellektuellen und ganz sicherlich dem des Künstlers.

H Wir sprachen von der nachhaltigen Diskreditierung des liberalen Denkens, die gegenwärtig zu beobachten ist. Korrespondiert damit ein wachsendes anti-urbanes Ressentiment?

B Ich würde es nicht als anti-urban bezeichnen, sondern als provorstädtisch. Viele Menschen haben augenblicklich das Bedürfnis, all dem zu entkommen, wofür die Großstadt steht. Aber sie finden auch etwas anderes, das daraus mehr als eine Antistimmung macht. Die Tradition des Anti-Urbanismus reicht in diesem Land sehr weit zurück. Tatsächlich lebt ja die überwiegende Mehrheit der Amerikaner in mittelgroßen Städten mit, sagen wir, fünfzig- bis zweihunderttausend Einwohnern, gleichgültig, ob in Vorstädten oder eigenständigen Gemeinden. Und das, glaube ich, ist es auch, was sie suchen. Für diese Vorstellungswelt ist New York beängstigend, weil es ihr ganz und gar widerspricht. Es gibt in Amerika – Toqueville hat darauf hingewiesen – die alte Tradition der Suche nach Entsprechung und Identität, die sich im bekannten Gegenüber spiegelt. New York ist die rückhaltlose Absage an diese Sehnsucht, und die New Yorker haben mehrfach in der Geschichte der Stadt dies in eine beeindruckende liberale Ideologie umzuformen verstanden. Zur Zeit scheint New York das Selbstvertrauen verloren zu haben. Und das hat Konsequenzen für seine Fähigkeit, diese eigentümlich liberale Ideologie, die auf kultureller Vielfalt und auf politischer Verantwortlichkeit beruht, zu einer die Nation herausfordernden Programmatik zu erheben.

H Heißt das, daß auch der Kosmopolitismus schwächer wird?

B Der Kosmopolitismus ist sehr viel schwächer geworden. Schon in den letzten zehn und nicht erst in den letzten zwei Jahren hat das ganze Bündel liberaler Werte wie Toleranz, Kosmopolitismus usw., die als New Yorker Beitrag zur amerikanischen Kultur galten, an Stichhaltigkeit und Kraft eingebüßt. Das hat mit der Lage der Wirtschaft zu tun, die von der ausländischen Konkurrenz hart bedrängt wird, und es hat mit Rassismus und mit Ethnozentrismus zu tun. Mir scheint, dieses Land ist verängstigt, und auch New York fürchtet sich.

[Aus dem Amerikanischen von Anna-Luise Knetsch]

Anmerkungen

1 Lionel Trilling, als Literaturkritiker und politischer Essayist vor allem in den dreißiger und vierziger Jahren von großem Einfluß, bildete gemeinsam mit Richard Hofstadter und C. Wright Mills die legendäre Generation der metropolitan, kosmopolitisch und links orientierten »New York Intellectuals«, die sich um die Zeitschriften *The Nation*, *The New Republic* und vor allem *Partisan Review* scharten.

2 *Partisan Review*, politisch-literarische Zeitschrift, die die europäischen Einflüsse des Marxismus und der literarischen Avantgarde in den Vereinigten Staaten kultivierte und in den dreißiger Jahren zum Sammelbecken der meinungsbildenden Intellektuellen außerhalb der akademischen Institutionen wurde.

3 Das *New York Institute for the Humanities* wurde 1977 von Richard Sennett und Thomas Bender gegründet und gehört zur New York University. Es versammelte Künstler, Schriftsteller, politische Aktivisten und Wissenschaftler. Die beiden Gründer gehören dem Institut heute nicht mehr an.

4 Thomas Bender, *New York Intellect. A History of Intellectual Life in New York City, from 1750 to the Beginnings of Our Own Time*, New York 1987.

5 Irving Kristol und Norman Podhoretz sind prominente neokonservative Intellektuelle. Kristol ist Herausgeber von *The Public Interest*, Podhoretz Herausgeber von *Commentary*.

6 White Anglosaxon Protestant.

7 E. L. Godkin war der Gründer und Herausgeber des Magazins *Nation* (1865).

8 Nathan Glazer ist der Autor von *Beyond the Melting Pot* (zus. mit D. P. Moynihan).

VILÉM FLUSSER

Alte und neue Codes: São Paulo

Ich lebte in São Paulo von 1940 bis 1972, war dort als Hochschullehrer und Autor tätig. Heute lebe ich in Europa. Seit meiner Auswanderung war und bin ich jedoch regelmäßig zu Gast in São Paulo. Einige Paulistaner Intellektuelle sind engste Freunde. Die Entscheidung, die Stadt (und das Land) zu verlassen, war schmerzlich. Viele Fäden sind davon unberührt geblieben. Wie alle existentiellen Entscheidungen ist auch diese nur zum Teil auf bewußte, vernünftige Überlegungen zurückzuführen.

Die Aufforderung, mein Engagement und dann Dégagement in der Paulistaner Intellektuellenszene darzulegen, habe ich als Herausforderung angenommen. Die Herausforderung besteht darin, auch die unbewußten, emotionalen Faktoren ans Licht zu heben. Aus diesem Grund ist dieser Beitrag alles andere als akademisch zu nennen. Auf Zitate und Literaturverweise wird verzichtet. Ich halte mich nicht bedeckt, vielmehr versuche ich, für mich selbst einzustehen.

Die Stadt

Gegenwärtig – und es ist notwendig, »gegenwärtig« zu sagen, weil sich ihr Aussehen seit meiner Ankunft im Jahre 1940 wiederholt bis zur Unkenntlichkeit verändert hat – sieht São Paulo etwa folgendermaßen aus: Eine beinahe chaotische, von Lücken durchbrochene Häusermenge erstreckt sich mit einem Durchmesser von zirka 45 Kilometern über ein bis zu 800 Meter hohes Mittelgebirge (wobei einige Pseudopodien dieser Amöbe gewaltig ausgreifen). Darüber wölbt sich eine Smog-Glocke. Durchstößt man mit dem Flugzeug diese Glocke, dann werden verstreute Gruppen von Hochhäusern in der Masse von Häuschen und Hütten sichtbar, jedoch keine Plätze. Am Rand der Häusermenge, stellenweise auch in ihr, erkennt man Industrieanlagen. Alles ist ins Grauweiße und Rötliche getaucht, mit einigen dunkelgrünen Flekken. Auf der einen Seite fällt das Mittelgebirge steil gegen das rund 60 Kilometer entfernte Meer ab, in den anderen Richtungen verflüchtigt es sich in ein rollendes Hochland.

In den Hütten, Häuschen und Hochhäusern wohnen etwa 16 Millionen Menschen; 1940 waren es weniger als eine Million. Es stellt sich sofort die Frage, ob eine derartige Siedlung »Stadt« genannt werden kann. Wenn wir ein historisches Stadtmodell heranziehen, etwa das einer norditalienischen Kleinstadt (die ja eine Keimzelle der modernen Stadt ist), dann muß São Paulo zweifellos anders klassifiziert werden.

Im historischen (und proto-historischen) Sinn ist »Stadt« eine aus drei Räumen bestehende Siedlung: Privatraum (Haus), politischer Raum (Marktplatz) und heiliger Raum (Tempel). Die aus dem neolithischen Dorf entstandene Proto-Stadt besteht aus einem Hügel aus Küchenabfall (»Tell«), auf welchem ein Big Man sitzt (später König, Priester, Gott), aus einem darunter liegenden offenen Platz und aus Hütten, die sich um diesen Platz scharen. Das städtische (»zivilisierte«) Leben ist der Versuch einer Synthese von Privatleben (Wirtschaft), öffentlichem Leben (Politik) und sakralem Leben (Sinnsuche). Die Geschichte der westlichen »Zivilisation« kann als ein Prozeß angesehen werden, in dessen Verlauf sich dieser Syntheseversuch verwandelt. Es geht um die Frage nach der Stellung der Wirtschaft, der Politik und der »Theorie« im Stadtgefüge.

Aus dieser Sicht ist nicht von einer »Stadt« zu reden. São Paulo kann nur mit großem Vorbehalt in die Geschichte der westlichen »Zivilisation« im oben gemeinten Sinn eingereiht werden. Denn es ist eine vorwiegend ökonomische Siedlung. Alles Politische und Theoretische kommt einem verkümmernden und künstlich am Leben erhaltenen Fremdkörper gleich. Noch aussichtsloser ist es aber, das Gebilde in irgendeine andere Historie eingliedern zu wollen. Man muß es wohl oder übel zusammen mit vorwiegend südamerikanischen und afrikanischen Großsiedlungen als geschichtslos betrachten. Damit freilich können sich bewußte Paulistaner (und vor allem die Intellektuellen) nicht einverstanden erklären. Eine solche Betrachtung widerspricht ihrem Selbstverständnis. Sie sehen sich – und zwar nach anderen als den hier vorgeschlagenen Kriterien – mit vollem Recht als Okzidentale. Eine grundlegende und darum nicht immer bewußte Tragik ist dabei im Spiel: Der Paulistaner Intellektuelle lebt nicht so und dort, wie und wo er seinem Selbstverständnis nach leben sollte. Diese Tragik wird zwar meist verdrängt, geleugnet oder überkompensiert, aber sie ist die Triebfeder für alles, was in Saõ Paulo gedacht und gemacht wird. In seltenen und kostbaren Augenblicken, wenn sich einer dem anderen öffnet, tritt diese Tragik offen zutage: »Man lebt daneben«.

Dieses Gefühl des Außenseitertums äußert sich in der existentiellen Stimmung der Paulistaner. Besonders im Vergleich zur europäischen ist sie nicht anders als »herzlich« oder »menschlich« zu nennen. Freilich, das Außen- und Gegenüberstehen, das Der-Welt-Entfremdetsein, ist die allgemein menschliche Stellung, nur wird sie in São Paulo besonders deutlich erlebt. Während man mit Paulistanern spricht oder auch nur Blicke wechselt, gewinnt man den Eindruck, an einer stillschweigenden Verschwörung gegen alles Unmenschliche teilzunehmen. Zunächst mag man meinen, diese Verschwörung gelte der Natur, die anders als in Europa als feindlich erfahren wird. Aber die Beobachtung der gegen die Natur gerichteten Einstellung der Paulistaner (und der Brasilianer überhaupt) stößt nicht bis zu den Wurzeln der Sache vor. Es ist zwar wahr, daß die Natur geradezu systematisch vernichtet wird. Zum Beispiel ignoriert der Stadtplan von São Paulo, soweit von ihm die Rede sein kann, geographische Akzidentien, und Brasilia sowie Amazonien sind weitere Beispiele für diese Naturverneinung. Gleichwohl ist die Herzlichkeit des zwischenmenschlichen Verhältnisses nicht ausschließlich auf das Anti-Natürliche (das »Geistige«) zurückzuführen, sondern vielmehr auf einen unterschwelligen Konsens: Europa und Nordamerika, also die verlorene Heimat und ihre zweite Auflage, haben »uns« sowohl verstoßen als auch zu ihrem Ausbeutungsobjekt degradiert. Diese Haßliebe zum Okzident bindet die Menschen aneinander.

Das Gefühl, ausgebeutet zu werden (gleichgültig, wie weit es objektiv berechtigt ist), kann im Grunde nur aus dem Paulistaner Kontext heraus verstanden werden. Einer fast ausnahmslos der Wirtschaft ergebenen Siedlung ist alles Politische und Theoretische stadt-fremd. Tatsächlich ist São Paulo zu einem Weltwirtschaftszentrum erster Ordnung geworden. Betriebsamkeit, schöpferische Unternehmerlust und die damit zusammenhängende Bautätigkeit sind überall ersichtlich, nicht minder aber Not und Verwahrlosung. Mit Krankheit und Zerlumptheit wird man an allen Ecken konfrontiert, stellenweise auch mit Hunger. Gefährliche Banden unterernährter Jugendlicher streichen durch die Gegend. Die Häuser wohlhabender Einwohner sind vergittert und von hohen Mauern umgeben, Banken gleichen militärischen Festungen. Einbruch, Überfall, Mord sind an der Tagesordnung. Dieser zunehmend augenfällige Widerspruch zwischen wirtschaftlicher Prosperität und dem rapide sinkenden Lebensniveau kann nicht anders denn als Ausbeutung von außen gedeutet werden.

Die Konzentration auf das Wirtschaftliche und Private und die fast vollständige Verachtung des Öffentlichen und Theoretischen äußern sich als »Korruption« – ein Begriff, der wie viele andere seine Bedeutung verändert, wenn er aus dem europäischen Kontext in den von São

Paulo übertragen wird: Es versteht sich von selbst, daß man in die Politik geht, um sich zu bereichern.

Der Paulistaner ist »politisch« (im eigentlichen Sinne des Wortes) völlig gefühllos. Ihm ist die öffentliche Sache nicht eine Sache aller, sondern ein Niemandsland, das es sich anzueignen gilt: Parkanlagen werden verwüstet, Blumen und Pflanzen ausgegraben, Grünflächen zerstört, Bänke entwendet. Seine Gefühllosigkeit bezieht sich auf alle materiellen und immateriellen öffentlichen Güter. Diesem Befund widerspricht jener zwischenmenschliche Konsensus, der nicht öffentlich und eine Bindung zwischen einzelnen Menschen ist, keineswegs.

Als »Politik« gilt in São Paulo eine Mischung aus zwei heterogenen Elementen. Zahllose Seiten der Tageszeitungen und zahllose Sendeminuten der elektronischen Medien sind einerseits mit dem Kampf zwischen einzelnen um die Macht (was hier »Geld« meint) gefüllt, andererseits mit ideologischen Schlagworten, die dem europäischen Gespräch entnommen wurden, hier aber nahezu bedeutungslos werden. Diese Schlagworte dienen den Kämpfenden als Waffen. Die Adressaten durchschauen das Spiel mit einem andernorts kaum je erreichten Zynismus, verfolgen das Treiben aber mit einer Spannung, die der in brasilianischen Fußballstadien nicht unähnlich ist. Diese Spielbegeisterung für »Demokratisierung« zu halten, ist ein verhängnisvoller Irrtum, dem insbesondere Europäer häufig verfallen. Nicht um das Gemeinwohl geht es den Menschen dort, sondern um Zerstreuung, um Flucht aus dem unerträglichen Alltag – und um die eigene, meist leere Tasche. Von »Politisierung« kann keine Rede sein.

Daher auch die für Außenstehende unerklärliche Abwesenheit jedweder revolutionären Stimmung. Zwar ist man der geringen Lebensqualität wegen »aufgebracht«, aber die Empörung tritt entweder in privaten Aussagen hervor (was fälschlicherweise »Meinungsfreiheit« genannt wird) oder in Gestalt kleiner »Verbrecher«gruppen, die sich nicht miteinander vereinigen, sondern gegeneinander kämpfen. Sollten diese Gruppen von Demagogen geeint werden und einen Aufstand unternehmen (der von außen als Revolution gedeutet werden könnte), dann wäre dies nicht eine Bewegung mit politischen Zielen, sondern Ausdruck einer privaten Verzweiflung, die von Politikern ausgebeutet wird.

Mein Versuch, eine Art von phänomenologischer Sicht auf São Paulo zu bieten, ist keiner aus der »objektiven« Vogelperspektive, sondern einer von innen (»engagiert«), was ihn nicht notwendigerweise weniger »wahr« macht. Zahlreiche Aspekte des Paulistaner Lebens wurden dabei nicht ins Blickfeld gerückt und vernachlässigt. Zusammenfassend ist zu sagen: São Paulo ist eine außerordentlich liebenswürdige, aber nahezu unerträgliche »Stadt«. Die Bewohner ertragen sie dennoch, weil sie die Unerträglichkeit verdrängen. Das ist das Habitat der Paulistaner Intellektuellen.

Intellektualität im 20. Jahrhundert

»Intellektualität« ist ohne »Urbanität« nicht zu denken. Ein Intellektueller bewohnt den »sakralen« (theoretischen) Stadtraum, und nur innerhalb der Polis hat er eine Stellung. Diese Stellung ist aus der Geschichte der Stadt verständlich.

Im späten Neolithikum ist, wie oben angedeutet, die Stadt unterhalb eines Hügels entstanden, und zwar in der Nähe eines Flusses. Der ursprünglich aus Küchenabfall gebildete »Tell« und später künstlich errichtete Turm soll die Getreidelager vor Überschwemmung schützen, dient aber auch als Aussichtsplatz. Von dort aus kann die lebenswichtige Flußströmung überblickt und der Versuch unternommen werden, diese zu regulieren. Vom Turm aus werden Kanalisationsprojekte (Berieselungsanlagen) entworfen. Die auf dem Turm und um ihn herum siedelnden »Ingenieure« sind die ursprünglichen Intellektuellen. Von Beginn an ist ihr Kennzeichen diese Zwitterstellung: zwischen dem Big Man auf der Turmspitze (der ihnen Nahrung gibt, damit sie Geometrie treiben) und den Sklaven (die, Projektierungen gehorchend, im Schlamm wühlen und dadurch die Nahrung beschaffen).

Die Geschichte des Okzidents hat in Gestalt von Kommentaren Schale um Schale um diesen Kern des Intellektuellen-Problems zwischen Akropolis und Suburbium geschichtet, um einen Kern, der als Kern der westlichen Geschichte überhaupt angesehen werden kann. Beschränken wir uns auf die entscheidenden Phasen:

Nach platonischer Interpretation sind die Intellektuellen (die Geometer) jene Stadtbewohner, welche die »Formen« erschauen und sich nicht von den »Erscheinungen« verwirren lassen. Sie, die »Philosophen«, sollen daher die Könige der Stadt sein und diese nach den Formen lenken (formieren). Tatsächlich ist diese platonische »Utopie« unter dem Einfluß des Christentums in der mittelalterlichen Stadt mehr oder weniger wirklich: Intellektuelle (Bischöfe) regieren die Stadt gemäß den theoretisch, dank dem Glauben erkannten Formen (zum Beispiel regeln sie die Preise der Stadtprodukte). Das Stadtzentrum ist die Kathedrale mit ihrem Turm.

Die Renaissance kann als Revolution der Produzenten, der Handwerker und Bürger gegen die Intellektuellen aufgefaßt werden, denn die Bischöfe sind keine Könige mehr, und die Theorie wird in den Dienst der Produktion gestellt. Der Markt ist »frei«, die Politik siegt über den Turm. Aus der Unterwerfung der Theorie unter die Praxis resultieren moderne Wissenschaft und Technik (industrielle Revolution) und eine Spaltung der Intellektuellen in zwei Gruppen. Einerseits liefern die ihrer Vormacht beraubten Intellektuellen, also Priester und Mönche, dem Handwerk und der Industrie die theoretischen Modelle: Sie werden zu Wissenschaftlern, Technikern, Verwaltern. Andererseits liefern die abgesetzten Intellektuellen den siegreichen Bürgern Erlebnismodelle für die Freizeit: Sie werden zu Künstlern und Philosophen. Beide, die »harte« (exakte) ebenso wie die »weiche« (humanistische) Kultur, stehen im Dienst der politischen Praxis und werden von ihr ernährt. Und beide finden sich mit ihrem Machtverlust nicht ab: Heute revoltieren die Intellektuellen gegen die Politik. Von dieser Gegenrevolution ist hier zu sprechen. Verdeutlichen wir zunächst den Begriff »Intellektuelle«.

Intellektuelle manipulieren Symbole, d. h. Phänomene, welche andere Phänomene »bedeuten«. (Die ursprünglichen Intellektuellen haben wohl Linien in Ziegel geritzt, damit diese Linien »mögliche Kanäle« andeuten mögen. Die erkenntnistheoretischen, ethischen und ästhetischen Parameter der Tatsache, daß Intellektuelle Symbole manipulieren, müssen hier ausgeklammert werden.) Symbole können zu »Codes« genannten Systemen zusammengefaßt werden. Intellektuelle können Codes handhaben und gegebenenfalls neue herstellen. Sie »verschlüsseln« und »entschlüsseln«, das unterscheidet sie von Nicht-Intellektuellen. In dem Begriff »Code« ist etwas Geheimes (Sakrales) konnotiert. Das Erlernen eines Codes wird als Initiation verstanden. Vom Standpunkt der Stadt bilden die Intellektuellen eine Geheimkaste von Initiierten.

In der Geschichte des Okzidents ist der alphanumerische Code der Hauptträger von »Bedeutung«. Im alphanumerischen Code werden Symbole für Phoneme (gesprochene Laute) und Symbole für Mengen (gezählte Gruppen), also Buchstaben und Zahlen, miteinander nach Regeln verbunden. Okzidentale Intellektuelle sind vorwiegend Manipulatoren dieses Codes (»Litterati«). Die Erfindung des Buchdrucks und die Einführung der allgemeinen Schulpflicht lüften ihr Geheimnis und leisten einen Beitrag zur bürgerlichen Revolution. Aber im Verlauf dieser Revolution erobern sie die Aura des Geheimen zurück. Die gegenwärtige Gegenrevolution ist von dort aus zu fassen.

Die Unterwerfung der Theorie unter die Praxis, von den revolutionären Bürgern erzwungen, soll dazu führen, daß Modelle für Produkte zur Verfügung stehen. Diese Theorie hat sich fortan mit Natur als Rohstoff zu befassen. Dabei stellt sich heraus, daß die Natur besser mit Zahlen als mit Buchstaben symbolisiert wird: Natur ist unbeschreiblich, aber zählbar. Folglich wandern die Zahlen aus dem alphanumerischen Code aus und machen sich selbständig: analytische Geometrie, Kalkül, schließlich auf Digitalisierung beruhende Computercodes. Zahlencodes werden im Verlauf der Neuzeit zunehmend esoterisch, sie verlangen immer mehr nach einer langwierigen Initiation, und sie können von Nicht-Intellektuellen immer weniger entziffert werden. Intellektuelle, die der neuen Codes mächtig sind, bilden eine Geheimkaste. Die von ihr erzeugten Modelle müssen von der Stadt mehr oder weniger kritiklos angewandt werden. Außerdem stellt sich heraus, daß mit Hilfe der neuen Codes nicht nur Produktionsmodelle, sondern auch Erlebnismodelle erzeugt werden können: Computer synthetisieren aus ihnen Bilder, Töne, in Zukunft auch Körper. Die moderne Scheidung der Intellektuellen in »harte« (Wissenschaftler und Techniker) und »weiche« (Künstler und Denker) ist im Schwinden begriffen. Denn wenn das Kriterium »Code« für Intellektualität Geltung beanspruchen kann, dann ermöglicht sie es nicht, die gegenwärtige, in zwei Gruppen geteilte Intellektualität zu fassen. Wir haben es auf der einen Seite mit Intellektuellen zu tun, die sich traditioneller Codes bedienen, also des Alphabets sowie der visuellen und akustischen Codes der Neuzeit. Auf der anderen Seite sehen wir uns mit Intellektuellen konfrontiert, die digitale Codes manipulieren. Zwischen beiden Gruppen klafft ein Abgrund, der unüberbrückbar scheint.

Die Stellung der beiden im Stadtkontext ist nicht identisch, unterschiedliche Denkarten kommen zum Zuge. Die eine Gruppe ist wie in der Neuzeit weiterhin eine von der siegreichen Bourgeoisie abgesetzte Elite. Der typisch moderne Gewissenszwiespalt gilt für sie noch heute, nämlich sich in den Dienst der herrschenden Stadtstruktur zu begeben, um Modelle herstellen zu können, oder womöglich in Verbindung mit unterdrückten gesellschaftlichen Gruppierungen die Stadtstruktur zu kritisieren, um die Stadt nach eigenen Modellen umzubauen. Die andere Gruppe ist unter Mißachtung der modernen Unterscheidung zwischen »harter« und »weicher« Kultur dabei, Modelle auszuarbeiten, nach denen die Stadt bereits jetzt funktioniert, ohne daß sich die angeblich noch immer herrschenden Bürger (»Politiker«) davon Rechenschaft geben. Bereits jetzt befolgen Industrie, Banken, Militär, Medien und zahlreiche andere gesellschaftliche Systeme immer deutlicher Modelle (Szenarios), welche von der zweiten Intellektuellengruppe, fälschlicherweise »Technokraten« genannt, ausgearbeitet werden. Modelle dieser Art werden von den Betroffenen befolgt, können aber von ihnen nicht entziffert werden, d. h., diese Intellektuellen sind dabei, jene Stellung zurückzuerobern, die im Mittelalter die Priester innehatten.

Der Paulistaner Intellektuelle

Die soeben skizzierte Trennung der gegenwärtigen Intellektualität in Litterati und Künstler einerseits, in »Technokraten« andererseits ist in São Paulo deutlicher spürbar als in europäischen und nordamerikanischen Städten. Eben das macht vom Standpunkt der sogenannten entwickelten Welt die Paulistaner Szene so interessant: Es zeichnet sich dort ab, was in der heranrückenden Zukunft überall eintreffen könnte. In dieser Hinsicht gleicht São Paulo einem Laboratorium: Hier werden Experimente über die künftige Stellung der städtischen Intellektuellen angestellt. Ordnen wir die Szene der Paulistaner Intellektuellen nach dem erwähnten Kriterium »Code«. Während dabei Querverbindungen und »graue Zonen« nicht außer acht gelassen werden, wird auf Namensnennungen verzichtet. Und zwar aus zwei Gründen: 1. »Autoren« sind eingedenk der gegenwärtigen Informationsflut nicht mehr Quellen, sondern Sammelpunkte, an denen Informationen aus dem allgemeinen Gespräch zusammenfließen; Eigennamen maskieren diesen Vorgang. 2. Namensnennungen verlangen nach biographischen Daten, die ich vermeiden möchte.

Alphabet. Unter diesen Code fallen »Schriftsteller«, also Dichter, Romanciers, Journalisten, Philosophen usw. Weil das Alphabet eine Umkodierung gesprochener Laute in visuelle Zeichen ist, die es zu Linien ordnet, prozessieren Schriftsteller eine Sprache, und sie tun dies eindimensional, »historisch«. In São Paulo ist die prozessierte Sprache das Portugiesische, und das »historische« Denken, auf dem das Prozessieren beruht, ist das Westeuropas (und der USA). Die Paulistaner Schriftsteller sind ihrem Code nach an westlichen Diskursen beteiligt. Daraus folgt eine Serie von peinlichen Problemen.

Die portugiesische Sprache stellt den Paulistaner Intellektuellen in einen Diskurs, der ihm nicht zusagt. Die ihn nährenden Informationen stammen zum großen Teil aus englischen und französischen Quellen, weniger aus italienischen und deutschen. Seine wesentliche Tradition ist Übersetzung. Die Kehrseite: Alle seine Schriften müssen übersetzt werden, sollen sie in den intellektuellen Dialog eindringen. Dieses Außenseitergefühl (»Portugiesisch ist das Grab der Gedanken«) führt gelegentlich zu schöpferischen Sprachmanipulationen, etwa dann, wenn – wie im Fall der sogenannten konkreten Dichtung – das Portugiesische sowohl syntaktisch als auch semantisch in neue Strukturen gezwängt wird. Da zahlreiche Paulistaner Schriftsteller über einen nichtportugiesischen Sprachhintergrund verfügen, zum Beispiel einen italienischen, jiddischen, arabischen oder japanischen, brechen fremde Elemente in die Sprache ein und verleihen ihr – in einem höheren Maße als das beim amerikanischen Englisch der Fall ist – eine eigenartige »kosmische« Färbung. Nur: Damit sie ins Bewußtsein des allgemeinen westlichen Gesprächs gelangen kann, muß diese sprachschöpferische Tätigkeit erst übersetzt werden. Dabei geht das meiste verloren. Die Beteiligten sind frustriert.

Ihrem Code nach sind Schriftsteller historisch denkende Menschen, sie sind darin engagiert, die historisch gegebene Stadtstruktur (»Gesellschaft«) zu kritisieren. Die Paulistaner Schriftsteller stellt das vor kaum zu bewältigende Probleme. Denn sie leben in einer geschichtslosen Stadt, und zwar nicht nur im Sinne von traditionslos. Vor allem ihre ökonomische Orientierung hat sie politischer und theoretischer Dimensionen beraubt. Ein Ausweg aus dieser Lage besteht darin, eine historische (politische) Tradition »künstlich« herzustellen; ein anderer ist die Politisierung der Gesellschaft. Beides wird versucht, obwohl die allgemeine Tendenz auf ein anderes Ziel hinauszulaufen scheint.

Nennen wir den ersten Versuch behelfsweise »nationalistisch«. São Paulo, Brasilien überhaupt, wird als Verlängerung der portugiesischen Geschichte verstanden. Die Rede ist von einer Entkolonisierung, also »Befreiung« Brasiliens von der portugiesischen Kolonialherrschaft. Verschiedene »eigenständige« Elemente, z. B. das größtenteils mythische Indianische, werden in diesen Versuch integriert. Um eine derartige Historisierung zu erzwingen, muß die Bedeutung der portugiesischen »Erbschaft« überbetont werden, und das fällt schwer: Im Verhältnis zu anderen Kulturen fällt diese Erbschaft nur wenig ins Gewicht. Außerdem sind in São Paulo, anders als in Rio oder San Salvador, greifbare Reste der Erbschaft so gut wie gar nicht vorhanden. Darüber hinaus ist nur eine Minderheit der Bevölkerung sentimental und intellektuell mit Portugal verbunden. Trotzdem ist es den »nationalistischen« Schriftstellern gelungen, eine idealisierte, größtenteils fiktive Historizität zu synthetisieren.

Bemerkenswerter ist der Politisierungsversuch. Er läuft darauf hinaus, einen politischen Raum aus der Ökonomie São Paulos herauszuschneiden, also die Paulistaner politisch bewußt zu machen. Dazu benutzt man ein von außen übernommenes begriffliches Instrumentarium, z. B. »Klasse« oder »imperialistische Ausbeutung«. Der tatsächliche Widerspruch zwischen wirtschaftlicher Prosperität und nahezu unerträglichen Lebensverhältnissen stützt das Unterfangen. Argumentiert wird folgendermaßen: Die gegenwärtige Wirtschaftslage kann nur mit Hilfe der Politik verändert werden, auch wenn politische Maßnahmen vorübergehend zu einer Verschlechterung der Lage führen sollten.

Viele Intellektuelle sind sich der Grausamkeit dieses Arguments bewußt – es impliziert Hungersnot und blutige Unruhen –, sie sehen aber keine Alternative. Verstehen wir diesen Versuch als das Engagement, São Paulo in die Geschichte zu zwingen, notfalls wider den eigenen Willen aus einem Patienten fremder Geschichte Agenten der eigenen entstehen zu lassen.

Aus einigem Abstand wird das Gemeinsame dieser zwei Versuche sichtbar. In beiden Fällen handelt es sich um Historisierung, also um den Versuch der Intellektuellen, eine eigene und von der übrigen Welt unabhängige Stellung zu erobern, nämlich jene des »Gewissens« der Paulistaner Gesellschaft. Deshalb wäre es unsinnig, den ersten Versuch »rechts«, den zweiten »links« nennen zu wollen, denn immer geht es um Menschen, die in ihrer Verzweiflung bemüht sind, sich in ihrer geschichtslosen Gesellschaft zu finden, um nicht Fremde in der eigenen Stadt bleiben zu müssen.

Außerdem laufen beide Versuche darauf hinaus, die Stadt nach der Denkstruktur der alphabetisch Denkenden umzustrukturieren. Anders als im »entwickelten« Westen sind diese Versuche keine Gesellschaftskritik, sie sind Gesellschaftsentwürfe.

Journalismus. Es wird deutlich, daß die Bemühungen Paulistaner Schriftsteller im Grunde genommen dazu führen sollen, aus entfremdeter Einsamkeit in die Stadt dringen zu können. Das macht sie zu »Journalisten« (im erweiterten Sinne). Ihre Texte, auch scheinbar elitäre, sind selten nichtjournalistischer Art. São Paulo wird von Zeitungen und Zeitschriften überflutet. Die zwei großen, für westeuropäische Verhältnisse ungewöhnlich umfangreichen Tageszeitungen veröffentlichen neben den Tagesnachrichten zahllose Kommentare, Essays und Reflexionen. Texte der meisten Schriftsteller aus Gegenwart und Vergangenheit – von Dichtern über Romanciers und Wissenschaftler bis hin zu Philosophen – sind dort zu lesen. Dieser »Journalismus« hat eigenartige stilistische Folgen, er führt nämlich tendenziell zu Divulgation und Vulgarisation. Andernorts wird beides mit formalistischem Akademismus kompensiert.

Da es sich um eine relativ kleine Gruppe von Publizierenden handelt, die in dieser riesigen Siedlung in Zeitungen und Zeitschriften und sonst äußerst selten zusammenkommen, bleibt sowohl ein familiärer Ton als auch persönliche Gehässigkeit nicht aus. Schlägt ein Uneingeweihter eine Zeitung auf, kann er sich kaum in ihr orientieren. Damit ist ein eigenartiger Widerspruch im Engagement der Schriftsteller markiert: Sie wollen sich in die Gesellschaft integriert wissen, reden aber fast nur zueinander. Ihre »pädagogische« Absicht verwandelt sich in Polemik. Der »durchschnittliche« Zeitungsleser flieht aus diesem Labyrinth zum Radio und vor allem zum Fernsehen.

Philosophie. Journalisten philosophieren und Philosophen schreiben für Zeitungen. Nichts Besonderes, möchte man meinen, scheint das doch für alle Städte zu gelten, nicht zuletzt für Paris, das zumindest den älteren unter den Paulistaner Intellektuellen als Modell dient. Aber in São Paulo gewinnt die Sache eine andere Färbung.

Wenn gegenwärtig von der Gleichzeitigkeit aller Informationen die Rede ist, dann gilt das nur für sofort zu konsumierende Informationen. Im Falle von Informationen, die erst prozessiert werden müssen, bevor sie verbraucht werden können, muß weiterhin von einem Gefälle zwischen Sender und Empfänger gesprochen werden. Dieses Gefälle verläuft von Norden nach Süden. Zwischen Empfang und Prozessieren philosophischer Information liegt etwa eine Generation. Deshalb entspricht das Verhältnis zwischen »akademischem« und »journalistischem« Philosophieren in São Paulo nicht dem im »entwickelten« Norden. Es ist genau umgekehrt. Im Norden werden die neuen Informationen »akademisch« ausgearbeitet und die bereits ausgearbeiteten in Zeitungen und Zeitschriften besprochen; in São Paulo dringen die neuen Informationen in die Presse, während in »akademischen« Medien Vergangenes diskutiert wird.

Für philosophisch engagierte Schriftsteller sind die Folgen verheerend. Sie selbst und ihre Themen – sei es die Krise der Codes oder der wissenschaftlichen Erkenntnis, sei es der Übergang in die nachindustrielle Gesellschaft – werden »offiziell« nur mit großem Mißtrauen zur Kenntnis genommen, aber völlig verantwortungslos in der Tagespresse behandelt. Wer in ständigem Austausch mit philosophischen und wissenschaftlichen Zentren Europas und Nordamerikas steht, der läuft Gefahr, von den Paulistaner »Akademikern« als Journalist beiseitegeschoben zu werden. Wer sich auf die Paulistaner Diskussion einläßt, der läuft Gefahr, am gegenwärtigen philosophischen Gespräch vorbeizureden.

Prosa. In der grauen Zone zwischen Philosophie und Journalismus entstehen in São Paulo Texte, die gelegentlich von großem Schöpfergeist zeugen. Meistens handelt es sich um Collagen aus halbverdauten ausländischen Informationsbrocken und heimischen, oftmals einem afrikanischen Animismus entnommenen Kulturemen. Manche dieser Texte sind außerordentlich reich an Phantasie und beweisen Gedankenschärfe. Die Hoffnung auf eine »brasilianische Kultur«, die eigenständig mit der westlichen in den Dialog tritt, fußt u. a. auf derartigen Texten. Intellektuelle aus Europa und Nordamerika, oft geradezu verzweifelt auf der Suche nach einer Alternative zu ihrer eigenen Tradition, fühlen sich angesprochen. Schreiben sie darüber, werden sie daheim zu »Spezialisten«.

Noch vor kurzem wurden Prosaisten als die eigentlichen Intellektuellen angesehen. Weil es bis zu Beginn unseres Jahrhunderts keine Universität in São Paulo gab, wohl aber eine an französische Vorbilder angelehnte Fakultät für Jurisprudenz, standen juristisch orientierte Schriftsteller an erster Stelle. Inzwischen schießen Universitäten wie Pilze aus dem Boden, und sie erleiden einen Niveauverfall, der dem im »entwickelten« Ausland nicht unähnlich ist. Allerdings verfügt das Ausland im Gegensatz zu São Paulo über Elite-Hochschulen, die den einmal erreichten Standard halten und ausbauen.

Die gegenwärtigen Texte stehen nur noch selten in irgendeinem Bezug zur Hochschule. Dadurch werden sie erfreulicherweise vor akademischer Prätentiösität bewahrt. Mit anderen Worten: Auf diesem Gebiet wird Beträchtliches geleistet. In erster Linie in Rio, weniger in São Paulo (obwohl São Paulo das Kulturzentrum Brasiliens ist), entstehen vor heterogenen linguistischen Hintergründen bemerkenswerte Novellen und Romane, die sich vor allem durch sprachschöpferische Kraft auszeichnen. Darin ist die Paulistaner Literatur mit der New Yorks vergleichbar, allerdings fehlt ihr der Glanz.

In den Texten tritt die oben erwähnte Spaltung der sogenannten weichen Intellektuellen in »nationalistische« und »populistische« zutage. Denn einerseits beanspruchen die Texte, einer tatsächlichen oder angeblichen Spezifität der Paulistaner Gesellschaft das Wort zu reden, andererseits wollen sie in dieser Gesellschaft erst etwas Spezifisches wecken. Ein Vergleich mit anderen literarischen Bewegungen – historischen oder gegenwärtigen – kann nur unter Vorbehalt gezogen werden. Die Kommunikationssituationen sind nicht identisch, und fast überall gibt es eine (halb)artikulierte kulturelle Spezifität, nicht aber in São Paulo.

Dichtung. In São Paulo wird die portugiesische Sprache in all ihren Parametern auf eine Weise manipuliert, wie das andernorts nur selten der Fall ist. Nicht nur die Vielfalt der verfügbaren Sprachen und die Plastizität des Portugiesischen, auch und vor allem die von jedweder Tradition fast vollständig entbundene Sprachspiellust sind der Grund dafür, daß São Paulo vor wenigen Jahren ein Zentrum poetischer Innovation war. Nur hat sich die anderswo fühlbare Krise des Alphabets in São Paulo bislang nur wenig bemerkbar gemacht. Sollte es den Paulistaner Dichtern gelingen, aus dem Alphabet heraus in neue Codes vorzudringen (aus dem Papier in neue Gedächtnisstützen), dann könnte São Paulo als Innovationszentrum wiederbelebt werden.

Literaturkritik. Die Sekundärliteratur ist sowohl quantitativ als auch qualitativ stärker ausgebildet als die primäre. Die Begründung mag im Außenseiterbewußtsein liegen. Die Paulistaner Intellektuellen sind eminent kritische, fast schon zynisch zu nennende Menschen. Ihre Neigung zur kritischen Textanalyse hat allerdings auf anderen Gebieten der kulturellen Kreativität, etwa bildende Kunst oder Musik, keine Parallele. Textkritische Arbeiten, vor allem Analysen der Syntax, haben demnach nicht nur mit der Grundeinstellung des Paulistaner Intellektuellen zu tun, sondern auch mit der für ihn problematischen Stellung der portugiesischen Sprache. Ihn verlangt es nach einer Sprache, die zum allgemeinen Gespräch Zugang findet. Die Sprache soll die Schranke zwischen dem Paulistaner (und brasilianischen) Denken und der Welt überwinden. Die Tatsache, daß die portugiesische Sprache nicht schlicht hingenommen, sondern daß sie als ein Arbeitsgegenstand aufgefaßt wird, ist unter der hier vertretenen Perspektive von Bedeutung. Freilich, überall dort, wo man das Alphabet benutzt, ist die Sprache Manipulationen unterworfen. Doch in São Paulo wird die Sprache in Frage gestellt. So eröffnet sich ein Horizont für außersprachliche Kodifikationen. In São Paulo sind die Voraussetzungen gegeben, die emportauchende nichtlineare Kultur aufzufangen und auszuarbeiten.

Visuelle Codes. Intellektuelle, die früher »Künstler« genannt worden sind, also z. B. Maler, Bildhauer und Architekten, bedienen sich der visuellen Codes. Zu dieser Kategorie zählen nicht die Intellektuellen, die auf Technik beruhende visuelle Codes bearbeiten (das sind vor allem Fotografen, Filmemacher und Videoleute).

Die Stellung der »klassischen« visuellen Codes im Paulistaner Kontext ist nicht ohne weiteres aus europäischer und nordamerikanischer Perspektive erkennbar.

Wenn wir die okzidentale Geschichte als einen dialektischen Prozeß zwischen bildlichem (zweidimensionalem) und begrifflichem (eindimensionalem) Denken auffassen, so beginnt sie mit der Erfindung der linearen Schrift. Die Schrift versucht, die bis dahin vorherrschenden Bilder zu erklären, d. h. zu entmythisieren. Daraufhin wehren sich die Bilder, d. h. sie illustrieren die sie erklärenden Texte. Dies führt dazu, daß sich die Texte mit Imagination aufladen und die Bilder zunehmend begrifflich werden. Mit der Erfindung des Buchdrucks wird das begriffliche Denken dominant. Das bildlich-magische Denken hingegen wird verdrängt und kommt als »moderne Kunst« zum Ausdruck. Durch die technischen Bilder gerät dieser okzidentale Code-Konflikt in eine neue, andersgeartete Phase.

All das gilt für das geschichtslose São Paulo nicht. Die alphabetisch (begrifflich) verschlüsselte Bewußtseinsform ist nicht aus dem Kampf gegen bildlich (magisch-mythisch) verschlüsselte Bewußtseinsformen entstanden: Sie ist nach São Paulo »europäisch geläutert« übertragen worden und steht jetzt einem nicht-okzidentalen magischen Denken gegenüber. Sie hat demnach nicht den Weg aus kirchlichem über humanistisches und aufklärerisches ins kritisch-analytische Denken genommen. Paulistaner »Schriftsteller« sind in diesem Sinn emigrierte Europäer, die nicht den verdrängten Resten einer voralphabetischen europäischen Magie gegenüberstehen, sondern sie haben es mit einer exotischen (afrikanischen, vorkolumbianischen und fernöstlichen) Bildmentalität zu tun. Deshalb sind visuelle Codes manipulierende Intellektuelle nicht daran interessiert, Verdrängtes ins Bewußtsein und ins Erleben zu heben (wie das in Europa der Fall ist), sondern sie sind darauf aus, Exotisches mit dem Okzidentalen zu verknüpfen, also die westliche Kultur mit anderen zu synthetisieren. (Selbstverständlich gibt es in São Paulo verdrängte okzidentale Magie und in Europa synthetische Experimente, etwa den afrikanischen Kubismus, aber das geht am Kern der Sache vorbei.)

Ein weiteres Problem besteht darin, daß die »alphabetischen« Intellektuellen aufgrund von Übersetzungsschwierigkeiten nur Zaungäste des allgemeinen westlichen Gesprächs sind, während die visuelle Codes manipulierenden Intellektuellen unmittelbar an diesem Gespräch beteiligt sind. So findet auch die Paulistaner bildende Kunst im Vergleich zur Paulistaner Textkreativität international einen größeren Widerhall. Die visuell arbeitenden Intellektuellen folgen der Aufgabe, São Paulo in die allgemeine Kulturszene zu integrieren, beispielsweise mit der jährlichen Kunstbiennale.

Bildende Kunst. Ein flüchtiger Blick erweckt den Eindruck, als würden die sich gegenwärtig überstürzenden und daher immer provisorischen Tendenzen aus Europa und Nordamerika schlicht importiert. Ein jeder versucht, den letzten Schrei zu vernehmen, sich ihn anzueignen und damit nach vorn zu drängen. Die Stadt wimmelt von Galerien, Ausstellungssräumen und »Schulen«. Mehr noch als anderswo läßt man in São Paulo die bürgerliche Jugend (hauptsächlich Mädchen) im »Bildermachen« sich austoben, und dabei spielen die »Kommunikationsfakultäten« eine nachgerade verheerende Rolle. Die Inflationsrate schließlich trägt dazu bei, daß derartige Bilder auch ihre Käufer finden. Kurz, die Szene bietet das Bild einer verwahrlosten Redundanz.

Unter der Oberfläche aber geht folgendes vor sich: Afrikanische, vorkolumbianische und japanische Formen und Farben, nicht zuletzt das darin enthaltene Lebensgefühl werden in die westlichen Codes einbezogen und ergeben in einigen Werken neue, für die künftige Kultur womöglich kostbare Informationen. Allerdings ist die Paulistaner Kunstkritik nicht in der Lage, solche Brocken aus dem allgemeinen Brei herauszuklauben. Überhaupt besteht die Gefahr, daß diese Werke nicht ins Bewußtsein dringen, weil die ganze Welt schon heute in einer Bilderflut zu ertrinken droht.

Das Unternehmen »São Paulo Kunstbiennale« ist vielleicht dahingehend zu verstehen, dieser Gefahr aus dem Weg zu gehen. Nur sind Ausstellungen, wie auch immer strukturiert, keine geeigneten Medien mehr, um Informationen zu distribuieren. Vielmehr fordern die wenigen entscheidenden Werke, die in São Paulo entstehen, die sogenannten neuen Medien, die ebenfalls in São Paulo ausgearbeitet werden, heraus. Ob letztere die Herausforderung annehmen werden, bleibt abzuwarten.

Architektur. Die Vermutung liegt nahe, daß die erwähnte Synthese der okzidentalen mit den exotischen Formen und Farben in der Architektur besonders stark zum Ausdruck kommt. Man könnte meinen, schließt man die Paulistaner (und brasilianische) Tendenz zu pharaonischem Gigantismus in die Überlegung ein, daß in São Paulo für die künftige Kultur bahnbrechende Realisationen im Entstehen begriffen sind. Die Wirklichkeit ist eine andere: Gebaut wird billig und schäbig, im Vordergrund stehen Privatinteressen und der Profit. Das hängt erstens mit der wirtschaftlichen Lage des Landes zusammen. Zweitens sind die Paulistaner Intellektuellen politisch mit Blindheit geschlagen.

Architektur ist ein Gebiet, auf dem sich Formgebung mit politischem

Engagement und privaten Interessen überschneidet. Das Resultat ist erschütternd: Eine außerordentlich künstlerische Begabung in einem für Kreativität außerordentlich geeigneten Kulturkontext wird von politischer Verantwortungslosigkeit und Geldgier verschüttet. Zwar hat das Land in der Vergangenheit, vor allem in den fünfziger Jahren, den Eindruck erweckt, als entstehe eine für die moderne Welt modellhafte Architektur (das gilt nicht nur für Brasilia), aber das hat sich als Täuschung erwiesen. Die Architektur São Paulos steht ganz im Schatten dessen, was gegenwärtig in New York oder Paris architektonisch geleistet wird. Aufgrund ihrer starken Potenz mag sich das in Zukunft ändern, aber derzeit sind die Paulistaner dazu verurteilt, in verrottenden, kitschigen und großrednerischen Bauwerken ihr Leben zu fristen.

Alle übrigen visuellen Codes. Das Charakteristische an der Paulistaner visuellen Szene beansprucht Gültigkeit auch für alle übrigen visuellen Codes: Eine embryonale Synthese aus westlichen, afrikanischen und fernöstlichen Kulturemen (mit einigen präkolumbianischen und nahöstlichen) dringt als mögliche Alternative der okzidentalen Kultur nach vorn, droht aber gleichzeitig von Redundanzen, Kitsch und schäbigem Dilettantismus verschüttet zu werden. Speziell zum Theater sei jedoch gesagt: Die Theoriefeindlichkeit der Paulistaner Intellektuellen äußert sich u. a. als Theaterfeindschaft. Wird »Theater« als Ort der Theorie verstanden, hat man die Erklärung für die dramaturgische Armut und das Fehlen von Theatern im eigentlichen Sinne. Die vielen Versuche, hier verändernd einzugreifen, münden entweder in elitären Unternehmungen oder verwuchern in Banalitäten. Nach verschiedenen Ausbruchsversuchen in den fünfziger Jahren wirkte die Militärdiktatur (sofern dieser europäische Ausdruck auf Südamerika zutrifft) ernüchternd: Sie hat auf ihre brutale Art die Realität in Erinnerung gerufen.

Akustische Codes. Die Gefahr ist groß, in die europäischen und nordamerikanischen Vorurteile (Karneval, Bossa Nova) zu stürzen. Ziehen wir die Sache von einer anderen Seite auf, nämlich vom Rhythmus her. Wenn man sich bemüht, das existentielle Klima São Paulos (und Brasiliens) zu erfassen, erkennt man die Verwandtschaft zwischen Stimmung und Rhythmus. Die afrikanische Weltanschauung, nach der jeder Weltaspekt (»Gott«) einem spezifischen Rhythmus entspricht (dieser Rhythmus *ist*), hat sich sozusagen unter die Szene geschoben und trägt sie. Der Rhythmus der heiligen Bräuche ist nicht etwa nur im nächtlichen Trommeln oder bei Beschwörungen (»candomblé«) erlebbar, sondern auch im Alltag spürbar: im Schreiten der Mädchen, im Tänzeln der kleinen Gauner, im Klappern der Schreibmaschinen.

Weil dieser Rhythmus jedoch in São Paulo weniger deutlich ist als in anderen Teilen Brasiliens, muß er zur Beurteilung der dortigen Lage kritisch entwickelt werden. Dann erscheinen jene Intellektuellen, welche akustische Codes bearbeiten, als Artikulierer des sozial, kulturell und wirtschaftlich unterdrückten Hintergrunds von São Paulo. Der offiziell gepriesene Antirassismus ist selbstredend unwahr: Schwarze und Mulatten sind keineswegs integriert, mögen auch einzelne die Barriere durchbrochen haben. Die Sklaverei ist erst gegen Ende des vergangenen Jahrhunderts abgeschafft worden, und das Verhältnis der Weißen zu den Schwarzen ist weiterhin von Paternalismus, zum Beispiel vom Mythos »schwarze Mutter«, gezeichnet. In der Musik jedoch ist die schwarze Komponente der Stadt salonfähig: Die Intellektuellen dürfen das »Schwarzsein« spielen. Zuweilen dient das Spiel als Vorwand. Denn der seiner Stadt entfremdete Intellektuelle, der sich in der Musik wie ein Schwarzer gebärdet, gibt vor (und glaubt zum Teil), über die Musik mit der unterdrückten Bevölkerungsgruppe in Verbindung zu stehen. Er benutzt die Musik, um diese Gruppe auf populistische Art zu politisieren. Die Texte der Karnevalslieder und der eigens hergestellten tanzähnlichen pseudopopulären Kompositionen sind – in Europa meist nicht wahrgenommen – engagierte politische Manifestationen. Manchen Kompositionen gelingt es, von der sogenannten Masse absorbiert zu werden. Ungeachtet dieser lenkenden intellektuellen Absicht ist der Rhythmus stark genug, um mitreißend und teilweise betörend zu wirken.

Das musikalische Leben ist verhältnismäßig reich. Neben »brasilianischer« Musik wird »okzidentale« komponiert. Die Emigration jüdisch-russischer und jüdisch-deutscher Lehrer hat dazu geführt, daß auf hohem Niveau insbesondere das Klavierspiel gepflegt wird. Im übrigen gilt auf dem musikalischen Gebiet die gleiche Analyse wie in bezug auf die visuellen Codes: eine embryonale Synthese westlicher mit exotischen Kulturemen. Darüber hinaus deuten erste Anzeichen auf die Möglichkeit einer kreativen Explosion: Beispielsweise werden im »Sambodrom« zu Rio neue Techniken und Kodizifizierungen in den Dienst einer noch »klassischen« Manipulation der akustischen Codes gestellt; in São Paulo ist man dabei, insbesondere mit Hilfe des Video, radikaler als andernorts musikalische Kreativität in die neuen Codes zu übersetzen.

Mischcodes. Die gegenwärtige Kulturrevolution und die damit zusammenhängende Rückeroberung der Entscheidungsgewalt über die Stadt durch die Intellektuellen wurde oben als Ausbruch der Zahlen aus dem alphanumerischen Code verstanden. Es wurde die Hypothese vorgeschlagen, daß bereits jetzt jene Intellektuellen, welche die vom Alphabet emanzipierten Zahlencodes manipulieren, die Entscheidungen treffen, nach denen sich die Gesellschaft richtet. Eine ganze Reihe von Intellektuellen aber befindet sich in einer grauen Zone, in der sich die alten Codes mit den neuen überschneiden. Widmen wir uns dieser grauen Zone.

Wissenschaftliche Codes. Die vorhandenen, allesamt recht jungen Universitäten São Paulos bieten nicht genügend Platz. Zahlreiche Institute haben gebührenpflichtige Aufnahmeprüfungen eingeführt. Die Universitäten – nicht nur staatliche und kirchliche, auch die privaten – sind von einem rapiden Niveauverfall betroffen. Wer über entsprechende Möglichkeiten verfügt, der läßt sich im Ausland, vorwiegend in Nordamerika, ausbilden. Die kritische Einstellung der Paulistaner Intellektuellen hat eine umfangreiche und vielfältige Literatur gezeitigt, die damit befaßt ist, die »Wurzeln« des Universitätslebens zu analysieren: französischer Positivismus, Freimaurer- und Burschenschaftsdenken, italienische, deutsche und nordamerikanische Gesichtspunkte liegen vor. Aber die akademische Jugend ist fast ausschließlich ökonomisch orientiert. Ihr politisches Engagement ist gelegentlich gewalttätig, ohne in der »Masse« verankert zu sein. Die wenigen Forscher sind im okzidentalen Dialog vernetzt, nicht in dem São Paulos.

Nahezu jedes Wissensgebiet ist in São Paulo vertreten. Die Leistungen sind gut, ein prominenter Platz gebührt ihnen aber nicht. Der Grund liegt einerseits im »Brain drain« (Abzug vor allem in die USA), andererseits mangelt es an Geld zur Finanzierung von Forschungsvorhaben. Demzufolge müssen im Norden Amerikas ausgearbeitete Informationen gegen relativ hohe Bezahlung importiert werden. Mit anderen Worten: Der Norden kontrolliert die Paulistaner Forschung – also: »Wir werden ausgebeutet!« Diese Tatsache hindert einzelne Wissenschaftler jedoch nicht daran, ins Ausland zu gehen. In dieser Hinsicht gleicht die Situation in São Paulo der andernorts, auch der europäischen.

Bezeichnend für São Paulo ist die geradezu übernationale (trotz Nationalismus) und vorurteilsfreie Weltoffenheit der Wissenschaftler. Sie lesen überwiegend englischsprachige Literatur, gleichwohl saugen sie nachgerade gierig Informationen aus allen Erdteilen in sich auf. An der

São Paulo-Universität zu lehren, mit Wissenschaftlern und Studenten in Kontakt zu stehen, zählt zu den wirklich belebenden geistigen Abenteuern heute. Man hat es mit klugen, umfassend gebildeten, hier und da auch schöpferischen Menschen zu tun, die zwar untereinander kaum in Beziehung stehen, auch keine Beziehung zu São Paulo haben, aber Teil einer weltweiten Elite sind, die der »technokratischen« ein Gegengewicht bietet. Nicht bei den Künstlern, bei ihnen ist die vorurteilslose Herzlichkeit und schöpferische Begabung der Paulistaner Intellektuellen fühlbar.

Technische Codes. Man möchte meinen, São Paulo sei ein Paradies für Techniker: Ausländische wissenschaftliche Informationen stoßen hier (erfolgreich) auf ein riesiges Anwendungsfeld. Die dabei gewonnene Erfahrung kann in andere, noch weniger »entwickelte« Gebiete Afrikas oder Asiens exportiert und São Paulo demzufolge zu einem technischen Weltzentrum werden. Beispiel Kraftwagen: Ausländische Modelle werden von Mechanikern, Elektrikern, Designern und anderen Leuten manipuliert und anschließend sowohl ins Ausland exportiert als auch im Inland verkauft.

Der Eindruck, Technik sei ein Gebiet, auf dem der Paulistaner Intellektuelle sich schöpferisch verwirklichen kann, ist außerordentlich stark. Zum Beispiel hat die technische Entscheidung, statt Benzin aus Zuckerrohr destillierten Alkohol zu verwenden, eine tiefgreifende Veränderung in der Landwirtschaft des Staates São Paulo bewirkt. Für den Straßenbau, die Stromerzeugung oder das Erschließen neuer Landstriche gilt ähnliches. Kurz, der Paulistaner Techniker steht an der Spitze der gegenwärtigen kulturellen Szene. Dieses Gefühl ist so stark, daß es schwer ist, sich von ihm zu befreien.

Näheres Hinsehen allerdings ernüchtert. Die großartigen technischen Projekte São Paulos strahlen Verantwortungslosigkeit aus, ganz so, als seien sie gegen eine Wattewand entworfen worden, nicht gegen die harte Wirklichkeit. Das wird deutlich an den zahlreichen mißglückten Projekten, etwa am Amazonas-Unternehmen. Nur sind die Realisationen so groß und das investierte wirtschaftliche, ideologische und intellektuelle Vermögen so enorm, daß das Scheitern kaum ins Bewußtsein dringt. Projekte dieser Art tragen zum Wirtschaftswachstum bei, sind aber – neben der Ausbeutung durch das Ausland – gleichzeitig die Erklärung für das niedrige Lebensniveau.

Die schöpferische Phantasie der Techniker macht das Leben in São Paulo mehr als nur schwierig. Das ist entsetzlich. Qualifizieren wir das Entsetzen: Der große Paulistaner Techniker – das Wort »groß« ist angemessen – unterliegt nicht den gegenwärtigen europäischen und nordamerikanischen Maßstäben. Vergleichbar ist er eher mit den Baumeistern des imperialen Rom oder Chinas, die ebenso zum Elend der Bevölkerung beigetragen haben, aber angesichts der Reste ihrer Baukunst sind wir geneigt, diese Tatsache zu verdrängen. Allerdings finden in São Paulo, anders als im alten Rom oder China, keine eigenen, sondern weitgehend auswärtige Modelle Anwendung. Das Imperiale der Paulistaner Technik ist Ausdruck eines geborgten Imperialismus.

Die Codes der technischen Bilder. Ein Spezialfall der Technik ist die apparative Bildproduktion, also das Herstellen von Fotos, Filmen, Videos, Hologrammen und Computerbildern. Während wissenschaftliche und im üblichen Sinn »technische« Manipulationen Zahlen mit Buchstaben verbinden, wird hier das kalkulatorische dem visuellen Denken untergeordnet. Insofern stehen Wissenschaftler und »Techniker« den herkömmlichen Intellektuellen (»Litterati«) näher als die Hersteller technischer Bilder. Besonders im Fall der synthetischen Bilder nähern sich die Intellektuellen bereits der Denkart der sogenannten Technokraten, dem Nach-Modernen, Nach-Industriellen, Nach-Historischen.

Wie andernorts werden auch im geschichtslosen São Paulo technische Bilder hergestellt, wenngleich mit qualitativ minderwertigen Apparaten. Auch sieht es so aus, als sei man – wie auf allen anderen Gebieten – auf den Import der Apparate aus dem entwickelten Norden angewiesen. Aber der Schein überstrahlt eine ungewöhnliche und zukunftsträchtige Lage, die in schamhaft so genannten »Fakultäten für Kommunikation und Kunst« oder für »Kommunikation und Geisteswissenschaften« entstanden ist. Obwohl derartige Einrichtungen wie Hochschulen sich darstellen, ist es unpassend, sie so zu nennen – mögen ihnen auch nordamerikanische Modelle zugrunde liegen. Eher muß man davon sprechen, daß an diesen leichtfertig installierten Orten auf meist inkompetente Weise »neue Menschen« herangebildet werden. Der »Output« dieser »Fakultäten« ist zwar gänzlich unzulänglich, aber möglicherweise trotzdem von grundlegender Bedeutung für die künftige allgemeine Kultur. (Wer sich für das Emportauchen einer neuen Mentalität aus der gegenwärtigen Kulturkrise interessiert, sollte diese Orte einer Analyse unterziehen; eine Aufgabe, die bislang nicht geleistet worden ist.)

In bezug auf Fotos, Filme und Videos – ob in »Fakultäten« hergestellt oder nicht – gilt ein ähnlicher Widerspruch wie im Fall der visuellen und akustischen Codes: Entfremdete Intellektuelle versuchen, sich in die sogenannte Masse – häufig mit demagogischen Mitteln – zu integrieren, um sie zu politisieren. Die Masse soll nach vorausgerechneten Verhaltensmodellen gesteuert werden. Mit anderen Worten: Diese Versuche sind bewußte Versuche. Und sie sind, illustrierte Zeitschriften sowie das Filmprogramm und das Fernsehen belegen es, in São Paulo weitaus erfolgreicher als andernorts.

Die Paulistaner (und brasilianische) Bevölkerung wurde erst jüngst alphabetisiert. Weiterhin steht die Alphabetisierung auf schwachen Beinen. Das Denken des »Volkes«, also des Proletariats und Subproletariats, ist größtenteils magisch. Aber verlorengegangen ist die ursprüngliche europäische und afrikanische Bildtradition. In die Bresche springen die neuen technischen Bilder. Sie werden von Intellektuellen hergestellt, die über so gut wie gar keine traditionellen Bindungen verfügen. Das Ergebnis sind technisch weit fortgeschrittene, magisch wirkungsvolle und intellektuell primitive Bilder. Diese dienen dem »Volk« nicht nur als Verhaltensmodelle, sondern obendrein als Erkenntnismodelle – etwa in Form kommerzieller Werbung, politischer Propaganda, Videoclips, endloser TV-Serien.

Nun mögen die bilderzeugenden Intellektuellen schon der Ansicht sein, daß ihre Arbeit wirtschaftlichen Interessen gehorcht, in Wirklichkeit aber sind sie es selbst, die eine Vielzahl der Entscheidungen treffen, denen das Verhalten der Bevölkerung unterliegt. Der Paulistaner ist Zeuge des Aufstiegs einer neuen »Regierungsform«: Die bildherstellenden Intellektuellen haben begonnen, die Herrschaft über die Stadt an sich zu reißen.

Mit den bildherstellenden Intellektuellen in den Fernsehanstalten, Zeitschriftenredaktionen und Werbeagenturen entsteht ein neuer »Menschenschlag«. Nichts an ihnen ist »paulistanisch«, sie sind ihren Artgenossen in New York, Frankfurt, Paris, London, Mailand und Tokio zum Verwechseln ähnlich. Sie sind weniger ökonomisch motiviert, vielmehr werden sie von einem eigenartigen Spieltrieb angefeuert – mit Begeisterung manipulieren sie ihre Apparate. Im Unterschied zu den eben genannten Orten ist São Paulo ein weites und kaum Widerstand leistendes Projektionsfeld, so daß die bildherstellenden Intellektuellen, diese Zwitter aus Künstlern und Technikern, unbeschwert leisten, was die Techniker im engeren Sinn (sich) nicht leisten können: eine chaotische und amorphe Gesellschaft nach ihren ideologiefreien Modellen zu formen. Dabei können sie mit der Unterstützung einer anderen Gruppe von neuen Intellektuellen rechnen.

Neue Codes. Seitdem die Zahlen den alphanumerischen Code verlassen haben, seit den auf Digitalisierung beruhenden Computercodes haben wir es mit einer neuen Denkart zu tun, die keine prozessuelle, aufklärerische, kritische mehr ist, sondern eine systemanalytische, kalkulatorische, komputierende. Die Welt, der Mensch, die Gesellschaft erscheinen nicht mehr als zu verändernde Gegebenheiten, sondern als Möglichkeitsfelder, auf die man Alternativen projiziert. Die Manipulatoren dieser neuen Codes konkretisieren aus Punktschwärmen Modelle, d. h. Kurven, Bilder, Töne und Volumina, welche zugleich als Erkenntnismodelle (Wissenschaft), Erlebnismodelle (Kunst) und Verhaltensmodelle (Politik) mit Hilfe automatischer Apparate zur Anwendung gelangen. Diese Manipulatoren sind Intellektuelle, die aller Wahrscheinlichkeit nach in Zukunft darüber entscheiden werden, welchen Modellen die Gesellschaft sich wird fügen müssen. Mit der Bezeichnung »Technokratie« ist diese neue Lage nicht zu fassen, denn es handelt sich um keine Herrschaft der Technik, sondern um die Herrschaft einer nach-technischen Denkart.

In der »entwickelten« Welt trifft dieser Vorgang auf den Widerstand des politischen (»modernen«) Denkens, in São Paulo hingegen kaum, denn die Masse ist nicht politisiert, und die »weichen« Intellektuellen erleiden mit ihrem politischen Engagement Schiffbruch. Daher trifft dieser neue Herrschaftsanspruch der Intellektuellen in São Paulo auf fruchtbaren Boden, zumal die Manipulatoren technisch, geistig und kreativ auf dem gleichen Niveau arbeiten wie die im Norden. Blicken wir ohne europäische und nordamerikanische Vorurteile auf São Paulo, und gehen wir von zwei Überlegungen aus:

Die erste betrifft die wirtschaftliche Grundstruktur. São Paulo ist ein Industrie- und Handelszentrum erster Ordnung, das von einer Gruppe in- und ausländischer Unternehmer gelenkt wird. Dabei stützt sie sich auf die erwähnten Techniker und auf operationelle Facharbeiter, wird aber von einer korrupten politischen Administration, von ideologisch verkrampften »weichen« Intellektuellen und nicht zuletzt von Demagogen bei allen Projekten in Schach gehalten. Deshalb haben die Unternehmer die neuen »harten« Intellektuellen zu Hilfe gerufen, und das bedeutet: sich ihnen unterworfen.

Zweitens: das brasilianische Militär. Anders als im übrigen Lateinamerika (und ganz anders als in Europa) handelt es sich dabei um eine Gruppe von im Ausland ausgebildeten kleinbürgerlichen Offizieren. Ihre Aufgabe bestand bis zuletzt darin, jede Politisierung im Interesse vor allem des Großgrundbesitzes zu unterbinden. Sie setzt sich im Grunde aus »weichen« Intellektuellen zusammen, die sich ideologisch in Nationalisten und Populisten spaltet und sich an die bestehende Machtstruktur »verkauft«. In den sechziger und siebziger Jahren hatte sie die Regierung an sich gerissen, großzügige wirtschaftliche Projekte entworfen, ist aber gescheitert und alsbald der allgemeinen Korruption verfallen. So demoralisiert sie auch sein mag, sie steht in gewisser Weise abseits der sogenannten politischen Szene, wo der tägliche Machtkampf ausgetragen wird. Die Möglichkeit besteht, daß das Militär in den Dienst der »harten« Intellektuellen gestellt wird.

Dem Militär ist eine vergleichbare Institution, nämlich die Kirche (vor allem die dominikanische), entgegenzustellen. Politisch folgte auch sie bis vor kurzem den Interessen des Großgrundbesitzes. Inzwischen hat sie sich mit den »weichen« populistischen Intellektuellen verbündet. Wenn mit Widerstand gegen die »harten« Intellektuellen zu rechnen ist, dann vermutlich von kirchlicher Seite. Bedacht werden muß, daß die Kirche in São Paulo im Kampf gegen prähistorische Magie und eine feudale Mentalität steht, nicht aber gegen eine aufklärerische politische Denkart.

Lassen wir ein wenig die Phantasie walten, »futurisieren« wir die Lage: Einem auf Industrie und Militär gestützten kalkulierenden nachideologischen Totalitarismus ohne historische Parallele scheint kaum etwas im Weg zu stehen. Denn als alleinige Alternative bietet sich eine chaotische Implosion an. Die Folgen übersteigen unseren Mut, sich davon eine Vorstellung machen zu wollen. Allerdings ist von der Herrschaft der »harten« Intellektuellen ein außergewöhnlicher wirtschaftlicher (und daher machtpolitischer) Aufschwung zu erwarten, zugleich aber eine Gesellschaft mit Werten, die anders sind als jene, für die wir uns als Erben der westlichen Zivilisation engagieren.

Die existentielle Lage des Paulistaner Intellektuellen

Die vorausgegangenen Schilderungen und Überlegungen haben die Umrisse einer dramatischen Lage erhellt. Ein vereinsamter Außenseiter lebt in einem ihm feindlichen wirtschaftlichen Chaos, und dabei ist er sich bewußt, daß er für dieses Chaos Mitverantwortung trägt. Er ist ein »westlicher Mensch« und Repräsentant vor allem der Mittelmeertradition. Fast alle seine intellektuellen und emotionalen Kultureme hat er einer Überlieferung zu verdanken, die er zugleich als bedrückend und fremd empfindet.

Der Kontakt mit seinesgleichen ist einerseits intellektuell schwierig, denn jeder einzelne ist in einen Kokon eingesponnen, dessen Fäden von außen kommen. Jedes Gespräch wird deshalb zu einem das eigentliche Thema (Lektüre, Auslandsreisen, Auslandsgäste) störend begleitenden Nebengespräch. Andererseits ist der Kontakt materiell schwierig. Das Leben in São Paulo mit seinen vielfältigen Problemen und Gefahren für Leib und Seele macht es erforderlich, möglichst selten (und wenn, dann nur notwendigerweise) die eigenen vier Wände zu verlassen. Der Intellektuelle lebt in São Paulo auf einer Insel. Gelegentlich sich bildende provisorische Inselverbände (»panelas«, eigentlich »Kochtöpfe«) verfolgen weniger intellektuelle als persönliche Zwecke und zerfallen ebenso schnell wie sie entstanden.

Diese Vereinsamung ist zwar der schöpferischen Besinnung (»ensimesmamento«) zuträglich, führt aber auch dazu, daß außergewöhnlich gebildete und vorurteilsfreie Menschen über kurz oder lang phantastischen Spinnereien erliegen. Soweit sie schöpferisch sind, ist ein pathologisches Moment nicht zu verkennen. Mit Hilfe oft irriger Ideologien versuchen einige, in einen nicht existierenden politischen Raum auszubrechen, in den siebziger Jahren sogar unter Lebensgefahr.

Aus dieser Gruppe ist eine neue Generation hervorgegangen, die sich in den neuen Codes verwirklicht. Der Generationenbruch gewinnt in São Paulo eine unvergleichliche Schärfe. Junge Menschen melden sich zu Wort, weil sie eine Lösung für die nahezu unerträgliche Lage der Stadt in der Tasche haben. Zugleich verachten sie alle Werte, auf die ihre Eltern gesetzt haben. Es herrscht keine Inkommunikabilität zwischen Eltern und Kindern. Die unpolitischen, unideologischen »harten« Intellektuellen schieben mit Verachtung ihre »weichen« Eltern beiseite. Sie reißen die Macht über eine Gesellschaft an sich und formen sie nach Modellen, die ihre Eltern nicht entziffern können. So werden die Eltern nicht nur zu Fremden in der eigenen Stadt und nicht nur ihrer Kulturtradition beraubt, sondern sie werden auch zu Fremden den eigenen Kindern gegenüber.

Mein Engagement wie mein Dégagement sollte verständlich geworden sein. Nichts ist ehrender, als von der Paulistaner Intellektuellenszene als Freund angenommen zu werden. Es ist jedoch notwendig, sich Rechenschaft darüber abzulegen, daß die Probleme, die zu der nahezu unerträglichen Situation in São Paulo geführt haben, wohl nur von den »harten«, die neuen Codes manipulierenden »neuen Menschen« gelöst werden können. Doch weder mit ihnen noch mit ihren Projekten kann man sympathisieren. Ich habe mich – allerdings mit schlechtem Gewissen – aus der Sache herausgezogen und bewahre mit großer Enttäuschung den alten Freunden die Treue.

Hermes und die französische Desillusionierung

MICHEL SERRES im Gespräch mit Ulrike Bokelmann und Hermann Kocyba

Hermann Kocyba Der Intellektuelle ist in Deutschland lange Zeit suspekt gewesen, der engagierte Intellektuelle wollte weder zum obrigkeitsstaatlichen politischen Klima passen, noch entsprach die Figur des Intellektuellen der vorherrschenden Selbststilisierung der kulturellen Eliten. Ist der Intellektuelle etwas typisch Französisches, sind das Auftreten und die Funktion des Intellektuellen an das besondere urbane Milieu von Paris gebunden?

Michel Serres Ich glaube, wir müssen zunächst die historische Situation umreißen, in der sich der Intellektuelle herausgebildet hat. Ende des letzten Jahrhunderts und noch zu Beginn unseres Jahrhunderts waren diejenigen, die sich engagierten, noch keine Intellektuellen. Es waren Schriftsteller. Victor Hugo beispielsweise nahm am politischen Kampf teil, später ergriff Emile Zola in der Dreyfus-Affäre Partei, Charles Péguy...

H K Das waren in Ihren Augen allesamt keine Intellektuellen?

M S Zu dieser Zeit konnte man noch nicht von Intellektuellen sprechen, es handelte sich hier um unabhängige Schriftsteller, die die Möglichkeit besaßen, ihren Lebensunterhalt mit der Feder zu bestreiten. Das galt für Victor Hugo und Emile Zola, das traf mit Einschränkungen auch auf Charles Péguy zu. Ich glaube, man muß die Rolle des Intellektuellen aus der Situation zu Beginn dieses Jahrhunderts heraus definieren, als die Universität einerseits und der Journalismus andererseits beträchtlich an Bedeutung gewannen. In diesem Zusammenhang ist Charles Péguy eine interessante Figur: Er ist »normalien«, er ist »agrégé« in Philosophie – d. h. er besitzt die akademischen Titel, verläßt jedoch die Universität und wird zum Kritiker dieser Institution. Er gründet die Zeitschrift *Les Cahiers de la Quinzaine*, aber es gelingt ihm nicht, damit seinen Lebensunterhalt zu verdienen. Hier werden wir Zeuge des Übergangs vom unabhängigen Schriftsteller zum Intellektuellen – dies ungefähr ist dessen Geburtsstunde. Aber ich spreche zuvor noch vom Tod des Intellektuellen. Ich meine, daß es seit fünfzehn oder zwanzig Jahren keine Intellektuellen mehr in Frankreich gibt. Man glaubt das zwar nach wie vor, aber es handelt sich um eine Illusion.

H K Der Tod des Intellektuellen, hat das mit 1968 zu tun?

M S Nein, das hat gar nichts mit 1968 zu tun, jedenfalls nach meiner Meinung. Die vermeintlichen Intellektuellen sind entweder Universitätsprofessoren: Pierre Bourdieu, Michel Foucault. Oder aber es handelt sich um Journalisten: Jean Daniel ist Journalist usw. Was verschwunden ist, das ist der Schriftsteller, d. h. der, dessen Autorität nur in ihm selber gründet. Wenn heute jemand mit Ihnen spricht, dann sagt er: Ich spreche hier als Physiker, ich habe einen Lehrstuhl inne in diesem oder jenem Fach, in Jena, in Frankfurt oder in Paris. Das ist das Charakteristikum des Professors: Er bezieht seine Autorität aus dem Fach, das er vertritt, oder aus dem Lehrstuhl, den er hat. Oder man ruft Sie an: »Ich bin Soundso von *Le Monde*, oder vom *Nouvel Observateur*.« Seine Bedeutung bezieht der Anrufer von einer Institution.

Ulrike Bokelmann Die eigentlich interessante Gestalt für Sie ist also der Schriftsteller, der Autor?

M S Das lateinische Wort »auctor« bedeutet »der Unterzeichner«, es ist ein Ausdruck aus dem römischen Recht; wenn er unterzeichnet, dann nicht als »Mathematiker«, nicht im Namen dieser oder jener Zeitschrift, er zeichnet vielmehr mit seinem eigenen Namen. Heute findet man in dem Maße Glauben, wie man entweder durch eines der Medien oder durch die Wissenschaft autorisiert ist. Der Intellektuelle nun ist ein Typus, der zwischen dem Untergang des Autors und dem Auftreten des Journalismus und des Professorentums existierte. Heute ist er verschwunden, er hat sich in den Professor einerseits und in den Journalisten andererseits aufgelöst. Es gibt niemanden mehr dazwischen. Sartre beispielsweise war sozusagen ein Erbe Charles Péguys. Warum? Er war »agrégé« und »normalien«. Er besaß alle akademischen Titel, er verließ die Universität, gründete eine Zeitschrift, und er konnte damit seinen Lebensunterhalt verdienen. Dieser Übergang von der Universität zu den Medien hat dieses ganz besondere Tier, das wir den Intellektuellen nennen, hervorgebracht. Es handelt sich um jemanden, der in den Wissenschaften ausgebildet und Teil der wissenschaftlichen Kultur ist und dessen Engagement – ein Wort, das ganz im Gegensatz zur verbreiteten Meinung gar nicht moralisch zu verstehen ist – im Schreiben bestand. Es war ganz einfach ein Mann, der, anstatt ein Buch zu schreiben, das nur von Fachleuten gelesen worden wäre, einen Essay in einer Zeitschrift veröffentlichte, die von hunderttausend Personen gelesen wird. Er schrieb für ein breiteres Publikum – und er schrieb anders. Diese Übergangsperiode, während der es den neuen Typus des Intellektuellen gegeben hat, hat ungefähr ein dreiviertel Jahrhundert gedauert.

H K Professoren oder Wissenschaftler sind demzufolge also per definitionem keine Intellektuellen? Geht diese Abgrenzung nicht zu weit? Gibt es heute nicht in zahlreichen Fällen Wissenschaftler, die sich als Intellektuelle engagieren, in Belangen, die oft außerhalb ihres professionellen Kompetenzbereichs liegen, wo sie also nicht als Experten agieren, sondern sich über ihren engeren Fachhorizont hinaus an die diskutierende Öffentlichkeit wenden?

M S Ihre Frage enthält bereits die Antwort. Sie sagen: »Sie engagieren sich, weil sie nicht mehr kompetent sind.« Ihre Frage zeigt, daß für Sie ein Intellektueller jemand ist, der nicht mehr kompetent ist.

H K Ich habe nicht gesagt, daß sich Wissenschaftler deshalb als Intellektuelle engagieren, *weil* sie nicht kompetent sind, sondern daß sie dort, wo sie sich im öffentlichen Raum engagieren, in aller Regel über ihre professionelle Rolle hinausgehen...

M S Sie vertrauen nur der Kompetenz, Ihre Fragestellung ist verräterisch, sie ist aus der Perspektive der Universität formuliert. Das Wort »Kompetenz« gab es zur Zeit der Intellektuellen gar nicht. Heute bedeutet Kompetenz, daß man nur dem Vertrauen schenkt, der sein Spezialgebiet wirklich beherrscht.

U B Aber das wäre dann jemand, der eben nur das kennt und der nicht mehr fähig ist, darüber hinauszublicken.

M S Im allgemeinen ist das tatsächlich der Fall. Was ich in der gegenwärtigen Welt bedaure, ist diese gleichsam doppelte Blockierung: Auf der einen Seite hat jemand das Wahrheits-, das Kompetenzmonopol, auf der anderen Seite hat jemand das Monopol über den »Kanal«, über die Medien. Der eine besitzt das alleinige Verfügungsrecht über den Inhalt, der andere über das Kommunikationsmedium. Die Situation ist in der Tat sehr schwierig, denn, wie Sie sicher beobachtet haben, sprechen Sie, wenn Sie im Radio oder im Fernsehen auftreten, um von Ihrem Buch zu sprechen, in Wahrheit nicht wirklich von Ihrem Buch. Es ist, als ob die Botschaft im Kanal verschwände. Und bei denen, die die Botschaft besitzen, ist es, als ob der Kanal verschwände... Was es neu zu schaffen gilt, ist nicht der Intellektuelle, sondern der Autor. Das Verschwinden des Intellektuellen macht mir keine Sorgen, wirklich beklagenswert ist das Verschwinden des Schriftstellers, dessen, der für die Authentizität seiner Botschaft selber, durch seine Unterschrift, einsteht.

H K Ich möchte noch einmal auf meine vorherige Frage zurückkommen und sie anders formulieren. Es gibt Wissenschaftler und Hochschullehrer, die sich in bestimmten sozialen oder politischen Bewegungen engagieren, beispielsweise im Rahmen der Ökologiebewegung. Wenn diese nun eine Verbindung herstellen wollen zwischen ihrer professionellen Kompetenz und ihrem praktischen Engagement, dann müssen sie sich an der öffentlichen Debatte beteiligen, d. h. auch außerhalb ihrer professionellen Gemeinschaft und außerhalb ihrer engeren Expertenrolle aktiv werden, denn aufgrund ihrer eng umschriebenen fachlichen Expertenrolle sind sie ja noch nicht per se befugt, in praktischen Fragen der Ökologiebewegung Vorschriften zu machen – das wäre ja nur eine Fortschreibung technokratischer Illusionen. Sie müssen sich also auf zwei unterschiedlichen Diskursebenen zugleich bewegen. Glauben Sie nicht, daß hier eine legitime Aufgabe eines neuen Typus von Intellektuellen gefunden werden könnte?

M S Ich werde auf die Frage antworten, weil mich das sehr interessiert. Ungefähr vor 20 Jahren ist dieser Typus aufgetreten. Aber wenn Sie gestatten, möchte ich gerade dieses Problem aus einer anderen Perspektive betrachten. Ich komme noch einmal auf die früheren Intellektuellen zurück. Bei den Intellektuellen à la Sartre oder Foucault (ich spreche hier natürlich nur von den französischen Intellektuellen, weil ich mich da besser auskenne) fällt folgendes auf: Ihre Argumentationsweise war im wesentlichen politisch, es handelte sich meist um Leute mit literarischer und philosophischer Bildung. Ihre Diskurse bezogen sich auf Diskurse. Damit meine ich, daß sich ihr Diskurs wesentlich um zwei Sachverhalte dreht: erstens um die Beziehungen der Menschen untereinander, zweitens um die Sprache. Die Sprachphilosophie hat seit einem halben Jahrhundert eine beherrschende Stellung inne, und alle Schriftsteller, die ich erwähnt habe, schlagen Lösungen für politische Probleme vor. Keiner von ihnen hat eine Vorstellung vom Gegenstand »die Welt«. In Sartres Philosophie gibt es keine Welt, in Foucaults Philosophie gibt es keine Welt. Bei all diesen Leuten, die meistens Soziologen, Psychologen, Psychoanalytiker, Marxisten usw. sind, gibt es keine Welt, keine Gegenstände. Warum dies so ist, das haben Sie vorhin angedeutet: weil sie alle in der Stadt leben, in den großen städtischen Gemeinschaften. In Sartres Werk gibt es das Land nicht, da gibt es kein Gras, keinen Baum, kein Meer, keine Felsen, genausowenig wie bei Foucault.

H K Das muß aber doch nicht so sein, in Ihren Büchern beispielsweise...

M S Aber ich bin ja auch kein Intellektueller à la Sartre und Foucault. Nie sprechen sie von den Dingen oder der Wissenschaft. Deshalb sind sie gescheitert. Ich glaube, die große Frage, die sich heute in der Politik, in der Philosophie und für alle, die als Intellektuelle bezeichnet werden, stellt, ist die nach unserer Beziehung zur Welt. Das, was Sie vorhin mit dem Stichwort »Ökologie« bezeichnet haben, wird m. E. morgen die zentrale Sorge der Politiker und der Philosophen sein. Ich glaube sogar, daß sie dasselbe Gewicht besitzen wird wie der Sozialismus im 19. Jahrhundert.

Hier unterscheidet sich meine Sichtweise von der Ihrigen. Ich meine, daß dieser neue Typus von Intellektuellen der völligen Ohnmacht des alten Typus entsprungen ist. Dieser sprach nur von der Politik und von der Sprache, er hatte alles aus seinem Horizont verbannt, was uns gegenwärtig beschäftigt. Es wird Leute geben wie die, die Sie beschreiben. Vor zwanzig, dreißig Jahren, als ich selbst Student war, hatte es mich schon sehr erstaunt, daß die Intellektuellen nie von den Problemen sprachen, die mich interessierten. Mich interessierte die Wissenschaft und die Welt, und sie interessierten sich nur für Politik und Sprache. Meiner ersten Analyse zufolge ist dieser Intellektuellentypus an der Institution gestorben, meiner zweiten Analyse zufolge ist er gestorben, weil ihm seine Gegenstände abhanden gekommen sind und weil er sich nicht für die in unserer Zeit bedeutsamen Dinge interessierte. Und in diesem Sinne, so muß man sagen, waren es nicht wirklich engagierte Intellektuelle, denn seit einem halben Jahrhundert stecken die wirklich wichtigen Fragen in den Wissenschaften und in der Umwelt. Das haben sie nicht gesehen, sie haben nur das Problem der herrschenden Klassen gesehen.

H K Vielleicht gibt es da einen Unterschied zwischen Frankreich und Deutschland, wo das Problem der Wissenschaften und der Technik keineswegs ausgeklammert war (eher schon das der Herrschaft). Es gibt eine Welt, sie ist in den Analysen und Stellungnahmen präsent, und sei es die Welt des Heideggerschen Schwarzwalds...

M S So ist es. Heidegger hatte eine Welt, Heidegger beschäftigte sich mit einem echten Problem, aber er erörterte es auf der Grundlage einer quasireligiösen Verdammung der Wissenschaft und der Technik. Diese Philosophie gab nicht wirklich ein Werkzeug an die Hand, das diesen Problemen entsprochen hätte. Es gibt allerdings unter den Nachfahren Heideggers einige, die einen anderen Intellektuellentypus verkörpern als den, von dem wir sprachen.

U B Die Schwierigkeit für mich besteht darin, daß der Wissenschaftler zwar einen Gegenstand hat, dieser Gegenstand aber nicht die Welt ist. Die Frage wäre demnach, wie kann er zu einer...

M S ...zu einer Gesamtheit gelangen. In dieser Hinsicht tut sich wirklich etwas, d. h. in dem Maße, wie die Wissenschaft vorangeschritten ist, ist sie wirkungsmächtiger geworden, weil sie das Wissensgebiet, mit dem sich jeder Spezialist beschäftigt, in kleine Stücke zerteilt hat. Seit geraumer Zeit jedoch ist man in den Naturwissenschaften hellhöriger geworden. Es gibt heute einen interessanten Forschungsbereich, in dem viele Wissenschaftler tätig sind, der als »global change« bezeichnet wird. Diesen amerikanischen Begriff verwendet man, wenn man ein System wirklich global betrachten will und nach den wissenschaftlichen Operatoren fragt, die dessen Variationen und Veränderungen erschließen. In der Wissenschaft wächst gegenwärtig das Interesse an den Problemen globaler Systeme.

Diese Veränderung innerhalb der Wissenschaften korrespondiert übrigens einem neuerdings geschärften Interesse an diesen Fragen in der Öffentlichkeit. Ein Beispiel. Kürzlich brachte das französische Fernsehen eine ausführliche Reportage über die Probleme, die die neueren Bio- und Gentechnologien aufwerfen. Gleichzeitig wurde in der französischen Öffentlichkeit eine Umfrage durchgeführt, um zu ermitteln, wer denn über die Orientierung der Forschung entscheiden sollte. Man legte den Leuten eine Liste vor: Wer soll entscheiden – der Pfarrer, der Forscher, der Politiker, die Juristen? Wissen Sie, wer an die Spitze gekommen ist? Ganz erstaunlich: Die öffentliche Meinung Frankreichs hat mit 39 % für den Philosophen gestimmt. Der Politiker bekam nur 7 oder 8 %, der Wissenschaftler 18 %, der Pfarrer 11 %, der Philosoph 39 %!

U B Das heißt doch, der Philosoph gibt noch immer die Gewähr für ein umfassendes Verständnis der Dinge. Er ist es, der die Synthese herstellt…

M S …ja, aber man erwartet von ihm Entscheidungen, nicht bloß Einsichten. In diesem Punkt ist Deutschland allerdings Frankreich um einiges voraus. Fragen der Umwelt, der Ökologie waren in der französischen Öffentlichkeit bislang nicht präsent, sie erscheinen erst jetzt im öffentlichen Bewußtsein. Und wissen Sie, warum? Es ist ein Ausdruck der geringeren Bevölkerungsdichte. In Deutschland gibt es auf einer relativ begrenzten Fläche eine hohe Industrieansiedlung, während wir ein großes agrarisches Land sind und infolgedessen weniger Probleme haben.

H K Vielleicht spielen hier auch unterschiedliche kulturelle Traditionen eine Rolle. In Deutschland behauptet man manchmal, wenn die Franzosen vom Wald sprechen, dann hätten sie den Bois de Boulogne oder den Bois de Vincennes vor Augen, während die Deutschen…

M S …an den Schwarzwald denken. Ja, das stimmt. Aber man muß hinzufügen, daß das nur für Paris zutrifft, und man darf Paris nicht mit Frankreich verwechseln. Sie vergleichen den Deutschen und den Pariser, nicht den Deutschen und den Franzosen. Der Pariser kennt nur den Bois de Vincennes und vor allem den Bois de Boulogne, denn der Intellektuelle wohnt nicht im Pariser Osten.

Ich stamme aus dem Südwesten Frankreichs und kenne den Wald der *Landes* sehr gut, es ist das größte Waldgebiet Europas. Ich bin da gerade zehn Tage gewandert; der Wald ist für mich der Herkunftsort. In dieser Hinsicht unterscheidet sich der Provinzbewohner sehr vom Pariser. Ich bin also einer aus der Provinz, ich bin kein Pariser, und mein Verhältnis zur Natur entspricht eher dem eines Deutschen.

U B Ich würde gerne noch einmal auf die Wissenschaftler zurückkommen, die eine umfassende Sichtweise anstreben. Wie sieht es damit in bezug auf die Macht aus, die die Wissenschaft darstellt?

M S Ich bin der Überzeugung, daß sich innerhalb einer Gesellschaft die verschiedenen Mächte allmählich ausgleichen, nicht zuletzt aufgrund des Einflusses von Gegenmächten. Mit dem 20. Jahrhundert haben sich m. E. zwei entscheidende Mächte herausgebildet, die ursprünglich einmal Gegenmächte bildeten. Es handelt sich einerseits um die Presse, die während des gesamten 19. Jahrhunderts in den westlichen Ländern für Meinungsfreiheit kämpfte. Diese Freiheit, die sie schließlich erlangte, unterliegt heute keiner Kontrolle mehr. Auf der anderen Seite handelt es sich um die Wissenschaft, die schließlich, nachdem sie gegen viele hemmende Institutionen sich durchsetzen mußte, nunmehr frei geworden ist. Von diesem Augenblick an beobachten wir ein gewaltiges Anwachsen der Macht der Presse, sie ist im Westen zur vielleicht bedeutendsten Macht überhaupt geworden. Alle politischen Auseinandersetzungen in den USA beispielsweise zeigen, daß die Presse von allergrößter Bedeutung ist, daß sie aus allen Gefechten mit dem Weißen Haus als Siegerin hervorgeht. Ich kenne keine Gegenmacht zu den Medien. Ähnliches gilt für die Wissenschaft, auch ihre Machtzunahme ist gewaltig, auch sie kennt keine Gegenmacht mehr.

H K Gibt es denn wirklich keine inneren Widersprüche, keine Konflikte und Rivalitäten innerhalb der Medien und innerhalb der Wissenschaften? Erzeugen die Medien und die Wissenschaften nicht permanent ihre eigene Gegenmacht?

M S Gewiß, aber auch zur Zeit des Feudalismus im mittelalterlichen Europa übten die Feudalherren unumschränkt ihre Macht aus, der durch die Gegnerschaft etwa zwischen dem Herzog von Bayern und dem Grafen von Württemberg kein Abbruch getan wurde: Die Feudalherren beherrschten den gesamten Raum. Widersprüche in ihren eigenen Reihen waren kein Hindernis für die schrankenlose Machtausdehnung des Feudalsystems.

Natürlich gibt es heftige Auseinandersetzungen zwischen der gedruckten und der audiovisuellen Presse, zwischen verschiedenen Fernsehsendern. Das ändert aber nichts daran, daß die Medien insgesamt heute auf keinerlei relevanten Widerstand treffen. Im übrigen, je mehr sie untereinander rivalisieren, um so mehr gleichen sie sich einander an. Der Unterschied zwischen den einzelnen Fernsehsendern wird immer geringer. Je mehr Auswahl es gibt, desto weniger Auswahl gibt es.

Ich erklärte zu Anfang, daß es gilt, wieder die Bedingungen dafür zu schaffen, daß der Autor existieren kann, und zwar außerinstitutionelle Bedingungen: außerhalb der Universität und außerhalb der Medien. Und hier sind wir wieder beim selben Problem. Sobald eine Macht nicht mehr auf eine Gegenmacht trifft, bringt sie so etwas wie eine Konvention hervor, die zur Folge hat, daß es keine Denkfreiheit mehr gibt. Nehmen wir die Rushdie-Affäre. Bis hin zu *Le Monde* war alles, was darüber gesagt und geschrieben wurde, von erstaunlicher Einförmigkeit. An dieser Affäre enthüllt sich die Uniformität oder Kohärenz des Systems. Ich meine in der Tat, daß im Westen heute alle unablässig dasselbe sagen und daß es also darum geht, die Freiheit des Denkens, die ernstlich in Gefahr ist, wiederzuerobern.

H K Sie glauben, daß hierin die neue Bedeutung des Autors liegen könnte?

M S Der Autor, d. h. jene Gestalt, die nicht der Konvention unterliegt, die außerhalb der Institution steht, ist im Augenblick undenkbar, sie kann unter den gegenwärtigen Verhältnissen gar nicht entstehen. Selbst die ökonomischen Existenzbedingungen fehlen. Vielleicht kennen Sie Cioran, der hier in Frankreich ein sehr geschätzter Schriftsteller ist: Er hat kaum genug zum Leben. Ich habe neulich mit ihm zu Mittag gegessen, und zwar nachdem ich eine Verabredung bei einem berühmten Journalisten hatte, der mich in der Nähe der Place de l'Etoile in einem luxuriösen Ambiente empfing. Der Gegensatz hat mich erschüttert. Cioran ist ein Autor in dem von mir beschriebenen Sinne. Er ist kein engagierter Intellektueller. Er ist ganz einfach Schriftsteller, Autor. Er hat einen Stil, eine Denkform entwickelt. Aber es fehlt an den gesellschaftlichen und finanziellen Bedingungen, damit dieser Mann ordentlich leben kann. Die Welt, in der wir leben, begünstigt nicht gerade die Originalität, im Falle der Wissenschaft wie der Medien nimmt sie den Weg der Konventionalität. Was ich beschreibe, ist keine Gegenkraft gegen diese beiden Mächte, sondern der Wille eines Individuums, in einer Welt, die ganz ihren Institutionen ausgeliefert ist – Institutionen, deren Macht kaum sichtbar ist –, zu überleben und nur aus sich heraus zu denken.

Das Erstaunlichste an diesen Institutionen ist, daß es zu ihnen jeweils keine wirkliche Gegenmacht gibt: die erste, die Wissenschaft, verfügt über unbeschränkte Macht, weil sie die Wahrheit der Sprache monopolisiert, die zweite, die Medien, weil sie die Kommunikationskanäle, die Verführungskraft der Sprache, monopolisiert, und die dritte, den beiden genannten korrespondierende Institution, Rechtssystem und Verwaltung, monopolisiert den performativen Aspekt der Sprache. Alle drei jedoch haben keine ökonomische, materielle oder technische Macht, es handelt sich um »spirituelle« Mächte.

In meiner Jugend war einer der zentralen Freiheitsgrundsätze die Trennung zwischen den geistlichen Mächten einerseits und den weltlichen Mächten andererseits. Niemand redet heute mehr davon. Warum? Weil heute die weltliche Macht in den Händen der spirituellen Mächte ist. Die spirituelle Macht ist Macht der Sprache, und gegenwärtig sind es die Wissenschaft, die Medien und die Verwaltung, die diese spirituelle Macht besitzen. Dies ist zugleich der Grund dafür, warum es keine Kirche mehr gibt. Die Kirchen sind verschwunden, weil die spirituelle Macht von anderer Seite usurpiert worden ist. Damit hat sich zugleich die überkommene Gewaltenteilung aufgelöst.

U B Von spiritueller Macht zu sprechen, mag richtig sein, aber steht nicht das ökonomische Monopol dahinter? Ich frage mich, ob es sich nicht bloß um eine Veränderung des analytischen Diskurses handelt: Früher waren die ökonomischen Verhältnisse das universell Bedingende, jetzt ist es die spirituelle Macht...

M S Natürlich steht ökonomische Macht dahinter, man darf davor nicht die Augen verschließen. Aber auch hinter die ökonomische Macht kann man wieder zurückgehen, und ich glaube in der Tat, daß sowohl die Großindustrie wie auch die Finanzwelt heute weder auf die Wissenschaft noch auf die Medien verzichten können. Aufgrund der Bedeutung des Innovationsprozesses ist die Wissenschaft letztlich zur Steuerungsinstanz, zum Piloten der Wirtschaft geworden. Wenn man sich die Veränderungen des Kapitals und der Finanzmacht während der letzten dreißig Jahre näher ansieht, dann stellt man fest, daß sich diese Veränderungen entlang den Linien der Wissenschaften ereignet haben. Die Bewegung geht hin zur Informatik, sie geht weg von den alten Energien, dem Erdöl usw. Welche Entwicklung wir auch immer analysieren mögen, wir landen ganz schnell bei der wissenschaftlichen Forschung. Sie ist momentan die Steuerungsinstanz wirtschaftlicher Prozesse. Das große Kapital strebt nicht mehr zu den klassischen Energien, sondern zu den Medien, also genau dorthin, wo die meiste Bewegung stattfindet. Wir haben es infolgedessen mit einem System zu tun, das sich nicht in Begriffen von Bedingungen und Wirkungen analysieren läßt, sondern nur als ein System, das sich in einem unablässigen *Feedback*-Prozeß verkoppelt hat. Nicht der Produktionsprozeß, sondern der wissenschaftliche und der mediale Kommunikationskreislauf hat heute die Schlüsselstellung inne. Der Intellektuelle ist einer der Hauptleidtragenden dieses Prozesses... Als die Macht noch auf der Seite des Produktionsprozesses lag, besaß der Intellektuelle die spirituelle oder geistige Macht; heute ist diese geistige Macht selbst zur ökonomischen Macht geworden.

U B Sie haben auf die Einförmigkeit und Nivellierung der Rede hingewiesen. Gibt es eine Kommunikationsform, die sich dem entziehen kann, ohne daß dies mit dem Preis von Armut und Einsamkeit zu bezahlen ist?

M S Ich glaube, am Ende dieses Jahrhunderts wird der größte Philosoph der sein, der für seinen Diskurs eine neue Form findet und möglicherweise eine neue Kommunikationsform entwickelt, einen neuen »Kanal«, um seinen Diskurs zu übermitteln. Unsere dringlichste Aufgabe ist es, eine neue Form zu entwickeln. Aber weil ich sie noch nicht gefunden habe, kann ich auch nicht sagen, wie sie aussehen wird. Ich bemühe mich indes seit langem darum. Ich habe mich zum Beispiel sehr verschiedener Ausdrucksweisen bedient. Vor 20 Jahren benutzte ich das herkömmliche philosophische Vokabular. Ich bin, absichtlich und willentlich, fast ganz davon abgekommen. Ich gebrauche heute in meinen Büchern nur noch die französische Umgangssprache. Ich tue dies mit Absicht, auch wenn ich deshalb von den »Technikern« des Fachs als Nicht-Philosoph beargwöhnt werde. Ich tue dies, weil ich auf der Suche nach einer neuen Form bin. So wie man früher einmal das Latein aufgegeben hat, um Deutsch oder Französisch zu sprechen, so gebe ich das technische Vokabular der Philosophie auf, um eine neue Form der Kommunikation, des Buches, des Essays zu finden. In unserem Fach, in der Philosophie, blockierte man sich selbst durch diesen Konventionalismus, der es möglich machte, einen Philosophen daran zu erkennen, daß er 100 Wörter gebrauchte. Sobald er diese 100 Wörter nicht mehr benutzt, gehört er nicht mehr dazu, steht er außerhalb der Garantien der Disziplin.

U B Haben Sie den Eindruck, daß Ihre eigenen Äußerungen derselben Nivellierung unterliegen, wenn Sie die Medien in Anspruch nehmen?

M S Natürlich. Gestern wurde ich in *France Culture* interviewt, und ich habe nie länger als 20 Sekunden sprechen können. Der Journalist, der einem dort gegenübersitzt, stellt einem Fragen, um, wie er erklärt, die Sache lebendig zu gestalten. So habe ich also über das Buch *Eléments d'histoire des sciences* gesprochen, und nach anderthalb Stunden bin ich mit der Überzeugung weggegangen, überhaupt nichts gesagt zu haben. In literarischen Sendungen wird – zumindest in Frankreich – nie über Bücher gesprochen. Deshalb glaube ich, daß der Begriff des Intellektuellen, des Autors neu geschaffen werden muß.

H K Wie soll diese Konstellation aufgebrochen werden angesichts der Übermacht der symbolischen Gewalten?

M S Jedesmal wenn eine große Veränderung bevorstand – z. B. als Luther die Bibel ins Deutsche übersetzte –, entsprach dies einem Bedürfnis der Menschen. Auch wenn literarische Formen erfunden werden, verhält es sich so. Wahrscheinlich muß man nur den Zeitpunkt abwarten, an dem die Öffentlichkeit der beiden großen Institutionen müde wird und sich eine Art autonomen Widerstands gegen diese aufgezwungene Kommunikation oder Wahrheit regt. Die Gegenmacht wird sich von selber entwickeln.

U B Kommen wir auf das Problem der Urbanität zurück. Die Stadt war ein Raum, wo sich eine Vielfalt von Beziehungen herstellte, Informationen ausgetauscht wurden, wo Kommunikation aller Art stattfand. Und all dies auf einem relativ begrenzten Terrain. Darin bestand die progressive Funktion der Stadt.

M S Im ganzen Okzident hat die Stadt diese Funktion gehabt. Alles hat sich über die Stadt abgespielt.

U B Kann man den heutigen Großstädten – vielleicht müßte man besser von Ballungsräumen sprechen – diese Funktion noch zumessen?

M S Die Stadt ist zur Megalopolis geworden.

U B In welcher Weise profitieren Sie von der Dichte der Kommunikationswege?

M S Die Frage ist gut. Ich kann darauf nur mit meinem Leben, nicht mit meinem Denken antworten. Ich leide unter Paris, ich profitiere nicht davon. Für jemanden, der schreibt, der kreativ arbeitet, ist Paris ein sehr hartes Pflaster, denn die Kommunikationsvielfalt stellt keine Erleichterung dar, sie ist ein außerordentliches Hemmnis geworden.

U B Also zuviel Kommunikation, die keinen Sinn mehr transportiert?

M S Keinen. Die Stadt ist nicht mehr mein Bezugspunkt. Die Stadt ist ein totales Hemmnis geworden. Alles, was man an Vorteilen nennen könnte, scheint mir historisch überholt. Um zu schreiben, muß man sich heute aus der Stadt, aus der Megalopolis der Kommunikation zurückziehen. Nicht umsonst habe ich *Détachement* geschrieben.

H K Im Augenblick sind neue Informations- und Kommunikationstechnologien, Computernetze und Datenübertragungssysteme dabei, die Differenz zwischen Kapitale und Provinz in einer wichtigen Hinsicht aufzuheben. In bestimmten Szenarien einer postindustriellen

Arbeitswelt, wie sie auch in Deutschland diskutiert werden, sitzen die Leute daheim vor ihrem Computer, der über die großen Übertragungsnetze weltweit verkoppelt ist.

M S Schon vor 20 Jahren habe ich Bücher von Agrarsoziologen gelesen, die behaupteten, die am stärksten dem Fortschritt unterliegende Lebensweise sei gegenwärtig die des Bauern; er verfüge über ein Höchstmaß an Kommunikationsmöglichkeiten, ohne deren Kehrseite, die daraus resultierenden Hindernisse, in Kauf nehmen zu müssen.

Für mich liegt die Zukunft im Kloster. Ich wünschte, es gäbe heute zwei Formen des gesellschaftlichen Lebens: einmal pro Woche ein Salon, mit einer Marquise natürlich, und die übrige Zeit im Kloster. Ich würde gerne im Kloster leben – unter der Bedingung, daß ich einmal in der Woche einen Salon besuchen kann, wo ich Leute treffe, mit denen ich mich gut und vernünftig unterhalten kann.

U B Aber irgendwann sind Sie nach Paris gegangen, Paris war also doch auch für Sie ein Anziehungspunkt.

M S Ja, zunächst ist das der französische Zentralismus. Ja, diese Stadt übt eine konkrete Anziehung aus, auch heute noch. Paris ist noch immer eine sehr lebendige, kulturell dynamische und tonangebende Stadt. Es stimmt, ich würde Paris nur ungern verlassen. Gleichzeitig befinde ich mich da in einem Zwiespalt: Ich verlasse die Stadt so oft wie möglich, um zu arbeiten. Die Stadt ist notwendig und gleichzeitig nehme ich sie als Erschwernis wahr.

U B Der Luxus besteht darin, sich in beiden Welten, Stadt und Land, bewegen zu können?

M S Richtig. Aber man sollte sich dabei viel weniger im Kommunikationsnetz bewegen. Es muß ein mathematisches Theorem geben, welches besagt: Je durchlässiger ein Kanal, ein Weg ist, desto schneller ist er verstopft. Eine Autobahn zwischen Frankfurt und München tut so sehr not, daß sie, einmal gebaut, sofort überfüllt ist. Infolgedessen gilt: Die bequemste Kommunikation = die größte Schwierigkeit. Die Welt voller Bequemlichkeiten ist, genaugenommen, eine dicke Mauer.

H K Sie insistieren auf dem Singulären, auf den lokalen Traditionen im Gegensatz zu den großen internationalen Netzen. Ihr editorisches Projekt einer Veröffentlichung des *Corpus des Œuvres de philosophie en langue française*, läuft das nicht auf eine Absage ans Lokale, Regionale, Anti-Hegemoniale hinaus? Gerade die französische Hochsprache ist doch ein Medium, das die lokalen Kontexte zum Verschwinden bringt!

M S Ich bin 58 Jahre alt. Den Zweiten Weltkrieg habe ich ziemlich jung miterlebt. Ich erinnere mich sehr genau, als der Krieg zu Ende war, gab es keinen entschiedeneren Weltbürger als Michel Serres. Das heißt, es gab für mich überhaupt keinen Unterschied mehr zwischen dem Deutschen und dem Franzosen. Ich war überzeugter Europäer... Vielleicht erinnern Sie sich noch, es gab eine Zeit, da erklärte man sich zum Weltbürger. Der Nationalismus erschien mir damals als die größte Sünde. Ich bin also Weltbürger, Universalist geworden. Dann aber, in dem Maße, wie sich die Moderne entwickelt hat, haben sich auch jene universellen Institutionen entfaltet, von denen ich sprach. Ich habe sie beschrieben, als einer der ersten in Frankreich. Zu einer Zeit, da man von Prometheus sprach, habe ich von Hermes gesprochen. Angesichts dieser Universalien kam es für mich darauf an, aufs Gegenteil zu setzen, aufs Lokale, Singuläre. Was mich an Ihnen interessiert, ist nicht das, was Sie mit mir gemein haben, sondern das, worin Sie anders sind – anders auch aufgrund regionaler Unterschiede. Wenn Sie wissen, woher Montaigne, woher Rabelais stammt, dann lesen Sie entsprechend...

Heute lege ich großen Wert auf das, was ich in meinem Buch *Détachement* als »paganisme« bezeichnet habe. »Pagus«, im Lateinischen, heißt das kleine Feld und die dazugehörige Ortschaft. Und insofern scheint mir der Pluralismus des Singulären die spannendste Philosophie zu sein. Kurzum, zur Zeit des Nationalismus war ich Weltbürger, und in der Zeit des Universellen bin ich mir bewußt geworden, wie wichtig es ist, das Singuläre zu bewahren. Ich glaube, daß ich das meinem Lehrmeister Leibniz verdanke, dem es m. E. am besten gelungen ist, die Synthese zwischen einem vollkommen Universellen (der Mathematik) und der irreduziblen Singularität, der Monade, herzustellen. Dieser Aspekt meiner Philosophie geht auf Leibniz zurück, der in der Geschichte nicht seinesgleichen hat, wenn es um die Allianz von Universalität und Singularität geht.

H K Ihre Reihe *Corpus* bei Fayard veröffentlicht nicht Texte französischer Philosophen, sondern »philosophische Werke in französischer Sprache«. So haben Sie beispielsweise auch die philosophischen Arbeiten von Friedrich II. veröffentlicht...

M S Ja, ich habe Schriften Friedrichs II. in einem Band des *Corpus* herausgebracht. Ich habe mich ungeheuer darüber gefreut. Ich wollte damit zeigen, daß es mir nicht auf die französische Philosophie ankommt, mich interessieren Individuen, die sich in einer bestimmten Sprache ausdrücken, mögen sie Schweizer, Deutsche oder was auch immer sein, Individuen, die sich einer singulären Form bedienen.

H K Sie selbst stammen aus dem Südwesten Frankreichs, aus einem Landesteil, dessen eigene Sprache, die »langue d'oc«, einer von Paris ausgehenden linguistischen Kolonisierung zum Opfer gefallen ist. Wie verbindet sich Ihre Betonung des Singulären mit der einen französischen Sprache, die ja Resultat einer ganz manifesten Machtstrategie ist?

M S ...einer universalistischen Strategie. Nun, meine Eltern sprachen Okzitanisch. Ich kann es nur noch ein wenig. Einmal würde ich gerne einen philosophischen Text in dieser Sprache schreiben, das wäre amüsant. Es handelt sich ja trotz allem um eine französische Sprache. Es gibt drei französische Sprachen, das Okzitanische, die »langue d'oïl« und das »picard«. Wer Okzitanisch spricht, entdeckt, daß mein Französisch voller Okzitanismen steckt. Wenn Leute aus meiner Gegend meine Bücher lesen, bemerken sie das. Bei Montaigne z. B. wimmelt es nur so von okzitanischen Einsprengseln.

H K Insbesondere nach 1933 versuchte man in Deutschland – nicht zuletzt gegen den »flachen französischen Rationalismus« gerichtet – eine »Germanisierung« der philosophischen Begriffssprache. Liegen nicht auch Gefahren in einer radikalen Abkehr vom sprachlichen Universalismus?

M S Ich bin kein hundertprozentiger »Provinzialist«. Meines Erachtens ist die Annahme ganz vernünftig, daß eine Sprache wie das Französische Spannungen und Einflüssen unterliegt, die ebenso auf Universalität wie auf Provinzialität hintreiben. Ich bin in der griechisch-lateinischen Kultur groß geworden. Aber je mehr ich schreibe, um so mehr werde ich mir bewußt, daß das griechisch-lateinische Moment meiner Sprache auch importiert ist und daß es von ihm unterschiedene Sprachströmungen überlagert und überdeckt hat. Es gibt also in gewisser Weise eine Art Gleichgewicht zwischen den verschiedenen Quellen einer Sprache. Ein Schriftsteller zeichnet sich dadurch aus, daß er ein neues Gleichgewicht dieser Quellen herstellt. Die Spannung zwischen Universellem und Partikularem gibt es immer, in jeder Kommunikationsform. Es ist aufschlußreich, daß diese früher im Medium der Religion formulierte Spannung zwischen dem Universellen und dem Partikularen heute in der Politik und in der Wissenschaft wiederkehrt.

Mai 1990

LOUIS PINTO

Paris, die Intellektuellen und ihre Stadt

Die intellektuellen und die architektonischen Schöpfungen einer Epoche weisen oft eine gewisse Ähnlichkeit auf, zu deren Erklärung die »logischen« Wechselbeziehungen aufgedeckt und in ihrem Verhältnis zu den gesellschaftlichen Mechanismen erfaßt werden müssen. Die wissenschaftliche Untersuchung dieser »Verwandtschaften« setzt voraus, daß mit der Deutungshaltung der Berufsintellektuellen gebrochen wird. Sie neigen nämlich dazu, die Ähnlichkeit, die sie zwischen Gegenständen verschiedener Sphären entdecken, dem Wirken eines geheimnisvollen »Zeitgeists« oder einer universellen Harmonie der Formen zuzuschreiben. Erwin Panofsky hat in der gotischen Kathedrale und in der scholastischen Philosophie gemeinsame Strukturelemente gefunden; er hat sie als in ihrer Erscheinung verschiedene Zeugnisse ein und derselben »Gestaltungskräfte des Habitus«[1] entschlüsselt.

In diesem exemplarischen Fall, wo hinter der äußerlichen Verschiedenheit von Werken ein einheitliches Muster aufscheint, nämlich eine sowohl die architektonischen wie die philosophischen Praktiken bestimmende Grammatik, erweist sich zweifelsfrei die »Schule« als die Grundlage des Integrationsprozesses aller Kulturproduzenten, handele es sich nun um Erbauer von Kathedralen oder um Gelehrte, die philosophische und theologische Fragen verhandeln. Außerhalb einer solchen historischen Situation jedoch, die einen relativen Zusammenhang der Produzenten begünstigt, lassen sich die Formverwandtschaften zwischen Erzeugnissen verschiedener sozialer Welten keineswegs so eindeutig feststellen. Sofern es, ohne daß eine der Scholastik vergleichbare Integrationsagentur wirksam ist, Entsprechungen zwischen der Ordnung des Diskurses und der Ordnung des Raums gibt, sind sie durch die »symbolische Arbeit« vermittelt, die von all jenen – einvernehmlich oder konflikthaft – besorgt wird, in deren Macht es steht, bestimmte gesellschaftliche Repräsentationen allgemein verbindlich zu machen: Politiker, Denker und Schriftsteller tragen dazu bei, die »moderne Welt« zu definieren, worauf sich die Architekten, da sie sich auf dem Markt bewegen, wohl oder übel einstellen müssen. Das heißt, daß die architekturinternen Tendenzen und die externen Diskurse sich kaum getrennt voneinander erschließen lassen – ein »Werk« ist, so gesehen, nichts anderes als das Ergebnis des spezifischen Zusammenwirkens von technischen Lösungen einerseits und aus der politischen und ideologieerzeugenden Tätigkeit hervorgegangenen politischen und ästhetischen Bedeutungen andererseits.

Als Hauptstadt eines zentralistisch organisierten Landes ist Paris dadurch gekennzeichnet, daß es verdichtet oder im kleinen die wichtigsten Spaltungen nachvollzieht, denen die dominanten Klassen unterliegen. Die gesellschaftlichen Gegensätze, die anderswo einer regionalen Logik der Machtteilung folgen und sich in jeweils eigenständigen politisch-administrativen, Finanz- und Industrie-, Universitäts- und Kunstmetropolen niedergeschlagen haben, lassen sich hier innerhalb eines Stadtraums beobachten. Paris gliedert sich ziemlich klar in ein ökonomisch-politisches und ein geistiges Machtzentrum.[2] Die Rivalität zwischen »Rive droite« und »Rive gauche« (rechtes bzw. linkes Seineufer) bezeichnet eine Konstellation, die den unter den Fraktionen der dominanten Klasse wirksamen Gegensatz spiegelt, und sie fungiert gleichzeitig als Identifikations- und Erkennungsmittel – die »Bürgerlichen« sind diejenigen, die in den durch Luxus und aufwendigen Stil geprägten Vierteln mit den breiten Avenuen und den großzügig angelegten Häusern leben, während die »Intellektuellen« (oder die Künstler) die traditionsreichen Viertel wie das Quartier Latin, den Faubourg Saint-Germain und neuerdings das Marais (das, obgleich rechts der Seine gelegen, eine Erweiterung der »Rive gauche« ist) bevorzugen. Die räumliche Verteilung der von den »Intellektuellen« genutzten Orte – handele es sich nun um Wohnsitz, Universitäten, Bibliotheken, Verlage, Galerien oder Avantgarde-Theater – bezeugt Entsprechungen zwischen gesellschaftlichen, mentalen und räumlichen Strukturen. Diese Entsprechungen verstärken sich gegenseitig und befördern die Herausbildung einer gesellschaftlichen Identität der Intellektuellen[3], die, vielfältigen Hinweisen zufolge[4], im wesentlichen »pariserisch« ist.

Die Zweiteilung des städtischen Raums ist eine Tatsache. Man mag sich nun fragen, ob die Wechselbeziehung zwischen diesen beiden Zentren nicht die Art und Weise bestimmt, wie die Intellektuellen Paris erfahren. Ihre Rede über die von ihnen bewohnte und gefeierte Stadt ist, mehr oder weniger, stets eine über sie selber. Auch könnte der »Reiz«, den so viele Schriftsteller oder Künstler Paris bescheinigen, daher rühren, daß eine Großstadt die Möglichkeit bietet, die von der gesellschaftlichen Identität auferlegten Begrenzungen zu verwischen, und zwar um so mehr, je offensichtlicher sie innerhalb ihres Areals alle Formen der Hiearchisierung ausstellt. Der Dichter, der wie Baudelaire

»flanierend« den Arbeitern der Faubourgs, den Dandys, den gescheiterten Künstlern, den Kurtisanen und »Exilierten« begegnet, kann angesichts des Schauspiels gesellschaftlicher Vielfalt, das die »Menge« aufführt, seine eigene »Unbestimmtheit« positiv erleben: Das böse Paradies einer Metropole wie Paris ist für den Künstler heilversprechend. Die der Stadt anhaftende »Modernität« steht für Befreiung ein, im Unterschied zur geistigen Enge der Provinzstädte. Das erinnert an Rimbaud, der sich »ungebunden wie ein Student« fühlte. In »Platzkonzert« schreibt er: »Auf diesen Platz, wo in dem magren Gras die Reihen / Der Bäume und der Blumen streng in Ordnung stehn, / Trägt donnerstags, erstickt vor Glut, im Abendwehn, / Der Bürger, schnaufend, seine dummen Eifersüchteleien.«[5]

Allerdings scheint die Kritik an Paris im Namen lokaler oder regionaler Wertvorstellungen jenen Intellektuellen entgegenzukommen, die gern die kulturelle Hierarchie auf den Kopf stellen: Gelegentlich dient die Berufung auf »Erde« und »Instinkt« dem »bourgeoisen« Schriftsteller als Waffe im Kampf gegen die subversive Avantgarde. Auch machen die benachteiligten Schriftsteller, wie die regionalistischen es sind, aus der Not eine Tugend, wenn sie ablehnen, was sie ablehnt.[6]

Natürlich ist die Entsprechung zwischen der Struktur der dominanten Klassen und der des städtischen Raums keine mechanische. Zwar neigen individuelle Entscheidungen über den Wohnsitz dazu, die Mechanik der Vereinheitlichung bzw. der Differenzierung im gesellschaftlichen Raum zu reproduzieren; dem wirken jedoch die Beschränkungen, die der Wohnungsmarkt setzt, entgegen. Die verfügbaren Ressourcen sind hier begrenzt; das kann Kompromißstrategien erzwingen. In jedem Fall aber hat der städtische Raum, sofern er den Marktgesetzen unterworfen ist, wesentlichen Einfluß darauf, wie eine beherrschte Gruppe ihre Stellung im gesellschaftlichen Gefüge erfährt. Im Unterschied zu den privaten Gebäuden indes kann der Gebrauch, wenn nicht schon die Konzeption öffentlicher Gebäude oder Monumente durch soziale Repräsentationsgehalte ausgezeichnet sein, die herauszubilden die Intellektuellen direkt oder indirekt beigetragen haben. Deshalb sollte es möglich sein, am Beispiel eines Monuments mit kultureller Bedeutung die Beziehungen zwischen relativ heterogenen Ordnungen zu erhellen: zwischen der diskursiven Ordnung der intellektuellen Visionen und der nicht-diskursiven Ordnung der architektonischen Erzeugnisse. Es gibt in Paris zwei derartige Monumente, die aufgrund ihres Umfangs, ihres Standorts und ihres Ansehens in hervorragender Weise für sich beanspruchen können, intellektuelle Zentren zu sein: die Sorbonne und das Centre Beaubourg.

Auch wenn es überraschen mag, möchte ich zunächst zeigen, daß die »Intellektuellen« nicht nur eine Pariser (mithin französische) Besonderheit sind, sondern daß sie mit der modernen Sorbonne entstanden sind. Zu dem Zeitpunkt nämlich, da der »Intellektuelle« als gesellschaftliche Gestalt die öffentliche Bühne betritt, werden die neuen Gebäude der Sorbonne errichtet. Jules Ferry, ein Vertreter der laizistischen Republik, veranlaßt 1881 die zur Verwirklichung des Projekts notwendigen Maßnahmen. Die 1883 begonnenen Arbeiten sind 1902 beendet. 1889 findet anläßlich des 100. Jahrestages der Französischen Revolution die offizielle Einweihung dieses ausdrücklich mit der Republik verbundenen Monuments statt.

Ursprünglich waren die »Intellektuellen« die mit der »neuen Sorbonne« verbundenen Akademiker, die entweder an der Entwicklung neuer Fachrichtungen – Soziologie, Psychologie, Linguistik – teilhatten oder die die traditionellen Fächer – Philosophie, Geschichte, Philologie – mit neuem Geist erfüllten. Da ihnen in der Welt der Kultur die Stellung von Neuerern zugewiesen war, neigten sie dazu, sich mit den fortschrittlichen politischen Kräften zusammenzutun. Dank dem Bündnis von »Wissenschaft« und »Demokratie« schien der ethisch-politische Universalismus der laizistischen Republik eng mit dem logischen Universalismus der »Intellektuellen« verknüpft und gewährleistet. So konnten denn auch einige Intellektuelle insbesondere im Zusammenhang der Dreyfus-Affäre ihre soziale Identität bekennen, indem sie ihr moralisches Mandat in Anspruch nahmen – in Ausnahmesituationen sich zum Sprecher des Universellen zu erklären, war von dem der wissenschaftlichen Kultur innewohnenden ethischen Wert verbürgt, der weniger auf »Kompetenz« als vielmehr auf das Beobachtungs- und Beweispostulat gegründet ist.[7]

Der Bau der »neuen Sorbonne« wurde am Ende einer langen Periode der Erstarrung und des Zögerns beschlossen, als die politische Macht sich endlich in der Lage sah, eine relativ kohärente Universitätspolitik einzuleiten: Die technische Notwendigkeit der Umgestaltung und Erweiterung der Universitätsräume stand im Einklang mit der symbolischen Notwendigkeit, in einem angemessenen architektonischen Rahmen neue, sich durch die exakte Wissenschaft legitimierende Modelle schulischer und kultureller Überlegenheit verbindlich zu machen. Deshalb meinte der Name »nouvelle Sorbonne« bald die neuen Gebäude, bald die Neuerer unter den Hochschullehrern. Die »neue Sorbonne« verkörperte ein pädagogisches Ideal, das sich gegen die sowohl für mondän als auch für rückständig erachteten humanistischen Disziplinen definierte. Die Gliederung des traditionellen humanistischen Bereichs in »philosophische«, »historische« und »philologische Wissenschaften« signalisierte keinen Umsturz, sondern eine Anpassung an die neue Hochschulkultur. Außerdem teilten sie mit den etablierten naturwissenschaftlichen Fächern denselben Gebäudekomplex. Diese belegten übrigens die größte Fläche (14 000 m²), während die Geisteswissenschaften über weniger Fläche (5500 m²) als Rektorat und Verwaltung (6500 m²) verfügten.

Man zog es zunächst vor, alle Fächer unter einem Dach zu versammeln, anstatt die *faculté des lettres* in der Sorbonne zu belassen und die Naturwissenschaften an andere Orte (Halle aux vins, Jardins du Luxembourg) zu verlegen. Bekanntlich kam es schließlich doch zur Trennung, da es für den wachsenden Bedarf der Naturwissenschaftler, den der Architekt trotz seines guten Willens nicht vorhersehen konnte, an Platz mangelte.

So wie sich Durkheim zufolge die Wissenschaft in der kritischen Auseinandersetzung mit den »Vulgärbegriffen«[8] entwickelt, so muß der Raum der Forschung von dem der Lehre getrennt sein. Wenn das pädagogische Ideal der »Intellektuellen« diese Trennung bestätigt hat, so nicht aus elitärem Mandarinismus, sondern aus Ablehnung der im Jesuitenkolleg verkörperten mondänen Kultur. (Durkheims *Evolution pédagogique* ist eine Sozialgeschichte dieser Institution.) Die Zunahme der den Studenten vorbehaltenen Veranstaltungen auf Kosten der öffentlichen drückte sich in der erhöhten Anzahl von Vorlesungs- und Seminarräumen aus. »Den Studenten stehen dort die wichtigsten Arbeitsmittel zur Verfügung: Fachbibliotheken, Kunstsammlungen, Abformen, Stiche, Aquarelle und Fotografien«, die Anordnung der Räume sollte »den neuen Geist und die neue Methode« spiegeln, welche die Universitätsarbeit nun als »genaue Erforschung der verschiedenen menschlichen Äußerungsformen wie Religion, Sprache, Philosophie, Geschichte, Literatur und Künste« definierten.[9] Ohne den propagandistischen Anteil solcher Erklärungen zu leugnen und ohne zu beanspruchen, in jedem architektonischen Detail die Übersetzung dieses Programms nachweisen zu können, verdient doch der symbolische Effekt Beachtung, der von der Ablösung des traditionellen rhetorischen Modells durch das neue pägagogische Modell der »Erforschung« ausgeht: Die auf die Universitätsbenutzer abgestimmte Raumordnung soll den Kriterien einer fachspezifischen Ausbildung genügen.

In *Über soziale Arbeitsteilung*[10] bemüht sich Durkheim um eine gesellschaftliche, d. h. moralische Begründung der »Spezialisierung«. Für die Geistesarbeiter ist das von besonderer Bedeutung. Immer wieder hat Durkheim darauf beharrt, daß die geistige Tätigkeit zu »spezialisieren« und zu »intensivieren« sei; die entsprechende pädagogische Maxime lautet, man müsse das Kind vorzeitig lehren, »begrenzte Aufgaben und bestimmte Horizonte zu lieben«. Die *geistige* Spezialisierung sei eine exemplarische, »organische« Versöhnung des Konflikts zwischen der Spezialisierung des Arbeiters und der Universalität, die von jedermann gefordert werden müsse: »Aber allein der Tatsache wegen, daß sie ihre Untersuchung ständig über deren Ausgangspunkt hinaustreiben, werden sie sich schließlich notwendigerweise annähern und folglich ihrer Solidarität bewußt.« Durkheims theoretisches Konzept ist der spezifische Ausdruck seiner Stellung im intellektuellen Feld: Einzig eine dialektische Auflösung des Problems der Arbeitsteilung schien geeignet zu sein, die wissenschaftliche Form des kulturellen und universitären Kapitals geltend machen zu können, ohne auf die moralischen und politischen Ansprüche des Rationalismus verzichten zu müssen.

Ein Monument hat nicht die Schlüssigkeit eines Textes. Daß es eine Verwandtschaft zwischen dem intellektuellen und pädagogischen Ideal der Neuerer im Universitätskorpus und einem für sie bestimmten Gebäude gibt, berechtigt nicht dazu, die »neue Sorbonne« dem modernistisch-funktionalistischen Programm zuzuschlagen. Im letzten Jahrhundertviertel konnte sich in einem öffentlichen Wettbewerb nur ein Bauvorhaben durchsetzen, das von den Werten erlesener Eleganz (was manchmal »Historizismus« genannt wird) geleitet war. Unter den sechs von der Jury in Betracht gezogenen Architekten befanden sich Charles Garnier, der berühmte Erbauer der Pariser Oper, Ernest Coquart, Architekt des Justizpalastes, Paul Ginain, Architekt der Kirche Notre-Dame-des-Champs, der medizinischen Fakultät am Boulevard Saint-Germain und des Gailliera-Museums. Der schließlich siegreiche Kandidat, Paul-Henry Nénot, genügte trotz seines jungen Alters (29 Jahre) allen Anforderungen – aus der Ecole des Beaux Arts hervorgegangen, war er Schüler geheiligter Baumeister wie Paul-Eugène Lequeux, Charles-Auguste Questel oder Charles Garnier und hatte den Großen Preis von Rom sowie eine Auszeichnung beim Wettbewerb für ein Baudenkmal zum Ruhme von König Viktor-Emmanuel empfangen. Nicht etwa seiner Originalität wegen, sondern eher infolge gleichsam neutraler Eigenschaften wie »Ausgewogenheit« und »Wohlgeformtheit« wurde der Entwurf von Nénot gewählt, der sich im übrigen treu an die detaillierten Kostenvorschriften hielt.[11] Doch nicht der Kontrast zwischen dem konservativen Baustil und dem fortschrittlichen Geist der »neuen Sorbonne« ist sonderlich aufschlußreich. Aufschlußreich ist die Gegenüberstellung des Diskurses der »Intellektuellen« über Wissenschaft und Demokratie und des allegorischen Diskurses, der in Gestalt von Skulpturen, Malereien und Fresken das Bauwerk mit Kommentaren zu seiner Bestimmung füllt. Die Inhalte spiegeln die ideologischen Kompromisse wider, die die Eroberung politischer Legitimität dem republikanischen Personal aufgezwungen hatte: Um den Preis minimaler Laizisierung wird die nationale Überlieferung aufgenommen, der zufolge die großen Männer, die Tugenden und die Erkenntnistätigkeit keine andere Aufgabe haben, als die Macht zu stützen: Geisteswissenschaften und Naturwissenschaften, Homer und Archimedes, Richelieu und Descartes, Pasteur und Victor Hugo fungieren als Garanten einer ewigen Vereinbarung. Der Triumph der Tradition und des guten Geschmacks über den modernistischen tritt in der Symbolik des Freskos »Le Bois sacré« von Puvis de Chavannes im großen Vorlesungssaal, der auch den Rahmen feierlicher Zeremonien bildet, offen hervor.[12] Gegenvorschläge wie die ursprünglich von Rektor Gérard befürwortete, aber als zu gewagt verworfene Darstellung von Gelehrten aller Länder in zeitgenössischer Tracht oder die »Schule von Athen«, Bravourstück des internationalen Akademiewesens, fanden keine Zustimmung.[13] In der Konkurrenz der Diskurse verschiedener Gruppen von Erbauern und Benutzern spiegelt sich die Zweischneidigkeit einer Architektur ebenso wie einer Politik, die gehalten sind, funktional den Kräfteverhältnissen im Machtsektor zu folgen. Unter dem Deckmantel des »wissenschaftlichen« Geistes, der Musen oder des Vaterlandes kann so jede Gruppe auf ihre Kosten kommen, ohne daß ihre Differenzen im Konflikt explodieren.

Der Definitionswandel, dem die geistigen Leitbilder unterliegen, verschafft sich auch öffentlichen Ausdruck. In dem Maße, wie die Sorbonne eine gewohnte Einrichtung wurde und die Durkheim-Schule, aus der einige Mitglieder in öffentliche Machtstellungen aufgestiegen waren, zerfiel, scheinen nach dem Ersten Weltkrieg die Universitätsvertreter ihres Rufs als Neuerer verlustig gegangen zu sein. Das kam dann Avantgarden zugute, die nach dem Intellektuellentitel griffen. Sie reklamierten für sich den Status des »moralischen Gewissens« der Gemeinschaft, verwischten allerdings den Zusammenhang von Wissenschaft und öffentlicher Verantwortung. Der Sartresche Existentialismus beispielsweise, der über längere Zeit hin intellektuelle Qualität verbindlich definierte, kehrte sich sowohl gegen die akademische Philosophie wie auch gegen das akademische Modell der Soziologie, wobei er die von der institutionalisierten Lehre geschmiedeten Werkzeuge gegen sie selber richtete. Doch entgegen dem journalistischen Bild, das Saint Germain-des-Prés, das Quartier der Cafés, der Buchhandlungen, der Zeitschriften zum Raum des Pariser Intellektuellen erklärt, blieb die Sorbonne ein privilegierter Ort: Für Sartre, den zum Schriftsteller gewordenen Universitätsprofessor, war es der Ort seiner Gegner und Rivalen (Merleau-Ponty), also der qualifizierten Leser. Selbst in Perioden universitärer Stagnation, in denen der Gestus des Literaten die Szenerie bestimmte, blieb der Intellektuelle mit der Universität verbunden. Deren Legitimationsrolle verstärkte sich dann wieder im Laufe der sechziger Jahre, was den Boheme-Stil endgültig entwertete – fortan trugen sogar die Künstler eine »wissenschaftliche« Aura.

Das Centre Beaubourg und die Kultur

Die offizielle Bestimmung der Sorbonne bestand stets und eindeutig in der Hochschullehre, die des 1977 eröffneten Centre Beaubourg war von Anfang an vielfältig. Die Tatsache, daß dort mehrere kulturelle Einrichtungen – Centre national d'art contemporain, Centre de création industrielle, Bibliothèque publique d'information, Institut de recherche et de coordination acoustique-musique etc. – in ein und demselben Gebäude untergebracht sind, spiegelt die Veränderungen, denen sowohl das Feld der kulturellen Produktion als auch der Begriff der Kultur ausgesetzt ist.

Diese Veränderungen haben mehrere Ursachen. Die offensichtliche Schwächung Frankreichs auf dem internationalen Kunstmarkt seit den sechziger Jahren begünstigte die Errichtung eines »städtisch-architektonischen Komplexes«, der der »Schöpfung« und nicht, wie ein schlichtes Museum, der »Aufbewahrung« gewidmet ist. Die Kluft zwischen »anerkannter« Kunst und »Gegenwartskunst« sollte symbolisch – durch ein hervorragendes Markenzeichen, durch großen Publikumszustrom zu den zeitlich begrenzten, aber Aufmerksamkeit erregenden Ausstellungen – und materiell – durch die Bereitstellung von Finanzmitteln zum Erwerb von Gegenwartswerken – überbrückt werden.

Dennoch läßt sich weder die Eroberung eines großen Publikums noch die Anerkennung der »Interdisziplinarität« – zwei Hauptmerkmale des Centre Beaubourg – allein aus den Strategien erklären, im internationalen Wettbewerb der großen Produktions- und Tauschzentren von Kunstgütern zu bestehen. Die Zunahme der Sekundarstufen- und Hochschulabsolventen in den sechziger Jahren bewirkte einen Wandel auf dem Markt der symbolischen Güter: nicht nur, daß dadurch sich die Konsumentenschicht erweiterte und die Konsumtionsgewohnheiten vielfältiger wurden; es veränderte den Begriff der Kultur selbst. Die scheinbare Demokratisierung des Konsumentenpublikums beruht auf der Diskrepanz zwischen den schulischen Bildungszielen und den tatsächlichen Aneignungsmitteln, welche die schulische Ausbildung den Individuen aus Gruppen, die von der »hohen« Kultur am weitesten entfernt sind, zur Verfügung stellen kann. Die Ungleichheit der kulturellen Kompetenzen, die der offiziell verkündeten Gleichheit von Menschen mit demselben Schulabschluß (den Abiturienten) widerspricht, kann den Handelnden nur unter der Bedingung verborgen bleiben, daß die kulturellen Einstufungen zwar nicht offensichtlich außer Kraft gesetzt – das können die Herrschenden nicht zulassen –, aber wenigstens teilweise in den Augen der kulturell beherrschten Konsumenten durchbrochen werden.[14] Deren Erwartungen treffen sich mit denen gewisser Fraktionen der Produzenten, die neue Stellungen in jenen unsicheren Bereichen zu schaffen trachten, wo die Grenzen zwischen dem intellektuellen, dem universitären und dem Presse-Feld verblassen.[15] Diese »Intellektuellen« neuen Stils, ganz besessen von der Frage nach ihrer Identität, die sie mittels aller möglichen »Streitgespräche« – über den »Gulag«, die »Menschenrechte«, den »Individualismus«, das »Ende der Gewißheiten« – erörtern, bemühen sich, das Gebot der kulturellen Legitimität mit den Zwängen der für ein breites und heterogenes Publikum bestimmten Kommunikation zu versöhnen. In Abhängigkeit von der Bedeutung des verfügbaren Kultur- und Bildungskapitals werden dazu verschiedene Strategien verfolgt: Intellektualisierung der Alltagspraxis (Psychologisierung, Umwelt- und Konsumkritik), Aufwertung der abgedrängten Genres (Kino, Comic, Jazz, Design) und Neudefinition kanonischer Gattungen und Fächer (wofür die Philosophie ein vorzügliches Beispiel ist).

Eine bestimmte Fraktion der philosophischen Avantgarde, die in den sechziger Jahren aus der doppelten Ablehnung der akademischen Tradition einerseits und des »Imperialismus« der Humanwissenschaften andererseits entstanden ist, hat sich nachdrücklich der Kritik der kulturellen Ordnung verschrieben. In der Absicht, die Schranken zwischen Philosophie, Naturwissenschaft, Literatur und Künsten zu überwinden, hat sie in prophetischer, oft der »Schwärmerei« verwandter Weise eine Teilung der geistigen Arbeit in Zweifel gezogen, die das Kapital der bislang mit dem Privileg letztinstanzlicher Äußerung ausgestatteten Individuen zu entwerten drohte. Um die jedem Einstufungsverfahren innewohnenden Zwänge zu entkräften, mußten die als Neuerer auftretenden Philosophen radikal subversive theoretische Werkzeuge erfinden, deren einflußreichstes der Begriff der »Differenz« – von Gilles Deleuze und Jacques Derrida entwickelt – ist. Sie schlugen sich auf die Seite der »Zirkulation«, des »Flusses«, der »Vielfalt«, des »Unentscheidbaren«. Und es war gar nicht anders denkbar, als daß dieser »Überwindungstrieb« aus der antiautoritären Stimmung nach 1968 gestärkt hat hervorgehen müssen. Allen Gegenständen gegenüber offen, haben diese Philosophen eine hervorragende, wenn auch kontroverse Position im intellektuellen Feld, auf dem sie eine Art gemeinsame, jenseits der Fächergrenzen verwendbare Gelehrtensprache anbieten. Die interdisziplinäre Beweglichkeit ist Bestandteil der neuen Definition intellektueller Qualität, die von Autoren verbindlich zu machen versucht wird, die wie Gilles Deleuze das Kapital, das sie als Kommentatoren traditioneller Autoren besitzen, in eine Avantgardeerfahrung konvertieren: »Bei der Arbeit in einem bestimmten Bereich trifft man Leute aus einem ganz anderen Bereich, als ob die Lösung immer von woanders käme [...] André Robinet beispielsweise erneuert gegenwärtig die Philosophiegeschichte durch den Einsatz von Computern; nicht zu vermeiden, daß er dabei auf Xenakis trifft.«[16] Die intellektuelle Sphäre wird zunehmend durch den Gegensatz zwischen »Nomaden« großen Stils und den seßhaften Spezialisten, die aus dem »Anderswo« keinen Gewinn zu ziehen vermögen, bestimmt: Zusätzlich zur Fachkompetenz der letzteren verfügen erstere über Qualitäten, die sich weder definieren noch einordnen lassen. Auch trägt die zur Norm erhobene Grenzüberschreitung dazu bei, die Inklusivität derer zu bestätigen, die sich nur innerhalb der Grenzen geltend machen können. Mit anderen Worten: So wie der Markt der symbolischen Güter gegenwärtig funktioniert, entsteht der Wert eines Autors oder eines Werks mittels erfolgreicher Konvertierung externer Profite, die dank der Vielfalt der Terrains, auf denen ein Individuum agieren kann, erzielt worden sind.[17]

Die Selbstdarstellung der neuen geistigen Arbeit bedient sich verschiedener, u. a. räumlicher Metaphern, und die Philosophen manipulieren sie mit einer Begeisterung, als sei es ihnen gelungen, nie dagewesene, der sogenannten »westlichen Vernunft« Widerstand leistende Denkformen zu entdecken. Gegensatzpaare wie das »Flüssige« und das »Feste«, das »Bewegliche« und das »Unbewegliche«, die »Mitte« und der »Rand« greifen in dem Maße in gesellschaftliche Prozesse ein, wie sie Institutionen, Zeitschriften, Kolloquien, Arbeitsprogramme usw. mitstrukturieren. Seit Beginn der siebziger Jahre häufen sich dafür die Beispiele. Die Zeitschrift *Traverses* etwa ist ein interessanter Fall. Diese 1975 erstmals erschienene, von den Editions de Minuit vertriebene

Zeitschrift ist ein Organ des »Centre de la création industrielle du Centre Beaubourg«. Zu den Redaktionsmitgliedern gehören ein Schriftsteller (Marc le Bot), ein Historiker, Psychoanalytiker und Philosoph (Michel de Certeau), ein Philosoph und Romancier (Gilbert Lascaux), ein Philosoph und Historiker (Louis Marin), ein philosophisch orientierter Soziologe (Jean Baudrillard), ein für Philosophie und Humanwissenschaften aufgeschlossener Ökonom (Marc Guillaume) und ein Journalist (Pierre Lepape). Die einzelnen Nummern sind weniger einem fach- oder gebietsspezifischen Thema als vielmehr raunenden, zu Assoziationen einladenden Signalen gewidmet: »Lieux et objets de la mort«, »Le design«, »Le simulacre«, »Le reste«, »La cérémonie«, »L'obscène«, »Le dégoût«, »Les circuits«, »Le hasard«... Emblem der Zeitschrift ist die »transversalité« (Querlauf, Querverbindung, Abkürzung).

Die Umsetzung eines solchen intellektuellen Produktionsmodells ist das 1983 gegründete und hauptsächlich von Jacques Derrida und Jean-Pierre Faye inspirierte »Collège internationale de philosophie«. Das Collège, dessen universitärer Status nicht durch die Macht, Diplome zu erteilen, verbürgt ist und das deshalb die Lehrenden unregelmäßig beschäftigt, hat Freiheit, Beweglichkeit, Schöpfergeist und Vielfalt auf sein Banner geschrieben. Der scheinbar liberale Grundsatz, daß »es keine im eigentlichen Sinne philosophischen Gegenstände gibt«, rechtfertigt, »ganz neue«, »an der Grenze zum Philosophischen angesiedelte« Probleme zu erörtern: das »Unausweichliche«, die »Frage nach dem Dritten«, die »Frage nach der Spur« stehen neben traditionell universitären Themen (Platon, Hegel) und »Avantgarde-Themen« (»Metropole«, »Geschlechterdifferenz«, »Okzident«). Die Wissenschaft ist vor allem durch die Natur- und Wirtschaftswissenschaften repräsentiert, während die Humanwissenschaften – Geschichte, Soziologie, Linguistik – praktisch nicht vertreten sind. Dem Collège scheint die Aufgabe zuzukommen, in einer Zeit universitärer Konjunkturschwäche Stellen anzubieten, die zwischen Sekundar- und Hochschulunterricht schwanken. Vor allem aber verschafft diese Institution solchen Personen einen Status, die in der »Nichteinstufbarkeit« einen Ausgleich für die Zwänge der intellektuellen Arbeitsteilung suchen, welche die »Generalisten« besonders hart treffen.

Daß ein Produkt das Markenzeichen »Interdisziplinarität« beanspruchen kann, veranschaulicht der von dem Philosophen Gilles Deleuze und dem Psychiater Félix Guattari gemeinsam verfaßte *Anti-Ödipus* (1972). Das Werk läßt tatsächlich zwei Lektüren zu: Es kann zunächst, ganz traditionell, als philosophische Abhandlung über die Psychoanalyse, die Geschichte, die Wirtschaft, die Künste, die Naturwissenschaften, die Literatur, die Politik und die Moral gelesen werden. Es kann aber auch als eine besondere und erlesene Kombination von philosophischem Manifest, neuer Humanwissenschaft (»Schizoanalyse«) und Kunstwerk betrachtet werden. Die philosophische Schöpferkraft – Deleuze zufolge ist der Philosoph ein »Begriffsschöpfer« – verbindet die avantgardistische Philosophie mittels der Begriffe des »Flusses«, der »Verzweigungen« und der »Kreisläufe« mit dem Spielerischen der Kunst und des Vergnügens einerseits, mit wissenschaftlicher Strenge und Genauigkeit andererseits.

Die Zirkulation zwischen den Bereichen soll geistig integrativ wirken, was sich vorzüglich an den Beziehungen zwischen Intellektuellen und Architekten beobachten läßt. Einerseits haben die Intellektuellen es darauf abgesehen, ihre Wissenskompetenzen auf neue Gegenstände anzuwenden. Sie nehmen an Kolloquien über die »Umwelt«, die »Stadt«, an fachübergreifenden Kommissionen teil, die mit der Prüfung städtebaulicher, soziologischer und ökonomischer Projekte betraut sind, wobei sie einen »globalen« und »kritischen« Standpunkt geltend machen, um den der auf Effizienz bedachten »Technokraten« und Fachleute zu ergänzen. Der intellektuelle Blick auf architektonische Gegenstände gilt eher dem »Raum« als den gesellschaftlich Handelnden. Er entschärft politische Interessen mittels ihrer entschieden ästhetischen Wahrnehmung.[18] In dem Maße, wie in der Welt der Kultur der Wert eines Gutes vom Wert seiner Kommentierung abhängt, partizipiert der Kommentator an der, wie Bourdieu es ausdrückt, »sozialen Alchemie«, durch die der Wert hervorgebracht wird. So überrascht es nicht, daß die Debatten über »Beaubourg« sich nach Häufigkeit, Inhalt und Form von dem nahezu vollständigen Schweigen abheben, das ein Monument wie die Sorbonne umgeben hat. Man muß sich dieses Unterschiedes bewußt sein, denn er ist vielleicht der wichtigste Hinweis auf den Status der betrachteten Werke.

Andererseits scheinen die Architekten die Reden der Intellektuellen um so bereitwilliger aufzunehmen, als diese sich in den Dienst ihrer berufsinternen Auseinandersetzungen stellen lassen. Die »Intellektualisierung« der Architektenarbeit betrifft sowohl die Neuerer, die für ihren Wagemut auf offizielle Bestätigungen durch angesehene Kommentatoren angewiesen sind, wie auch die, die unter der Beschäftigungskrise zu leiden haben und daher in den intellektuellen Parolen Waffen gegen die etablierten Machtverhältnisse suchen.[19]

Zu Beginn der siebziger Jahre tauchten für die Intellektuellen und erst recht für die Architekten jeweils zwei alternative Gesellschaftsmodelle auf: hier das Klassifizierbare und die Ordnungskästchen, dort das, was sich dem »entzieht« (die »Begierde«, die »Auflehnung«). Der gesellschaftliche Zwang, der, wie man sagte, in der sexuellen Unterdrükkung und in der über das Proletariat, die Jungen, die Frauen, die Homosexuellen usw. ausgeübten politisch-polizeilichen Kontrolle zum Ausdruck kam, wurde mit den gleichmäßigen, gradlinigen, einheitlichen geometrischen Formen in Verbindung gebracht, die entweder der »Dressur« dienten (Schulen, Krankenhäuser, Gefängnisse) oder die Anpassung förderten (große Vorstadtsiedlungen). Insbesondere verdichtete sich an dem von Michel Foucault erörterten Benthamschen Panopticon eine Art kollektiver politisch-städtebaulicher Gegen-Utopie der avantgardistischen Intellektuellen.[20] Dieser Bau, der die Funktion der Raumordnung, des Umgangs mit Menschen und der Wissensanwendung in sich vereinigt, schien die prägnante architektonische Verkörperung von »Disziplin«, »Überwachung«, »Erfassung«, »Kodierung« und »Normalisierung« zu sein. Das Konstruktionsprinzip ist einfach: Ein Turm in der Mitte ist von einem ringförmigen Gebäude umgeben. Das Ringgebäude ist in Zellen unterteilt, von denen jede durch die gesamte Tiefe des Gebäudes reicht. Sie haben jeweils zwei Fenster, eines nach außen und eines nach innen, so daß die Zelle auf beiden Seiten vom Licht erfaßt ist und ein einziger Aufseher in der Mitte genügt, um alle Insassen durch die Innenfenster zu überwachen. Foucault, weit davon entfernt, dieses Experimentalgebäude als Ausgeburt eines zwanghaften Theoretikers zu begreifen, erkennt in ihm vielmehr das Strukturmuster unserer Gesellschaft, der »Disziplinargesellschaft«: »Wir sind nicht auf der Bühne und nicht auf den Rängen. Sondern eingeschlossen in das Räderwerk der panoptischen Maschine, das wir selbst in Gang halten – jeder ein Rädchen.« Dieser Architektur korrespondieren die Humanwissenschaften, denn sie »haben ihren Mutterboden und ihr Muster in der kleinlichen und boshaften Gründlichkeit der Disziplinen und ihrer Nachforschungen«. Doch welche räumliche Organisation könnte einem »freien« Standpunkt entsprechen, den der kritische (oder »genealogische«) Diskurs des Intellektuellen implizit voraussetzt? Läßt sich für das »Differente«, das »Marginale«, das »Plurale«, das »Unentscheidbare« ein angemessener Ort ausdenken?

Das Centre Beaubourg, mit unmittelbar kulturellen Aufgaben betraut, die jedoch mit von außen verordneten politischen Funktionen verbunden sind, erscheint als architektonische Projektion eines Kulturbegriffs, der das »schöpferische Element« zu Lasten der »Hierarchien« aufzuwerten sucht. Die von den Verantwortlichen – Politikern, Kulturmanagern oder Architekten – formulierten Vorstellungen vom Centre Beaubourg übertragen einen Diskurs über die gesellschaftliche

Ordnung aus der Zeit nach dem Mai 1968 auf die Architektur. Die Präambel der Wettbewerbsausschreibung bringt eine bestimmte Kulturauffassung zum Ausdruck: Die Konzeption des Monuments soll dem Umstand Rechnung tragen, daß »der traditionelle Kunstbegriff, ja, selbst der traditionelle Kulturbegriff, problematisch geworden sind«, und daß in unserer Epoche »die schöpferische Tätigkeit die unmittelbarste und umfassendste Sprache geworden ist«. Die allgemeine Zirkulation von Menschen, Gütern und Informationen überwindet alle »trennenden Schranken«. Sie ist sowohl eine vertikale – »die Hierarchien des künstlerischen Ausdrucks sind fiktiv« – als auch eine horizontale – die verschiedenen Künste sollen nebeneinander bestehen. Während die Kultur der profanen Öffentlichkeit zugänglich gemacht wird (öffentliche Handbibliothek, diverse Publikumsservice...), sind die Künstler aufgefordert, ihre Arbeiten am Begriff der »Interdisziplinarität« auszurichten. Die Hauptaufgaben des Zentrums bestehen für den Generalsekretär Claude Mollard darin, die verschiedenen »kulturellen Aktivitäten von ihren Schranken zu befreien und ihre Verbreitung unter einem weitgestreuten Publikum sicherzustellen«.[21] Pontus Hulten, Leiter der Abteilung Bildende Künste, verkündet den Abbruch der »Schranken zwischen Kunst, Literatur, Wissenschaft und Leben«: »Schon seit langem wenden sich die Künstler [...] einem anderen Publikum zu, einem breiteren, anonymen, neugierigen Publikum. Das ist eine selbstverständliche Erscheinung in einer fragmentierten Gesellschaft.« Und: »Den Wärtern und der Kultur müssen die Uniformen ausgezogen werden.«[22]

In der Sprache des Architekten lautet der Wunsch des »Kunden« folgendermaßen: Der Bau muß »eine flexible Struktur haben und ein dynamisches Kommunikationsmittel sein, dazu bestimmt, ein großes Publikum anzuziehen, indem die institutionell bedingten traditionellen Grenzen der Kultur überwunden werden«. Damit sind besondere Merkmale des Bauwerks markiert. Die Gewinner des Wettbewerbs, Renzo Piano und Richard Rogers, stellen es »als ein Ganzes vor, das im Grund-, Um- und Aufriß verändert werden kann und auf diese Weise dem Unvorhersehbaren gewachsen ist«, oder als ein »Riesenspielzeug, das sich ständig wandelt, im Unterschied zum alten statischen Puppenhaus mit seiner sterilen Liebe zum Detail«. Der Bau ist flexibel, da die »Wände verstellbar sind und Beweglichkeit ausdrücken«. Er hat keine Fassade und »offenbart so allen, die ihn ansehen, seine inneren Vorgänge«. Kurz, »er ist wandlungsfähig, funktional, durchsichtig, sein Inneres scheint nach außen gekehrt.«[23]

Es gab kein Vorbild, das die Physiognomie eines Baus, der den vom

Staat durch seine Beauftragten formulierten »Aufgaben« entspräche, zu bestimmen erlaubt hätte: Es oblag den Kandidaten, ihre Fähigkeit, die Philosophie des Centre Beaubourg architektonisch zu verwirklichen, unter Beweis zu stellen. Deshalb gab es auch keinerlei Richtlinien oder finanzielle Auflagen. Die Spielregel hieß: »Wettbewerb der Ideen«. Das preisgekrönte, notwendig experimentelle Projekt schien in den Augen der Jury von Fachleuten [24] geeignet, dem Gefälle zwischen der »Epoche« und den der »zeitgenössischen Architektur eigenen Ausdrucksmodi« ein Ende zu setzen. Durch »Einfachheit« und das »lebendige und betriebsame Äußere« [25] gelinge es, die dem Bau zugedachten Funktionen zu erfüllen. Das Leben falle hier nicht dem Kunstkult zum Opfer, sondern sei in dem gegenwärtig, was gewöhnlich verdeckt wird: Infrastruktur und Außenwelt (daher die Bedeutung der Rolltreppe, des Vorplatzes und der ebenerdigen Eingangshalle).

Doch es genügt nicht, die Vorstellungen der für das Projekt Verantwortlichen darzulegen, um über die gesellschaftliche Leistungsfähigkeit eines Baus wie des Centre Beaubourg zu urteilen. Das Centre Beaubourg trägt keineswegs nur den Stempel einer einzigen Gruppe von Handelnden; vielmehr steht es im Widerstreit zwischen Gruppen mit sehr unterschiedlichen materiellen und symbolischen Interessen. Einerseits spiegelt die harmonistische Vorstellung eines mit dem baulichen oder städtischen Raum versöhnten »künstlerischen Schaffens« den Optimismus wider, den die dem politisch-administrativen Apparat nahestehenden Personen ihrer gesellschaftlichen Position verdanken. Andererseits verurteilen die Avantgarde-Künstler das Centre Beaubourg wegen des in ihm verkörperten Widerspruchs zwischen Kunstanspruch und institutionell abgesicherter kultureller Sanktionierung, die jede Revolte schluckt. Jean Baudrillard zum Beispiel argumentiert, die »Ideologie von Transparenz, Polyvalenz, Konsensus und Kontakt« sei nichts als falscher Schein, der verschleiere, daß »alle kulturellen Inhalte des Centre Beaubourg anachronistisch sind« und daß »die Kultur eigentlich tot ist«.[26] Die Kulturproduktion könne nur dann dem Schweigen entgehen, wenn sie bereit sei, immer wieder die Sinnlosigkeit der Kultur zu beschwören.

Die Integration ganz unterschiedlich Handelnder, die das Centre Beaubourg voraussetzt und verstärkt, ist in dem Maße möglich, wie diese über vergleichbare Wahrnehmungs- und Wertungsmittel in bezug auf die soziale Welt verfügen. Das ist schwer zu bewerkstelligen. So sprechen denn die einen vom »Beaubourg« als einem verblaßten Emblem der »Bourgeoisie«, des »Humanismus« oder des »Okzident«, die anderen sehen in ihm die Rhetorik »der modernistischen und technokratischen Museumskunde in einer fortgeschrittenen liberalen Gesellschaft«[27].

Lehnt man das Centre Beaubourg ab, dann stellt sich freilich die Frage, wie das plausible architektonische Äquivalent so nobler politisch-intellektueller Kategorien wie »Flüssigkeit«, »Kommunikation« und »Öffnung« auszusehen hätte, und insbesondere die Frage, ob Bauwerke, die zur Bewahrung der »Kultur« geschaffen worden sind, notwendig das »Leben« ausschließen.[28] Zum »Archipel Gulag der Kunstwerke«, meint ein Konservator vom Musée d'Art Moderne, gebe es verschiedene Gegenmodelle: das »Geheimmuseum, das niemand aufsucht«[29], den »Flohmarkt«, das »Ökomuseum«[30], die zerstreute Wohnstätte. So mit Entgegensetzungen spielend, beschreibt ein Philosoph und Schriftsteller, der bei der Gründung des Collège International de Philosophie eine Rolle gespielt hat, wie er sich die Architektur der Zukunft vorstellt: »Im vierseitigen Aufzugsmuseum [Beaubourg] wird man auf das Archipel-Museum oder vielmehr auf die Archipel-Werkstatt eine Diaspora- und eine Dorf-Werkstatt folgen sehen«.[31] Die zwischen Bäumen versteckten Weinlager von Bercy können eine Zeitlang als Träger einer »anderen Architektur« dienen, wie sie sich die Intellektuellen vorstellen[32]; sie sind jedoch dazu verurteilt, etwas anderes zu träumen, als was sie mit ihren Augen sehen. Und dennoch, ihr Traum ähnelt durchaus der verneinten Wirklichkeit. Zwar unterliegen sie weniger als die Architekten »materiellen Zwängen«, aber auch sie partizipieren an dem System der herrschenden Bewertung von Werken, Ideen und Formen, das die Grenzen des Wagemuts markiert, den sie als Spezialisten radikaler Kritik für sich beanspruchen. Und wenn sie gelegentlich gewisse Vorbehalte gegenüber dem Centre Beaubourg, dem »Supermarkt der Kultur«, aufgeben, dann deshalb, weil sie in ihm einen Ort kultureller »Zirkulation«, der Konvertierung und Versammlung kultureller Kapitalien erkennen, der Personen, deren »Wert« sich nicht aus der »exklusiven« Einstufung in Literatur, Philosophie oder Kunstgeschichte herleiten läßt, eine bestimmte Würde verleiht. Die praktische Mitwirkung der Intellektuellen am Centre Beaubourg reicht von den klassischen Formen (wie Mitarbeit an der Zeitschrift *Traverses*, Teilnahme an Diskussionen im »Espace Séminaire«[33]) bis hin zu ganz neuen und hoch originellen Formen (Jean-François Lyotard organisierte 1986 die Ausstellung »Les Immatériaux«).

Die formalen und thematischen Entsprechungen zwischen so verschiedenen Sphären wie der Architektur und dem literarischen Diskurs lassen bei den Zeitgenossen das Gefühl kultureller Eindeutigkeit entstehen, das der Universalisierung eines besonderen Bildes von der sozialen Welt Vorschub leistet. Im Verschiedenen gibt es offenbar eine Invariante. Michel Foucault hat sie die »Bezeichnung der Vielheiten« genannt. Philosophen und Architekten sind, wenn auch in unterschiedlicher Weise, mit derselben Aufgabe befaßt: Ihnen obliegt die Definition der Normen, nach denen eingestuft, verteilt, hierarchisiert, getrennt, vereint wird. Gemeinsam sind ihnen nicht so sehr die Ideen als vielmehr Handlungs- und Repräsentationsschemata. Begnügt man sich allerdings mit der Feststellung struktureller Übereinstimmung, so läuft man Gefahr, hinter den verschiedenen Produkten nicht nur einen einzigen »Text«, sondern in ihm auch das »gesellschaftliche Prinzip« solcher Übereinstimmung zu vermuten. Der urbane Raum ist jedoch ein Ort der symbolischen Güter; er ist nicht ein für allemal festgelegt, er verwandelt sich über die endlosen Einteilungskämpfe hinweg, die auch Ruinen nicht aussparen.

[Aus dem Französischen von Ulrike Bokelmann]

Anmerkungen

1 Erwin Panofsky, *Gothic Architecture and Scholasticism*, New York 1957; Pierre Bourdieus Nachwort zur französischen Übersetzung dieses Werkes, »Der Habitus als Vermittlung zwischen Struktur und Praxis«, ist erschienen in: P. Bourdieu, *Soziologie der symbolischen Formen*, Frankfurt a. Main 1970.

2 Vgl. für die Gegenwart die Studie von Pierre Bourdieu, »La production de croyance: contribution à une économie des biens symboliques«, in: *Actes de la recherche en sciences sociales*, 1977, S. 10f. und S. 36f. sowie für das 19. Jahrhundert die Studie von Christophe Charle, »Situation sociale et position spatiale. Essai de géographie sociale du champ littéraire à la fin du 19e siècle«, ibid., S. 25–59.

3 Man könnte an Proust denken, dessen anfänglich mondänes Bild an Indizes wie beispielsweise seinen »schicken« Umgang und seine »rive droite« gelegene Wohnung gebunden war.

4 Die Pariser Herkunft verschafft im Schulsystem einen entscheidenden Vorteil sowohl für das Schülerdasein in den angesehensten Schulen und dem entsprechenden Werdegang (Pierre Bourdieu, *La Noblesse d'État*, Paris 1989, S. 101 ff.) als auch für die Mitglieder des Hochschullehrkörpers (ders., *Homo academicus*, Paris 1986, S. 65 ff.; dt.: *Homo Academicus*, Frankfurt a. Main 1988). Es wäre aber naiv, eine starre Beziehung zwischen Wohnort und Anerkennung herzustellen. Berücksichtigt man die verschiedenen Lebenszyklen, so zeigt sich, daß den wirklich anerkannten Schriftsteller die

Macht kennzeichnet, sich das Fernbleiben von Paris erlauben zu können (z. B. René Char, der sich für L'Isle sur Sorgue entschieden hatte).

5 Arthur Rimbaud, »A la musique«; dt.: »Platzkonzert«, in: *Sämtliche Dichtungen*, französ. u. dtsch., Heidelberg 1978, S. 42 u. 43.

6 R. Ponton, »Les images de la paysannerie dans le roman rural à la fin du 19e siècle«, in: *Actes de la recherche en sciences sociales*, 1977, S. 62–71.

7 Vgl. Louis Pinto, »La vocation universelle. La formation de la représentation de l'intellectuel vers 1900«, in: *Actes de la recherche en sciences sociales*, 1984, S. 23–32.

8 Emile Durkheim, *Les Règles de la méthode sociologique*, Paris 1986[17], S. 31; dt.: *Die Regeln der soziologischen Methode*, Neuwied u. Berlin 1965[2], S. 115 ff.

9 Louis Liard, *L'Université de Paris*, Paris 1909, Bd. 1, S. 105.

10 Emile Durkheim, *De la division du travail social*, Paris 1967[8]; dt.: *Über soziale Arbeitsteilung*, Frankfurt a. Main 1988[2].

11 Philippe Rivé, »La nouvelle Sorbonne, du financement au concours«, in: *La Sorbonne et sa reconstruction*, Lyon 1987, S. 73–81.

12 D. de Fournoux, »Puvis de Chavannes et le grand amphithéâtre«, in: *La Sorbonne et sa reconstruction*, op. cit. S. 175 f.

13 Francis Haskell, *Rediscoveries in Art*, New York 1976 und 1980.

14 Zu »Einstufung«, »Umstufung«, »Abstufung« vgl. P. Bourdieu, *La Distinction*, Paris 1979, S. 147 ff.; dt.: *Die feinen Unterschiede*, Frankfurt a. Main 1984, S. 221 ff.

15 Die Überschneidung der beiden Felder war Gegenstand einer Fallstudie: L. Pinto, *L'Intelligence en action: Le Nouvel Observateur*, Paris 1984.

16 Gilles Deleuze, »A propos des nouveaux philosophes et d'une question très générale«, in: *Minuit*, Nr. 24, 1977.

17 Hypothesen über den Zustand des philosophischen Felds in Frankreich und dessen Wandlungen seit den sechziger Jahren finden sich in L. Pinto, *Les philosophes entre le lycée et l'avant-garde*, Paris 1987. Über den Gebrauch, den die Künstler von der Interdisziplinärität machen vgl. die Untersuchung über die Musikwissenschaftler von Pierre-Michel Menguer, »L'art, objet de science: la recherche et l'expérimentation musicales savantes«, in: *Sociologie de l'art* (Hg. Raymonde Moulin), Paris 1986, S. 247–260.

18 Ein Beispiel: Das »colloque d'esthétique appliqué à la création du paysage urbain«, das im September 1973 in Arc-en-Senans stattfand (Paris 1975). Auf Anregung von Jacques Derrida einigten sich Stadtplaner, Architekten, Philosophen und Soziologen über die Notwendigkeit einer »Grammatologie der Stadt«, die den Übergang von der Vergangenheit (»Begriff des zentralen Platzes, der Kommunikation in Stimmreichweite, Funktionshierarchie in der Stadt und Bestimmung der städtischen Zentren in Abhängigkeit von dieser Hierarchie«) zur Zukunft (»dieser zentrierte Raumbegriff, vom Logos beherrscht, hat seinen Platz gewechselt, ist dezentriert, verstreut«, S. 12) ermöglicht. Der Diskurs über Stadtplanung und Architektur könnte das Äquivalent zum Intellektualisierungsprozeß in der Malerei durch gewisse

Schriftsteller und Dichter am Ende des letzten Jahrhunderts sein. Unleugbares Zeichen dafür ist der Erfolg dieses neuen Genres seit den siebziger Jahren in den intellektuellen Zeitschriften: vgl. »L'objet architecture«, in: *Critique*, Januar 1987, »La ville inquiète«, in: *Le temps de la réflexion*, 1987, »Le postmoderne«, in: *Cahiers de philosophie*, Nr. 6, 1988 sowie das Kolloquium »Métropole et modernité«, organisiert vom Collège international de philosophie, März 1989.

19 Die Auswirkungen der Veränderungen der Berufsgruppe auf die Diskurse sind offenbar nicht untersucht worden. Vgl. aber »die ausführlichen statistischen Angaben in B. Lamy, *L'Évolution de la profession d'architecte. Enquête statistique auprès des diplômés des écoles d'architecture*, Paris 1975–1976.

20 Michel Foucault, *Surveiller et punir. Naissance de la prison*, Paris 1975; dt.: *Überwachen und Strafen. Die Geburt des Gefängnisses*, Frankfurt a. Main 1976.

21 C. Mollard, *L'Enjeu du Centre Georges Pompidou*, Paris 1976, S. 23. Es sei daran erinnert, daß Georges Pompidou, Präsident der Republik von 1969 bis 1974, die Idee für dieses Zentrum hatte, das nach seinem Tod offiziell nach ihm benannt wurde. Beide Benennungen sind gebräuchlich.

22 P. Hutten, *Toutes les musées*, Broschüre des »Département des arts plastiques de Beaubourg«, nachgedruckt in: *L'arc*, Nr. 63, 1975. Der Terminus »Kultur« wird hier dem leicht elitistisch klingenden Terminus »Kunst« gegenübergestellt. In diesem Sinne erklären die Verfasser eines offiziellen Berichts über den »Impératif culturel« (im Rahmen des 9. Staatsplans), daß »heute unterdrückte oder verkannte (wenn nicht verachtete) Aktivitäten« durchaus kulturelle Aktivitäten sind, mittels derer »ungeahnte Reserven an Energie, Begeisterung, Schöpferkraft und Freude« an die Oberfläche treten könnten (op. cit., Paris [La documentation française] 1982, S. 41). In dem Text von Claude Mollard, der das »Beaubourg« vorstellt, heißt es: »Die Kultur erweitert ihren Bereich. Sie erstreckt sich auf die größtmögliche Zahl. Sie reicht in Gebiete, die ihr bislang verschlossen waren. Sie wird eine ›kollektive Funktion‹, ebenso wie die Erziehung, das Rechts- oder das Gesundheitswesen, mit dem zusätzlichen Ehrgeiz allerdings, alle Grenzen zu überschreiten« (a. a. O., S. 15).

23 *Notice du projet lauréat*, in: *Concours international pour la réalisation du Centre Beaubourg*, Bericht der Jury, *Ministère de l'Éducation nationale, Ministère des affaires culturelles*, Paris 1971.

24 Unter den Jurymitgliedern befanden sich angesehene Architekten (Jean Prouvé, Präsident der Jury, Emile Aillaud, Philippe Johnson, Oscar Niemeyer), Konservatoren bedeutender Museen (Franck Francis vom British Museum, Michel Laclotte, Leiter der Abteilung Malerei im Louvre, Willem Sandberg, ehemaliger Direktor des Staatlichen Museums Amsterdam) und andere qualifizierte Persönlichkeiten (Gaetan Picon, ehemaliger Direktor der Arts et lettres im Kulturministerium, Herman Liebaers, Leiter der königlich-belgischen Bibliothek).

25 *Concours international...*, in: Claude Mollard, *L'enjeu...*, a.a.O., S. 36.
26 Jean Baudrillard, *L'Effet Beaubourg. Implosion et dissuasion*, Paris 1977, S. 14.
27 Jean Clair, »Du musée comme élevage de poussière (pensées impies)«, in: *L'Arc*, Nr. 63, 1975, S. 50.
28 Über den Manageroptimismus vgl. die Antwort Claude Mollards auf den museumsfeindlichen Nihilismus einiger Intellektueller (a.a.O., S. 276 passim).
29 J. Clair, a.a.O.
30 Das »Ökomuseum«, oft von den intellektuellen Museumskritikern als Beispiel angeführt (vgl. G. Lascault, »Le musée comme échec indispensable«, in: *L'Arc*, Nr. 63, 1975, S. 55–60), schien wohl wegen seines marginalen kulturellen Status Originalität für sich beanspruchen zu können. Auf der Tagung des Internationalen Museumsrats 1971 wurde das Ökomuseum definiert als »fragmentiertes interdisziplinäres Museum, das den Menschen in Zeit und Raum, in seiner Umgebung und seiner Kultur zeigt und das die ganze Bevölkerung auffordert, sich an seiner Entwicklung zu beteiligen« (zitiert von G. Lascault, a.a.O., S. 59).
31 Jean-Pierre Faye, »Le lieu et le projet«, in: *Contact*, 1983.
32 Eine Tatsache, die bei der Untersuchung des ambivalenten Verhältnisses der Intellektuellen zum Centre Beaubourg grundsätzlich zu berücksichtigen ist: der Besucherstrom. Das Gebäude ist zum meistbesuchten Pariser Bauwerk avanciert.
33 Der »espace séminaire«, der eine von Christian Descamps, Journalist und Universitätslehrer, geleitete Vereinigung ist, will ein »Raum für die interdisziplinäre philosophische Forschung« sein.

MARISA BERTOLDINI / MARINA CALLONI

Mailand: der Aufstieg des Dienstleistungsbetriebs und die Entzauberung des Geistes

Ökonomie und Politik: das Dilemma der Kultur

Mailand und die Intellektuellen: ein Thema, das nur schwerlich in bündiger und homogener Weise erörtert werden kann. Denn diese Stadt ist durch die Gleichzeitigkeit unterschiedlicher und mitunter gegensätzlicher Wirklichkeiten charakterisiert. Wir nähern uns ihr deshalb in mehreren Schritten. Zuerst versuchen wir, die Figur des Mailänder Intellektuellen zu beschreiben. Dann rekonstruieren wir in groben Zügen die Geschichte der Stadt und der Orte, an denen sich ihre Kultur bekundet. Schließlich kommentieren wir die wichtigsten Daten, die im Laufe einer empirischen Untersuchung, die wir unter einigen der bedeutendsten Vertreter der Mailänder Intellektuellen-Szene durchgeführt haben, gesammelt wurden. Am Ende werden wir einige Hypothesen formulieren.[1]

Als Stadt der antagonistischen Dialektik zwischen Bürgertum und Proletariat ist Mailand durch die Umwandlung der Industrieproduktion in den fortgeschrittenen tertiären Sektor die Hauptstadt des sozialen Kompromisses geworden. Ihre geographische Lage hat dabei eine wichtige Rolle gespielt – sie ist die südlichste Stadt Nordeuropas, und sie ist die nördlichste Stadt Südeuropas. Eingezwängt zwischen ihrem »Lokalismus« und der europäischen Perspektive, entschwindet sie aus der Nationalgeschichte. Eine Stadt der *Transformation*, der *Differenz* (im Nebeneinander unterschiedlicher Lebens- und Arbeitsformen infolge der unterschiedlichen Modernisierungs- und Rationalisierungsprozesse) und des *gesellschaftlichen Austauschs* (in der innerlichen Allianz von Patriziat, unternehmerischem Bürgertum, Mittelschichten und Proletariat), hat Mailand seine städtische Identität aus der Erfahrung, die *Metropole der Arbeit* zu sein, gebildet: aus jener »Pflichtethik«, die die Arbeitshaltung ihrer Bürger nach dem Modell eines »Kapitalismus mit menschlichem Antlitz« kennzeichnet. Mailand ist das Modernisierungszentrum der italienischen Wirtschaft, das dem Primat der Innovation gehorcht. Sowohl in der Wissenschaft wie auch in der Kunst beansprucht es die Rolle der Avantgarde, des nationalen Laboratoriums, in dem das Zeitalter mit seinen Ressourcen experimentiert. Genau in diesem omnipotenten Selbstverständnis wurzelt freilich auch der fragile und aporetische Charakter der Stadt, ihre »unvollständige Unabhängigkeit«: die geringe Möglichkeit, in die nationale Entwicklung wirksam einzugreifen. Mailand ist der Ort des Konflikts zwischen dem *Primat der Ökonomie* und dem *Vorrang der Politik*. Gestärkt durch die eigene hohe Produktivität lebt die Stadt den säkularen Gegensatz zwischen dem Ehrgeiz, selbstbestimmt gegenüber der italienischen Politik handeln zu wollen, und der Weigerung, die Verantwortung zu übernehmen, die mit der tatsächlichen Selbstbestimmung verknüpft wäre.

Diese konfliktträchtige Struktur prägt auch die »Arbeit« des Mailänder Intellektuellen. Mailand ermöglicht in der Tat eine besondere Form der *Zirkulation* und *Kommunikation*, die gleichzeitig das Vehikel von *Waren* und von *Ideen* ist. Daher bewegt sich die Kultur der Stadt genau am Bruchpunkt zwischen Ökonomie und Politik, der jedoch auch die *Produktion* mit der *zivilisatorischen Phantasie*, die Gesetze der *ökonomischen und politischen Macht* mit den Ansprüchen des *Geistes* und der *Kritik*, das individualistische Interesse an persönlichem Erfolg mit der Aufmerksamkeit für das öffentliche Wohl verbindet. An dieser Schnittstelle formuliert der Mailänder Intellektuelle den Kompromiß von Theorie und Praxis, die schwierige Vermittlung eines *kritischen Pragmatismus*, der sich auf den Gestaltwandel der Stadt auswirkt. Obgleich er von der Macht verhätschelt und hofiert wird, fühlt er sich in der allgemeinen Wandlung des kulturellen Klimas, die in den letzten Jahren in der Stadt geschah, paradoxerweise ebenso *isoliert* wie *unterfordert*. Er ist »enttäuscht« von den Parteien; er ist »unorganisch«, weil er keine engen Zugehörigkeitsbindungen mehr hat; er ist »vereinzelt«, allenfalls ein »sektoraler Spezialist«.

Das Verhältnis, das der Intellektuelle zur Macht hat, ist stets konstitutiv für seine soziale Identität gewesen. Die politische Geschichte des Mailänder Intellektuellen ist nicht die eines Philosophen-Königs, eines unparteiischen Richters, der das Wohl aller kennt und verficht; sie ist vielmehr bestimmt von dem »realistischen« Bewußtsein, daß es nicht gelingt, sich in der Spannung zwischen individueller Autonomie und kultureller Übertragung gegenüber den politischen Instanzen durchzusetzen. Er ist ein »arbeitsloser« institutioneller Funktionär, der im Umbruch der Hierarchien, der Werte und der ideologischen Präferenzen einer ständigen Fremd- und Selbstveränderung unterliegt. Gleichwohl haben sich Mailänder »Avantgarden« immer als politische und künstlerische Bewegungen verstanden, die direkt, aber kritisch am städtischen Leben partizipieren, in einer Weise, die historisch von der schwierigen, wiewohl geduldeten Koexistenz der katholischen, laizistischen und sozial-kommunistischen Traditionen vorgebahnt ist. Seit der Aufklärung ist die Situation der Intellektuellen in Mailand vom italienischen Partikularismus geprägt. Und die hohe moralische Bedeutung, die der Frage der nationalen Einheit beigemessen wurde, hat bewirkt, daß hier die Aufklärung sich nahezu fugenlos mit dem Romantizismus verband. Das Mailänder »Risorgimento« war eine Erhebung sowohl des Volkes wie der Intellektuellen, die sich vor einer vorschnellen Einigung fürchteten. Die Sorge entsprang dem Mißverhältnis der vielgestaltigen italienischen Staaten, deren kulturelle Neigungen und wirtschaftliche Entwicklung höchst verschieden waren. In dieser Lage machte Carlo Cattaneo, der Prototyp eines kosmopolitischen Intellektuellen, den Versuch, die humanistische Überlieferung mit der modernen Polytechnik zu versöhnen. Dieser Versuch ist dann das Modell der philosophischen und gesellschaftlichen Entwürfe des »kritischen Rationalismus« geworden.

Soweit die Tradition. Von ihr unterscheidet sich die städtische Wirklichkeit der letzten Jahre erheblich. Der endgültige Bruch mit den Formen der zivilen Solidarität hat den Zerfall einer bestimmten sozialen Vision der Wissenschaften und ihrer Zwecke nach sich gezogen. Der Intellektuelle hat seine Identifikation mit der Stadt als Ort des sozialen Widerspruchs und des eigenen Engagements preiszugeben begonnen. Daher rührt der Mangel an kollektiven Erfahrungen, wie sie in den Jahren des Widerstands und des Bürgerkriegs, als man sich zum Kampf gegen Faschismus und Nazismus vereinte, oder in den Jahren der Arbeiter- und Studentenrevolte die Regel waren. Die politische Perspektive der »Neugestaltung«, die das unternehmerische Bürgertum und die Arbeiterschaft auf der Basis gemeinsamer Interessen und sozialer Fortschrittlichkeit zusammenführte, erlischt. Nach den »bleiernen Jahren«, der »Strategie der Spannung« gegenüber dem Terrorismus, mit der Krise des intellektuellen und politischen Engagements kommt es in den achtziger Jahren zur Aufkündigung des gesellschaftlichen Bündnisses von Gelehrten, Studenten und Arbeitern. Damit einher geht eine Phase der autoritären Kontrolle und des Konservativismus in den Institutionen. Anfang der Achtziger ereignet sich der »historische Bruch« zwischen Unternehmern, Arbeitern und Intellektuellen, der auch den Bruch mit dem Modell des Gleichgewichts zwischen Entwicklung und Produktion bedeutet, das bis dahin die Stadt gekennzeichnet hatte. Die alte Stadtkultur zerfällt, eine neue entsteht nicht. Die Produktion für den unmittelbaren Konsum übertrifft die Planung für die Forschung, die Bau- und Finanzspekulationen fließen direkt ein ins Politikgeschäft.

Die »Diaspora« der Intellektuellen verschärft sich, sie sind nicht mehr durch gemeinsame soziale Ideale verbunden, sondern bloß noch durch korporative Interessen unterschiedlicher Herkunft; sie sind Mitglieder einer »querlaufenden Partei«, die den Konsens aller anderen sammelt.

Stolz auf Selbstbestimmung und Unabhängigkeit, eher Verteidiger der *Kompetenz* als der *Zugehörigkeit*, bewegt sich der Mailänder Intellektuelle zwischen dem Pol des »öffentlichen Auftritts« und des Publikumkonsenses sowie dem Pol der »Absonderung« und der Abschwörung. Nach der Wiedereinführung des aufgeklärten Despotismus im spätindustriellen Zeitalter der Massendemokratie und des Parteiensystems wird er dank einer privilegierten persönlichen Stellung von der Macht »gehört«, ohne jedoch in seinen Forderungen erhört zu werden. Infolge der Sektoralisierung seines Wissens spricht er nicht mehr die Sprache des »öffentlichen Gutes«, sondern die der »sozialen Güter«. Die Kluft zwischen »ziviler Gesellschaft« und »politischer Wirklichkeit« erweitert sich gerade in dem Augenblick, in dem die alte Bindung zwischen *Intellektuellen und sozialen Bewegungen* sich in eine Verbindung zwischen *Intellektuellen und Parteien* gewandelt hat. Diese neue Dimension der Mailänder Realität bringt einerseits die intellektuelle Autonomie bestimmter lokaler Initiativen ans Licht, während andererseits die Unfähigkeit der Lokalpolitiker offensichtlich wird, auf die Regierung in Rom Einfluß zu nehmen. Mailand verbreitet mehr Kultur als es erzeugt – »das kulturelle Geschehen wird zu einem Spektakel« und »die Politik wird ästhetisiert«. Beispielhaft dafür ist der Zugriff der neuen außerstädtischen Mäzene aus Finanz und Industrie, denen es gelungen ist, die eingesessenen Mailänder Familienoligarchien zu verdrängen, und die nun die wichtigsten Verlagsgruppen – man denke an die Turiner Agnelli-Fiat-Gruppe, an die De Benedetti-Olivetti-Gruppe aus Ivrea und an die Gardini-Ferruzzi-Gruppe aus Ravenna – oder die privaten Fernsehanstalten (die Berlusconi-Gruppe Fininvest) nach der Neugliederung des *Kulturmonopols* kontrollieren.

Da es keine starke »zivile Gesellschaft« mehr gibt, in der er sich wiederfinden kann, ist dem Mailänder Intellektuellen sowohl sein Selbstverständnis als demokratisches Subjekt einer minoritären Opposition wie auch die gesellschaftliche Legitimation, die er aufgrund seiner Tätigkeit als »Kopfarbeiter« besaß, verlorengegangen. Angesichts des Veraltens von Schlüsselbegriffen, die das Konzept der Emanzipation beflügelt hatten, gewinnen Formeln wie »öffentliche Ethik«, »Geschäftsethik« und »praktische Moral« entsprechend der utilitaristischen und melioristischen Tradition des klassischen Liberalismus an öffentlicher

Beachtung. Damit scheint eine neue Runde der Diskussion in der Stadt eröffnet.

Zur Geschichte Mailands

Der Name der Stadt ist keltischen Ursprungs; er bedeutet »inmitten der Länder« und ist unverändert in die lateinische Bezeichnung »Mediolanum« übergegangen. Er kennzeichnet treffend die geographische Lage der Stadt, die inmitten der fruchtbaren Ebene von Padana liegt, in einem Gebiet, das reich an Quellen und Wasserläufen ist, und das sich seit der keltischen Periode (Mediolanum, caput Gallorum) als Zentrum landwirtschaftlicher Produktion und zugleich als Kreuzungspunkt der großen Verkehrswege, die den Mittelmeerraum mit Zentraleuropa verbinden, sowie als Handels- und Marktort zu behaupten verstanden hat.

Diese »Zentralität« hat auch das Bild der Stadt geprägt, die sich nach einem entschieden zentralisierten Grundriß ordnet und sich um ihren Mittelpunkt, den mehrteiligen Domplatz herum, in fast konzentrischen Kreisen entwickelt hat, die zuerst den Gürtel der römischen Mauer, dann die Ringe der künstlichen Kanäle und schließlich den Bann der spanischen Mauern gesprengt haben. Auch ist von Bedeutung, daß Mailand seit dem Ende des 19. Jahrhunderts eine kräftige Immigration sowohl von Einwohnern der umliegenden Gegend als auch anderer Regionen Italiens, vor allem des Südens, erlebt hat. Die Fähigkeit, Leute und Ideen aufzunehmen, hat die Stadt in außergewöhnlichem Maße bereichert. So ist sie zum Schauplatz der Gegensätze, aber auch der Integration, der Toleranz, des Kosmopolitismus geworden. Heute haben sich die Aspekte der Immigration infolge eines starken Pendlertums, das auf der Stadtbevölkerung (1,5 Millionen) mit einer unausgeglichenen Ausbeutung der wechselseitigen Energien lastet, weiter kompliziert.

Über die Jahrhunderte hinweg hat Mailand den Doppelcharakter eines Anziehungspunktes und eines Ortes der Ausstrahlung, des Austauschs und des Überangebots an Kräften und Gütern bewahrt. In der Anstrengung, die eigene Unabhängigkeit zu gewährleisten, hat es stets versucht, sich zu öffnen und Kontakte zu europäischen kommerziellen, industriellen oder intellektuellen Metropolen aufzunehmen. In diesem Zeichen hat sich das kulturelle Leben der Stadt entfaltet. Es manifestiert sich in eigentümlicher Weise zuerst um die Mitte des 18. Jahrhunderts und bringt eine, im Vergleich zur französischen, originelle Aufklärung hervor: C. Beccaria, C. Porta, G. D. Romagnosi, G. Parini, die

Brüder Verri, L. Cagnola, A. Manzoni und der Mailänder Romantizismus, C. Cattaneo, G. Verdi, G. Puccini, die literarische »Scapigliatura«, den Futurismus.

Und während des Faschismus? Er stützte sich gerade in Mailand auf die Allianz konservativer Politik mit reicher Industriebourgeoisie, stieß jedoch alsbald auf eine wirkungsvolle aktive Opposition, die sich um das Komitee der Nationalen Befreiung Oberitaliens formierte, das als Modell für die Bildung der neuen Regierung kurz nach der Befreiung diente.

Die ersten Jahre nach dem Konflikt waren für die Stadt eine Periode des lebendigsten kulturellen Austauschs. Das Bedürfnis, einen Dialog der verschiedenen Kulturtätigkeiten in Gang zu bringen, das verbreitete Gefühl von Optimismus und planerischer Elan haben Übereinstimmungen zwischen politischen Kräften und Produktivkräften markiert, die sich später nicht mehr wiederholt haben. »Die *Resistenza* gegen den Faschismus, der Antifaschismus, die Bindung zwischen Intellektuellen und Arbeitern, die zum ersten Mal während des Faschismus verwirklicht worden ist«[2], bezeichnen die historischen Bedingungen, auf denen sich das kulturelle Leben Mailands wiedererhebt. Nun muß die gesamte Gesellschaft mobilisiert werden, nun muß der Entwurf aus der Kraft aller hervorgehen. Die Intellektuellen, die damals nach Mailand eilen, machen die erregende Erfahrung gemeinsamer Hoffnung und Kreativität. Im neuen Interesse für das Land, das zusammen mit der demokratischen Freiheit entsteht, wird die Klärung des Verhältnisses von Politik und Kultur wichtig; nicht zuletzt innerhalb der politischen Parteien und durch sie entfaltet sich die Debatte über die zivile Gesellschaft und die »Neugestaltung« des Landes. Man denke an die fast erstaunliche Wiedergeburt der Scala unter A. Toscanini, an die Leistungen des Piccolo Teatro unter G. Strehler und P. Grassi (sie waren die ersten, die außerhalb der DDR die Werke von Brecht aufführten), an Zeitschriften wie *Aut-Aut* von E. Paci oder *Casabella* von E. Rogers oder *Il Politecnico* von E. Vittorini und F. Fortini und viele andere, die eine Quelle der geistigen Erneuerung des Landes gewesen sind. Man denke weiter an die Entstehung von Forschungszentren wie das von Gemelli geführte Psychologische Institut der Katholischen Universität und später an die Errichtung von Forschungsstiftungen wie z. B. das Nationalinstitut für die Geschichte der Befreiungsbewegung in Italien, das Feltrinelli-Institut (heute: Stiftung für die Geschichte der Arbeiterbewegung), das Institut für pharmakologische Forschung Mario Negri, das neurologische Institut Carlo Besta, das Forschungsinstitut Agostino Gemelli für soziale Probleme der visuellen Information mit seiner

Zeitschrift *Icon*; man denke an die Erneuerung der FAST (Vereinigung der wissenschaftlichen und technischen Verbände), an die Gründung des ILSES (Lombardisches Institut für ökonomische und soziale Studien). Man denke an Kulturzentren wie die von der Kommunistischen Partei Italiens unterstützten »Casa della cultura«, die zuerst von dem Philosophen A. Banfi, dann von dem Psychoanalytiker C. Musatti geleitet worden sind, oder an den Circolo Turati als Ausdruck des radikalen Mailänder Sozialismus und antifaschistischen Laizismus. Man denke an die Arbeit der »Fondazione Corrente« und die Triennale.

Aber es hat sich dabei nur um einen kurzen glücklichen Augenblick gehandelt. Mailand ist bald danach wieder unter die Kontrolle mächtiger Wirtschaftsinteressen geraten, die durch systematische Grundstücksspekulation – in der Periode des sogenannten italienischen Wirtschaftswunders von 1953 bis in die erste Hälfte der sechziger Jahre – die urbane Entwicklung verzerrt und dazu beigetragen haben, die alten Miseren zu wiederholen und neue zu schaffen. Die beiden grundlegenden Aufgaben der modernen Stadt, Wohnen und Dienstleistungen, sind in Mailand nicht in ausgewogenem Verhältnis gewachsen, da die Grundstücksspekulation, die vor allem an der äußersten Peripherie und in den Schlafquartieren oder in den pseudoländlichen Satellitensiedlungen beispielhaft sichtbar ist, verhindert hat, daß der Verwirklichung kollektiver Dienste die nötige Aufmerksamkeit geschenkt wurde.[3] Und es scheint, als ob die Bevölkerung Mailands dem mit Gleichgültigkeit begegnete. Beispiele dafür sind das Schweigen über das Ende der Sozialstationen der selbstverwalteten Stadtviertel, die Unachtsamkeit gegenüber Phänomenen des Zerfalls, der Verbreitung von Drogen und der Kriminalität. Immer noch fehlen Kläranlagen für Groß-Mailand. Auch unter urbanistischem Gesichtspunkt bietet Mailand heute kein positives Bild – seit geraumer Zeit wird nichts Bedeutendes mehr in der Stadt gebaut, einmal abgesehen von dem U-Bahn-Netz. Erstarrung ist zu beobachten, die der Tradition widerspricht, der zufolge Mailand seiner urbanen Erneuerung nie eine Atempause gegönnt hat. Mailand hat sich stets entwickelt, indem es sich regenerierte. Nichts dergleichen geschieht heute. Die Fabriken haben zum Teil dem Handel und dem Finanzsektor Platz gemacht, und aus einer Arbeiterstadt hat sich Mailand zwar in eine Dienstleistungsmetropole verwandelt, aber sie hat noch nicht das Problem der Nutzung der riesigen verlassenen Flächen gelöst. An ihren Rändern umschließen sie die neuen Peripherien in immer weiteren Ringen, doch sie bleibt eine »ummauerte Stadt«, weil man es nicht verstanden hat, die Vitalität des Zentrums in die Peripherie zu verlängern. Auf ihr lastet nun das Gewicht eines über die Maßen wuchernden

Körpers, der ziemlich planlos eine unerträglich gewordene Not zu lindern versucht: Die Transportprobleme, der Mangel an kulturellen und sozialen Diensten sind die Zeichen dieser Not.

Ein weiteres wichtiges Moment in der jüngsten Geschichte Mailands sind die Jahre der Arbeiter- und Studentenproteste: die Jahre 1968–1969. Sie haben die ganze Stadt einbezogen und erschüttert. Die Ergebnisse sind allerdings zweideutig gewesen. Einerseits haben sie gewiß die Stadt bereichert, andererseits haben sie tiefe Wunden im sozialen und kulturellen Gewebe Mailands hinterlassen – es waren auch die Jahre des Terrorismus, der »Strategie der Spannung« und der ungestraften Vergehen, der mysteriösen Todesfälle und der nationalen Skandale. Diese Ereignisse haben Zweifel an der politischen Legitimität, auch Ängste erzeugt, und sie haben eine Art Stillstand oder Rückzug provoziert, der erst in jüngster Zeit unter großen Schwierigkeiten und Schmerzen überwunden zu werden scheint.

Orte der Kultur

Mailand hat immer auf professionelle Institute, Kollegien, Akademien alter Verfassung und guten Rufes und philanthropische Zentren in einem Gleichgewicht von technischer und humanistischer Kultur gezählt: die sehr alten Scuole Palatine, die von Maria Theresia revitalisiert worden sind, die Cannobine (1554), die Braidensi (1572), die Arcimbolde (1609), und unter den Akademien des 18. Jahrhunderts erinnern wir vor allem an die von den Brüdern Pietro und Alessandro Verri gegründete Accademia dei Pugni und spätere Physisch-Medizinische-Statistische Akademie (1844) sowie an das Reale Istituto Lombardo di Scienze Lettere, das 1863 in eine humanistische und wissenschaftliche Abteilung gegliedert wurde. Die gegenwärtige Universität hat sich also sozusagen über eine Struktur von außerakademischen sozialwissenschaftlichen Institutionen gelagert, die heute noch die Stadt charakterisieren und eine bedeutende Rolle spielen. Heute besitzt Mailand fünf Hochschulen mit dem entsprechenden Spektrum universitärer Fakultäten: die Bocconi-Universität und das Politecnico, das Ende des 19. Jahrhunderts auf Initiative von Privatleuten und der Kommune gegründet wurde, um neue Generationen von Beamten und effizienten Technikern auszubilden; die Staatliche Universität und die Katholische Universität entstehen in den zwanziger Jahren, in jüngster Zeit das Universitätsinstitut für Moderne Sprachen. Zu beachten ist auch die beträchtliche Leistung der 1763 gegründeten Akademie der Schönen

Künste von Brera und der zahlreichen außeruniversitären Institute, die sich auf konfessionelle, private oder kommunale Strukturen stützen und denen es gelingt, Autonomie des Handelns und Denkens zu bewahren.

Vielleicht lohnt sich eine besondere Anmerkung zur Katholischen Universität, die von dem Pater A. Gemelli noch vor dem Faschismus gegründet wurde. Als erster katholischer Organismus in Italien, der als universitäres Ausbildungszentrum fungiert, hat die Cattolica lange Zeit die kulturellen Tendenzen nicht nur Mailands, sondern der Lombardei, ja, der Nation beeinflußt und ist in der Tat Ort origineller Initiativen gewesen, die sich durch Unabhängigkeit auch gegenüber der katholischen Welt Italiens auszeichneten. Diese Institution spiegelt im Grunde den Charakter des Mailänder Katholizismus, der fest verwurzelt ist und sich am sozialen Leben beteiligt.

Was die Musik, das Theater, die bildenden Künste betrifft, so kann man bis auf einige Varianten eine allgemeine Beobachtung bekräftigen. Die Tradition Mailands auf diesen Gebieten und die Vitalität seiner Avantgarden auch in der jüngsten Geschichte sind bekannt. Aber nach der Belebung in der Nachkriegszeit sind viele Impulse verlorengegangen. In der Musik hat man sich hinter dem Namen und dem Ruhm des Teatro alla Scala verschanzt. Die Theatersphäre gestattet ein optimistischeres Urteil, dank der Arbeit von G. Strehler und P. Grassi mit dem Piccolo Teatro und auch dank der Vitalität, die sich in den kritischen und Avantgarde-Theaterinitiativen ausdrückt, wie sie von D. Fo und F. Rame, von F. Parenti mit dem Teatro Pierlombardo oder zahlreichen anderen Kooperativen von Schauspielern und Regisseuren betrieben werden. In den bildenden Künsten gewährt Mailand weiterhin wichtigen Künstlern Raum, denen sie aber wenig zu bieten versteht: es fehlen Ausstellungsorte, es fehlen Galerien oder Kulturzentren, es wird wenig experimentiert, und vor allem beginnt man das Gewicht eines Kunstmarktes zu spüren, der die authentischen ästhetischen Projekte zunehmend verzerrt.

Mailand ist immer noch das Zentrum der Druck- und Verlagsindustrie Italiens und folgt auch hierin einer lebendigen Tradition seit den ersten Jahren des 19. Jahrhunderts; die Namen von Verlegern wie Sonzogno, Ricordi, Vallardi, Treves, Hoepli, von denen einige noch heute tätig sind, stehen dafür ein. Ihnen haben sich die Verlagshäuser Rizzoli, Garzanti, Bompiani, Mondadori und Feltrinelli, aber auch kleinere wie Adelphi, F. Angeli, Scheiwiller, Archinto, La Tartaruga, F. M. Ricci hinzugesellt. Im übrigen erscheinen in Mailand einige der wichtigsten nationalen Zeitungen: *Corriere della Sera, Il Giorno, Il Giornale.*

Gleichwohl erweist es sich hier als schwierig, »Kultur zu machen«, weil der Dialog schwierig ist: der Dialog unter Intellektuellen, die voneinander durch Berufseifersüchteleien getrennt sind; unter Vertretern verschiedener Disziplinen, weil jeder damit beschäftigt ist, sich im eigenen spezifischen und begrenzten Wissensbereich auf dem laufenden zu halten; unter den Intellektuellen und den Machtzentren (der Verwaltung, der Finanz oder Produktion), weil sie nur mit Mühe eine gemeinsame Sprache oder einen gemeinsamen Handlungsgrund finden. In einer Stadt, in der die Funktion des Marktes die Herrschaft übernommen zu haben scheint und die immer mehr eine Stadt der Banken und des Geldes wird, ist der Dialog, wenn es ihn denn einmal gibt, sehr episodisch oder unartikuliert. Es existieren keine Austauschorte mehr, und bei den Intellektuellen ist sogar die Gewohnheit informeller Begegnungen verlorengegangen. Heute fühlt sich der Intellektuelle in Mailand isoliert. Und er fühlt vor allem, daß seine Leistungsfähigkeit ungebraucht bleibt. »Heute ist die Entsprechung zum Intellektuellen der fünfziger Jahre der gebildete Fachmann, der gegenüber den Problemen der Polis sensibel ist – dieser Typ des Fachmanns ist allerdings minoritär. Statt seiner dominiert der ungebildete oder oberflächlich informierte Fachmann, der Gespür für öffentliche Auftritte besitzt, ein von Parteienherrschaft und Sponsortum gefütterter Funktionär, ein organischer Intellektueller des Geschäfts und der Massenmedien. Dieser Typ ist in der Mehrheit.« (M. Unnia)

Vielleicht wird der Intellektuelle im Gefolge der Umwandlung des sozialen und politischen Szenarios und angesichts der Schwierigkeit, in dem Getöse der Massenkommunikation Gehör zu finden, seine Rolle in einer gewandelten Gesellschaft neu bestimmen – auch im Verhältnis zu den Institutionen, die unser Leben disziplinieren. Dies ist in der Tat ein Prüfstein, wohl auch deshalb – was in besonderer Weise auf Mailand zutrifft –, weil in den Jahren des Protests die Intellektuellen sehr kritisch gegenüber den Institutionen gewesen sind. Daher rührt denn auch ein gewisses Mißtrauen gegenüber ihren Vorschlägen und ihren Forderungen. Heute befindet sich der Intellektuelle in einer Phase des substantiellen Wandels sowohl seiner Stellung in der Gesellschaft als auch seiner Beziehung zur Macht. Die Politik des Gleichgewichts von öffentlichem Wohl und Machtausübung verlangt von ihm einen Balanceakt zwischen »Pflichtethik« und »Erfolgsethik« (N. Bobbio). An dem Risiko, das in dieser Rolle steckt, muß der Intellektuelle heute seine Fähigkeiten prüfen und deren Reichweite messen.

Der Intellektuelle und die Stadt: eine zerbrochene Identität?

Die in den letzten Jahren in der Stadt erfolgten Veränderungen haben den Mailänder Intellektuellen veranlaßt, die Art und Weise sowie die Ziele seiner Tätigkeit neu zu fassen. Das Ergebnis ist die Figur eines Intellektuellen »mit Qualität«, aber in der »Identitätskrise«. Sein »soziales Ich« verbindet sich nicht mehr unmittelbar mit der Stadt, die ihrerseits diesen Zustand spiegelt. Er »professionalisiert« seine Arbeit, das heißt, daß sie im Netz institutioneller Verpflichtungen und praktischer Beratung entschärft wird. Den »klassischen kritischen Intellektuellen« gibt es im Grunde nicht mehr; er ist zum »Manager der Kultur und der Institutionen« geworden, der die Kraft, Konflikte zu leben, ohne die Ideen zu wechseln, zunehmend einbüßt. Vielleicht produziert Mailand gerade deswegen »Mode« und gelingt es der Stadt nur schwer, »Kultur zu exportieren«, obwohl sich viele ihrer wissenschaftlichen, technischen und künstlerischen Hervorbringungen durch Qualität, Kompetenz und Erfindungsreichtum auszeichnen. Was freilich fehlt, ist die Schicht der »intermediären Intellektuellen«, die in der Lage sind, Kultur zu definieren, nicht nur sie zu genießen.

Italien, das sich historisch aus dem städtischen Partikularismus herausbildete, besitzt paradoxerweise keine »Stadtkultur« im Sinne einer Reflexion über die Beziehung zwischen urbaner Struktur, Bevölkerung und knappen Ressourcen, zwischen architektonischer Form, sozialer Funktion und physischem Raum. Auch der Mailänder Intellektuelle ist nicht »urban« im strengen Verstande. Daß es in dieser Stadt an einer Praxis der »sozialen Nutzung« des städtischen Raums, insgesamt an einer materiellen und ökologischen Kultur gebricht, verhindert sowohl die Erforschung einer alternativen Entwicklungslogik als auch die Entfaltung einer »Stadtkultur« als *Lebens- und Wohnstil*. Mailand wird deshalb als »unvollkommene« Stadt erlebt.

Hat der Intellektuelle der sechziger und siebziger Jahre seine Identität und soziale Rechtfertigung auf die Opposition zu den Institutionen gegründet, so ist sich der Intellektuelle am Ende der achtziger Jahre bewußt, nur im Rahmen der Institutionen wirken zu können, in denen er eine gedämpft kritische Rolle, allerdings im Dialog mit der Macht, zu spielen trachtet.

Fassen wir zusammen: Das gegenwärtige kulturelle Szenario bezeugt und umschreibt grob die Enttäuschung über die Politik, die Krise des Selbstverständnisses der Kopfarbeiter, die allmähliche Verdunklung der großen Hoffnungen, das Ende des individuellen und kollektiven

Experimentierens, die Desorientierung gegenüber der urbanen Umwelt und die Einsamkeit der Aufklärer. Diese Situation läßt indes Möglichkeiten der Einmischung und des Handelns offen. Die Mailänder Intellektuellen kennen durchaus ihre Chancen, als Minderheit in einer komplexen zivilen Gesellschaft die politischen und ökonomischen Konstellationen beeinflussen zu können. Deshalb versuchen sie, trotz einer fundamentalen Motivationskrise, die Ethik des individuellen Erfolgsstrebens in eine öffentliche Ethik der gesellschaftlichen Selbstverpflichtung zu transformieren. Sie sind bescheiden, aber nicht anspruchslos geworden. Der Mailänder Intellektuelle, der heute ein »professionalistischer« Intellektueller ist, steht zwar *zentral* für Kompetenz, aber *marginal* zu den politischen und wirtschaftlichen Entscheidungsprozessen. In der Zeit der »Entzauberung« und des Dienstleistungsbetriebs ist er ein Techniker ohne Machtbefugnisse und ein Experte nicht mehr des Zweifels, der Kritik, der Opposition, sondern der »Flexibilität«. Ob er daraus ein neuartiges, stichhaltiges Kriterium sozialer Verantwortung wird gewinnen können, muß sich jedoch erst noch erweisen.

[Aus dem Italienischen von Norbert Neumann]

Anmerkungen

1 Unsere Darstellung ist aus einer Befragung von Intellektuellen hervorgegangen, die in Mailand wohnen und arbeiten. Sie wurde vom Sommer 1989 bis Winter 1991 durchgeführt; die vollständige Fassung ist 1992 unter dem Titel *Pensare Milano* in Mailand erschienen. Alle Teilnehmer haben große Dialogbereitschaft, Ernsthaftigkeit in den Antworten und ein bemerkenswertes Interesse bewiesen. Wir danken allen, die sich unserer Initiative angeschlossen haben. Besondere Anerkennung und Dank gelten Prof. Guido Nardi, Direktor des »Dipartimento di Programmazione, Progettazione e Produzione Edilizia« der Architekturfakultät am Polytechnikum in Mailand, und Prof. Giacomo Corna-Pellegrini am Institut für Humangeographie an der geisteswissenschaftlichen Fakultät der Università degli Studi in Mailand. Nachfolgend nennen wir die Namen der Interviewpartner: Ida Faré, Eugenio Gentili Tedeschi, Roberto Guiducci, Angelo Mangiarotti, Luigi Mazza, Umberto Pellegrini, Novella Sansoni, Renato Boeri, Marcello Cesa Bianchi, Laura Conti, Elvio Fachinelli, Silivia Vegetti Finzi, Silvio Garattini, Mauro Mancia, Felice Perussia, Claudio Dematte, Michele Salvati, Mario Unnia, Tiziano Treu, Francesco Alberoni, Laura Balbo, Bianca Beccacalli, Gian Franco Bettetini, Alessandro Cavalli, Nando Dalla Chiesa, Alberto Martinelli, Emanuele Ranci Ortigosa, Sergio Bologna, Alberto Magnagni, Gianfranco Rositi,

Enrico Decleva, Primo Moroni, Franco Della Peruta, Massimo Bonfantini, Mario Dal Pra, Maria Teresa Fumagalli Beonio Brocchieri, Ludovico Geymonat, Luisa Muraro, Fulvio Papi, Giuseppe Pirola, Carlo Sini, Salvatore Veca, Mario Vegetti, Guido Bezzola, Francesco Leonetti, Fernanda Pivano; Giuseppe Pontiggia, Mario Spinella, Rubens Tedeschi, Adriano Barbieri, Carla Cerati, Dario Fo, Emanuele Pirella, Gio Pomodoro, Emilio Tadini, Ernesto Treccani, Giorgio Bocca, Marco Garzonio, Giuseppe Mezzera, Michele Serra, Rosellina Archinto, Inge Feltrinelli, Laura Lepetit.

2 A. Asor Rosa, »La cultura«, in: *Storia d'Italia*, Torino 1975, S. 1589.

3 *La Storia d'Italia*, Torino 1973, S. 483.

MIKE DAVIS / ROGER KEIL

Sonnenschein und schwarze Dahlien
Die ideologische Konstruktion von Los Angeles

»Los Angeles ist nicht einfach wie andere amerikanische Städte aus bestehenden Verhältnissen entstanden [...] Los Angeles entwarf sich selbst, um dann diese Vision durch reine Willenskraft zu externalisieren, einer platonischen Konzeption seiner selbst entspringend, der große Gatsby der amerikanischen Städte.« *Kevin Starr*

»Ich mochte diese Stadt [...] vor langer Zeit. Damals gab es Bäume entlang dem Wilshire Boulevard. Los Angeles war nur ein trockener, sonniger Ort mit häßlichen Eigenheimen und ohne Stil, aber gutherzig und friedlich [...] Kleine Gruppen, die dachten, sie wären intellektuell, nannten es das Athen von Amerika. Das war's nicht, aber es war auch kein neonbeleuchteter Slum.«
Chandlers Philip Marlowe

Wenn man über Intellektuelle in Los Angeles schreibt, läuft man Gefahr, sich unglaubwürdig zu machen. Daher empfiehlt es sich, gleich zu Beginn darauf hinzuweisen, daß die Mythologie von der Zerstörung der intellektuellen Sensibilität in Los Angeles, welche eng mit den allgemeinen Vorstellungen von dieser Stadt verwoben ist, zumindest teilweise der Wahrheit entspricht. Im folgenden erkunden wir die Rolle der Migrationen von Intellektuellen – in ihrem Verhältnis zu den herrschenden kulturellen Institutionen – bei der Konstruktion oder Dekonstruktion hegemonischer Bilder von Los Angeles, die jeweils im Gegenzug einen besonderen Mythos des amerikanischen Kapitalismus kodierten.[1]

In diesem Zusammenhang ist Los Angeles auch ein Synonym für Kapitalismus. Und die welthistorische Bedeutung – und Besonderheit – von Los Angeles ist, daß es die Doppelrolle von Utopie *und* Distopie für den fortgeschrittenen Kapitalismus zu spielen hat. Daher ist diese Stadt ein unvermeidlicher Zielpunkt der Reisen von Intellektuellen im 20. Jahrhundert, die wissen wollen, ob Los Angeles tatsächlich »alles zusammenbringt«, wie ein offizieller Slogan es verspricht, oder ob es den Alptraum am Ende der amerikanischen Geschichte verkörpert, der den Namen *Noir* trägt. In jedem Fall polarisiert Los Angeles – weit mehr als New York, Paris oder Tokio – die Debatte: Es ist das Terrain und der Gegenstand eines wütenden ideologischen Kampfes.

Wir beginnen mit dem sogenannten »Arroyo-Set«: Schriftsteller, Antiquare und Publizisten unter dem Einfluß von Charles Fletcher Lummis, der bei der *Los Angeles Times* und der Handelskammer im Lohn stand. Dieser Kreis schuf um die Jahrhundertwende eine umfassende Fiktion von Südkalifornien als dem gelobten Land einer millenaristischen angelsächsischen Odyssee, die Vorlage für die gigantischen Immobilienspekulationen des frühen 20. Jahrhunderts, die Los Angeles von der Kleinstadt zur Metropole wandelten.

Während die Depression breite Schichten der traumsüchtigen Mittelklassen erschütterte, versammelte sich auch eine außerordentliche Kolonie antifaschistischer Exilierter und hartgesottener amerikanischer Romanautoren in Hollywood. Gemeinsam revidierten sie die metaphorische Figur der Stadt, indem sie an der Krise der Mittelklassen (kaum jemals der Arbeiter oder der Armen) den Nachweis führten, daß aus dem Traum ein Alp geworden war. Trotz der Nachkriegs-Hexenjagden, die den Oppositionsgeist in Hollywood zerrütteten, überlebte die »Schwarze Serie« in den fünfziger Jahren und tauchte in einer neuen Welle in den späten sechzigern wieder auf. Seitdem erfreut sich dieser populäre Anti-Mythos zwischen Joan Didion, *Chinatown, Blade Runner* und der Ankunft des Post-*Noir* in James Ellroys Romanen ungebrochener Beliebtheit.

Das Verhältnis zwischen der Stadt und den antifaschistischen exilierten Intellektuellen verdient eine gesonderte Betrachtung. Ihr Aufenthalt in Los Angeles markiert eine folgenreiche gemeinsame Phase in den Kulturgeschichten Südkaliforniens und Europas, die ihre eigene Mythologie erzeugte, welche die kritische Reaktion auf die Nachkriegsamerikanisierung Europas mitbestimmte. Um den Schaden, den *Noir* der Stadt zugefügt hatte, zu beheben, haben lokale Mäzene und Politiker inzwischen eine dritte Welle der Intellektueleneinwanderung nach Los Angeles in Gang gesetzt, die zwar an die Diaspora der Dreißiger erinnert, nun aber von Architekten, Designern, Künstlern und Kulturtheoretikern beherrscht wird. Die Stadt »manhattanisiert« jetzt nicht nur ihre Skyline, sondern auch ihren kulturellen Überbau. In diesem

Sinne haben die achtziger Jahre die Allianz von Immobilienwirtschaft und Kunst vom Anfang des Jahrhunderts rekapituliert.

Die drei hauptsächlichen Interventionen von Intellektuellen in den Kampf um die Identität von Los Angeles erörtern wir unter den Stichworten der Boosters, der Noirs und der Söldner; die Exilierten, eine vierte Gruppe, haben den einheimischen Prozeß der Mythenproduktion und seines Antipoden *Noir* mit einem zunehmend internationalisierten intellektuellen Milieu verknüpft. Zusätzlich und der Vollständigkeit halber erinnern wir an zwei ein halbes Jahrhundert auseinanderliegende radikale Versuche, einen genuinen Begriff von Südkalifornien zu entwickeln: erstens das Werk von Louis Adamic und Carey McWilliams, die in den dreißiger Jahren die lokale Booster-Ideologie ihres Nimbus beraubten; wir nennen diese Intellektuellen, die die historischen Rollen der Arbeiter und der unterdrückten ethnischen Gruppen wieder ins Bewußtsein riefen, die Demaskierer. Zweitens skizzieren wir die jüngsten Anstrengungen, den Inszenierungswahn eines »postmodernen« Los Angeles durch das internationalisierte lokale Kapital in Frage zu stellen; in diesen Anstrengungen vereinigen sich »organische Intellektuelle« und die sogenannte »L. A. School«, d. h. neo- und postmarxistische Akademiker, die auf der Suche nach einem »Land des Sonnenscheins« jenseits des »postfordistischen« Los Angeles sind.

Die Boosters

> »Los Angeles, das muß man wissen, ist nicht nur eine Stadt. Im Gegenteil, es ist und war immer seit 1888 eine *Ware*; etwas, für das man Reklame macht und das man den Leuten der Vereinigten Staaten verkauft wie Automobile, Zigaretten und Mundwasser.«
>
> *Morrow Mayo*

> »Die Missionen sind neben dem Klima [...] das beste Kapital, das Südkalifornien hat.« *Charles Fletcher Lummis*

Im Jahre 1883 entschloß sich ein malariakranker Journalist aus Ohio, etwas für seine Gesundheit zu tun und zog nach Südkalifornien. Anders als Tausende anderer sonnenhungriger Leidender nahm Charles Fletcher Lummis jedoch nicht den Zug. Er ging zu Fuß. Nach seiner

Ankunft 143 Tage später bot ihm der Eigentümer der *Times*, Colonel Harrison Gray Otis, die Stelle des Lokalredakteurs an. Damals war Los Angeles ein Landstädtchen, das in der Volkszählung von 1880 an 187. Stelle stand. Als Otis 35 Jahre später starb, war Los Angeles die größte Stadt im Westen mit annähernd einer Million Einwohnern, einem künstlichen Fluß, der Wasser aus den Sierras zapfte, einem von der Bundesregierung subventionierten Hafen, einem Ölboom und Straßen, die von Bankhochhäusern gesäumt wurden. Anders als jene Städte, die ihre Vorteile als Verkehrsknotenpunkte, Hauptstädte, Häfen oder Industriestandorte maximierten, war Los Angeles das Artefakt des Immobilienkapitalismus. Unter dem Kommando von Colonel Otis ließ sich die Stadt in eine regionale Konkurrenz mit San Francisco ein. Mit Sonnenschein und gewerkschaftsfreier Betriebsamkeit als wichtigsten Waffen ausgerüstet und mit Unterstützung der landreichen transkontinentalen Eisenbahngesellschaften begann ein Kartell aus Investoren, Bankiers und Transportmagnaten unter der Führung der *Times*, Los Angeles an das unruhige Kleinbürgertum des Mittleren Westens zu verschachern. Ein Vierteljahrhundert lang strömten pensionierte Farmer, Kleinstadtzahnärzte, wohlhabende alte Damen, schwindsüchtige Schullehrer, kleine Aktienspekulanten und Rechtsanwälte von Iowa nach Südkalifornien und brachten ihre Ersparnisse mit. Dieser ungewöhnliche interregionale Kapitalfluß erzeugte Sozialstrukturen, Wohlstand und Konsumgewohnheiten, die anscheinend die Verbindung mit der produktiven Basis der Stadt verloren hatten – das Paradox der ersten »postindustriellen« Stadt in präindustrieller Verkleidung.

Diese Transformation gebot das Zusammenspiel der Mythenproduktion und der literarischen Phantasie mit der rabiaten Propaganda der Landpreise und der Gesundheitsideologie. Die Kooperation von Lummis und Otis war der Ursprung und das Modell der Dienstverpflichtung einer ganzen Generation von Ostküsten-Intellektuellen als kulturellen Agenten der Spekulanten. Der Originalkader bestand aus den von Lummis angeführten Journalisten und vagabundierenden Literaten, die Otis in den 1880er und frühen 1890er Jahren zur *Times* gebracht hatte, unter ihnen John Steven McGroarty, Robert Burdette und Harry Carr. Otis nutzte das Talent dieser Männer, um ein Image von Südkalifornien zu schaffen, das bis heute den »Missionsmythos« mit den Klimavorzügen, dem politischen Konservativismus und einem kaum verschleierten Radikalismus verbindet und der oligarchischen Machtstruktur den Kitt liefert.[2]

Die Missionsliteratur in der Tradition von Helen Hunt Jacksons *Ramona* (1884) schilderte die Rassenbeziehungen als pastorales Ritual von

Gehorsam und Paternalismus. Jede Andeutung der Brutalität, die dem Zwangsarbeitersystem der Missionen und Haciendas innewohnte, ganz zu schweigen von dem rassischen Terrorismus und den Lynchmorden, die das frühe angelsächsisch dominierte Los Angeles in der Mitte des 19. Jahrhunderts zur gewalttätigsten Stadt des Westens machten, wurde geächtet.

Lummis machte den Missionsmythos zum Motiv einer künstlichen Landschaft. Als 1894 Bundestruppen Los Angeles besetzten und Colonel Otis sich besorgt zeigte, die örtlichen Pullmann-Beschäftigten könnten andere Arbeiter zu einem Generalstreik bewegen, organisierte er die erste Los Angeles Fiesta zur Ablenkung der Öffentlichkeit. Im folgenden Jahr, als der Konflikt zeitweilig abschwoll, formulierte er ein integriertes, von *Ramona* beeinflußtes »Missions«-Thema, das zum Katalysator des »Mission Revival« wurde – der romantisierte und idyllische Topos wurde schnell zum Objekt unternehmerischer Geschäftigkeit (von der Möbelproduktion über kandierte Früchte zur Architektur, die alle das Missionsmotiv betonten). Einige der Missionen wurden als Erlebnisparks restauriert, so San Gabriel, wo ein speziell dafür errichtetes Theater bei der alten Kirche das »amerikanische Oberammergau« – McGroartys »Mission Play« – beherbergte, das im Laufe der Zeit von Millionen Menschen besucht wurde. Diese Kapitalisierung der fiktionalen »spanischen« Vergangenheit verschleierte nicht nur die akuten sozialen Konflikte, sondern auch die Not der Nachkommen von »Alta California«.[3]

Ab Mitte der neunziger Jahre des letzten Jahrhunderts war Lummis auch Herausgeber des einflußreichen *Out West (Land of Sunshine)* und Gastgeber eines Salons in seinem berühmten Haus aus luftgetrockneten Ziegelsteinen, El Alisal, im Arroyo Seco zwischen Los Angeles und Pasadena. Lummis' »Arroyo-Set« rearrangierte Henry Adams »Yankee Intelligenzia« in einer gänzlich lustvollen Umgebung: Tatsächlich war eines der Credos der Gruppe, die rassischen Energien der Angelsachsen durch die Kraft des Sonnenscheins im »neuen Rom« Los Angeles wiederzubeleben. Lummis' Interesse an der Archäologie des Südwestens, an der Bewahrung der Missionen, an Körperkultur und rassischer Metaphysik wurde von den Vorlieben anderer Mitglieder der Gruppe gestützt. Der ehemalige Tabakfabrikant und Essayist Abbot Kinney beispielsweise engagierte sich gleichzeitig für die Indianer, die Zitruskultur, die Massenanpflanzung von Eukalyptus, den Schutz des Yosemite-Tals und angelsächsische Rassenreinheit durch Eugenik. Der Präsident der Universität von Südkalifornien, Joseph Widney, warb mit *Race Life of the Aryan Peoples* (1907) für Los Angeles als Welthauptstadt der rassischen Wiederbelebung. Der Literaturredakteur der *Times* und zögerliche »Arroyer« Willard Huntington Wright propagierte die Doktrinen von Nietzsche – offenbar mit erheblichem Einfluß auf Colonel Otis selbst.

Der »Arroyo-Set« bestimmte auch Kunst und Architektur im Los Angeles der Jahrhundertwende. Aus dem Bündnis der Missionsromantiker mit dem Jugendstil in Pasadena in der Arroyo Craftsmen Guild entstand z. B. der typische »Craftsman Bungalow« mit seiner Innenausstattung à la Navajo und »Missionseiche«.[4] Und schließlich befand sich unter den Dutzenden von Dichtern, Malern, Buchbindern, Metaphysikern, Antiquaren und Ästheten, die sich im Umkreis von El Alisal und *The Land of Sunshine* bewegten, eine Gruppe von Feministinnen: Ida Strobridge, Gwendolen Overton, Nora May French und Mary Austin. Die »Arroyer« hatten ihre hohe Zeit in der Generation zwischen der ersten Los Angeles Fiesta und dem Ersten Weltkrieg. Lummis' besonderes Verhältnis zu Colonel Otis war nicht Teil der Erbschaft, die dessen Schwiegersohn Harry Chandler im Jahre 1917 übernahm. Die Unterstützung der *Times* für Lummis fand ihr Ende, der Film erwies sich als wirksameres Werbemittel für die Einwanderung denn *The Land of Sunshine / Out West*, und ohnehin wurden die Missionsromantiker älter und beobachteten mit Ingrimm die Verstädterung Südkaliforniens. Anfang der zwanziger Jahre kamen Bungalows und das rauhe Leben im Freien außer Mode; die durch Boden- und Ölspekulation reich gewordenen oberen Mittelklassen zogen Dienstboten und massive Häuser im »spanischen Kolonialstil« vor. Jedoch gerade die Popularität dieses Stils zeugt von einem der zwei dauerhaften Vermächtnisse der »Arroyer«: der Konstruktion einer künstlichen Geschichte, die durch ihre Verknüpfung mit Landschaft und Konsumtion ein wirklich historisches Ferment in der Kultur von Los Angeles wurde. Das andere Vermächtnis war die Ideologie von Los Angeles als sonnigen Zufluchtsort des weißen protestantischen Amerika in einer Zeit der Arbeiteraufstände und der massiven Einwanderung katholischer und jüdischer Armer aus Ost- und Südeuropa.

Die Demaskierer

> »Es scheint einigermaßen absurd, ist jedoch eine Tatsache, daß die lächelnde, blühende, sonnenverwöhnte Stadt der Engel vierzig Jahre lang die blutigste Arena für Kapital und Arbeit in der westlichen Welt war.« *Morrow Mayo*

Einer der Einwanderer – und der erste der vielen Millionen (zumindest der nicht-jüdischen), der ein großer amerikanischer Schriftsteller wurde – war Louis Adamic. Nach dem Ersten Weltkrieg entschloß er sich wie so viele andere entlassene Veteranen, sein Glück in Los Angeles zu suchen, wo es ihn, pleite und obdachlos, auf Pershing Square verschlug. Das, was die *Times* später den »vierzigjährigen Krieg« zwischen Kapital und Arbeit nennen sollte, kam gerade zu seinem bitteren Ende. Die einst mächtige sozialistische Bewegung der Stadt hatte sich in die Wüstenutopie Llano del Rio im Antelope Valley nördlich von Los Angeles zurückgezogen, während eine Gewerkschaft der American Federation of Labor nach der anderen in einer Folge gewaltsamer Streiks und Aussperrungen zerschlagen worden war. Nur die Industrial Workers of the World (IWW) am Hafen trotzten dem Verband der Unternehmer, der Merchants und Manufacturers League, und deren Kreuzzug für gänzlich gewerkschaftsfreie Betriebe. Adamic wurde von dieser letzten Schlacht des vierzigjährigen Krieges mitgerissen. Er freundete sich mit den IWW-Sekretären an und hielt schließlich ihre selbstmörderische Tapferkeit in seinem *Laughing in the Jungle* (1932) fest. Das Buch ist die »Autobiographie eines Einwanderers in Amerika« und gleichzeitig ein außergewöhnlicher Bericht von Los Angeles in den zwanziger Jahren aus der Sicht seiner Ausgestoßenen und geschlagenen Idealisten.

Adamics »erkenntnistheoretische Position« war kurios. Obwohl er emotional auf der Seite der IWW stand, wahrte er intellektuell Distanz zu deren »naivem Glauben« an Revolution. Wie er selbst sagte, war er »kein regulärer Sozialist, sondern ein ›Menckenist‹«.[5] Er schloß sich einer gleichgesinnten Gruppe von Bohemiens in Los Angeles an. Aber Adamic war auch mit diesen aristokratischen Rebellen nicht glücklich; wie Carey McWilliams später beobachtete, hegte er eine »instinktive Feindseligkeit gegenüber typischen Mittelklassevorstellungen«. Schließlich zog er sich in ein slawisches Quartier am Hafen von Los Angeles im Süden der Stadt zurück.

Von diesem Standort aus – mit dem einen Fuß in der literarischen Szene, mit dem anderen im Proletariat – zeichnete Adamic das Los Angeles der zwanziger Jahre auf. Für ihn war die Stadt ein burlesker Spiegel Amerikas unter dem Präsidenten Coolidge, wie McWilliams berichtet: »Er gedieh in Los Angeles. Er ergötzte sich an dessen Freaks, Fakiren und Betrügern. Er wurde der Zeitschriftenbiograph von Exzentrikern wie Otoman Bar-Azusht Ra'nish und Aimee Semple McPherson.«[6] Er avancierte zum »Propheten, Soziologen und Historiker« dieser Stadt. Sein Originalbeitrag zur Demaskierung des Boostermythos bestand in der Aufdeckung der Klassengewalt in der Genese der Stadt. Andere hatten deren Spießbürgerlichkeit enttarnt und ihre Apologeten mit Menckenschem Sarkasmus überzogen; doch Adamic war der erste, der vorsichtig die schmutzige Geschichte des vierzigjährigen Krieges enthüllte und seine zentralen Ereignisse rekonstruierte: den Bombenanschlag auf das Gebäude der *Times* und die Gerichtsverhandlung gegen die McNamaras.[7] Das 1929 erschienene *Dynamite* ist ein düsteres, moralisch abstoßendes Porträt Colonel Otis' und der Brutalität der Herrschenden, die die Arbeiterbewegung zum Gegenschlag getrieben hatten.

Kurz nach der Veröffentlichung von *Dynamite* faßte Adamic einige Skizzen und Tagebucheintragungen zu dem berühmten Essay »Los Angeles! There She Blows!« zusammen, der später als Basis für »The Enormous Village« diente, einem Kapitel aus *Laughing in the Jungle*. Diese von den kritischen Literaten stark beachteten Texte beeindruckten McWilliams ebensosehr wie Nathaniel West, der in *The Day of the Locust* Adamics Darstellung von Los Angeles' »geistig verhungernden« kleinen Leuten, den »Folks«, fortführte, und auch Morrow Mayo, der Adamics Recherchen zum Fall der McNamara-Brüder in seinem *Los Angeles* (1933) in einer Historiographie im Vignetten-Stil »paraphrasierte« und insbesondere Adamics Thema des »enormen Dorfes« vielfach variierte: »Hier haben wir eine künstliche Stadt, die unter Druck aufgepumpt wurde wie ein Ballon, vollgestopft mit Landflüchtigen wie eine Gans mit Mais [...] Sie hat den Neuankömmlingen nie einen städtischen Charakter mitgeteilt. Warum? Weil sie nie einen städtischen Charakter besaß. Diese Stadt hat die Manieren, die Kultur und die allgemeine Perspektive eines gewaltigen Dorfes behalten.« Der antiurbane »Gartenstadt«-Mythos, der von den Boosters zelebriert worden war, wurde nun der Heuchelei überführt.[8]

Als Adamic zu Beginn der Depression Los Angeles Richtung New York verließ, ging das Szepter des Demaskierers auf seinen Freund, den bürgerlichen Libertin und Muckraker Carey McWilliams über. McWilliams bestätigte den Einfluß, den Adamic auf ihn hatte, in seiner Aufsatzsammlung *Louis Adamic and Shadow America*, die 1935 zirkulierte und worin er Adamics Kritik an Los-Angeles-als-Amerika aufgriff. Einige Jahre später, gleichzeitig mit Steinbecks *Grapes of Wrath* (1939), erschien seine brillante Analyse der kalifornischen Landwirtschaftsindustrie: *Factories in the Field*, der er die Ernennung zum Beauftragten für Immigration und Wohnungspolitik des Staates Kalifornien verdankte. Im übrigen behielt er seine politische Rolle in Los Angeles, da er regelmäßig Beiträge für die nationale Presse über die lokale Schlacht zur Beendigung des »Open Shop« schrieb. 1946 publizierte er nach fast zwanzig Jahren journalistischem und politischem Engagement in der Region *Southern California Country: An Island on the Land*. Diese »Liebesarbeit« war eine verheerende Dekonstruktion des Missionsmythos und seiner Verfechter, die mit der Wiederentdeckung der *mexikanischen* Wurzeln Südkaliforniens und der selten erzählten Geschichte des Genozids und des Widerstandes seiner ursprünglichen Bewohner in den fünfziger und sechziger Jahren des vergangenen Jahrhunderts begann. Aber McWilliams ließ es dabei nicht bewenden. Er machte da weiter, wo Adamic mit seinen Berichten über die Arbeiterbewegung von Los Angeles aufgehört hatte, und suchte Historie mit ökonomischer und kultureller Analyse zu verbinden. Er entwickelte eine Theorie der einzigartigen historischen Bedingungen, welche die halsbrecherische Urbanisierung von Los Angeles, die sich weder auf eine produktive Basis noch auf ein kommerziell kräftiges Hinterland stützte, ermöglichten und begünstigten. Drei Jahre später entwarf er in *California: The Great Exception* ein noch ambitionierteres Konzept des Aufstiegs Südkaliforniens als einer eigentümlichen Zivilisation und eines spezifischen Sozialsystems. Neben seinen Studien zur Landwirtschaft und zur mexikanischen Einwanderung leistete McWilliams so einen der wichtigsten Beiträge zur Erklärung einer regionalen Tradition, ja, zur Soziologie der Regionen.

Unglücklicherweise trug *Southern California Country* kaum Früchte. Die innere politische Quelle von McWilliams Schriften – die Allianz von Arbeiterbewegung und Reformisten – wurde von der Hysterie des Kalten Krieges zugeschüttet. McWilliams selbst mochte den Triumph von Colonel Otis' Epigonen nicht ertragen und ging nach New York, wo er im folgenden Vierteljahrhundert *The Nation* herausgab. Die Erforschung Südkaliforniens verrottete wieder einmal in trivialer Genealogie oder im Boosterismus; bis in die achtziger Jahre wurden zu dieser Region jährlich weniger ernstzunehmende Monographien oder gar synoptische Studien angefertigt als zu irgendeiner anderen metropolitanen Region.[9] Als einziger der großen amerikanischen Städte gibt es von Los Angeles noch immer keine umfassende wissenschaftliche, politische oder Sozial-Geschichte: ein Mangel, der zum Komplizen von Klischee und Illusion wurde.

Die Noirs

> »Von Mount Hollywood aus sieht Los Angeles ganz schön aus, eingehüllt in einen Nebel wechselnder Farben. Eigentlich ist es, trotz all dem Sonnenschein und der Ozeanluft, ein *schlechter* Ort – voll mit alten, sterbenden Leuten, die bereits alt geboren wurden, als Opfer Amerikas, voll mit kuriosem und giftigem Wachstum, dekadenten religiösen Kulten und falscher Wissenschaft und wildwüchsigen Unternehmen, die mit ihrer Gier nach schnellem Profit verdammt sind unterzugehen und Massen von Leuten mit sich reißen [...] ein Dschungel.« *Louis Adamic*

Im Jahre 1935 kündigte Lewis Corey in *Crisis of the Middle Class* an, daß der Jeffersonsche Traum vorbei und die Vereinigten Staaten heute eine Nation von Angestellten und eigentumslosen Abhängigen seien. Als arbeitslose Buchhalter und ruinierte Aktienmakler in denselben Schlangen standen wie Lastwagenfahrer und Stahlarbeiter, nannten die Kleinbürger wenig mehr ihr eigen als ihren überholten Klassenstolz. Corey warnte, daß die nach unten mobilen Mittelschichten, die sich »im Krieg mit sich selbst« befanden, sich einer Wegscheide näherten, wo sie sich entweder zum Sozialismus oder zum Faschismus wenden würden. Seine Beobachtung der Verelendung und Radikalisierung der Mittelklassen traf auf Los Angeles während der frühen dreißiger Jahre genauer zu als auf irgendeinen anderen Ort im Land. Gerade die Strukturen des langen Booms in Südkalifornien – angefeuert von den Ersparnissen der Mittelklassen und kanalisiert in die Immobilien- und Ölspekulationen – stifteten den Teufelskreis von Krise und Bankrott für die Mehrzahl der pensionierten Farmer, kleinen Geschäftsleute und kleinen Spekulanten. Tatsächlich bedeutete der Mangel an Schwerindustrie (zusammen mit der Deportation von Zehntausenden arbeitsloser Arbeiter zurück nach Mexiko), daß die Depression in Los Angeles in den Mittelklassen verstärkt wurde.

Politische Beobachter, die sich an den eisernen Konservativismus von Südkaliforniens Einwanderern aus dem Mittleren Westen gewöhnt hatten, reagierten ungläubig auf den Erfolg Upton Sinclairs, des bekanntesten Sozialisten der Region, der 1934 mehr als 100000 republikanische Wähler für sein »End Poverty in California«-Programm (EPIC) gewann. Vier Jahre später warnten Beobachter vor dem faschistischen Potential, als sich die Wählergunst der schattenhaften »Ham and Eggs«-Bewegung mit ihrer verrückten Kombination von Rentenreform und Braunhemden-Demagogie zuwandte. Zornige Mittelklasse-Wähler nahmen auch die Verheißungen von Technocracy, Inc., der Utopian Society und des Townsend Plans auf. Symptomatischerweise waren die Zentren dieser Turbulenzen die suburbanen Wachstumspole der »Roaring Twenties«: Glendale (eine Wiege von EPIC) und Long Beach (mit 40000 Pensionären aus Iowa der Geburtsort des Townsend Plans und ein Zentrum der »Ham and Eggs«-Bewegung).

Die depressionsgeschädigten Mittelklassen von Los Angeles wurden auf die eine oder andere Weise die Protagonisten jenes großen Anti-Mythos, der unter dem Namen »Noir« bekannt ist. Seit dem Erscheinen von James Cains *The Postman Always Rings Twice* im Jahre 1934 übermalte eine Folge von Romanen – alle von Schriftstellern geschrieben, die im Studiosystem Hollywoods unter Vertrag standen – das Bild von Los Angeles mit den Farben einer städtischen Hölle. Jedes Element von Arkadien, das die Boosters entworfen hatten, wurde in ein dunkles Äquivalent der »Schwarzen Serie« übersetzt. Der Marathontanzsaal auf Ocean Pier in Horace McCoys *They Shoot Horses Don't They* (1935) verdüsterte sich zum Todeslager für die verlorenen Seelen der Depression. In Cains Filmen *Double Indemnity* und *Mildred Pierce* (1941) erscheinen Bungalows, deren weißwandige und ziegelrote Normalität die mörderischen Ehen in ihren Mauern kaum zu verhüllen vermag. In Nathaniel Wests *The Day of the Locust* (1939) ist Hollywood die »Traumpumpe« geworden, eine halluzinatorische Landschaft am Rande der Apokalypse, während in Chandlers Romanen das Klima (»Erdbebenwetter«) von Mal zu Mal sich verfinsterte und »Damen im See« schwammen.

In diesen Romanen sind die deklassierten Mittelschichten ohne ideologische Kohärenz und besitzen keine Kraft zu handeln, nimmt man einmal McCoys Schlafwandler oder Wests flüchtende »flea people« aus. Gleichwohl repräsentierten ihre kleinbürgerlichen Antihelden typische autobiographische Aspekte der Erfahrung ihrer Autoren – die »Los Angeles Fiction« der dreißiger und vierziger Jahre (und später wieder in den Sechzigern) erschloß einen Ausdrucksort für die Ressentiments der Schriftsteller, die im Studiosystem gefangen waren. Chandlers Marlow beispielsweise ist die Apotheose des kleinen Geschäftsmannes, der sich im Kampf mit Gangstern, korrupter Polizei und parasitären Reichen (bei denen er gewöhnlich im Lohn stand) befindet, ein romantisiertes Simulacrum der Lage des Schriftstellers unter den Schreibern und Moguln der Studios. In dieser Metaphorik lassen sich auch Spuren der Arbeitswerttheorie erkennen, denn es herrschte eine ständige Spannung zwischen den »produktiven« Mittelschichten und den »unproduktiven« Deklassierten oder müßigen Reichen. Der Möglichkeit weiterer Akkumulation durch Spekulation und Glücksspiel oder seiner Erbschaft beraubt, wird der Deklassierte der »Schwarzen Serie« stets den Mord der Arbeit vorziehen. Diese beiden Motive des »Los-Angeles-Romans« – die moralische Phänomenologie der depravierten oder ruinierten Mittelklassen und die Anspielungen auf die Krise durch den halbproletarisierten Schriftsteller – erfuhren in der »Schwarzen Serie« des Films der vierziger Jahre eine aufschlußreiche Verwandlung. Gelegentlich hat man den *Film Noir* als das Bündnis des hartgesottenen amerikanischen Romans mit dem exilierten deutschen expressionistischen Kino beschrieben. Dies ist jedoch eine beträchtliche Vereinfachung, die andere Einflüsse, z. B. die Psychoanalyse und Orson Welles, unbeachtet läßt. Uns interessiert hier, wie die Bilder der Depression in Los Angeles vom Roman zur Filmvorlage umgearbeitet und dann von einer Gruppe emigrierter Regisseure auf die Leinwand gebracht wurden.

Geographisch verschoben sich die Orte der »Schwarzen Serie« zunehmend in die Innenstadt, vor allem in die Gegend um Bunker Hill, die die Fäulnis im Herzen der expandierenden Metropole symbolisierte.

Einige der Schriftsteller und Künstler lebten dort und beuteten das Milieu für ihre Werke aus. John Fante, zum Beispiel, imitierte in seinen autobiographischen Romanen die Bohemeexistenz der Dauergasthotels der Innenstadt, während Ray Bradbury dasselbe heruntergekommene intellektuelle Milieu in der ganzen Stadt aufspürte, ein Motiv, das später in Bukowskis Hollywood der gefallenen »Stars in Bars« wieder auftauchte.

Soziologisch gesehen war die »Schwarze Serie« der vierziger Jahre eher mit Gangstern, organisiertem Verbrechen und sogar sozialer Polarisierung beschäftigt als mit der Pathologie der Mittelklassen. Politisch wurde, unter Beibehaltung der ideologischen Ambiguität, das Wahnsystem der kleinen Produzenten durch Repräsentationen der Gefahren der politischen Reaktion ersetzt. Schließlich erwies sich der Anti-Mythos als ebenso kräftig und populär wie der Mythos. Trotz der Inquisition in Hollywood, die die Karrieren vieler Schriftsteller, Regisseure und Produzenten der »Schwarzen Serie« zerstörte, blieb das Genre in den Taschenbuchregalen (wie in den Romanen von Ross MacDonald) und auf dem »B-Movie«-Karussell lebendig. Später dann, in den sechziger und siebziger Jahren, gab eine neue Generation von emigrierten Schriftstellern und Regisseuren dem Anti-Mythos neuen Glanz und münzte ihn fiktional in eine Gegen-Geschichte um. So synthetisierte Robert Towne das große Landraffen und die Spekulationen des frühen zwanzigsten Jahrhunderts in seiner Vorlage für *Chinatown*. Während *Chinatown* eine Genealogie der zwanziger Jahre für die »Schwarze Serie« der beiden folgenden Jahrzehnte erstellte, extrapolierte John Gregory Dunnes *True Confessions* sie in den suburbanen Boom der Nachkriegszeit, beschrieb Ridley Scotts *Blade Runner* in der gleichen Tradition ein Los Angeles des 21. Jahrhunderts. In der Zwischenzeit schilderte Joan Didion die moralische Apokalypse der sechziger Jahre in ihrem Roman *Play It As It Lays* und ihrem Essayband *Slouching Towards Bethlehem*. Für Didion war die Stadt der Manson-Morde bereits ein »helter-skelter« erniedrigter Ambitionen und wahlloser Gewalt. Ihre Ekelgefühle und ihre Klaustrophobie hat später, in einer weiteren Generation der Mythenbildung, der »bratpack«-Autor Bret Easton Ellis wieder ins Gedächtnis zurückgeholt. Sein *Less Than Zero* (1985), ein Roman über wohlhabende Jugendliche im Westen der Stadt, entfaltete einige der düstersten Bilder, die bis dahin von Los Angeles gemalt worden waren – »Bilder von Eltern, die ihre eigenen Kinder aßen [...] Bilder, so gewalttätig und bösartig, daß sie für lange Zeit mein einziger Anhaltspunkt waren. Nachdem ich gegangen war«. Neben Literatur und Film war vor allem das neue Medium der Rockmusik der Träger des revitalisierten *Noir*. Los Angeles, das mit New York und London um die Krone des internationalen Popmusikgeschäfts wetteiferte, besaß in seiner Rock-Club- und Studio-Szene zahlreiche Vertreter der »Schwarzen Serie« wie *Mr. Noir*, Jim Morrison von den Doors, deren »scream of the butterfly« sich in den sonnendurchglühten Vorgärten der Metropole ausbreitete. Tom Waits packte ein ganzes Album voller Bilder pervertierter Urbanität zwischen *Nickel*, ein Lied über die Obdachlosen von Downtown, und *Frank's Lost Years*, das das Grauen der Vorstädte heraufbeschwört.

Gegenwärtig wird die Mythologie des *Noir* von James Ellroy, dem vielleicht wichtigsten zeitgenössischen Kriminalschriftsteller der USA, revidiert. In einer Folge von vier Romanen, die mit dem Meisterwerk *Die schwarze Dahlie* begann, schreibt Ellroy die Nachkriegsgeschichte von Los Angeles neu und treibt dabei dieses Genre in einen Raum »jenseits des Noir«. »Ellroys Werk verficht die These, daß Los Angeles nicht irgendeine Verirrung Amerikas ist, sondern dessen letztmöglicher Ausdruck«, sagt Steve Erickson über seinen Kollegen.[10] Die Vervollständigung des Mythos des *Noir* im Werk Ellroys (der inzwischen im Staat New York lebt) ist gleichzeitig seine Abschaffung, denn er verliert nun seine Macht, das entstehende »postmoderne« Los Angeles mit Bedeutung zu füllen, das zwischen Luxuskonsum und Elend polarisiert und fragmentiert ist. Gleichzeitig jedoch wächst der Mythos des *Noir* zu einer gesamtamerikanischen Mythologie heran, zu der der Rest des Landes erwacht, das seine Zukunft als Prophezeiung aus Los Angeles wahrnimmt: »Das Jahrhundert hat noch nicht begriffen, was Los Angeles weiß, nämlich daß Glaube eine leere Hülse ist.« *The Big Nowhere*, Ellroys zum Scheitern verurteilter Versuch, die Kommunistenverfolgung in den fünfziger Jahren zu verstehen, wird sozusagen zur aktuellen Folie, auf der sich die nationale Imagination der jüngeren Geschichte abspielt: »Das Große und das Kleine, das Faktum und die Fabrikation bewegen sich hinein und heraus aus der Geschichte und prallen aufeinander im schauerlichsten städtischen Phänomen – der Provinzstadt mit unbestimmtem Schicksal, frenetisch vor Ehrgeiz und von allen Werten entblößt, damit beschäftigt, den Leuten die Träume zu liefern.«[11] Indem es seine lokale Mythologie des *Noir* in das Ethos der Reagan/Bush-Ära normalisiert, verabschiedet Los Angeles das Amerikanische Jahrhundert und bereitet sich darauf vor, die Hauptstadt des Pazifischen Zeitalters zu werden. Es bedient sich dabei abermals der konfligierenden Kräfte des Boosterismus und der Demaskierung, die nun in einem internationalisierten intellektuellen Milieu aufeinandertreffen.

Die Exilierten

»We were exiled into Paradise.« *Albert Einstein*

»Nachdenkend, wie ich höre, über die Hölle
Fand mein Bruder Shelley, sie sei ein Ort
Gleichend ungefähr der Stadt London. Ich
Der ich nicht in London lebe, sondern in Los Angeles
Finde, nachdenkend über die Hölle, sie muß
Noch mehr Los Angeles gleichen.« *Bertolt Brecht*

Zwischen der Machtergreifung der Nazis und der Zeit der Hexenjagd in Hollywood wurde Los Angeles zum Exil für manche der berühmtesten Intellektuellen Mitteleuropas. Einige deutsche Autoren waren mit sogenannten »Lebensrettungsverträgen« nach Los Angeles gekommen. »Ein solcher Vertrag bescheinigte dem Empfänger eine Anstellung als Filmschreiber, die ein Einreisevisum, Reisekosten sowie ein Wocheneinkommen von hundert Dollar auf ein Jahr bedeutete.«[12] Die Exilierten wohnten als eine relativ separate Gruppe auf den Vorhügeln zwischen Hollywood und dem Pazifischen Ozean. Adorno hat in *Minima Moralia* die Isolation der Emigranten notiert.[13] Abgetrennt von den Einheimischen, teilweise aus eigenem Willen, waren sie eine Miniaturgesellschaft in einem selbstgemachten Getto, die sich an ihre alten Gewohnheiten wie an Rettungsringe klammerte.[14] Ihr Aufenthalt in Los Angeles beförderte jedoch durchaus das europäische Verständnis der Vereinigten Staaten. Was oft eine Fabel gewesen war – europäische Phantasien von Cowboys und Wolkenkratzern –, wurde nun durch die Erfahrung des Exils vermittelt. Die Exilierten ließen ihre Spuren in der Stadt zurück, und die Stadt machte ihrerseits Eindruck auf sie. Adorno, der zwischen 1941 und 1945 mit Horkheimer die *Dialektik der Aufklärung* in Südkalifornien schrieb, sagte nach seiner Rückkehr nach Frankfurt: »Kaum ist es übertrieben, daß ein jegliches Bewußtsein heute etwas Reaktionäres hat, das nicht, sei es auch mit Widerstand, jene [amerikanische, M. D. / R. K.] Erfahrung sich wahrhaft zugeeignet hätte.«[15] In Los Angeles, wo Horkheimer und Adorno die Zeichen der »Kulturindustrie« sammelten, meinten die Exilierten Amerika in seiner reinsten, urbildlichen Gestalt zu begegnen. Dieses überladene Bild wuchs selbst zum Mythos: Los Angeles als der Spiegel der Zukunft des Kapitalismus – und Europas. Und mit dieser Zukunft konfrontiert, erlebten die Intellektuellen die europäische Kulturkrise um so schmerzlicher.

Da der Angelpunkt ihres Aufenthalts in Los Angeles Hollywood – und dessen Spiegelbild »Hollywood« – war, fügten die Europäer dem hausgemachten *Noir* theoretischen Glanz und eine antikapitalistische Sensibilität hinzu. Sie beschrieben die Kulturindustrie nicht nur in Begriffen der politischen Ökonomie, sondern auch als spezifische Räumlichkeit, die nicht nur die Qualitäten der europäischen Städte vermissen ließ, sondern auch die Massen und die kritische Intelligenz. Das Fehlen eines intellektuellen Milieus nach europäischem Muster unter dem Regime der Kulturindustrie entsprach der Abwesenheit der Massen als einem Akteur auf der städtischen Bühne. Der Rückzug der Massen aus der Sichtbarkeit (von der Straße und den Plätzen), die charakteristisch für die moderne Urbanität gewesen war, in die Gehege der Einfamilienhäuser sollte eine der großen Krisen hervorrufen, die Intellektuelle auf beiden Seiten des Atlantiks in der Nachkriegszeit erlebten. Das Verschwinden der Massen aus der Öffentlichkeit bedeutete den Verlust von Publikum und Gegenständen des öffentlichen Räsonnements. Daß diese Leere von der »falsche[n] Identität von Allgemeinem und Besonderem«, von Monopol und Individualität in der urbanisierten Massenkultur besetzt werden würde, war eine Lektion, die es in der City of the Angels zu lernen gab.[16]

Die Besonderheit der städtischen Szenerie von Los Angeles war natürlich bereits von Europäern entdeckt worden, bevor die Weimarer Diaspora mit Macht die Stadt erreichte. Gegen Ende der zwanziger Jahre besuchte Egon Erwin Kisch die Vereinigten Staaten. Er schrieb einen faszinierenden Reisebericht mit dem ironischen Titel *Paradies Amerika*. Mit dem Gefühl der historischen Überlegenheit, die die internationale linke Intelligenzija vor Kirow, Spanien und dem Hitler-Stalin-Pakt auszeichnete, griff Kisch die Themen auf, die sich zu den Mythen von Los Angeles addierten: Immobilien, Filmindustrie etc. Beeindruckt, aber nicht kompromittiert, war Kisch vielleicht der letzte fremde Besucher, der *nicht* die Mythologie der konstanten kapitalistischen Verjüngung nährte, als er die Stadt beschrieb. Anstatt einer vielversprechenden Zukunft nahm er fortwährende kapitalistische Krise wahr: »Das (von hemmungsloser Propaganda unterstützte) Klima ist es, das den Zug nach dem Westen befehligt, wie früher das Gold und später das Öl die Welt in Scharen nach Kalifornien trieben. Wird auch dieses ungeheure Grundstücksgeschäft als *boom* enden, als Spekulationsmanöver mit nachfolgendem Riesenkrach?«[17]

Einige Jahre später, nachdem die Olympischen Spiele die Aufmerksamkeit der Welt auf sich gezogen hatten, fotografierte und beschrieb der deutsche Geograph Anton Wagner die Region in *Los Angeles: Wer-*

den, Leben und Gestalt der Zweimillionenstadt in Südkalifornien (1935) im Detail.[18] Wagner entwarf ein Panorama der Sozialstruktur und Landschaften von Los Angeles zu Beginn der Depression. Obschon beeinträchtigt von einer seltsam antiquierten akademischen Sprache und gesättigt mit protofaschistischem, nationalistischem Idiom, ist die Studie eine aufschlußreiche Spiegelung sowohl der Kultur, die einst die antifaschistische Intelligenz ins Exil zwingen sollte, als auch der Stadt, die für viele zum Exilort wurde. Wagner erfaßt das »Andersartige« von Hollywood im Vergleich mit dem »arischen« Rest der Stadt. Hier gab es den aussichtslosen Versuch zu rekreieren, was die Intellektuellen aus Europa vermißten. Da es jedoch zur Travestie gerann, lernten diese, es zu hassen: »Gegen die Gefahr des amerikanischen Ausgleichsvorgangs wird in Hollywood angekämpft. Man will hier das Paris des Fernen Westens schaffen. Der Abendverkehr auf dem Hollywood Boulevard versucht das Pariser Boulevard-Leben nachzuahmen, wenn auch der Boulevard längst vor Mitternacht ausgestorben ist und die Sitze vor den Cafés, von denen man in Paris das Straßenleben in Muße beobachtet, fehlen. [...] Hier [möchte] U.S.-Amerika nicht amerikanisch sein. Deshalb ist Hollywood die Stadt der Touristen, die in Hotel- und Mietshochhäusern, in Pensionen oder in der gemieteten Villa wohnen. Wer das Exotische sucht, zieht in das ›Garden of Allah Villas‹-Hotel. Den Französling zieht die amerikanisierte, dörflich-europäische Umgebung des ›Normandy Village‹ an, in dem Bananenbäume auf dem ›Dorfplatz‹ die angepriesene ›typical Normandy atmosphere‹ nicht beeinträchtigen [...] Aber trotz der Künstler, Schriftsteller und vermeintlichen Filmanwärter kann etwas wie ein Montmartre oder Soho, selbst ein ›Greenwich Village‹ hier nicht entdeckt werden. Das Automobil ist gegen eine solche Entwicklung, und auch die Häuser sind dafür zu neu.«[19] Die verspürte und reale Leblosigkeit der Stadt wurde unerträglich, sobald man den »Boulevard« verließ. Remarque soll aus Los Angeles geflüchtet sein, er fühlte sich auf seinen Spaziergängen nicht wohl. Endlose Trottoirs, Straßen und Häuser, und niemand war zu sehen.[20] Wie erst später klar wurde, war das Objekt des Hasses der Intellektuellen nicht eine Eigentümlichkeit von Los Angeles, sondern der Nukleus der fordistischen Urbanisierung in der Nachkriegszeit, die eine neue »Unwirtlichkeit« in den ausgebombten deutschen Städten erzeugen sollte.

Während die räumliche Privatisierung – Atomisierung des städtischen Raums in Konsumentenzellen – eine Konsequenz des Aufstiegs der Kulturindustrie war, war eine andere die Proletarisierung der Intelligenz. Hier gaben die Beschwerden der Exilierten die Erfahrungen einer bereits entfremdeten Kolonie von Schriftstellern wider. Die Screen Writers Guild war 1933 gegründet worden. »Die Europäer fanden sich in einen total fremden, undurchschaubaren Betrieb gestoßen, in welchem schöpferische Ideen, Künstlertum und Originalität nicht zählten, wo vielmehr alles aufs Handwerklich-Büromäßige eingestellt war.«[21] Dies empfanden sie als persönliche Degradierung. Mehr noch, sie waren gezwungen, der Krise des autonomen Intellektuellen ins Gesicht zu sehen, der hier vom taylorisierten Teamwork der Studios außer Kraft gesetzt wurde. Sogar die Marxisten, die früher in Deutschland die kollektive intellektuelle Produktion gepriesen hatten, klagten über die »Brotarbeit« (Brecht) und das »Schreiben für niemanden«. Es waren Frauen wie die Schriftstellerin Salka Viertel, die dieser Situation besser gewachsen waren. Sie organisierte Beschäftigung für viele und brachte Leute im Exil zusammen, obwohl ihre eigene Lage im taylorisierten Arbeitsprozeß Hollywoods – sie schrieb Vorlagen für Greta-Garbo-Filme – alles andere als stabil war.[22]

Die Verdammung »Hollywoods« und das idealisierte Streben nach einem »europäischen« intellektuellen Milieu verbargen eine schockierende Wahrheit, die Adorno sorgfältig entzifferte: »Man wird, wenn man sich nicht elitär sperrt, in Amerika der Frage nicht ausweichen können, ob nicht der Begriff von Kultur, in dem man groß geworden ist, selber veraltete; ob nicht das, was der Kultur heute der Gesamttendenz nach widerfährt, die Quittung auf ihr eigenes Mißlingen ist, auf die Schuld, welche sie dadurch auf sich lud, daß sie als Sondersphäre des Geistes sich abkapselte, ohne in der Einrichtung der Gesellschaft sich zu verwirklichen.«[23]

Was auch immer ihre materielle Situation gewesen sein mag, abgeschlossen (wie Adorno) oder integriert (wie Billy Wilder), vergessen (wie Heinrich Mann) oder gefeiert (wie Thomas Mann), abhängig von Zuwendungen (wie Döblin) oder untergebracht in den teuren Pacific Palisades (wie Feuchtwanger), sie schrieben alle ein Kapitel in jenem großen Buch der Mythenproduktion von Los Angeles, das wir hier aufgeschlagen haben. Indem sie die Mythologie der Region internationalisierten, wurden sie einheimische Intellektuelle. Auch begründeten sie eine Tradition, deren Reflexe wir heute im Werk Baudrillards wiederfinden: Los Angeles als der Ort, der nicht ist, die »Hyperrealität«, ein Produkt der intellektuellen Anstrengung. In seinem autobiographischen Roman *Schatten im Paradies* beschwört Remarque eine frühe Version des »Simulacrum«, das die Postmodernen heute in Los Angeles entdecken: »Wirklichkeit und Schein vermischten sich hier so vollkommen, daß sie zu einer neuen Substanz wurden – so wie Kupfer und

Zink zu Messing, das aussah wie Gold. [...] Das abgegriffene Wort vom Verkauf der Seele an den Teufel galt hier wirklich. Aber es war immer nur Kupfer und Zink, was hier zu Messing wurde und worüber stimmungsvolle Klagen angestimmt wurden.«[24]

Während die lokale Filmindustrie zunehmend die »Welt als ihren Hinterhof« benutzte[25], wurde Los Angeles, vor allem dank der Exilierten der dreißiger und vierziger Jahre, zum imaginativen Hinterhof der internationalen Intelligenzija. Der fortgesetzte Glaube an Amerika (und Los Angeles) als die »fortgeschrittenste Beobachtungsposition« (Adorno) hat die Stadt zwei Generationen später in ein wahrhaft globalisiertes Milieu der Jet-Set-Intelligenz verwandelt, in dem die Auswanderer von der asiatischen Küste des Pazifikbeckens, die Flüchtlinge vor den Juntas und Kriegen in Lateinamerika und der »brain drain«, der Voyeurismus und der Enthusiasmus für intellektuelle Moden der Europäer zusammenkommen. Die Bilderproduktion der exilierten Europäer war gespalten in Liebe und Haß für das ungewählte Asyl. Einer von denen, die Los Angeles haßten, war Brecht. Wie andere wurde er das Opfer eines Mythos, den er selbst zu schaffen half: die literarische Konstruktion eines Ortes (wahrgenommen sowohl als fremdartige städtische Masse wie auch als untaugliches Terrain für intellektuelle Arbeit), der so ganz verschieden war von den Städten, die man in der realistischen Tradition zu hassen und lieben gelernt hatte. Die Dickenssche Hölle, die einige heute wieder in Los Angeles wahrnehmen, war in Brechts Leben nicht vorhanden, als er dort weilte. Daher entwarf er den Mythos der Konvergenz von Himmel und Hölle in seinen Hollywood-Elegien, ohne den wahrhaft »höllischen« Teil von Los Angeles jemals gesehen zu haben. Das ist um so bemerkenswerter, als er in seinen frühen Stücken Bilder des »anderen Amerika« extensiv gebraucht hatte. Als er nach Mahagonny kam, nahm er es nicht wahr.[26]

Jene Exilierten andererseits, die die Stadt *liebten*, machten es nicht besser mit ihrem Verständnis der Komplexität des Ortes. Thomas Mann, zum Beispiel, imaginierte sich als einen »modernen Goethe auf der Suche nach dem Land, wo die Zitronen wachsen«.[27] Für ihn war die Stadt die Erfüllung eines Traumes, der in der archaischen und elitistischen Vorstellung eines intellektuellen Milieus wurzelte, vor dem Adorno gewarnt hatte. Während die Tage dieses Milieus längst gezählt waren, bevor Europa das zweite Mal zu den zerstörerischen Klängen des imperialistischen Krieges erwacht war, wurde der Traum für eine kurze Zeit an einem fernen Ort wiederbelebt, wo der Begriff des Reiches der Träume in großen weißen Lettern in die umliegenden Hügel geschrieben war: »Der Pazifik erinnerte jeden an die Mittelmeerküste.

Eine Quelle obszön leichten Geldes in den Traumfabriken von Hollywood war nahe. In den Tagen, bevor Hitler ganz Europa durch Krieg zerstört hatte, suchten sich große Künstler Orte, wo sie abgeschlossen in Gesellschaft voneinander arbeiten und ruhen konnten. Sommerfrischen an Alpenseen oder Mittelmeervillen waren am beliebtesten. Während der dreißiger Jahre zum Beispiel war Sils-Maria, eine ländliche Region in den Schweizer Alpen populär. Die lokalen Bauern versorgten die Künstler in ihren gemieteten Bauernhausklausen mit frischer Milch und Käse, und sie führten dort ernsthafte Diskussionen der großen philosophischen und politischen Leidenschaften, die damals den Globus umkreisten.«[28] Genau so erlebten einige Exilintellektuelle auch Los Angeles. Wie viele vor und nach ihnen waren sie glückliche Weiße in einer angenehmen Umgebung mit Palmen, in einer Stadt »reiner weißer Engel«, deren »dunkle und gefleckte Geschichte« durch jene subtile Täuschung ihrem Blick verborgen blieb, die die südkalifornische Stadtlandschaft auszeichnete, die aber nicht mehr dieselbe war nach dem Aufruhr in Watts 1965. Andere, radikalere Exilintellektuelle wurden bald von der Einsicht wachgerüttelt, daß das italienisierte Ambiente eine Farce war, hinter der etwas Finsteres lauerte. Seine traditionelle Xenophobie machte Los Angeles zu einem Knotenpunkt in der repressiven Geographie des Kalten Krieges. Die Exilierten erfüllten ihre letzte große Funktion in Südkalifornien. Sie wurden der verletzliche Sündenbock, das ideale Feindbild McCarthys. Ein erneuter Exodus fand statt, während die Region sich der Gehirnwäsche der Militärproduktion und des Raumfahrtzeitalters unterzog und die lokale Machtstruktur nach den Verwerfungen der Nachkriegszeit wieder stabilisiert wurde. Während Ronald Reagan die Hauptbühne bestieg, zogen sich die letzten Wortführer eines widerständigen intellektuellen Milieus – unter ihnen Woodie Guthrie – in das arkadische Hinterland von Topanga Canyon zurück, wo sie in Will Geers Freilufttheater spielten – ein symbolischer Rückzug, und es war ein langer Weg von dort in die Stadt.

»Wo Galerien und Museen überall sprießen wie Unkraut, wo der Getty-Trust und sein Geld wie die Turmspitzen von Oz sind, wo das heiße L. A.-Festival wichtige Vorführungen sogar vor der Brooklyn Academy of Music an sich reißt [...] ja, was gibt es da für eine andere Wahl? Los Angeles, das Juwel im Pacific Rim, muß das Kunstmekka des kommenden Jahrhunderts werden. Sogar das Magazin *New York* sagt das.«
Linda Frye Burnham

Wie der Antiheld von *Less Than Zero* votierten die Kritiker von Los Angeles, Didion und Dunne, mit ihren Füßen. Aber die Abtrünnigkeit selbst der gefeiertsten Schriftsteller der Stadt wurde in einer Welle neuer Ankömmlinge kaum wahrgenommen. Die gegenwärtige Verschiebung der Intelligenzija an die Westküste lädt zum Vergleich mit der großen Migration nach Hollywood in den dreißiger Jahren ein. Die Faktoren dieser Wanderung sind verschieden: Sie reichen von den Wirkungen der Einsparungen im britischen Universitätssystem bis zum relativen Auftragsrückgang für Architekten im Rest des Sonnengürtels der USA. Wichtiger aber ist der Boom der kulturellen Investitionen in den Designberufen, den Kunstinstitutionen, Eliteuniversitäten und Filmstudios. Die neuen Einwanderer tragen das Gewand von Söldnern, denn die Kohorten von Architekten, Malern, Designern und Professoren sind nur gekommen, um Cäsar zu loben – in diesem Fall das internationale Immobilienkapital.

Die großen Bauherren und ihre finanziellen Verbündeten waren, neben ein paar wenigen Ölmagnaten und Moguln der Unterhaltungsindustrie, die treibende Kraft hinter der öffentlich-privaten Koalition zur Errichtung eines neuen kulturellen Überbaus für Los Angeles als »World Class City«. Sie sind die Gönner des Kunstmarktes, statten die Museen aus, subventionieren die regionalen Institute und Planungsschulen, richten Architekturwettbewerbe aus, beherrschen die Kunstausschüsse und lenken den Fluß der öffentlichen Aufwendungen für Kunst. Sie sind nicht so sehr aus altmodischer Philanthropie Teil der Organisation der Hohen Kultur geworden, sondern weil »Kultur« eine wichtige Komponente im Stadtentwicklungsprozeß sowie ein wichtiges Moment im Wettbewerb zwischen verschiedenen Eliten und regionalen Zentren geworden ist.

Seit dem Zweiten Weltkrieg geisterte das Gespenst einer »Kultur-Akropolis« durch die einflußreichen Kreise von Los Angeles. Durch geschicktes Taktieren gelang es der Erbin der *Los Angeles Times*, Dorothy »Buff« Chandler, Anfang der sechziger Jahre, die konkurrierenden jüdischen Eliten der Westseite der Stadt mit der alten Machtclique Downtowns zusammenzubringen und den Grundstein für ein Kulturzentrum im Norden von Bunker Hill zu legen.[29] Nicht zuletzt wegen des Aufstands in Watts, der Schockwellen durch die weiße Machtstruktur schickte, kam jedoch die Rezentralisierungsstrategie, trotz der kulturellen Anstrengungen, nie richtig zum Zuge. Los Angeles litt weiter unter seinem Ruf als hinterwäldlerisches Nest ohne Zentrum. Reyner Banham war 1971 der erste, der seit den Gründertagen um die Jahrhundertwende eine ernsthafte Aufwertung der Stadt unternahm. In *Los Angeles: The Architecture of Four Ecologies* fand er Lobenswertes an fast allem, was bis dahin von den Kritikern verabscheut worden war, einschließlich des Automobils, der Surfbretter, der Eigenheime am Hang und dessen, was er »Los Angeles Architecture« nannte. In einer Notiz zu Downtown weist er die Rezentralisierungsstrategie zurück und betont, daß Los Angeles seine eigene Monumentalität in seinem Autobahnsystem habe und kein klassisches Zentrum benötige. Obwohl Banham alles andere als nur ein Booster war, markierte sein Buch den Wendepunkt in der Wiederaufwertung von Los Angeles durch die lokale und internationale Intelligenzija und legte die ästhetischen Kriterien dar (»dezentralistisch« und »alltagskulturell«), die noch immer die Debatten über die Stadt bestimmen.

Banham lag jedoch falsch, als er die Renaissance von Downtown bezweifelte. Er konnte nicht den plötzlichen Zugriff von kanadischem und japanischem Immobilienkapital in den achtziger Jahren voraussehen, der Downtown Los Angeles im Rahmen epochaler geopolitischer Verschiebungen zum zweitwichtigsten Finanzzentrum im Pazifikbekken nach Tokio werden ließ. Auch wäre es 1971 nicht leicht gewesen, sich vorzustellen, wie die traditionelle Downtown-Westside-Rivalität zunehmend von einem funktionalen Sortierungsprozeß zentraler Orte (Downtown als Finanzzentrale, Century City als Zentrum der Unterhaltungsindustrie und der Anwaltskanzleien etc.) und der graduellen Duldung eines ökumenischen »Regionalismus« zwischen den Eliten versöhnt werden würde. Die Folge davon war die Entstehung nicht einer, sondern zweier »Kulturakropolen«, eine auf Bunker Hill und eine auf beiden Seiten des Sepulveda Passes im Westen.

Auf Bunker Hill erhielt das Music Center aus dem Jahr 1964 inzwischen Gesellschaft durch das Arata Isozakis Museum of Contemporary Art (1986), dem bald die Dance Gallery und Frank Gehrys monumentale Disney Hall folgen werden. Andere weltweit gerühmte Architekten und Designer, so Michael Graves und David Hockney, sind an Projekten im Rahmen der Los Angeles Public Library am südlichen Fuß von Bunker Hill beteiligt. Mittlerweile plant Richard Meier 25 Kilometer weiter im Westen das 300 Millionen Dollar teure J. Paul Getty Center – ein Museum, eine Bibliothek und Forschungsinstitution für die größte Kunststiftung der Geschichte (über drei Milliarden Dollar). Nur zwei Kilometer davon entfernt, jenseits des San Diego Freeway, hegt der Ölmagnat Armand Hammer Pläne für sein eigenes Kunstmausoleum in Westwood. Im benachbarten, völlig verbauten Campus von UCLA tummelt sich unterdessen die expatriierte »Creme« des Postmodernismus, zum Beispiel Jencks und Baudrillard. Wie bereits gesagt, die großen Bauherren und Investoren beherrschen jedes Segment dieses neuen kulturellen Überbaus. Neben einheimischen Größen wie Thomas Maguire, dem Erbauer des höchsten Wolkenkratzers von Downtown an der Stadtbücherei, oder Eli Broad, dem größten Eigenheimbauer und Kunstmäzen, hat eine neue Schicht japanischer Investoren begonnen, sich in die lokale Kultur und Politik einzumischen. Shuwa Investments, die Projekte im Wert von fast einer Milliarde Dollar in der Stadt besitzen, haben angeboten, bei der Finanzierung einer Art Freiheitsstatue an der Westküste mitzuhelfen, einer »schwebenden Stahlwolke« über dem Hollywood Freeway. Doch dieser »Kulturboom« steht in scharfem Kontrast zu der kulturellen Depression im Großteil der Innenstadt. Auch wenn es inzwischen zur Standardrhetorik der Neo-Boosters gehört zu behaupten, die außergewöhnliche kulturelle Heterogenität von Los Angeles sei die Matrix seiner zukünftigen Größe, wurden die Kunstbudgets für die ethnischen Minderheiten geplündert. Dies gilt sogar für die berühmten Wandmalereien in East Los Angeles.

Wie um die Jahrhundertwende, als das Mission Revival dabei half, die virulenten lokalen Konflikte zu verdecken, gibt es heute vielfache Bemühungen, eine neue Ideologie für das »postmoderne« Los Angeles zu schaffen, die die glamouröse Oberfläche der sozialen Polarisierung ins Licht rückt. Da es jedoch an einer einzelnen kontrollierenden Metapher wie der »Mission« fehlt, verfährt die aktuelle Mythenproduktion vielgleisig.

Zunächst gibt es den Versuch, eine architektonische Matrix für die neue kulturelle Monumentalität herzustellen. Der Wortführer ist

Frank Gehry. Er und seine »Kids« haben einen »populistischen Stil« geschaffen, der bereits in einem Dutzend öffentlicher Räume eingraviert ist. Als Ideologe der Architektur, die Los Angeles transformiert, und als der wichtigste »Homeboy« unter den Kultursöldnern hat Gehry die Autorität eines Gelehrten erlangt, die bisweilen die historische Rolle von Lummis als Interpret der Stadt ins Gedächtnis ruft.[30]

Gehrys Suche nach einer neuen architektonischen Synthese von »Los Angelesness« wurde von den gemeinsamen Anstrengungen von Planern, Investoren und führenden Geschäftsleuten begleitet, einen »neuen städtischen Archetypus« zu prägen, um die offizielle Zukunft der Stadt zu versinnbildlichen. Unter dem Protest erzürnter Hauseigentümer- und Umweltschutz-Gruppen, die sich gegen unkontrollierte Entwicklung auflehnten, und voller Eifer, sein Image für das Rennen um den Gouverneursposten 1986 aufzubessern, gründete Bürgermeister Tom Bradley einen Bürgerausschuß, um einen »strategischen Plan für Los Angeles« vorzubereiten. Das Komitee, das dem Boostererfolg der Olympischen Spiele auf den Fersen folgte, konnte in hohem Grad die Aufmerksamkeit der gewöhnlich zerstrittenen Eliten der Stadt mobilisieren (zum ersten Mal auch des asiatischen Kapitals). Der daraus resultierende Bericht *LA 2000: A City for the Future* (1988) ist das Manifest eines »neuen Regionalismus« geworden, der darauf zielt, eine visionäre Einheit zwischen den Aufsichtsräten der ansässigen Konzerne und der hohen Intelligenz zu schmieden. Interessanterweise erinnert der von Kevin Starr verfaßte Epilog des Berichts daran, daß in Los Angeles zum letzten Male in den zwanziger Jahren eine »Gemeinschaft auf der zivilen Ebene« bestanden habe, »ein beherrschendes Establishment und eine dominante Bevölkerung«. Der Bericht impliziert, daß aufgrund des Niedergangs des weißen »Herrenvolks« heute »ein beherrschendes Establishment« notwendiger sei denn jemals zuvor. Während offen vor dem »Blade runner«-Szenario gewarnt wird – der »Fusion individueller Kulturen zu einem populären Polyglottismus voll vom Unheil ungelöster Feindseligkeiten« –, optiert der Bericht für die Utopie der »Crossroads City«: »eine außerordentliche Stadt der Städte, eine Versammlung lebenswerter Gemeinden«. Die Heilslehre ist das »Wachstumsmanagement«, das durch rationalisierte regionale Regierungsagenturen implementiert werden soll, die von einzelstaatlicher Umweltplanung und einem regionalen Zielkonsensus unterstützt werden sollen. Es ist symptomatisch, daß dabei der südkalifornischen Wirtschaft ein ungebremstes Wachstum unterstellt wird. Widersprüche in diesem Perpetuum mobile finden keine Beachtung.

So wie Adamic und McWilliams in den dreißiger und vierziger Jahren die weiße suprematistische Pseudogeschichte der Boosters demaskierten, so bestreiten die oppositionellen Intellektuellen von heute die Mythologie des verwalteten und ewigen Wachstums.

Ein mutiger Anfang wurde von der »L.A. School« gemacht, einer Gruppe von Forschern (vor allem in Planung und Geographie), die an südkalifornischen Universitäten lehren. Sie teilen das Interesse an den widersprüchlichen Verzweigungen eines »Restrukturierungsprozesses«, der ebenso viele Opfer wie Sieger hervorgebracht hat. Ihr Bild von Los Angeles ist vorzüglich in einem Essay von Edward Sojas eingefangen, der die aktuelle Entsprechung zu Adamics berühmtem »Los Angeles. There She Blows« ist: »Es gibt in Los Angeles nicht nur die hochtechnologischen Komplexe des Silicon Valley und der launischen Sonnengürtelökonomie Houstons, sondern auch den industriellen Niedergang und die bankrotten städtischen Nachbarschaften von Detroit oder Cleveland im Rostgürtel. Es gibt ein Boston in Los Angeles, ein Lower Manhattan, eine South Bronx, ein São Paulo und ein Singapur. Vielleicht gibt es keine andere Stadtregion, die in so lebendiger Weise eine ähnliche Vielzahl städtischer Restrukturierungsprozesse zeigt. Los Angeles scheint die jüngere Geschichte der kapitalistischen Urbanisierung in all ihren gebeugten Formen zu konjugieren.«[31] Die »L.A. School« hat ambitionierte Konzepte und Fallstudien vorgelegt: De- und Reindustrialisierung, De- und Rezentralisierung, die Peripherisierung der Arbeit und die Internationalisierung des Kapitals, die kriselnden und die blühenden Industriesektoren in Südkalifornien, Wohnungsversorgung und Obdachlosigkeit, die Konsequenzen ungebremster Entwicklung für die Umwelt und der Wachstumsdiskurs sind die herausragenden Themen.[32] Die Mitglieder der »L.A. School« glauben, daß sie die Fundamente eines paradigmatischen Postfordismus legen, des Urbanismus des 21. Jahrhunderts. Dabei laufen sie jedoch Gefahr, selbst unter die Mythenproduzenten und Booster eingereiht zu werden. Indem sie die Parole von »Los Angeles als die Zukunft« fortspinnen, neigen sie dazu, Geschichte in Teleologie zu verwandeln und gerade jener Realität aufzusitzen, die sie verändern wollen. Besonders Soja und Jameson werden, im Glanz ihrer unterschiedlichen »postmodernen Kartierungen« von Los Angeles, Zelebranten des Mythos – die Stadt erscheint als ein Ort, an dem alles möglich und nichts sicher ist, wo Gleichzeitigkeit und Gleichlauf vorherrschen und die Genialität des Kapitals endlos neue Formen und Spektakel eröffnet.

Die »Möchtegern-Utopien« der Söldner und ihrer Sponsoren können jedoch nur dann erfolgreich bedroht werden, wenn die guten Vorsätze der Wissenschaftler eine Verbindung mit den wachsenden städtischen sozialen Bewegungen und der Schicht der »organischen Intellektuellen« finden, die tief in den Gemeinden des »anderen« Los Angeles verwurzelt sind.[33] Die Voraussetzung dafür ist die Restrukturierung der Soziogeographie des intellektuellen Los Angeles selbst. Veränderungen sind bereits im Gange – Frauen und Farbige nehmen sich rasch und aggressiv ihre Rechte. Doch erst die Zukunft wird zeigen, ob diese Tendenzen eine spätnationalistische amerikanische »Frontier«-Grandezza[34] oder eine wahrhaft internationale, nicht-rassistische Lebensform hervorbringen werden.

Versuche zur Bildung eines fortschrittlichen kulturellen und politischen Milieus in Südkalifornien gibt es zuhauf. Neue Institutionen und Koalitionen von Aktivisten und Intellektuellen werden ständig formiert und reformiert. Sie steigen und fallen mit den politischen Prioritäten, den Moden und Zeitgeist-Themen und der Ebbe und Flut der sozialen Bewegungen, die die Intellektuellen entweder an die Front der politischen Debatten schwemmen oder sie an das Pult eines Universitätsseminars oder auf die Editorialseiten der *Times* oder der *LA Weekly* verbannen.

Die mit dem Kulturboom in Downtown einhergehende finanzielle Schwächung der Stadtteilkultur kann deren Stimme nur dämpfen, nicht unterbinden. Der Geist des Widerstands lebt im Getto, im Schatten der Weltstadt-Zitadelle unvermindert fort. Es gibt eine sehr verborgene und kaum bekannte Geschichte oppositioneller Intellektueller, die sowohl die Hexenjagden der fünfziger Jahre als auch die Reaganzeit überlebt haben. Parson hat gezeigt, wie in den fünfziger Jahren die Arbeit städtischer Intellektueller, viele von ihnen Frauen und Angehörige von Minderheiten, die eine breite soziale Bewegung für den öffentlichen Wohnungsbau anführten, es beinahe geschafft hätten, das größte Programm dieser Art in den USA in Los Angeles durchzusetzen.[35] Ihre Niederlage kündigte die lange Eiszeit der Stadtsanierung und -entwicklung an, die die Wohnungskrise verschärfte. Erst heute beginnt eine neue Generation von Aktivisten und Intellektuellen, Bündnisse einzugehen. Ähnlich gebrochene und wiederaufgenommene Traditionen waren in der Bewegung gegen die Firmenschließungen im Osten von Los Angeles zu beobachten, wo Intellektuelle den Arbeitern in der Schwerindustrie Unterstützung zu geben vermochten, weil sie sich mit deren lokalen kommunitären Kampferfahrungen auseinandergesetzt hatten.[36] In gleicher Weise werden die Forderungen der Benachteiligten heute von einer wachsenden Zahl von Intellektuellen unterstützt, die in den Gewerkschaften der Bekleidungs-, Möbel-, Automobil- und anderen Industrien arbeiten.[37]

Die Multikultur der Barrios und Gettos von Los Angeles hat Kunstformen hervorgebracht, die dem administrativen Zugriff trotzen. Rockmusiker, Literaten, Poeten, Rapper und Breakdancer haben eine Strategie entwickelt, die zur Bildung eines »historischen Blocks oppositioneller Gruppen« führen kann. Sie kämpfen erfolgreich gegen die Auslöschung ihrer Kultur und letztlich ihrer Gemeinden. Anders als die Intellektuellen, die Adorno gleichzeitig repräsentierte und kritisierte, jene, die die Populärkultur, die Sprache der Straße und die Klänge der Stadt nicht verstehen können, sind diese Intellektuellen, z. B. Los Lobos, Cheech Marin, Frank Chin oder Eazy E., die Chronisten ihrer Gemeinden, echte Angelenos.[38] Sie operieren in den verschiedensten Sektoren der städtischen Öffentlichkeit. Eines der Beispiele dafür ist die Unruhe, die die Rap-Gruppe Niggers With Attitude (N.W.A.) und ihr Lead-Sänger Eazy E. im amerikanischen Musikgeschäft verursachten. Fast über Nacht verkauften die Musiker aus dem schwarzen Compton im Süden von Los Angeles jeweils mehr als eine halbe Million ihrer Debutalben »Straight Outta Compton« und »Eazy-Duz-It«. Unbeeindruckt von Versuchen der Musikindustrie, die Rap-Kultur weißzuwaschen, und von Verfolgungen durch das F.B.I. wegen eines ihrer Songs, machen N.W.A. Musik für »unsere Leute zuerst«. Ihre Musik ist der Klang des Gettos – nicht »the sound of the city«. Obwohl weit entfernt von der Ästhetik des latinisierten Rock and Roll und der mittelamerikanischen Muralistenkultur teilt Rap jedoch mit diesen Kunstformen die Sprache des Aufschreis und der Wut: »Wir erzählen die wirkliche Geschichte, wie es ist, wenn man in Orten wie Compton lebt. Wir geben den Fans Realität. Wir sind wie Reporter. Wir geben ihnen die Wahrheit. Die Leute da, wo wir her sind, hören so viele Lügen, daß die Wahrheit wie ein böser Finger heraussticht«, erklärt Eazy E. In einer Umgebung, wo alles in das Simulacrum der »World Class City« und ihre Hochkultur zu fließen scheint, ist die Rap-Version der *Story of the Blues* ein Mittel, Selbstvertrauen zu bewahren.[39] Dem freien und explosiven Austausch zwischen den Kulturen sind dabei kaum interne Grenzen gezogen.[40] Während der Präsidentschaftskampagne Jesse Jacksons 1988 vereinte ein Benefizkonzert für den schwarzen Kandidaten die Punk- und Post-Punk-Elite von Los Angeles sowie die »organischen Intellektuellen« eines Teils der weißen Jugend. »Concrete Blonde«, eine der Rockgruppen, die an diesem Abend für Jackson spielten, hat sich immer wieder mit Los Angeles und seinen Mythologien auseinandergesetzt und dabei den Zeitgeist der pluralistischen Musikszene in die Tradition der »Schwarzen Serie« und der Demaskierer integriert. Ein lokaler Musikkritiker hat dies in seinem Konzertbericht genau wiedergegeben: »Die Gruppe schmetterte ›God is a bullet‹ heraus, Bandleaderin Johnette Napolitanos inständige Bitte um Vernunft in dieser verrückten Stadt: ›Wenn Gott eine Kugel ist, dann Gnade uns allen‹. Das Wesen der Musik von Concrete Blonde ist unbezweifelbar L.A. Sogar die Struktur der Musik evoziert Bilder der Stadt in all ihrer schmutzigen Herrlichkeit – Gitarren sprechen von verkehrserstickten Straßen, nächtlichen Freewayfahrten und dreckigen Trottoirs in Hollywood. Napolitanos Texte beschreiben akkurat, oft beißend den Kampf einzelner Menschen in der steinigen Weite der Stadt.«[41]

Vorerst in einem vorpolitischen Bereich, zwischen dem Neokommunismus von Los Lobos, dem gradlinigen Realismus der Rapper und dem individualistischen Humanismus der Punks, werden Räume intellektueller Freiheit und Milieus künstlerischen Widerstands in der Welt-Stadt eingerichtet. Sie sind die Risse im Fundament der Zitadelle.

Anmerkungen

1 Diese Mythologien, die im Barthesschen Sinne die Welt in ein Bild von der Welt und Geschichte in Natur verwandeln, haben – selbst in ihrer negativen Erscheinung – immer »die Bewegung unendlichen Fortschreitens, als Form bloßen Wachstums«, die dem »Mythos Metropole« inhärent ist, unterstützt und beschrieben. S. Walter Prigge, »Mythos Metropole«, in: W. Prigge / H.-P. Schwarz (Hg.), *Das Neue Frankfurt*, Frankfurt a. Main 1988, S. 209–240. Im Los Angeles des zwanzigsten Jahrhunderts entstanden aufeinanderfolgende Projekte der *Moderne* (vom Kuhdorf zur Metropole) und der *Postmoderne* (von der fordistischen Stadt zur »Globalopolis«). Keine dieser Mythologien hatte Zeit, Patina anzusetzen.

2 Kevin Starr, *Inventing the Dream: California Through the Progressive Era*, New York 1985, S. 76.

3 Starr, a. a. O., S. 86.

4 Eine manische Welle des »Mission Revival« ist in den letzten Jahren über Südkalifornien geschwappt, als Gentrifizierer und Sammler die Lummis-Ära wiederentdeckten. *Business Week* berichtete im Juli 1989, daß eine von den Sickley Brothers um die Jahrhundertwende hergestellte Couch im »Mission Oak«-Stil, die vor fünf Jahren nur hundert Dollar gekostet hätte, nun für 20000 Dollar zu haben ist. Bei einer kürzlichen Auktion von Christie zahlte Barbra Streisand 363000 Dollar für einen Schrank im Missionseiche-Stil.

5 Henry Louis Mencken (1880–1956), amerikanischer Literat und Kritiker, der für seinen beißenden Stil sprichwörtlichen Ruhm erlangte.

6 Carey McWilliams, *Louis Adamic and Shadow America*, Los Angeles 1935, S. 26f.

7 Am 1. Oktober 1910 wurde das Gebäude der *Times* in der Innenstadt von Los Angeles von einer Bombe zerrissen, wobei 20 Zeitungsangestellte starben. Inmitten des Wahlkampfes für das Bürgermeisteramt, bei dem der Kandidat der Sozialistischen Partei, Job Harriman, gute Erfolgsaussichten hatte, wurden zwei Gewerkschafter, die Brüder John J. und James B. McNamara, der Tat beschuldigt und zu lebenslanger Haft verurteilt. Diese Ereignisse signalisierten nicht nur das Ende der Aussichten Harrimans, zum Bürgermeister der Stadt gewählt zu werden, sondern auch der organisierten Arbeiterbewegung für die nächsten dreißig Jahre (vgl. Starr, a. a. O., S. 74f.).

8 Alfred Döblins Kommentar zum suburbanen Lebensstil der Filmmetropole »und schrecklichen Gartenstadt« war unmißverständlich: »[...] in der Tat, man ist hier viel und ausgedehnt im Grünen – bin ich aber eine Kuh?« Zitiert in: Erna M. Moore, »Exil in Hollywood: Leben und Haltung deutscher Exilautoren nach ihren autobiographischen Berichten«, in: John M. Spalek / Joseph Strelka (Hg.), *Deutsche Exilliteratur seit 1933. Teil 1: Kalifornien*, Bern und München 1976.

9 Wichtigste Ausnahme war Robert Fogelsons *The Fragmented Metropolis: Los Angeles 1850–1930*, Cambridge 1967, eine historische Studie über Demokratie, Planung und Macht, die vergriffen ist.

10 Steve Erickson, »James Ellroy: Crime Fiction Beyond Noir«, in: *Los Angeles Weekly* 21. Juli–27. Juli 1989, S. 19; Ellroys erst teilweise erschienenes *Los Angeles Quartet* enthält *Die Schwarze Dahlie*, *The Big Nowhere*, *L. A. Confidential* und *White Jazz*.

11 Ebenda, S. 22.

12 Erna M. Moore, a. a. O., S. 23.

13 Vgl. Harvey Gross, »Adorno in Los Angeles: The Intellectual in Emigration«, in: *Humanities in Society* (Herbst 1979), Jg. 2, S. 342.

14 Moore, a. a. O., S. 26.

15 Theodor W. Adorno, »Wissenschaftliche Erfahrungen in Amerika«, in: *Stichworte. Kritische Modelle II*, Frankfurt a. Main 1969, S. 147f.

16 Max Horkheimer und Theodor W. Adorno, *Dialektik der Aufklärung*, (9. Aufl.), Frankfurt a. Main 1982, S. 108.

17 Egon Erwin Kisch, *Paradies Amerika*, Berlin 1948, S. 134. Die Evozierung der metaphorischen Wüste, auf der Los Angeles gebaut ist – ein wahres Bild der Impotenz des fixen Kapitals –, findet man durchgängig in späteren Beschreibungen, so z. B. bei Hanns Eisler: »Das war die entsetzliche Idylle dieser Landschaft, die an sich mehr dem Gehirn der Bodenspekulation entsprungen ist, weil die Landschaft ja von sich aus überhaupt nichts hergibt. Würde man dort drei Tage das Wasser einstellen, würden die Schakale wieder auftauchen und der Sand der Wüste. Das Ganze ist ein groß angelegter Grundstücksschwindel, der sich ungeheuer bezahlt gemacht hat.« Hanns

Eisler, *Fragen Sie mehr über Brecht: Gespräche mit Hans Bunge*, Darmstadt und Neuwied 1986, S. 44.

18 Anton Wagner, *Los Angeles: Werden, Leben und Gestalt der Zweimillionenstadt in Südkalifornien*, Leipzig 1935, S. 159.

19 Ebenda, S. 156f.

20 Hans Wagener, »Erich Maria Remarque«, in: Spalek und Strelka, a.a.O., S. 595.

21 Moore, a.a.O., S. 25f.

22 Bruce Cook, *Brecht in Exile*, New York 1982, S. 104ff.

23 Adorno, »Wissenschaftliche Erfahrungen...«, a.a.O., S. 147.

24 Zitiert in Wagener, a.a.O., S. 595.

25 Susan Christopherson und Michael Storper, »The City As Studio; The World As Back Lot: The Impact of Vertical Disintegration on the Location of the Motion Picture Industry«, in: *Environment and Planning D: Society and Space*, 4 (1986), S. 305–20.

26 Patty Lee Parmalee, *Brecht's America*, Miami 1981. Brecht wird hier gleichsam der Ursprung einer weiteren Tradition. Auch andere Besucher von Los Angeles nach ihm – wie etwa Baudrillard – stilisieren Los Angeles zur Hölle, ohne das Höllische zu sehen. Für Baudrillard ist es die Metapher des Nachtflugs über Los Angeles. Die nächtliche Fahrt nach Watts unterbleibt indessen.

27 Cook, a.a.O., S. 58.

28 Lionel Rolfe, *Literary L.A.*, 1981, S. 43.

29 Robert Gottlieb / Irene Wolt, *Thinking Big: The Story of the Los Angeles Times*, Los Angeles 1976.

30 Für eine genauere Sicht auf eine andere Seite Gehrys siehe das entsprechende Kapitel in Mike Davis, *City of Quartz: Social Struggles in Post-Modern Los Angeles*, wo die »Militarisierung des Raumes« in Los Angeles und die repressive Toleranz seines sogenannten Populismus erörtert wird.

31 Edward Soja, »It All Comes Together in Los Angeles«, in: Soja, *Postmodern Geographies: The Reassertion of Space in Critical Social Theory*, London 1988, S. 190–221.

32 Cf. *Environment and Planning D: Society and Space*, Herbst 1986; Soja, a.a.O.; Allen Scott, *Metropolis: From the Division of Labor to Urban Form*, Berkeley und Los Angeles 1989; Michael Dear / Jennifer Wolch, *Landscapes of Despair*, Princeton 1987.
Nicht direkt beteiligt am ungeschriebenen Arbeitsprogramm, aber verwandt in vieler Hinsicht ist die Forschung über die Entstehung von »World Cities«, für die Los Angeles, am Rande der Dritten Welt gelegen, eine hervorragende Brückenkopfposition innehat. Vgl. Friedmann, »The World City Hypothesis«, 1986; Rodolfo Acuna, *A Community Under Siege*, 1984.

33 Roger Keil, »Heiße Luft und Kalte Fusion: Los Angeles – die Postmoderne schafft sich eine Politik« Teil 3, in: *Kommune*, Dezember 1989, S. 50–53; ders., *Welt-Stadt – Stadt der Welt: Internationalisierung, Urbanisierung und lokale Politik in Los Angeles*, Dissertation, Frankfurt a. Main 1990.

34 Eine solche Position scheint M. H. Krieger zu vertreten: »Ethnicity and the Frontier in Los Angeles«, in: *Environment and Planning D: Society and Space* (1986), Jg. 4, S. 385–389.

35 Donald Parson, *Urban Politics During the Cold War: Public Housing, Urban Renewal and Suburbanization in Los Angeles*, Dissertation UCLA, 1985.

36 Myrna Cherkoss-Donahoe, *Workers' Response to Plant Closures: The Case of Steel and Auto in Southeast Los Angeles, 1935–1986*, Dissertation UC Irvine, 1987.

37 Peter Olney, »The Rising of the Million«, in: *LA Weekly*, 24. 2.–2. 3. 1989.

38 George Lipsietz, »Cruising Around the Hegemonic Bloc«, in: *Cultural Critique* (Winter 1986/87), Nr. 5, S. 157–177.

39 Robert Hilburn, »Rap«, Dennis Hunt, »The Rap Reality: Truth and Money«, in: *Los Angeles Times Calendar*, 2. 4. 1989. Die Realitätsstrategie hat ihre natürlichen Grenzen im Straßenidiom selbst. Rap hat es daher schwer, sich als emanzipatorisches Medium zu etablieren, solange zum »street talk« die Glorifizierung des Sexismus gehört. Die bloße Beschreibung der Realität in krassen Tönen ist zudem kaum eine Rezeptur für Veränderung, auf die eine kritische intellektuelle Leistung hinzulaufen hätte.

40 Lipsietz, a. a. O., S. 164.

41 Natalie Nichols, »Please, Pretty Please – Do the New Songs, Dudes«, in: *Reader*, 30. 6. 1989.

SVEN-ERIC LIEDMAN

»Die kleine Provinzstadt in dem kleinen Provinzland«: Göteborg

Göteborg ist eine Stadt wie viele andere in der Nordregion Europas – so wie Rotterdam oder Manchester, Hamburg oder Glasgow. An diesen dunklen, grauen und feuchten Orten haben Handel und Industrie geblüht. Es ist, als hätte die Unerbittlichkeit des Wetters einen oftmals mit berechnendem Zynismus gepaarten Fleiß und einen Ernst hervorgetrieben, den hellere, trockenere und wärmere Plätze nur schwer haben erwecken können.

Göteborg ist Schwedens zweitgrößte Stadt; Werbeleute und Nostalgiker nennen es mitunter »Klein-London«. Doch wer käme schon auf den Gedanken, in Göteborg ein intellektuelles Milieu zu vermuten? Augenscheinlich eine Aufgabe für Mikroskopisten. Die Stadt hat ungefähr eine halbe Million Einwohner. Sie verfügt über eine einzige örtliche Tageszeitung; ihrem Besitzer gehört auch die einzige Abendzeitung. Sie hat eine Handvoll Theater und ein altmodisches Opernhaus. Es gibt viele Kinos und seit zehn Jahren dank einigen hingebungsvollen Enthusiasten ein hervorragendes, von allem Tingeltangel freies Filmfestival.

Die Stadt besitzt eine Universität, eine technische Hochschule, zahlreiche Gymnasien. Und die Königliche Gesellschaft für Wissenschaft und Dichtung ist hier zu Hause.

Göteborg beherbergt eine Handvoll kleinerer Verlage und ein paar Buchhandlungen, in denen man kein einziges deutsches oder französisches Buch finden kann, wenn es nicht auf den Leselisten der Sprachstudenten steht. Einen Text von Bourdieu oder Habermas in der Originalsprache zu ergattern, dauert Monate. Aber seit einigen Jahren wird hier eine Buch- und Bibliotheksmesse veranstaltet, die die ganze Branche versammelt.

Göteborg verfügt über eine Konzerthalle mit ausgezeichneter Akustik und ein Symphonieorchester, das seine Erfolge zum Teil den Sponsorgeldern von Volvo verdankt. Volvo bemüht sich sehr, in der Stadt wieder eine bürgerliche Kultur zu entwickeln. Zugeschnitten ist sie auf die jung-reichen eleganten Männer und Frauen, die sogenannten Yuppies, die sich durch gediegene Kleidung, Diplomatenköfferchen, Kreditkarten und Unrast zu erkennen geben. Es hat freilich auch eine ältere bürgerliche Kultur gegeben – den schweren, pompösen Stil aus der Zeit der Stiftungen, eingefärbt mit britischem Liberalismus. Jetzt sind die Stifter gestorben, ihre Vermögen zerstreut und ihre Stadthäuser in öffentliche Einrichtungen umgewandelt. Heute ist die Zeit der Sponsoren. Wie an vielen anderen Orten der reichen Welt reden Unternehmer auch hier von einem »wachsenden Bedarf an Kultur und Humanismus« in den Betrieben. Übrigens nicht zufällig. Denn Göteborg ist von alters her Schwedens größte Arbeiterstadt. Hier hat es eine lebendige Arbeiterkultur gegeben. Sie war eng verbunden mit den Arbeiter-Stadtteilen – Haga, Landala, Masthugget, Majorna. Wie Dörfer lagen sie inmitten der wachsenden Stadt, intim, jeder beflügelt von einem gemeinsamen Geist, intolerant vielleicht, aber genuin. Heute sind diese Stadtteile abgerissen oder bis zur Unkenntlichkeit modernisiert. In Masthugget wohnen Lehrer, Bibliothekare. Haga lockt zunehmend Yuppies an. Die Arbeiter wurden zerstreut; viele leben in der grauen Betonwelt der Vorstädte. Auch die Mehrzahl der Einwanderer der letzten Jahrzehnte hat man dorthin verwiesen (Göteborg ist die Stadt mit der höchsten Einwandererquote ganz Schwedens). Der Industriearbeiter alten Schlages wird immer seltener, hier wie anderswo auch. In Göteborg gab es einmal einen hochentzündlichen Arbeiterradikalismus. Heute sitzen Bildschirmarbeiter ganze Tage allein vor ihren Geräten und machen sich abends, immer noch allein, in ihren Mittelklassewagen auf den langen, grauen, überfüllten Heimweg in die Wohngebiete am Stadtrand – auf der Flucht vor Lärm und unzumutbaren Lebensbedingungen. Denn diese Stadt ist bis in ihre Poren verschmutzt. Das Meer draußen ist so gut wie tot und die Luft derart verpestet, daß sie an klaren kalten Wintertagen die Menschen zu ersticken droht.

So hat denn Göteborg, seiner Randlage zum Trotz, in vielerlei Hinsichten teil an der großen europäischen Verrücktheit, an den Miseren und an den Hoffnungen dieses Kontinents.

1.

Im September 1935 kommen der 61jährige Ernst Cassirer und seine Frau Toni in Göteborg an. Cassirer ist ein berühmter Philosoph. Die Nazis haben ihn aus Deutschland vertrieben. In Göteborg sucht und findet er eine Freistatt. Noch eine weitere Freistatt war ihm, dem Flüchtling, eröffnet worden. Eine Zeitlang ist er in Oxford tätig gewesen. Aber die Engländer verstehen kein Deutsch und können ihre Irritation über das miserable Englisch des Philosophen nur schwer verbergen. Außerdem bekunden sie eine seltsame Gleichgültigkeit gegenüber dem, was in Deutschland vor sich geht.

Nach Schweden kommt Cassirer, um Sicherheit und Ruhe zum Arbeiten zu suchen. Ein paar Gastspielwochen verbringt er in Uppsala. Die Anekdote berichtet, daß Axel Hägerström, damals Uppsalas, ja Schwedens einflußreichster Philosoph, nach einer längeren Vorlesung Cassirers trocken bemerkte: »Wir hier in Schweden sind es nicht gewohnt, derart lange Vorlesungen zu hören.« (Mehrere Jahre später verfaßt Cassirer eine längere Abrechnung mit Hägerströms Denken.) Auch Uppsala ist kein Ort für Cassirer. Er wendet sich nach Göteborg.

Noch hat Göteborg keine Universität, sondern nur zwei Hochschulen – neben der TH, die damals wie heute den Namen Chalmers trägt, auch eine, die vorwiegend geisteswissenschaftlich ausgerichtet ist. An dieser Hochschule erhält Cassirer eine Professur.

Die Hochschule hat 380 Studenten. Untergebracht ist sie in einem schönen Steinbau der Jahrhundertwende, in dem heute ein Teil der Universitätsverwaltung Platz hat. Die Hochschulgründung ist das Ergebnis privater Stiftungen. Gegen Ende des 19. Jahrhunderts hatte sich die vermögende Oberschicht der Stadt mit der an Köpfen nicht eben zahlreichen Intelligenz zusammengeschlossen, um eine Lehranstalt einzurichten. Anfangs hatte man wohl an eine »freie Akademie« gedacht, offen für große, freie, schöne Gedanken, abgeschirmt gegen Prüfungsbüffelei und krasses Nützlichkeitsdenken. Doch bald holte die schwedische Wirklichkeit die neue Anstalt ein, und die Hochschule bekam sowohl eine strenge Prüfungsordnung wie auch staatliche Subventionen.[1]

In den dreißiger Jahren ist der Geist der Stifterzeit jedoch noch lebendig. Die vornehmen Bürger der Stadt sitzen nicht nur in der Hochschulleitung, sondern, bei spektakulären Vorlesungen, auch in den vorderen Reihen. Darüber kann man sich in dem Buch *Mein Leben mit Ernst Cassirer* informieren, das Toni Cassirer geschrieben hat.[2] Hier wird die Stadt in lichten Farben gemalt, eine glückliche »kleine Provinzstadt in dem kleinen Provinzland«. Hier endlich kann Ernst wieder aufleben nach den schrecklichen Erlebnissen in Deutschland und dem unerquicklichen Aufenthalt in England. Über die Arbeiterstadt Göteborg sagt Toni Cassirer nichts – warum sollte sie auch? Zwar liegt Annedal nicht weit entfernt von dem Steingebäude in der Föreningsgatan 11, wo sich der Philosoph und seine Frau niederlassen. Aber in diese Richtung lenkt das Ehepaar Cassirer wohl nur selten seine Schritte. Die Hochschule liegt anderswo.

Ernst Cassirer kann ungehindert auf deutsch lehren. In Oxford verstand man diesen Zungenschlag nicht, doch an schwedischen Schulen ist das Deutsche noch (und bis zum Morgen nach Stalingrad) die erste Fremdsprache. An der Hochschule beherrscht die deutsche Literatur die Leselisten. Der Strom deutscher Gastdozenten ist dicht, und schwedische Studenten, die ihre Kenntnisse erweitern wollen, fahren vorzugsweise nach Deutschland. Die meisten Akademiker, die mit ihren Schriften die Welt erreichen wollen, schreiben Deutsch.

In all dieser Deutschtümelei gibt es einen ideologischen Unterton. Seit ungefähr 1870 ist Deutschland das Lieblingsland der schwedischen Rechten gewesen, und im großen und ganzen bleibt es das auch während der sich verfinsternden dreißiger Jahre. Sicher, eine seriösere Rechte findet den neuen Herrscher in Berlin unwürdig, schreierisch, stillos und auf eine beunruhigende Weise »modern«. Stalin aber ist er vorzuziehen, und die USA nehmen sich für die Konservativen noch immer oberflächlich und spießig aus, ein Land wie geschaffen für die arme schwedische Unterklasse, die gerade dorthin ausgewandert ist. Vielleicht ist Großbritannien trotz allem die Hoffnung der Rechten? Aber den Engländern fehlt das »Gemüt«, das viele Rechte bei sich selbst und den Deutschen so sehr lieben.

Und doch ist Göteborg, trotz seiner zahlreichen Deutschkundigen, in den Dreißigern keine Stadt der Rechten. Es gibt Nazis hier, aber in Göteborg sitzt auch Schwedens bekanntester Antinationalsozialist, Torgny Segerstedt. Segerstedt, ein freidenkerischer Religionsgelehrter, der in seiner Karriere auf Widerstand gestoßen war, ist Chefredakteur von Göteborgs *Handels- och Sjöfartstidning*. Elegant, kühl, ein brillanter Stilist und ein Liberaler, der die deutsche Wissenschaftskultur schätzt und den Frieden von Versailles für ungerecht hält. Hitler und der Nationalsozialismus erwecken zu gleichen Teilen Zorn und Verachtung in ihm. »Herr Hitler ist eine Beleidigung«, schreibt er nach der Machtergreifung, ein Kommentar, mit dem er sich ein Protesttelegramm von Göring einhandelt. Tag für Tag bekämpft Segerstedt von da an die Nazis. Während Cassirers Jahren in Göteborg dauert dieser Kampf unvermindert an.[3]

Selbstverständlich gehört Segerstedt zu denjenigen, mit denen das Ehepaar Cassirer bekannt wird. Als Cassirer gegen Ende seiner Zeit in Göteborg einige große öffentliche Vorlesungen über den jungen Goethe hält, ist, so erzählt Toni Cassirer, der Hörsaal ungewöhnlich voll – nicht von Studenten, sondern »vom Stadtpublikum«, darunter auch Segerstedt.

Segerstedts Dominanz in der Öffentlichkeit Göteborgs mag mit zu Toni Cassirers Vorstellung beigetragen haben, in Göteborg gebe es so gut wie keinen Antisemitismus. Mag sein, daß er schwach war. Gleichwohl gab es ihn.

Aber der Bekanntenkreis der Cassirers in Göteborg war natürlich begrenzt. Eine wichtige Rolle darin spielten einige vermögende jüdische Familien. Die Finanzierung der außerordentlichen Professur des Philosophen verdankte sich zum Teil ihrer Vermittlung. Am wichtigsten dabei war jedoch Malte Jacobsson, einst Schüler Cassirers und selbst etliche Jahre Philosophieprofessor an der Hochschule. Jacobsson war Sozialdemokrat. Er hatte die Professur aufgegeben, um Regierungspräsident des Bezirks zu werden. Und er hatte gehofft, Cassirer würde sein Nachfolger werden. Das aber wurde für unklug erachtet. Unter den Akademikern drohte Arbeitslosigkeit, und innerhalb der Universität gab es lautstarken Einspruch dagegen, daß »Ausländer« und insbesondere Juden die wenigen festen Stellen eroberten.

Als Ernst Cassirer das gesetzliche Rentenalter erreichte, gab es keine Möglichkeit für ihn, seine Lehrtätigkeit fortzusetzen. Das schwedische Regelsystem schlug zu. So kam es, daß er auf demselben Schiff wie der große Linguist Roman Jakobson und über einen mit Minen gespickten Ozean nach den USA gelangte, wo ihn ein neues Arbeitsfeld erwartete und er ein paar produktive letzte Jahre erlebte.

Was verrät die Episode Cassirer über Göteborg als intellektuelles Milieu?

Cassirer kam von außen. So ist es fast immer gewesen mit denen, die in Göteborg etwas Bemerkenswertes zustande gebracht haben. Im 17. Jahrhundert spielten Deutsche hier die führende Rolle (ihre Deutsche Kirche und Deutsche Gemeinde erinnern noch heute daran). Viele der großen Kaufmannsfamilien des 18. und 19. Jahrhunderts kamen von außen: Schotten, Juden. Die heutigen Einwanderer sind zahlreicher und werden in schlechtere und periphere Stellungen in der Gesellschaft gezwungen. Und dennoch sind in vielem gerade sie es, die Hoffnung auf kulturelle und intellektuelle Erneuerung vermitteln.

Göteborg ist »eine kleine Provinzstadt in dem kleinen Provinzland«. Es ist aber auch eine Stadt, wohin Fremde kommen und in der sich nicht wenige für kürzere oder längere Zeit niederlassen. Göteborg hat nämlich eine begünstigte Lage an der großen Verkehrsader, die die See einmal gewesen ist. Seit wenigen Jahren erst bringt die Seelage nicht mehr die gleichen Vorteile mit sich. Heute ist ein lebhafter Flughafen wichtiger. Göteborgs Flugplatz Landvetter ist ein beschaulicher Ort. Die meisten Maschinen von dort gehen nach Stockholm.

Für das intellektuelle Leben der Stadt bedeuteten Cassirers Jahre in Göteborg keine Neuorientierung. Wirkliche Schüler hatte er nur sehr wenige. Zu seinen großen öffentlichen Vorlesungen fanden sich die Honoratioren ein, zu den Seminaren kam, wenn überhaupt, bloß eine Handvoll Studenten. Cassirer entzündete in Schweden keinen Neukantianismus. Im Gegenteil, nach dem Krieg übernahm die angelsächsisch geprägte Analytische Philosophie fast überall das Kommando.

Auch für Cassirers eigenes Schaffen brachten die Jahre in Göteborg keine nachhaltige Anregung. Er lernte Schwedisch lesen und griff einige schwedische Themen auf. Hier schrieb er auch seinen Aufsatz über »Determinismus und Indeterminismus in der modernen Physik«.

Seine letzten Jahre in den USA waren schöpferischer, trotz Alter und Krankheit. Die Begegnung mit diesem Land geriet ebenso verwirrend, wie die Begegnung mit Göteborg beruhigend schien. An den amerikanischen Universitäten fehlte jene Anstellungssicherheit, die er von Europa her gewohnt gewesen war. Nach jedem Semester war er gezwungen, eine neue Stelle zu suchen. Als philosophischer Autor stieß er auf die Forderung nach »rewriting«. Der deutsche Professor war es gewohnt, seine Bücher von der ersten zur letzten Zeile zu schreiben und sie dann in den Druck zu geben. Amerikanische Verleger verlangten Striche und Umarbeitungen. Cassirer fügte sich erstaunt und widerwillig. Das Ergebnis waren die beiden berühmten Bücher über den Menschen und den Staat.

Cassirers Jahre in Göteborg sind nicht deshalb interessant, weil sie für Cassirer oder für Göteborg besonders produktiv gewesen wären. Sie sind es, weil sie in einer blitzlichthaften Beleuchtung ein Bild von Göteborg als intellektuellem Milieu umreißen, *wie es hätte sein können*. Hier konnte der Großhändler eine Vorlesung über Goethe besuchen; hier konnte der Philosoph Regierungspräsident werden. Begegnungen fanden statt, die überraschend anmuten. Unterschiedliches wurde vermischt, Getrenntes vereint.

2.

Es ist viel von kreativen Milieus gesprochen worden in den letzten Jahren. In solchen Milieus ist Geld zu machen. Was ist kreativer als Silicon Valley?

Das große moderne Vorbild eines kreativen Milieus scheint jedoch im großen Ganzen nicht sonderlich fruchtbar gewesen zu sein: das Wien der Jahrhundertwende. Jenes Milieu, das sowohl Freud wie Schönberg einbeschloß, Musil ebenso wie Wittgenstein, befand sich in

Auflösung. Wer sich ernsthaft in dieses allmählich zerfallende Milieu vertieft hat – wie Carl Schorske in *Wien. Geist und Gesellschaft im Fin de siècle* und Janek/Toulmin in *Wittgensteins Vienna* –, hat gerade das Bunte, um nicht zu sagen Chaotische an Kakaniens Hauptstadt hervorgehoben.[4] Nicht nur, daß sehr ungleichartige Dinge Seite an Seite bestanden. Das Disparate begegnete einander tatsächlich. Unvergleichbare Erfahrungen wurden miteinander verglichen.

Wien war also eine Stadt ungewöhnlichen Austauschs. Auf wohl unverdiente Weise ist das Wiener Kaffeehaus in der populären Vorstellung zum Symbol für Kreativität geworden. Zumindest ist sie anschaulich. Im Café entspinnen sich Gespräche, die in einer streng geordneten Institution niemals zustande kämen. Nicht in der Klinik, sondern auf der Bank aus Plüsch wird die Psychoanalyse zu dem Ferment, das schließlich den Begriff vom Menschen verändert. Nicht in den Redaktionsräumen, den Hörsälen oder Konzerthallen wird das Bild dessen geprägt, was für die Zeit neu und bedeutsam ist, sondern erst, wenn sich Zeitungsredakteure, Universitätsangehörige und Dirigenten am selben Kaffeetisch treffen.

Wien ist ein Milieu für Neuschöpfungen. In Diskussionen über Kreativität verwechselt man solche Milieus oft mit Orten, an denen eine rasche und dynamische Weiterentwicklung stattfindet. Die moderne Forschungsuniversität ist ein typisches Beispiel für letzteres. Berkeley und Stanford spielen gleichsam die große Berliner Universität der Jahrhundertwende nach Melodien weiter, die bereits geschrieben sind. Chemiker, die hunderttausend Verbindungen synthetisch nachgebaut haben, sind nicht qualitativ, wohl aber quantitativ kreativ, wenn sie weitere tausend nachbauen. Aidsforscher glauben im Prinzip zu wissen, wie ein wirksames Heilmittel aussehen wird. Und wenn dieses Mittel, das einmal hergestellt werden wird, mit den anfänglichen Ideen übereinstimmt, dann ist das nicht das Ergebnis einer Neuschöpfung, sondern das einer bereits existierenden erfolgreichen Forschungsmethode.

In solchen modernen Forschungsmilieus kommt es nicht regelmäßig zu unerwarteten Begegnungen. Spezialisten arbeiten mit Spezialisten zusammen. Ein paar Mal im Jahr reisen sie zu Kongressen, wo sie andere Spezialisten treffen. Natürlich tauchen auch in solchen Milieus neue Theorien auf (wozu ganz sicher der genetische Code zu zählen ist). Aber diese Milieus sind nicht mit Wien zu verwechseln. Auf das Projekt Wien würde kein vernünftiger Unternehmer auch nur einen Pfennig setzen. Genau besehen ist Freud kein lohnendes Geschäft und Wittgenstein noch weniger.

Es gibt andere, minder modische Milieutypen, in denen Neues entstanden ist, als Wien. Ich selbst habe einige analytische Mühe auf die graue, schmutzige und wenig inspirierende Stadt Manchester verwandt. Wie jedermann weiß, ist Manchester und die Gegend von Lancashire »die Wiege des Industrialismus« – so zu lesen auf den lokalen Ansichtspostkarten. Daß Innovationen auf dem Gebiet der Baumwollindustrie dort stattfanden, ist nichts Neues. Die Vielfalt an kreativer Energie, die sich besonders in dem Jahrzehnt um 1840 entfaltete, wird dagegen heute wenig beachtet.[5]

Im übrigen ist es eine Periode, in der die Zeitgenossen Manchester entdecken. Zwischen 1830 und 1850 wird die Stadt zum Symbol des Industrialismus. Menschen reisen dorthin, um zu erfahren, wie die Zukunft aussehen wird. Disraeli, Carlyle, Tocqueville und viele andere besuchen die Stadt, entsetzen oder entzücken sich und berichten über Fabriken, Unternehmertum, Rauch und Arbeitermassen. Von irgendeiner auffälligen intellektuellen Kreativität in Manchester aber sprechen sie nicht.

Und doch gibt es sie.

Es gibt eine Kreativität, die sich zum Teil damit erklären läßt, daß sich die zwei Klassen des Kapitalismus hier zum ersten Mal gegenüberstehen. Beide sind neu in ihren Rollen; die Kapitalisten sind von unterschiedlicher Herkunft, viele kommen aus einfachen ländlichen Verhältnissen. Die Arbeiter entstammen fast ausnahmslos der verarmten Landbevölkerung.

Hier in Manchester wird der Manchesterliberalismus erschaffen. Seine Kampforganisation hat er in der »Anti Corn Law League«, die auf wirkungsvolle und bald siegreiche Weise gegen die Getreidezölle aufbegehrt, die nicht nur das Brot verteuern (und die Arbeitslöhne in die Höhe treiben), sondern auch den Außenhandel hemmen. Der freie Außenhandel ist Richard Cobdens und John Brights Universalmittel nicht nur gegen alle ökonomischen Schwierigkeiten, sondern ebenso gegen Krieg und Unruhen. »Mit Frieden kommt der Freihandel an jede Küste, die er erreicht«, sagte Cobden enthusiastisch. Jedoch muß die Freiheit des Handels universal sein. Reglementierungen sind vom Übel.

Auch die Arbeiter haben es dann am besten, wenn kein Außenstehender und auch nicht der Staat ihre Situation zu beeinflussen suchen, beteuern die Manchesterliberalen.

Ganz sicher ist das Manchestertum eine Innovation. Und es ist langlebig. Noch im Großbritannien und im Amerika des Neoliberalismus taucht es erneut auf, jetzt befreit vom Friedenspathos, von dem Cobden und Bright ergriffen waren und das sie während des Krimkriegs zum

Objekt des Hasses machte, als viele Briten sich an kriegerischen Gedanken und Gefühlen berauschten.

Auf gleiche Weise ist der Chartismus, die erste wirkliche Arbeiterorganisation mit ihrem eigentlich politischen Programm, eine wirkliche Neuheit. Er trägt die Spuren der noch immer schmerzenden Sehnsucht des Industrieproletariats zurück nach einem bescheidenen, aber naturnahen ländlichen Dasein. Er wird kurzlebig sein, doch er kündigt kommende und folgenschwerere Bewegungen auf der ganzen Welt an. In Manchester findet er seinen Brennpunkt und seine stärkste Bastion.

Manchester ist aber auch der Ort, der mit guten Gründen der Stammsitz der empirischen Soziologie genannt werden kann. Hier zog Dr. Kay umher und sammelte Daten für jenes Buch, das 1832 erschien und den Titel trägt *The Moral and Physical Conditions of the Working Classes: Employed in the Cotton Manufacture in Manchester*. Hier auch war es, wo der junge Friedrich Engels, Sohn des einen Teilhabers der erfolgreichen Firma Ermen & Engels, 1842/43 mit der aggressiven modernen Industriestadt bekannt wurde.

Engels' berühmte Schrift über die »Lage der arbeitenden Klasse in England« (1845) ist kontrovers, aber niemand kann leugnen, daß sie eine Entdeckung enthält. In ihr wird zum ersten Mal ein vollständiges Bild davon entworfen, was der vom Kapital beherrschte Industrialismus für die Arbeiter und ihre Lebensverhältnisse bedeutet. Engels erforscht Architektur und sanitäre Verhältnisse, Geruchs- und Geräuschkulissen, Eß- und Trinkgewohnheiten, Arbeitsbedingungen, Ausbildungsmöglichkeiten, aber auch Denkweisen und Hoffnungen der neuen Arbeiterklasse. Wichtig ist, daß Engels von außen kommt. Er sieht Manchester mit den Augen eines Fremden. Sein intellektueller Horizont ist nicht nur von den zu gleichen Teilen geschäftsmäßig kalten und pietistisch frommen Ideen (gegen die er reagiert) seines Elternhauses geformt, sondern auch durch den hegelianischen Radikalismus, der viele junge Deutsche in den Jahren um 1840 umtreibt. So ist Engels' Begegnung mit Manchester eine zwischen völlig verschiedenen, bis dahin unvergleichbaren Größen, die man für gewöhnlich als ein Ingrediens der meisten wirklichen Neuschöpfungen ansieht.

Manchester ist keine Stadt, die ein reichhaltiges intellektuelles Milieu bietet. Es wird noch ein gutes Jahrzehnt dauern, bis Owens College seinen bescheidenen Anfang nimmt, und noch länger, ehe aus dieser Lehranstalt die Universität von Manchester hervorgeht. Es gibt eine Manchester Literary & Philosophical Society. Eines ihrer leitenden Mitglieder ist ein armer Privatlehrer, der lange vor 1840 epochemachende Leistungen auf dem Gebiet der Naturwissenschaften vollbracht hat.

Sein Name ist John Dalton, der Begründer der modernen Atomlehre. Ein anderer, dessen große Leistung auf den Beginn der vierziger Jahre fällt, ist Braumeister in Manchesters Schwesterstadt Salford. Dieser Mann ist James Joule, einer der Väter des Energieprinzips. Und selbst auf dem Gebiet der Kunst spielt die Stadt durch die Präraffaeliten eine gewisse Rolle.

Große Teile der schöpferischen Kraft, die in Manchester freigesetzt wurden, lassen sich aus dem simplen Faktum erklären, daß die Stadt eine *neue* Wirklichkeit repräsentierte. Kapital und Industrie erzeugten neue Erfahrungswelten, die es zu erschließen und zu bearbeiten galt. So scheint die Lebendigkeit zu einem gewissen Teil zurückführbar auf das glückliche Zusammentreffen von feuchter Luft, Wasser und Kohle, von risikobereitem Kapital, günstigen Konjunkturen und einer rasch wachsenden unterbeschäftigten Unterklasse.

Aber auch dies heißt, daß ein überraschender Austausch stattgefunden hat – der Austausch zwischen einer älteren und einer neueren Wirklichkeit. Der Chartismus entsteht, als ländliche Bilder vom guten Leben mit der bis dahin nicht wahrgenommenen Welt des Fabrikproletariats kollidieren. Der Manchesterliberalismus ist die Art und Weise des Fabrikanten, gegenüber einer unverständigen Umgebung seine Existenz und seine Denkweisen zu motivieren. Die empirische Soziologie besteht aus Berichten von Menschen, deren Sinne an ganz andere Anblicke, Geräusche und Gerüche gewöhnt sind.

Erst mit Engels haben wir das Beispiel einer kreativen Begegnung großen Stils. Hier wird nicht nur Altes mit Neuem konfrontiert, hier wird eine fremde intellektuelle Tradition zu dem Versuch gezwungen, das zu integrieren, wovon diese Tradition (die Hegelsche) zwar hat reden hören, aber nie etwas gesehen hat. Man kann sagen, daß Engels sich mehr Gedanken macht und mehr Theorien aufstellt als die andern, die das Manchester der 1840er Jahre betrachten. Gleichwohl unterscheidet sich seine Neuschöpfung prinzipiell nicht von denen, die wir erwähnt haben.

3.

Göteborg ist nicht Manchester. Wollte man es mit irgend etwas vergleichen, dann eher mit Liverpool. Aber Göteborg ist keinesfalls eine Pionierstadt. Sein Glück hängt zusammen mit etwas, das schon früher erprobt worden ist. Die erste große Blütezeit im 18. Jahrhundert gründete auf den Triumphen der schwedischen Ostindischen Kompanie.

Erfolgreiche ostindische Kompanien gab es auch vorher schon. Während der Napoleonischen Kriege prosperierte die Stadt wie nie zuvor. Während der Kontinentalblockade konnte der Hafen das übernehmen, was sonst zu anderen, jetzt gesperrten Häfen gegangen wäre.

Im 19. Jahrhundert verdienten viele schon damals reiche Göteborger gutes Geld im Holzgeschäft. Der Hafen wuchs, die Werften entwickelten sich, und schließlich wurde Göteborg zu einer facettenreichen Industriestadt. Während der letzten Jahrzehnte ist die Wirtschaftslandschaft wieder ausgedünnt. Geblieben sind Volvo, SKF und nicht viel mehr.

Was Göteborg der Welt gezeigt hat, sind keine bis dahin nicht wahrgenommenen Wirklichkeiten. Göteborg hat Kulturen und Stilarten vermischt – freilich nicht mehr, als andere vergleichbare mittelgroße und kleinere Industrie- und Handelsstädte dies getan haben. Erst mit schwedischem Maß gemessen, wird die Stadt einzigartig und bemerkenswert. Schrauben wir also unsere Ansprüche zurück.

Als intellektuelles Milieu besteht Göteborgs großer Vorteil darin, daß jeder Gedanke, jede Idee, jede Tendenz ständig mit einer *anderen* Wirklichkeit konfrontierbar ist. In einer traditionellen Universitätsstadt – in Schweden gibt es davon zwei, Uppsala und Lund – läßt sich ein akademisches Leben führen ohne allzuviel Störung durch Arbeit und Handel ringsumher. Den selbstverständlichen Mittelpunkt des Ortes bildet die Universität. Sehr wichtig sind akademische Intrigen. Professorenkonkurrenzen bilden Neuigkeiten ersten Ranges. Ein Universitätslehrer, der sich im Stadtkern bewegt, ist auf eigenartige Weise unmittelbar *identifiziert*.

In Göteborg dagegen ist er nur wenige Schritte vom Hörsaal oder seinem Labor entfernt anonym. Er wird dort unvermittelt mit einer Welt konfrontiert, die seine Gedanken und Theorien herauszufordern scheint, der Welt des Handels und der Industrie, aber auch der des Flairs und der grauen, bedrückenden Armut. Er wird nicht in Ruhe gelassen mit seinen eigenen Gedanken und Sorgen. In Göteborg gibt es eine Flaniermeile, Kungsportsavenyn oder kurz: Avenyn. Hier flanieren schöne Menschen von Café zu Restaurant und von Restaurant zu Boutique oder Eissalon. Wenn ich vor meinen Studenten über *Die Kritik der reinen Vernunft* oder *Das Kapital* gesprochen habe, gehe ich auf dem Heimweg ein Stück auf Avenyn. Nehme ich zuletzt noch einen kleinen Umweg, dann kann ich an Masthuggstorget vorbeikommen. Dort halten sich die Alkoholiker und auch die Drogenabhängigen auf, immer in großen Gruppen. Sie sind sechzehn oder höchstens fünfundvierzig Jahre alt, sehen aber älter aus. Viele von ihnen werden bald tot sein. Ich frage mich, ob aus der Begegnung zwischen Kant, Yuppies und Alkoholikern nicht schöpferische Gedanken hervorgehen könnten. Die Möglichkeit dazu ist da.

Es war nicht Ernst Cassirer, der Malte Jacobssons Nachfolger in Göteborg wurde. Gunnar Aspelin wurde es. Aspelin kam von Lund, wo er der radikalen Intelligenzija der zwanziger Jahre angehört hatte. Seine Doktorarbeit hatte er über Hegel geschrieben, genauer über Hegels frühe praktische Philosophie, ein im damaligen Schweden ungewöhnliches Thema. Er war ein hochgelehrter und weitblickender Mann und selbstverständlich ein unerschütterlicher Gegner der Nazis.

Dreizehn Jahre blieb er in Göteborg, von 1936 bis 1949. Dann ging er zurück nach Lund. In den ersten Jahren wirkte er also Seite an Seite mit dem weltberühmten Cassirer in dem minimalen philosophischen Milieu, das die Hochschule bildete. Einmal fragte ich ihn nach Cassirer (in Lund war ich mehrere Jahre Aspelins Schüler), und er äußerte sich, wie fast stets, anerkennend über den Mann, im übrigen aber ausweichend. Offensichtlich war ihm an einem Gespräch über seinen ehemaligen Kollegen nicht gelegen. Warum, weiß ich nicht. Möglicherweise hatte es mit seiner Bescheidenheit zu tun. Es war nämlich Aspelin und nicht Cassirer, der in Göteborg so etwas wie ein philosophisches Milieu zustande brachte, nicht groß, aber lebendig. Sein Leben verdankte es, wie mir scheint, Aspelins außergewöhnlicher Vielseitigkeit. Während seiner Zeit in Göteborg entwickelte er sich zu einem fast angelsächsisch geprägten Empiristen. Als Forscher widmete er seine Anstrengungen Hume und vor allem Locke, und er hielt Seminare über Ayers moderne positivistische Erkenntnistheorie. Die neukantianische Schulung, die er in Lund empfangen hatte, prägte ihn jedoch für immer. Daher ist es denn auch interessant, daß er 1942 (Abreise Cassirers in die USA) Seminare über Cassirers *Zur Logik der Kulturwissenschaften* hielt.

Es scheint, als wäre es Aspelin mit einem Geist aus Toleranz und Weitblick geglückt, innerhalb des Hochschulmilieus von Göteborg ein kleines intellektuelles Zentrum zu schaffen. An Worten wie »Weitblick« und »Toleranz« erfreut sich natürlich jedes liberale Herz. Aber Aspelin war nicht liberal, er war radikal. Gleichwohl hatte er in ganz Schweden sowohl in Philosophie wie Staatswissenschaft, Geschichte und vielen anderen Fächern etliche liberale Kollegen, deren akademische Leistung sich durch eine beispielhafte, militärisch strenge Überwachung von Theorien und Methoden auszeichnete, die sie für die einzig wissenschaftlichen und wahren hielten... Freisinnigkeit ist selten eine liberale Tugend.

Dagegen mag die kühle Gleichgültigkeit und damit Offenheit, die das Göteborger Milieu ihm bot, Aspelin befreit haben. Cassirer traf auf das kompakte Wohlwollen der Oberschicht, wurde aber gegenüber seinen Studenten nicht nur durch sein Deutsch behindert, sondern auch durch seine sehr bestimmte philosophische Denkweise, die einer gründlichen und langwierigen Einführung ins Verständnis bedurfte, um wirklich gewinnbringend zu sein.

Gunnar Aspelin hatte einen Sohn namens Kurt, der in hohem Maß schöpferisch war – nach schwedischem Maßstab. Kurt Aspelin, der Ende der siebziger Jahre vorzeitig starb, war Literaturwissenschaftler und blieb Göteborg treu. Er gehörte zu denen, die Kontakt suchten mit dem *anderen* Göteborg, nicht dem Segerstedts oder der Schiffsreeder, sondern dem der Arbeiter. Als der Weltkrieg zu Ende ging, war er Teenager und wurde Kommunist. Das war natürlich ein Skandal. Aber die Kommunistische Partei war in den vierziger Jahren mächtig, besonders in Göteborg. Unter den Arbeitern der Stadt hatte sie noch immer eine starke Stellung. Dann begann der lange, mehr als zwanzig Jahre dauernde Abstieg. Vielleicht war es weniger das Ende des Prager Frühlings und der Kalte Krieg als die intensive und wirkungsvolle Gegenkampagne der Sozialdemokraten, was die KP an den Rand drängte. Doch Kurt Aspelin blieb Kommunist. In der kommunistischen *Arbetartidningen* schrieb er brillante und von sozialrealistischen Konvenienzen freie Kritiken. Gleichzeitig betrieb er akademische Studien, langsam und effektiv. Tatsächlich war er einer von mehreren kommunistischen Studenten und Schriftstellern in Göteborg, man kann sogar von einer Gruppe sprechen. Etliche ihrer Mitglieder sollten später vielbeachtete Leistungen vollbringen. Jan Myrdal, der Chinaberichterstatter, der in den achtziger Jahren zu seinem eigenen Denkmal geworden ist, gehörte eine Weile dazu, ebenso wie der eigensinnige und hochbegabte, hypersensible Romanautor und Dichter Hans Granlid.

Kurt Aspelins eigentlicher kreativer Ausbruch fand in den sechziger und siebziger Jahren statt. Teilweise traf er zusammen mit der kurzen intensiven Tätigkeit der studentischen Linken. Damals hatte Aspelin eine große Schülerschar am Institut für Literaturwissenschaft. Er selbst wurde zum Vermittler der vielen kontinentalen Impulse, die jetzt die geisteswissenschaftliche Forschung in der Welt veränderten: Strukturalismus, Semiotik, Hermeneutik und, nicht zuletzt, ein nichtdogmatisches marxistisches Analyseverfahren. In Wirklichkeit war er sehr viel mehr als ein Vermittler; in seinem großen Buch *Die Dimensionen des Textes* (1975) versuchte er eine kühne Synthese. Seine Arbeitsweise stand in scharfem Kontrast zu der ängstlichen und aggressiven Haltung, mit der viele seiner Kollegen die herkömmliche, schmalspurige Forschung bewachten. Kurt Aspelins Leistung bezeichnet also etwas, das für schwedische Verhältnisse neu war. Ein Grund für seine Aktivität muß, glaube ich, darin gesucht werden, daß er seine Perspektive frühzeitig resolut erweitert hat und mit Wirklichkeiten, mit Menschen und Denkweisen in Kontakt getreten ist, die in dem kleinen Hochschulmilieu von Göteborg nicht heimisch waren.

4.

Es gibt eine besondere Art von Hindernissen, die ich die *institutionellen* nennen möchte. Sie sich in Erinnerung zu rufen ist besonders dann wichtig, wenn man von einer Stadt als intellektuellem Milieu spricht.

Mit institutionellen Hindernissen meine ich nicht, daß jede Institution – jede Partei, jede Kirche, jede wissenschaftliche Schule, jede Kunstrichtung – dazu tendiert, in ihren Formen zu erstarren. Diese wohlbekannte Sklerose ist zwar eine Voraussetzung der Erstarrung, um die es hier geht. Aber die institutionellen Hindernisse sind so vielfältig und greifen auf tausendfache Art in jede geordnete menschliche Tätigkeit ein, daß sie nicht mit der Entwicklung zu identifizieren sind, der eine lebendige Idee ausgesetzt ist, sobald diese sich konsolidiert.

Nehmen wir eine so komplizierte Institution wie eine Universität. Eine Universität ist von einer Menge Regeln und Verordnungen umschlossen. Lehrer werden angestellt, Studenten immatrikuliert, Prüfungen werden abgelegt, Beschlüsse gefaßt, Gelder bewilligt – alles so, wie die Statuen es vorschreiben. Aber diese Statuten sind in Alter und Inhalt sehr verschieden. Eine Universität kann in Fakultäten unterteilt sein, die ihren Namen und ihre Funktionsweise im Mittelalter bekommen haben; zumindest in Schweden haben gewisse beschlußfassende Versammlungen Züge des Denkens des 17. Jahrhunderts bewahrt. Anderes hängt auf intime Weise mit dem Idealismus des 19. Jahrhunderts zusammen, das Lehre und Forschung miteinander verband. In der Universität von heute spielen zunehmend moderne bürokratische Prinzipien eine Rolle, wobei sie mit demokratischen oder quasidemokratischen Prinzipien um Einfluß konkurrieren. In den letzten Jahren ist eine Anzahl von Regeln hinzugekommen, während andere abgeschafft wurden, um der neuen Führungsideologie Platz zu machen, die in der Privatwirtschaft so erfolgreich gewesen ist.

Den historischen Hintergrund prägen noch heute die verschiedenen

Typen von Regeln (die dann auf komplizierte Weise ineinander verwoben sind). In der Fakultät votiert man – unabhängig davon, was man selbst davon hält – in einer Reihe von Fragen unter der Voraussetzung, daß alle Mitglieder der in der Fakultät zusammengefaßten Disziplinen volle Kompetenz besitzen. Im Mittelalter war das eine Selbstverständlichkeit. Als Lehrer hat man die Pflicht zu forschen, auch wenn einem die Voraussetzungen dafür fehlen. Was da aus den Verordnungen spricht, sind die Humboldtschen Ideen des 19. Jahrhunderts. Usw. So führt jeder Schritt innerhalb der Universität durch ein Dickicht von Bestimmungen, die alle die Spur sehr bestimmter Vorstellungen davon tragen, was die Institution *Universität* sein kann und sein soll. Diesen Verordnungen hat jedermann zu gehorchen, ungeachtet seiner Einstellung zu ihnen. Aus den Statuten spricht also eine *versteinerte* (oder eingefrorene) *Ideologie*.

In Wirklichkeit ist das, was jeder komplexen Institution ihre Trägheit verleiht, nicht nur das formelle Regelsystem. Es gibt auch informelle Regeln. In einer bestimmten Institution *benimmt* man sich auf eine bestimmte Weise, selbst wenn das in den Statuten nicht vorgeschrieben ist. Hier haben wir mit Dingen zu tun, die schwer zugänglich, aber gleichwohl sehr wichtig sind. Zum Beispiel sagt man, eine bestimmte Universität habe einen bestimmten Geist. Veränderungen in einem solchen Geist geschehen unmerklicher und sicher auch kontinuierlicher als Veränderungen im formellen Regelsystem. Der Geist aber (manchmal auch »die Tradition« genannt) hat eine Bedeutung für das, was innerhalb der Institution zu tun möglich oder unmöglich erscheint. Manchmal sind die informellen Regeln sehr viel fester und strenger, als es Begriffe wie Geist und Tradition andeuten. Innerhalb der Institution Wissenschaft sind die Regeln, die bestimmen, ob jemand als »wissenschaftlich« angesehen werden kann oder nicht, mehr als zahlreich, und viele von ihnen sind ohne Pardon.

Es kann fruchtbar sein, eine Stadt einen Augenblick lang als Träger ihrer eigenen *versteinerten Ideologie* zu betrachten. Sie ist nicht nur ein mehr oder minder geordnetes Ensemble von Straßen, Plätzen, Gebäuden. Straßen, Plätze und Gebäude *sagen* uns auch etwas. Wenn es um die großen, berühmten Orte mit ihren Sehenswürdigkeiten geht, ist uns dieser Gedanke wohlbekannt. Der Petersplatz in Rom ist ein ungemein zusammengesetzter Text. Der Wiener »Ring« ist schon leichter zu dechiffrieren, und der des Eiffelturms in Paris ist deutlich ein einziger langer Satz mit einem Ausrufungszeichen am Ende.

Aber auch die unauffälligere Stadt verfügt über eine Menge schon fixierter Botschaften, die auf Gedanken und Vorstellungen einwirken.

Vielleicht ist diese Art des Einwirkens dort noch wichtiger, denn sie ist auf der Oberfläche des Bewußtseins nicht so leicht zu bearbeiten. Jede Stadt hat ihre vornehmen und weniger feinen Viertel und Gegenden, die auf tausenderlei subtile Weisen an Klassen- und Statusunterschiede zwischen Menschen erinnern. Sie hat ihr Verkehrssystem mit unterschiedlichen Graden von Aggressivität, Nonchalance und Großzügigkeit. Sie ist in sich selbst eine Menge historischer Überbleibsel und Ablagerungen, und sie enthüllt ihre eigene aktuelle Gemütsverfassung je nachdem, mit welcher Pietät oder Gleichgültigkeit ihr Vergangenes bewahrt oder dem Boden gleichgemacht wird.

Dazu besitzt sie ihre Mythen und ihre tradierten Lügengeschichten, ihre bevorzugten Menschentypen und ihren sogenannten Geist. Sie besitzt ihre mehr oder minder bedeutende Literatur, Kunst und Musik. Sie bringt ihre politischen Traditionen hervor und ihre spezielle Art von Politikern. Sie hat ihren religiösen Charakter. Sie ist geprägt durch den Typus von Institutionen, den sie beherbergt – Bezirksregierung oder Universität, Akademie oder Konzerthalle. Und mehr als durch das meiste andere wird sie bestimmt durch ihre Arbeitsplätze, ihre Industrien, ihr Dienstleistungsgewerbe, ihre Arbeitslosenquote, ihre sozialen Probleme…

All das gehört zur informellen Sphäre. Natürlich gibt es auch eine formelle Sphäre, da, wo die Stadt auf dem Papier geregelt wird. Die Stadt besitzt ihre den Regeln entsprechende Verwaltung. Sie ist gebunden an ihre Gemeinde- oder Stadtverfassung. Sie ist gesetzlich einer Staatsmacht untergeordnet.

Aber das oft gerade noch dechiffrierbare informelle Regelwerk wirkt am interessantesten, wenn es um eine so große und komplexe Einheit wie um eine Stadt geht. Um diesem Stadtcharakter auf die Spur zu kommen, reicht es nicht aus, sie zu betrachten. Man muß auch Antworten suchen auf Fragen, die sich um das Verhältnis zur Umwelt drehen. Wofür bildet die Stadt das Zentrum, und wofür ist sie Peripherie? Zentrum und Peripherie sind harte Wirklichkeiten, aber auch die Gemütslagen, die die Vorstellungen sowohl der Einwohner als auch der Umgebung beeinflussen, was die Stadt leisten kann.

Eine »kleine Provinzstadt in dem kleinen Provinzland«. Von diesem Bild ging Toni Cassirer aus, als sie Göteborg begegnete. Vieles von dem, was sie und Ernst Cassirer dort erlebten, geriet vor dem minimalistischen Hintergrund zur positiven Überraschung. Oder mit ihren eigenen Worten, in denen sie, typisch genug, nicht sich selbst, sondern Ernst zum Subjekt macht: »Die schöne Lage der Stadt, die modernen, sehr originellen Bauten, die Kunstsammlungen und Bibliotheken, all das gefiel ihm sehr. Das kulturelle Niveau der Kollegen und Studenten erstaunte und erfreute ihn ...«[6]

Diese positiven Überraschungen sind normalerweise denen vorbehalten, die von außen kommen. Der Göteborger ist selten überrascht von den Bauten oder Büchersammlungen der Stadt. Er (oder sie) trägt seine oftmals ganz unausgesprochene Überzeugung davon in sich, wie zentral oder peripher die Heimatstadt ist, und diese Überzeugung schließt auch eine Vorstellung vom Standard der Architektur, der Bibliotheken und dem allgemeinen kulturellen Interesse der Einwohner usw. ein. Dem Alteingesessenen öffnen sich seinerseits erst in der Konfrontation mit dem Fremden die Augen für Qualitäten, die durch stumpfe Gewohnheit zuvor unsichtbar geworden waren.

Göteborg liegt an der Peripherie von Stockholm. In Stockholm sitzen nicht nur Regierung, Reichstag und die meisten gewichtigen Ämter. Dort sind auch die großen meinungsbildenden Zeitungen. Dort ist – trotz aller möglichen Auslagerungsversuche in das große dünnbesiedelte Land namens Schweden – der Schwerpunkt von Radio und Fernsehen. Ein Schriftsteller oder Künstler, der außerhalb der Region Stockholm wohnt, muß schon sehr bedeutend sein, um nationale Anerkennung zu erringen. Die wichtigsten ausländischen Verbindungen hat, auf allen Gebieten, Stockholm. Im Universitäts- und Hochschulbereich allerdings ist die Situation anders – unter den Universitäten herrscht nämlich eine proklamierte Gleichheit. Doch die größten Mittel gehen in die Region Stockholm–Uppsala, und die High-Tech-Forschung außerhalb der Universitäten hat ihr schwedisches Zentrum in Stockholm.

Diese massive Dominanz der Hauptstadt, die im vergangenen Jahrzehnt kräftig betont worden ist, spielt bei jedem Neuansatz in Göteborg eine Rolle. Es gibt in der Stadt eine sehr alte Widerstands- oder eher Kompensationsideologie, die besagt, daß die schwedische Westküste, die von der Stadt augenfällig dominiert wird, in Wirklichkeit Schwedens »Vorderseite« darstellt. Aber niemand glaubt diesen trostvollen Beteuerungen, denn in Wahrheit unterstreichen sie nur, wie tief doch das Gefühl, am Rande zu liegen, sich in Göteborg eingewurzelt hat.

Stockholm seinerseits ist nur das Zentrum eines sehr kleinen Teils der Welt – Zentrum des alten Königs- und Obrigkeitslandes mit seinem mächtigen, kaum einmal in Frage gestellten Zentralismus, Zentrum des schwedischen »Modells«, des schwedischen Kompromißgeistes, der schwedischen Mäßigkeit – aber auch, neuerdings, Zentrum der schwedischen Bürgerinitiativen, der schwedischen Sozialdemokratie, ja, sogar des beispiellos zentralisierten landwirtschaftlichen Genossenschaftswesens.

Die Stockholmer Kultur lebt deshalb in ständiger Versuchung der Selbstüberschätzung. Solche Verlockungen befallen Göteborg außer im Verhältnis zu umliegenden Kleinstädten oder Landstrichen nicht. In Göteborg liest man Stockholmer Zeitungen und hört Nachrichten aus Stockholm, in Stockholm wissen die Zeitungsredakteure kaum, wie die Zeitungen in Göteborg heißen. Oft hat die Peripherie offenere Augen für die Umwelt als das Zentrum. Und Stockholm ist ja nur Hauptstadt »in dem Provinzland«. Außerhalb des Provinzlandes gibt es viele Zentren, auf die hin man sich ausrichten kann. Man spricht jetzt wieder von Europa als einem Zentrum auch für Schweden. Wo aber gibt es ein Zentrum in Europa? In Brüssel oder Straßburg? Oder in Frankfurt, Paris, London, Mailand? Oder ist, aus schwedischer Sicht, das gesamte Kontinentaleuropa inklusive England das, was dieses Zentrum ausmacht, auf das wir jetzt den Blick richten sollen?

5.

Es *kann* von Vorteil sein, an der intellektuellen Peripherie zu leben. Die Gefahr der Einschließung und der Selbstüberschätzung ist – mitunter – geringer. Die Nähe zum gewöhnlichen, praktischen Leben ist größer und schützt – möglicherweise – vor demjenigen Typus kultureller Entfremdung, der für Großstädte charakteristisch ist. (Vor ungefähr zehn Jahren haben die Pariser Intellektuellen die Wirklichkeit, die nicht Sprache ist, abgeschafft. So gibt es in ihrem Bekanntenkreis auch keine Bäcker, Buchhalter oder Krankenschwestern.)

Die periphere Stadt Göteborg kann ihrem Betrachter eine Art hoffnungsvoller Empfindung von Licht, von Leerraum, von Füllmöglichkeiten eingeben. Jetzt, während ich diese Zeilen schreibe, weht ein allzu zeitiger Frühlingswind von der See herein. Im Licht ein Glitzern, und um die granitnen Klippen ein Funkensprühen. Die Häuser, eben noch grau und schwer, werden tausend Tonnen leichter und gleichsam durchsichtig.

Vielleicht ist dieses mein Bild von Göteborg allzu geprägt durch meinen eigenen Hintergrund. Ich stamme aus keiner Metropole, sondern aus einer ländlichen Gegend. Hierher kam ich aus dem idyllischen und gallebitteren akademischen Loch namens Lund. Ich weiß, daß Göteborg eine Peripherie ist. Aber ich kann es nicht als Peripherie erleben, denn meine eigene frühere Erfahrung handelt von noch periphereren Orten.

Wie auch immer, Göteborgs Kraft liegt darin, daß Kontraste hier noch immer miteinander konfrontiert werden können. Es ist eine Stadt sehr großer und sehr sichtbarer Unterschiede. In Örgryte und Hovås wohnen die schönen Menschen, die Direktoren alten Schlages und die jungen Börsenhelden neuen Typs. Giftig metallisch blitzen ihre Porsches auf der Straße vorüber, unterwegs von nirgendwo nach nirgendwo. In Göteborg gibt es auch eine wachsende Sponsorkultur. Und es sind zu gleichen Teilen ahnungslose und erfolgslüsterne Intellektuelle, die sich unter den Schutz dieser Kultur stellen. Hier sucht die Geldaristokratie nicht nur Ruhm und Ehre für ihre Generosität; sie sucht auch eine Art Sinn hinter ihrer Jagd nach Zahlen. Natürlich ist ihre Einstellung gegenüber ihren Klienten im Grunde verachtend. Aber in dem, was die Klienten schaffen, ahnen sie eine verborgene Bedeutung.

Für Chilenen, Kurden, Libanesen, Iraner und viele andere ist Schweden zum Zufluchtsland geworden. Die Flüchtlinge werden jedoch von der schwedischen Bürokratie und Ordnungsmacht überprüft, und das mit beispiellos haarspalterischer und brutaler Genauigkeit. Inwieweit Flüchtlinge wirklich Flüchtlinge sind oder einfach Glücksucher, wird zwei, drei, vier, fünf Jahre lang ermittelt – und dann endet die Untersuchung vielleicht mit einem Ausweisungsbeschluß, die Polizei holt ihre Opfer ab, Kinder werden ins Gefängnis gesteckt, es kommt zum Einsatz von Handschellen, alles im Namen der Gerechtigkeit. Gegen all das ist jetzt eine machtvolle Bürgerinitiative herangewachsen (hart geworden sicher an dem einfältigen Rassismus, der auch in diesem Land floriert). Was daraus werden wird, weiß ich nicht. Es fehlt nicht an neuen Gedanken und Projekten in einer Stadt und in einem Land, in dem die Bürger sich für gewöhnlich mit dem bequemen, was Behörden und Mächtige für gut befinden.

Jetzt treiben die Winde graue Regenwolken über Masthugget nach Göteborg herein. Vielleicht fällt, wenn sie fortgezogen sind, ein neues Licht auf die kleine Provinzstadt in dem kleinen Provinzland.

[Aus dem Schwedischen von Gerhard Schmitz]

Anmerkungen

1 Die beste Darstellung der Hochschule in Göteborg, ihre Entstehung und Entwicklung zur Universität gibt Curt Weibull, *Från högskola till universitet*, Göteborg 1976.

2 Toni Cassirer, *Mein Leben mit Ernst Cassirer*, Hildesheim 1981.
3 Siehe dazu Henrik Sandblad, *GHT och hitlerregimen i belysning av tyska arkivdokument*, Göteborg 1960.
4 Carl E. Schorske, *Wien. Geist und Gesellschaft im Fin de siècle*, Frankfurt a. Main 1982, und Alan Janek / Stephen Toulmin, *Wittgenstein's Vienna*, New York 1973.
5 Eine wertvolle Darstellung Manchesters in der erwähnten Zeitspanne findet sich bei Steven Marcus, *Engels, Manchester, and the Working Class*, New York 1974.
6 Toni Cassirer, a. a. O., S. 246f.

Die Autoren des Bandes

Thomas Bender, geboren 1946, ist Professor für Sozialwissenschaften an der New York University sowie Historiker der amerikanischen Stadt- und Kulturgeschichte. Wichtige Veröffentlichungen: *Toward an Urban Vision*, 1975; *Community and Social Change in America*, 1978; *New York Intellect*, 1987.

Marisa Bertoldini, geboren 1943, arbeitet an der Fakultät für Architektur am Polytechnikum in Mailand und ist Koordinatorin der Zeitschrift *Sinopie*. Wichtige Veröffentlichungen: Herausgeberin von *La casa tra tecniche e sogno*, 1988; *L'atto progettuale. Strutture e percorsi*, 1991; *Atti tecnici e cultura materiale*, 1992.

Marina Calloni, geboren 1958, studierte Philosophie in Mailand, Pavia und Frankfurt am Main. Zur Zeit ist sie Wissenschaftlerin an der Europäischen Hochschule in Florenz. Wichtige Veröffentlichungen: Mitherausgeberin von *Etiche in dialogo. Tesi sulla razionalità pratica*, 1990; *Geist gegen den Zeitgeist. Erinnern an Adorno* (zusammen mit Josef Früchtl), 1991; Herausgeberin der italienischen Ausgabe von Jürgen Habermas, *Il pensiero postmetafisico*, 1991 (dtsch.: *Nachmetaphysisches Denken*, 1988).

Mike Davis, geboren 1946, engagierte sich in den 60er Jahren in der Gewerkschaftsbewegung und gegen den Vietnam-Krieg. Er studierte Ökonomie und war Mitherausgeber der *New Left Review*. Er unterrichtete Stadtplanung in Los Angeles. Zahlreiche Veröffentlichungen zur politischen Ökonomie der USA, insbesondere zu Los Angeles.

Alex Demirović, geboren 1952, ist Mitarbeiter am Institut für Sozialforschung an der Johann Wolfgang Goethe-Universität in Frankfurt am Main. Er arbeitet zur Zeit in einem Projekt über neue soziale Bewegungen und den Wandel des Demokratieverständnisses. Zahlreiche Aufsätze über Aspekte der Fremdenfeindlichkeit und des Neorassismus.

Vilém Flusser, geboren 1920, gestorben 1991, emigrierte 1939 über London nach São Paulo. Nach leitenden Tätigkeiten in der Industrie wurde er 1959 Dozent für Wissenschaftsphilosophie, 1963 Professor für Kommunikationsphilosophie an der Universität São Paulo. Zahlreiche Gastprofessuren in Europa und den USA. Wichtige Veröffentlichungen in deutscher Sprache: *Für eine Philosophie der Fotografie* (1983); *Ins Universum der technischen Bilder*, 1985; *Krise der Linearität*, 1988; *Angenommen*, 1989; *Nachgeschichten*, 1990; *Die Schrift. Hat Schreiben Zukunft?*, 1987 (Fischer Taschenbuch Bd. 10906, 1992).

Dieter Hoffmann-Axthelm, geboren 1940, lebt als freier Schriftsteller und Stadtplanungsgutachter für kommunale Auftraggeber in Berlin. Zahlreiche Aufsätze über Stadtplanung und Stadtgestaltung.

Roger Keil, geboren 1957, studierte Germanistik, Amerikanistik, Stadtplanung und Politologie in Frankfurt, Urbana, Illinois und Los Angeles. Er lebt in Toronto und lehrt Environmental Studies an der York University. Veröffentlichungen zu Themen der Stadtpolitik, der städtischen Ökologie und sozialen Bewegungen.

Sven-Eric Liedman, geboren 1939, ist Professor der Ideen- und Wissenschaftsgeschichte an der Universität in Göteborg. Wichtige Veröffentlichungen in deutscher Sprache: *Das Spiel der Gegensätze. Friedrich Engels' Philosophie und die Wissenschaften des 19. Jahrhunderts*, 1986; Aufsätze in der Zeitschrift *Argument*. In schwedischer Sprache veröffentlichte er zahlreiche Abhandlungen über Ideengeschichte.

Karl Markus Michel, geboren 1929, ist Herausgeber der Zeitschrift *Kursbuch*. Wichtige Veröffentlichungen: *Von Eulen, Engeln und Sirenen*, 1988; *Gesichter. Physiognomische Streifzüge*, 1990.

Louis Pinto, geboren 1946, ist Forschungsbeauftragter für Soziologie am CNRS/Zentrum für Stadtsoziologie in Paris. Wichtige Veröffentlichungen: *L'intelligence en action: le Nouvel Observateur*, 1984; *Les philosophies entre le lycée et l'avant-garde. Les métamorphoses de la philosophie dans la France d'aujourd'hui*, 1987.

Walter Prigge, geboren 1946, studierte Soziologie, Philosophie, Politik und Architektur. Er ist Stadtsoziologe in Frankfurt am Main. Zahlreiche Veröffentlichungen zu Themen der Stadtplanung und städtischen Kultur.

Irene Runge, geboren 1942 in New York, kehrte mit ihren Eltern 1949 in die DDR zurück. Sie studierte Ökonomie/Soziologie in Berlin (DDR) und lebt dort als freie Publizistin. Wichtige Veröffentlichungen: *Älter werden – alt sein*, 1982; *Himmelhölle Manhattan*, 1986; *Pogromnacht 1938*, 1988 (zusammen mit K. Pätzold); *Ausland DDR – Fremdenhaß*, 1990; *Ich bin kein Spion – Marcus Wolf*, 1990; *Onkel Max ist jüdisch – Gespräche mit Deutschen, die Juden halfen*, 1991.

Karl Schlögel, geboren 1948, ist Professor für Osteuropäische Geschichte an der Universität Konstanz. Wichtige Veröffentlichungen: *Moskau lesen*, 1984; *Die Mitte liegt ostwärts*, 1986; *Jenseits des Großen Oktober. Das Laboratorium der Moderne. Petersburg 1909–1921*, 1988; *Das Wunder von Nishnij oder die Rückkehr der Städte*, 1991.

Richard Sennett, geboren 1943, ist Professor für Sozialwissenschaften an der New York University. Wichtige Veröffentlichungen: *The Uses of Disorder*, 1970; *The Hidden Injuries of Class*, 1972 (gemeinsam mit Jonathan Cobb); in deutscher Sprache liegen vor: *Verfall und Ende des öffentlichen Lebens. Die Tyrannei der Intimität*, 1983 (Fischer Taschenbuch Bd. 7353, 1986); *Autorität*, 1985 (Fischer Taschenbuch Bd. 10254, 1990); *Civitas. Die Großstadt und die Kultur des Unterschieds*, 1991 (S. Fischer).

Michel Serres, geboren 1930, studierte Philosophie an der École normale supérieure. Er habilitierte sich 1968 und lehrte Wissenschaftsgeschichte an den Universitäten in Clermont-Ferrand, Vincennes und Paris I. Seit 1984 ist er Professor an der Stanford University. Er ist Mitglied der Académie française. Wichtige Veröffentlichungen: *Le Parasite*, 1980 (dtsch.: *Der Parasit*, 1987); *Détachement*, 1983 (dtsch.: *Ablösung. Eine Lehrfabel*, 1986); *Les Cinq Sens*, 1985; *L'Hermaphrodite*, 1987 (dtsch: *Der Hermaphrodit*, 1989); *Le Contrat naturel*, 1990 (dtsch.: *Der Naturvertrag*, 1991).

Nicolaus Sombart, geboren 1923, promovierter Kultursoziologe, lehrte an den Universitäten in Freiburg, Wuppertal, an der FU Berlin sowie an der Humboldt Universität Berlin. Langjährige Tätigkeit beim Europarat in Straßburg. Wichtige Veröffentlichungen: *Jugend in Berlin*, 1984 (Fischer Taschenbuch Bd. 10526, überarbeitete Neuausgabe 1991); *Nachdenken über Deutschland*, 1987; *Die deutschen Männer und ihre Feinde. Carl Schmitt – ein deutsches Schicksal zwischen Männerbund und Matriarchatsmythos*, 1991.

Rudi Thiessen, geboren 1950, studierte in Berlin Ökonomie, Philosophie und Religionswissenschaft. Seit 1977 Lehrtätigkeit an der FU Berlin, dort gegenwärtig Privatdozent für Religionswissenschaft. Wichtige Veröffentlichungen: *It's only Rock 'n Roll but I like it*, 1981; *Affäre Stadt*, 1982; *Geist und Katastrophe*, 1984.